江西省社会科学『十二五』规划项目资助

唐五代方位词研究

刘艳红 ◎ 著

中国社会科学出版社

图书在版编目（CIP）数据

唐五代方位词研究／刘艳红著．—北京：中国社会科学出版社，
2015. 12

ISBN 978 - 7 - 5161 - 7273 - 5

Ⅰ.①唐… Ⅱ.①刘… Ⅲ.①古汉语 - 名词 - 研究 - 中国 - 唐代
②古汉语 - 名词 - 研究 - 中国 - 五代 Ⅳ.①H131

中国版本图书馆 CIP 数据核字（2015）第 301101 号

出 版 人 赵剑英
责任编辑 任　明
责任校对 董晓月
责任印制 何　艳

出　　　版 中国社会科学出版社
社　　　址 北京市鼓楼西大街甲 158 号
邮　　　编 100720
网　　　址 http：//www. csspw. cn
发 行 部 010 - 84083685
门 市 部 010 - 84029450
经　　　销 新华书店及其他书店

印刷装订 北京市兴怀印刷厂
版　　　次 2015 年 12 月第 1 版
印　　　次 2015 年 12 月第 1 次印刷

开　　　本 710 × 1000　1/16
印　　　张 26
插　　　页 2
字　　　数 440 千字
定　　　价 68. 00 元

序

杨琳

友生刘艳红的博士论文《唐五代方位词研究》将要正式出版，为之欣喜。方位词在任何语言中都是常用词，因为我们的言语表述中离不开方位，方位词又是历史悠久、变化纷繁、语义丰富的一组词，因此，值得语言学者下大力气去研究。晋干宝《搜神记》（明津逮秘书本）卷十四："魏黄初中，清河宋士宗母夏天于浴室里浴，遣家中大小悉出，独在室中良久。"晋代的语言中是否存在"于浴室里浴"这样的方位结构？如果对晋代方位词没有做过全面细致的研究，这样的问题还不好回答。汉语中用来泛指事物的"东西"一词是由两个方位词组成的，人们几乎天天口不离"东西"，但若问两个方位词组合到一起何以表示事物，没有一个可靠的解释，自古迄今的各种解释都是凭空想象，游谈无根，原因在于我们对方位词的演变历史缺乏研究，不了解"东西"组合在历史上的使用情况。①

刘艳红的博士论文以"同时文献"敦煌文献为语料，并结合传世文献，对唐五代时期的方位词作了较为全面的考察研究，既有方位词组配关系的详细描写，又有方位词语法化路径的理论阐释，还有方位词文化内涵的发掘探究，为我们多角度展示了唐五代方位词的面貌，为近代汉语词汇语法研究作出了贡献。作者的各种统计资料及研究结论都是很有价值的。如作者指出：

在我们的语料中没有"之里"的用例，在唐五代传世文献中有"之裏"30例，如唐黄滔《黄御史集》卷一《水殿赋》："屏开于万象之外，岳立于千艘之里。"在唐五代以前没有"以里"的用法，"以里"的最早

---

① 参杨琳《物品称"东西"探源》，《长江学术》2012年第3期。

用例出现在宋代。

敦煌语料中没有"之里"的用例，表明"之里"是文言词语，体现了敦煌语料的口语性质。"以里"的用例最早出现在宋代，这可以作为判定文献时代的一项依据。书中诸如此类的信息不少，相信该书的读者一定会有开卷有益之感。

是为序。

2015 年 3 月 17 日于南开大学西南村

中 文 摘 要

本书运用共时描写和历时演变相结合的方法，以敦煌文献为基础，结合唐五代的传世文献来探讨整个唐五代方位词。全文由引言编、描写编、阐释编三部分组成。

引言编介绍了敦煌语料的特点，选题的缘由、意义、研究方法，以及在研究过程中遇到的困难，论述了方位词的内涵与外延，并且概述了唐五代方位词的特点。

描写编分为八章。第一章描写了唐五代时期"上""下"的形式、语义分布。第二章描写了"前""后"的形式、语义分布。第三章描写了"中""里""间""内""外"的形式、语义分布。第四章描写了"东""西""南""北"的形式、语义分布。第五章描写了"左""右"的形式、语义分布。第六章描写了"边"类方位词"边""旁""侧""畔""际""壁""厢"的形式、语义分布。第七章描写了意义泛化类方位词"头""首""底""所""处""许""行"的形式、语义分布。第八章从唐五代合成方位词的特点、产生的原因、词汇化路径等方面，对唐五代时期的合成方位词进行了概述。在对每一个方位词形式、语义分布描写之后，我们从形式、语义、搭配等方面对该方位词进行了小结，通过与魏晋南北朝时期同类方位词的对比，突出唐五代时期方位词的特点。在第一章我们论述了"上""下"的对称性与不对称性，在第二章中论证了"后"的时间性，在第三章中对"中""里""内"以及"中""间"的异同进行了辨析。

阐释编分为四章。第一章探讨了身体部位名词与方位词的关系，指出身体部位名词与方位词关系密切。在古代汉语中身体名词与方位词有三种关系：身体部位名词具有表示空间方位的义项，身体部位名词演变为方位词，身体部位名词与方位词构成合成方位词，用来表示空间方位。第二节探讨了方位后缀"头"的来源，指出方位后缀"头"来自意义泛化的方位词"头"。第三节探讨了合成方位词"面上""脚下"。第二章探讨了方位词"底"的演变，从五个方面论证了结构助词"底"来源于方位词"底"。第二节论述了方位词"行"的来源，作为方位词的"行"来自义为"家"的"行"，而义为"家"的"行"来自其本义。第三节探讨了方位词"壁"。第三章探讨了敦煌表状笺启中"右"的含义，并且论证了敦煌契约文书中"左南直北"的意义及其理据。第四章主要阐释了敦煌文献中方位词的文化内涵。第一节对敦煌文献 S. 4433 中妊娠三月时不得面向南、向东浇沐这种禁忌进行了解析。第二节分析了敦煌文献 S. 4433 中求子时强调向"西""北"背后的文化意蕴。第三节从五行的相生、相克，从古人的避王观等方面，解读了 P. 2615《五姓阴阳宅经》中"东""南""西""北"等方位具有的文化意义。第四节阐析了在敦煌文献 S. 1725、《大唐吉凶书仪》《仪礼》《大唐开元礼》《书仪》的婚俗中不同方位所蕴含的文化观念。

　　关键词： 方位词　唐五代　敦煌文献　描写　解释

Abstract

In this paper, by synchronic method and diachronic method, we study the locative words of Tang Dynasty and Five Dynasties on the basis of Dunhuang Manuscripts and the handed literature of Tang Dynasty and Five Dynasties. This paper consists of three volumes, one is introduction, one is description, another is explanation.

In the volume of introduction, we describe the characteristics of Dunhuang Manuscripts, the reason of topics selection, significance, research methods and the difficulties encountered in the process of research. We discuss the intension and extension of locative words, and summarize the characteristics of the locative words of Tang Dynasty and Five Dynasties.

The volume of description is divided into eight chapters. In Chapter I we describe the distribution of "shang" "xia" from the aspects of form and semantics. In Chapter II we describe the distribution of "qian" and "hou" from the aspects of form and semantics. In Chapter III we describe the distribution of "zhong" "li" "jian" "nei" "wai" from the aspects of form and semantics. In Chapter IV we describe the distribution of the "dong" "nan" "xi" "bei" from the aspects of form and semantics. In Chapter V we describe the distribution of "zuo" "you" from the aspects of form and semantics. In Chapter VI we describe the distribution of "bian" "pang" "ce" "pan" "ji" "bi" "xiang" from the aspects of form and semantics. In Chapter VII we describe the distribution of "tou" "shou" "di" "suo" "chu" "xu" "xing" from the aspects of form and semantics. In Chapter VIII we summarize the compound locative words in the Tang Dynasty and Five Dynasties from the aspects of the characteristics, the reasons of appearing and the path of lexicalization. There is a summary from the aspects of the form, semantics, collocation after the distribution of every locative word. The characteristics of the locative words of Tang and Five Dynasties are highlighted in contrast to the locative words of Wei, Jin, and Southern and Northern Dynasties. In Chapter I we study the symmetry and asymmetry of "shang" and "xia" in the Tang Dynasty and Five Dynasties. In Chapter II we describe the property of time about "hou". In Chapter III we contrast the similarities and differences of "zhong" "li" "nei", "zhong" and "jian".

The volume of explanation is divided into four chapters. In Chapter I we discuss the relationship of the nouns of body part and locative words. In old Chinese there are three relationships between the locative words and the nouns of body part: the nouns of body part have senses of spatial orientation, the nouns of body part evolve into locative words, the nouns of body part and locative words constitute compound words which are used to indicate the spatial orientation. In Section II we discuss the source of locative suffix "tou", we point out that the locative suffix "tou" comes from the locative word "tou". In Section III we discuss the compound word "mianshang" "jiaoxia". In Chapter II we discuss the evolution of locative "di". We demonstrate structural particle "di" from the locative word "di" from five aspects. We also discuss the sources of "xing" and think that the locative word "xing" comes from the meaning of "home", and the meaning of "home" comes from its original meaning. In Section III, we discuss the locative word "bi". In Chapter III we discuss the meaning of "you" in the documents of Dunhuang, and demonstrate the meaning and motivation of "zuonan zhibei" in the contracts of Dunghuang Manuscrips. In Chapter IV we discuss the cultural connotation of the locative words in Dunhuang Manuscripts. In Section I we analyze the reason of prohibiting pregnant women facing the "dong" and "nan" when they taking a shower in the Dunhuang Manuscripts S. 4433. In Section II we analyze the reason of child – giving toward the "xi" "bei". In Section III, we analyze the cultural implication of "dong" "nan" "xi" "bei" in the P. 2615 "Wuxing Yinyang Zhaijing" from mutual generation and restriction of "wuxing" and the cultural concept of avoiding "wang". In Section IV we analyze the cultural connoation of different directions in wedding customs of Dunhuang Manuscrip S. 1725, "Yili", "Datang

Kaiyuan Li", "Shuyi" .

Keywords: Locative words   Tang Dynasty and Five Dynasties   Dunhuang Manuscrips   Description   Explanation

目　录

引言编

引言 ·· （3）

第一节　选题缘由及其研究意义 ················· （3）

一　语料的介绍 ······························· （3）

二　选题的缘由及其意义 ····················· （4）

第二节　研究方法及其研究难点 ················· （6）

一　研究方法 ································· （6）

二　研究难点 ································· （7）

三　有关体例的说明 ··························· （7）

第三节　方位词的内涵和外延 ··················· （8）

一　方位词的内涵 ····························· （8）

二　方位词的外延 ··························· （10）

第四节　方位词研究综述 ······················· （11）

一　现代汉语方位词研究简述 ················· （11）

二　古代汉语方位词研究综述 ················· （12）

第五节　唐五代时期方位词的特点 ··············· （17）

描写编

第一章　上下 ······································· （27）

第一节　"上"的形式、语义分布 ················· （27）

一　"X 上"的形式、语义分布 ……………………………………（27）

二　"上 X"的形式、语义分布 ……………………………………（35）

三　"上"的独用 ……………………………………………………（38）

四　"上"的合成方位词 ……………………………………………（39）

五　"上"为趋向动词 ………………………………………………（44）

六　"上"为动词 ……………………………………………………（44）

七　"上"为动量词 …………………………………………………（44）

小　结 ………………………………………………………………（45）

第二节　"下"的形式、语义分布 …………………………………（47）

一　"X 下"的形式、语义分布 ……………………………………（47）

二　"下 X"的形式、语义分布 ……………………………………（55）

三　"下"的独用 ……………………………………………………（57）

四　"下"的合成方位词 ……………………………………………（58）

五　"下"为趋向动词 ………………………………………………（64）

六　"下"为动词 ……………………………………………………（64）

七　"下"为动量词 …………………………………………………（64）

小　结 ………………………………………………………………（65）

第三节　上下 ………………………………………………………（67）

第四节　"上""下"对称与不对称 ………………………………（69）

第二章　前后 ………………………………………………………（74）

第一节　"前"的形式、语义分布 …………………………………（74）

一　"X 前"的形式、语义分布 ……………………………………（74）

二　"前 X"的形式、语义分析 ……………………………………（76）

三　"前"的独用 ……………………………………………………（80）

四　"前"的合成方位词 ……………………………………………（83）

五　"前"为动词 ……………………………………………………（89）

小　结 ………………………………………………………………（90）

第二节　"后"的形式、语义分布 …………………………………（92）

一　"X 后"的形式、语义分布 ……………………………………（92）

二　"后 X"的形式、语义分布 ……………………………………（96）

三　"后"的独用 ……………………………………………………（98）

四　"后"的合成方位词 ……………………………………………（100）

　　小　结 ……………………………………………… （104）

　第三节 "后"的时间性 ……………………………… （106）

　第四节　前后 ………………………………………… （108）

　　一　空间方位用法 ………………………………… （108）

　　二　时间用法 ……………………………………… （108）

第三章　中里间内外 …………………………………… （111）

　第一节　"中"的形式、语义分布 ………………… （111）

　　一　"X 中"的形式、语义分布 ………………… （111）

　　二　"中 X"的形式、语义分布 ………………… （117）

　　三　"中"的独用 ………………………………… （119）

　　四　"中"的合成方位词 ………………………… （119）

　　小　结 ……………………………………………… （123）

　第二节　"里"的形式、语义分布 ………………… （124）

　　一　"X 里"的形式、语义分布 ………………… （124）

　　二　"里 X"的形式、语义分布 ………………… （129）

　　三　"里"的独用 ………………………………… （129）

　　四　"里"的合成方位词 ………………………… （130）

　　小　结 ……………………………………………… （131）

　第三节　"间"的形式、语义分布 ………………… （133）

　　一　"X 间"的形式、语义分布 ………………… （133）

　　二　"间"的合成方位词 ………………………… （140）

　　小　结 ……………………………………………… （148）

　第四节　"内"的形式、语义分布 ………………… （149）

　　一　"X 内"的形式、语义分布 ………………… （149）

　　二　"内 X"的形式、语义分布 ………………… （154）

　　三　"内"的独用 ………………………………… （155）

　　四　"内"的合成方位词 ………………………… （157）

　　小　结 ……………………………………………… （161）

　第五节　"外"的形式、语义分布 ………………… （163）

　　一　"X 外"的形式、语义分布 ………………… （163）

　　二　"外 X"的形式、语义分布 ………………… （166）

　　三　"外"的独用 ………………………………… （167）

　　四　"外"的合成方位词 ·············· (169)

　　小　结 ·············· (172)

第六节　中外、内外 ·············· (174)

　　一　"中外"的形式、语义分布 ·············· (174)

　　二　"内外"的形式、语义分布 ·············· (175)

第七节　同义词辨析 ·············· (175)

　　一　"中""里""内"辨析 ·············· (175)

　　二　"中""间"辨析 ·············· (181)

第四章　东南西北 ·············· (182)

第一节　"东""南""西""北"的形式、语义分布 ·············· (182)

　　一　"X东/南/西/北"的形式、语义分布 ·············· (182)

　　二　"东/南/西/北X"的形式、语义分布 ·············· (184)

　　三　"东""南""西""北"的独用 ·············· (184)

　　四　"东""南""西""北"的合成方位词 ·············· (185)

　　五　"东""南""西""北"为动词 ·············· (192)

　　小　结 ·············· (192)

第二节　东西 ·············· (194)

　　一　"东西"的形式、语义分布 ·············· (194)

　　小　结 ·············· (197)

第五章　左右 ·············· (199)

第一节　"左"的形式、语义分布 ·············· (199)

　　一　"X左"的形式、语义分布 ·············· (199)

　　二　"左X"的形式、语义分布 ·············· (199)

　　三　"左"的独用 ·············· (201)

　　四　"左南直北" ·············· (202)

　　五　"左"的合成方位词 ·············· (202)

第二节　"右"的形式、语义分布 ·············· (204)

　　一　"X右"的形式、语义分布 ·············· (204)

　　二　"右X"的形式、语义分布 ·············· (204)

　　三　"右"的独用 ·············· (208)

　　四　"右"的合成方位词 ·············· (216)

　　小　结 ·············· (217)

第三节　"左右"的形式、语义分布 …………………………（219）

第六章　"边"类方位词 …………………………………………（222）

第一节　边傍（旁）侧畔 …………………………………………（222）

一　"边"的形式、语义分布 ……………………………（222）

二　"傍（旁）"的形式、语义分布 ……………………（225）

三　"侧"的形式、语义分布 ……………………………（228）

四　"畔"的形式、语义分布 ……………………………（230）

小　结 ………………………………………………………（231）

第二节　其他"边"类方位词 ……………………………………（233）

一　际 ………………………………………………………（233）

二　壁 ………………………………………………………（237）

三　厢 ………………………………………………………（237）

第七章　意义泛化类方位词 …………………………………（239）

第一节　头 …………………………………………………………（239）

一　"X头"的形式、语义分布 …………………………（239）

二　首 ………………………………………………………（244）

小　结 ………………………………………………………（244）

第二节　底 …………………………………………………………（245）

小　结 ………………………………………………………（247）

第三节　所处许行 …………………………………………………（247）

一　所 ………………………………………………………（247）

二　处 ………………………………………………………（248）

三　许 ………………………………………………………（251）

四　行 ………………………………………………………（252）

第八章　唐五代合成方位词概说 ……………………………（254）

第一节　唐五代合成方位词的特点 ……………………………（254）

一　使用频率高 …………………………………………（254）

二　类型多样 ……………………………………………（256）

三　词汇化程度高 ………………………………………（256）

第二节　合成方位词产生的原因 ………………………………（257）

第三节　合成方位词的词汇化路径 ……………………………（259）

阐释编

第一章　方位词与身体部位名词 …………………………………（265）

　第一节　方位词与身体部位名词 …………………………………（265）

　　一　身体部位名词与空间方位关系研究综述 …………………（265）

　　二　古代汉语中身体部位名词与空间方位的关系 ……………（270）

　第二节　方位词缀"头" ……………………………………………（271）

　第三节　面上脚下 …………………………………………………（279）

　　一　面上 ………………………………………………………（279）

　　二　脚下 ………………………………………………………（281）

　　三　其他 ………………………………………………………（283）

　第四节　身体部位名词演化为方位词的原因 ……………………（285）

第二章　方位词的来源与演变 ……………………………………（288）

　第一节　方位词"底"的演变 ……………………………………（288）

　第二节　方位词"行"的来源 ……………………………………（296）

　第三节　方位词"壁" ……………………………………………（300）

第三章　方位词的特殊用法辨析 …………………………………（304）

　第一节　敦煌文献表状笺启中"右"的含义 ……………………（304）

　第二节　"左南直北"考辨 ………………………………………（310）

第四章　方位词的文化内涵 ………………………………………（316）

　第一节　敦煌医方"东""南"禁忌解析 …………………………（316）

　第二节　"西""北"求子的文化解读 ……………………………（322）

　第三节　敦煌五姓宅经中的"东""南""西""北" ……………（329）

　第四节　婚俗中方位的文化解读 …………………………………（333）

　　一　祭 …………………………………………………………（333）

　　二　奠雁 ………………………………………………………（336）

　　三　同牢 ………………………………………………………（337）

　　四　成礼 ………………………………………………………（338）

　　五　见舅姑 ……………………………………………………（338）

结语 …………………………………………………………………（340）

语料来源 ……………………………………………………………（344）

参考文献 ……………………………………………………（346）

附录：唐五代敦煌文献中方位词的搭配情况 ………………（354）

致谢 …………………………………………………………（398）

引 言 编

引　言

第一节　选题缘由及其研究意义

一　语料的介绍

我们的研究主要以敦煌非经文献（即非佛经、儒家经典、道经）为基点，在此基础上考察唐五代传世文献，力图对唐五代方位词的面貌有一个较为全面的认识。语料的主体为敦煌文献，即敦煌藏经洞出土的文书，包括《英藏敦煌文献》《法国国家图书馆藏敦煌西域文献》《国家图书馆藏敦煌遗书》《俄藏敦煌文献》《天津市艺术博物馆藏敦煌文献》《甘肃藏敦煌文献》《北京大学藏敦煌文献》。敦煌文献具有以下特点：

（1）丰富性

据方广锠（2002：185）统计，全世界收藏的敦煌文献约有60000号，其中英国约有15000号，汉文文献14000号；法国约有7000号，汉文文献4000号；中国国家图书馆约有16000号，汉文文献15000号；俄国约有19000号。如此众多的写卷包括佛家典籍、儒家典籍、道家典籍，涉及天文、历法、医药、地理、历史、民族、经济、宗教、诸子、民俗、语言、文字、体育、碑铭、律令、契约等各个方面，李正宇（2001：110）称敦煌藏经洞为"古代学术的海洋"。如此丰富的材料为我们的研究提供了广阔空间，由于这些文献既包括敦煌变文等口语性材料，又包括书仪、天文、历法等书面语材料，使得我们对方位词的考察更为全面，不会因为选择材料时语体的不同而遗漏某些重要现象。敦煌文献包括很多来自民间的资料，涉及民间的习俗、信仰，如婚丧风俗、择宅风俗、生子风俗等，为我们对方位词进行文化考察提供了丰富的证据。

（2）真实性

古代汉语研究不能像现代汉语研究一样，凭借人们的语感来进行。我们无法体会古人的语感，只能凭借材料力求真实反映当时的语言面貌，因此就要求语言材料准确、真实。传世文献几乎都经过后人的校改、整理，已经不能完全真实、准确反映当时语言的原貌了。据姚名达（2002：143—163）统计，汉代校书七次，魏、吴、两晋校书六次，南北朝校书十余次，唐代校书四次，宋代校书五次，元、明两代不校书，清代校写了《四库全书》，虽然历代的校书，对于保存与传播这些文献起到了重要作用，但经过校改的文献已非文献的原生态了，在这种非原生态语言材料的基础上得出某种结论，可靠性往往会打折扣。敦煌文献封存于洞窟长达一千多年，这期间没有人做过任何改动，保留了文献的原貌，这种真实的材料为我们的考察提供了有力的支持，使我们的结论更加可靠。

本书对一些古今差别不大的实指用法，以敦煌文献用例为主，而对古今应用有别的方位词的泛化用法，将以敦煌文献用例为基础，结合整个唐五代传世文献进行重点探讨。

二　选题的缘由及其意义

（一）选择古代汉语方位词的缘由及其意义

（1）方位词具有特殊性

1）语言上的特殊性

方位词既有与名词相同的语法作用：能够独立运用，能够充当句子的各种成分；又有不同于名词之处：普通名词可以接受数词或数量词组的修饰，而方位词却不能。方位词既有介词作为联系项的作用，又不同于前置介词。前置介词是联络动词与动词处所题元的联络标记，后置方位词是标示处所题元身份的属性标记。用不用联络标记，主要受句法结构制约；用不用属性标记，主要受词语意义制约。合成方位词既有与单纯方位词相同的语法作用，又跟名词有交叉之处。方位词这种非均质性是由于它们正处于语法化的进程中而造成的。因此，对于方位词进行历时考察，可以更好地弄清方位词语法演化的路径与特点，加深对现代汉语方位词在方位词系统中语法范畴与语法意义的认识。

2）文化上的特殊性

方位词"东、西、南、北、中、左、右"具有深厚的文化意蕴，许多现象的产生，都与这种文化背景相关，弄清这些方位词所负载的文化内涵，对于我们进一步认清与之相关的语言、文化现象有重要作用，即使解释我们最常见的称谓，如"内人""外公""外婆"等，都与方位文化密切相关。因为我国具有"男主外、女主内"这样的文化传统，所以相对于主外的丈夫，妻子就被称为"内人"。由于强大的宗法制度的影响，姻亲在宗法关系中属于"外戚"，所以母系亲族都被冠以"外"来称呼。

（2）国际上处所主义、隐喻研究等大环境的影响

处所主义相信，处所方位范畴是认知语言中最基本的关系范畴，许多其他关系范畴可以看作这类范畴的隐喻或引申，因为它们借用处所类范畴的形式或方式表达。因此，空间方位问题成为许多学者关注的焦点，Heine（1991）、Svorou（1993）对处所方位进行了跨语言研究。Heine（1991）从语法化的角度出发，指出处所范畴是人类语言中最基本的关系范畴，是其他很多范畴语法化的源头。随着认知语言学的传入与深入发展，对空间、方位范畴的研究成为汉语语言学界研究的热点。与现代汉语方位词相比，古代汉语方位词研究相对薄弱，研究成果零散，缺乏系统性，这制约了整个方位词系统的深入研究，因此对古代汉语方位词的研究更具有紧迫性。只有弄清整个方位词系统的特点，才能更好地完善与发展关于方位词的理论。

（二）把时代定为唐五代的缘由及其意义

首先，唐五代在汉语史中占据重要地位。吕叔湘（1983）根据晚唐五代已经出现敦煌变文和禅宗语录等以口语为主的"白话"篇章，把晚唐五代作为分界点，把汉语史分为古代汉语与近代汉语两个时期。由于唐五代在语言上有特殊性，学者们才能够以它为界来进行分期，因此对唐五代语言的研究，对于丰富近代汉语研究有重要作用。现代汉语许多语言现象都来源于近代汉语，如果把近代汉语方位词的面貌弄清，也有利于加深对现代汉语方位词的认识。

其次，方位词很多用法肇始、发展于唐五代。唐五代是语言变化较为剧烈的时代，汉语的很多变化都肇始于这个时期。六朝以来，特别是唐代以来，汉语方位词的方位意义普遍虚化。例如，指人名词、"东、南、西、北"等方位词开始和"上"搭配，"上"成为处所标记。唐五代时期很多合成方位词逐渐形成，开始与单纯方位词形成既有联系又有分工的格局。至迟到唐五代，方位词的用法基本上已经发展成熟。因此，在方位词

研究上唐五代是一个不可或缺的时代。只有弄清处于汉语史界点阶段的唐五代方位词的面貌，才能够上溯先秦、两汉、魏晋时期的方位词，下推元、明、清、现代汉语的方位词，从而看清方位词在整个汉语史上的面貌与变化情况。

第二节　研究方法及其研究难点

一　研究方法

（1）定性分析与定量分析相结合

语言的定性分析，是对语言中某些特点、性质进行分析，是最基本的分析，它回答的是语言学各种现象的本质问题，提出学科的新方向，推动学科的发展、进步。但有许多定性分析陷入内省式的简单枚举法，凭借研究者对材料的主观感受和判断，给认识问题带来一定的主观性与局限性，能弥补这一缺陷的是定量分析。随着统计分析方法和工具的完善，特别是大型计算机语料库的建立以及语言和数据分析软件的应用，语言学的定量研究日益得到重视。定量分析有利于通过某些相关数据的比较，更直观、科学地反映其中的规律，增强研究结果的有效度和可信度。因此，我们在研究中力图将定量分析和定性分析这两种方法结合，从而确保研究过程的可操作性和研究结果的可信性。

（2）共时研究与历时研究相结合

我们试图把共时语言现象的描写与历时演变的考察结合起来。只有把共时平面上方位词的面貌真实、准确地描述出来，才能为方位词进一步研究奠定良好的基础。如果仅仅关注共时描写，而不能弄清来龙去脉，就不能上溯造成此期方位词呈现这种面貌的原因，也不能下探唐五代方位词在现代汉语中的情况，方位词整体面貌我们就无法弄清楚。

（3）出土文献与传世文献相结合

我们在对敦煌文献考察的基础上，结合传世文献，力求做到对方位词"面"的考察，二者相结合，互相参证。正如王国维（1994：2）所说："吾辈生于今日，幸于纸上材料之外，更加得地下之新材料。由此种材料，我辈固得据以补正纸上之材料，亦得证明古书之某部分全为实录，即百家不雅驯之言，亦不无表示一面之事实。此二重证据法，惟在今日始得为之。"

二　研究难点

（1）俗写众多，讹误满纸

敦煌文献的"写本"特点，为我们研究提供了真实可靠的语料，但是由于当时书手水平不一，所以既有字迹工整的经类文献，又有字迹潦草、模糊的通俗文献。文化水平稍高的官方书手、僧道书手、职业书手，他们抄写的字迹较为工整，多为经类文献（佛经、儒经、道经）。文化水平低的书手多为百姓书手，书写的多为社会文书、经济契约、童蒙读物等，与前三类书手的书写相比，他们的书法拙劣，俗、讹满纸，往往辨认困难。在敦煌文献中经常见到"木"旁与"扌"旁、"耳"旁与"身"旁、"目"旁与"月"旁相混的俗字，要根据上下文意仔细分辨。曾良（2001：86）根据"人信劳通"这句话判断唐代"劳"有"稀少、稀疏"之义，但据张小艳（2007：46）研究，"劳"其实是"罕"的讹字。如果我们不能冲破俗字、讹字这种"拦路虎"的阻拦，我们就不能正确把握文义，也不能真正理解方位词所具有的意义。

（2）文化理解上的难度

敦煌文献涉及许多风俗、信仰、文化等，这些是我们能够准确理解敦煌文献的背景知识，如果没有这些相关的知识，我们是不能够正确理解敦煌文献的。在读敦煌宅经时，我们就必须清楚地知道五行中的"休王之义"，只有在了解这些的背景下，我们才能知道为何在商姓做宅法中有"西家妨父，北家妨中男"这样的说法。因为根据"休王之义"，王和相是五行之气最旺盛之时，人们要对王、相进行避免，商姓四时休王顺序图的西方为金王、北方为火相，所以商姓做宅时会使西方和北方的邻居受殃。

三　有关体例的说明

（1）文中一些符号所代表的意义

S.：代表《英藏敦煌文献》

P.：代表《法国国家图书馆藏敦煌西域文献》

BD：代表《国家图书馆藏敦煌遗书》

北大 D：代表《北京大学藏敦煌文献》

俄 Ф：代表《俄藏敦煌文献》中的符卢格编号

Дx：俄文"敦煌"的字母缩写

V：指敦煌文献的背面或指动词

X：指与方位词搭配的词语

N：指名词

NP：指名词性短语

L：指方位词

（2）在描写编中，对方位词的每一种搭配方式，我们举 3 个敦煌文献中的例证，2 个唐五代传世文献中的例证。每种搭配方式后的统计数字是其在敦煌文献中出现的次数，如"X 为代词 2 例"指的是与代词搭配的方位词"上"在敦煌文献中出现 2 次。

（3）对于引用的专著我们采用"作者（出版年份：页码）"这样的形式，如储泽祥（1997：5）指的是该段引文出现在储泽祥 1997 年专著的第 5 页。对于引用的单篇论文，我们只标注作者、年份，不标注页码。

（4）本文主要以《中国基本古籍库》为据，对唐五代传世文献、魏晋南北朝传世文献进行说明及其数据统计。

第三节　方位词的内涵和外延

一　方位词的内涵

大多数学者从语义上对方位词进行定义。刘月华（1983）、廖秋忠（1989）、唐启运（1992）、张世禄（1996）等都认为方位词是表示方向和相对位置关系的名称的词。储泽祥（1997：5）阐释了"方位"的具体意义："方"指方向，"位"有两个意思，一是指相对的关系位置，一是指某实物所处的位置。邱斌（2007：51）指出方位词是具有方域指示性和一价性的词。

有些学者从语法功能上对方位词进行定义。郭锐（2002：113—114）指出根据词义划分词类有两个致命问题：（1）词义与词的语法性质并不完全对应，根据词义划分的词类与句法的关系不大。（2）词义本身不可明确观察，因而难以操作。很多学者也认为完全根据意义划分出来的方位词，不能把方位词从其他名词尤其是处所词中分离出来，所以主张从语法的角度对方位词进行定义。邹韶华（1984）把方位词定义为："能普遍地附在其他词（或比词大的单位）的后边表示方向和位置的词叫作方位词。"金昌吉（1994）指出方位词的语法功能是"后附性"，意义不应该掺杂其中，他建议把方位词改成"后附词"。储泽祥（1997）把方位词称为"方位标"，他认为是一种语法标。张谊生（2000：297）从方位词语法上的后置性与黏着性来定义方位词。袁毓林（2000）把方位词定义为："单纯方位词是可以作'向'的宾语，但不作'在'的宾语，加在名词后可以构成分布跟处所词相当的句法组合的黏着词。"

我们赞同从语义上来定义方位词，基于以下四个原因：

首先，由于方位词处于语法化演变的过程中，在语法化链条上的位置可偏前可偏后，形成了方位词句法表现上的非同质性。处于语法化链条上的大多数方位词并不能归入某一确定的范畴，只能说是处于从左到右的语法化过程中。方位词处在语法化演进的过程中，语法属性很难确定。因此，人们很难找到最适合划分方位词的语法分类标准，所以我们不根据语法功能给方位词定义。

其次，从语法角度划分出来的类别，不符合人们传统上对方位词的理解，如方经民（2004）就把我们传统上理解的方位词分成了方位词、方向词、方位区别词、方位名词四类。

再次，语义在语言研究中占有重要地位。语义是功能与形式的基础，是诸多语言现象的内在动因，语义还是语言演变的动力。吕叔湘（1990：488）指出："在语法分析上，意义不能作为主要的依据，更不能作为唯一的依据，但是不失为重要的参考项。"李临定（1992）指出："事实上我们在研究中所分出来的各种各样的语法的类，诸如名词、动词、形容词等词类的类，主语、谓语、宾语等句子成分的类，存在句、遍指句等句子格式的类，这些各自都蕴含着一定的概括的语义内容；如果分出来的类说不清楚它的语义内容，这样的分类是否能成类就可以考虑。"任鹰、于康（2007）指出"上"和"下"在"V上"和"V下"中所形成的义项和用法既与共现成分有关，更与"上"和"下"的固有义项和义素有关。

最后，由于我们研究的对象是唐五代的方位词，这个时期是方位词不断变动与完善的时期，许多语法功能到现代汉语中已经消失或只保留在方言中，但是方位词表示方向和位置的核心意义并没有改变。

二 方位词的外延

因为不同时代有不同的方位词，不同学者对方位词的定义不同，所以人们划分出来方位词的范围并不一致。大部分学者都同意方位词包括单纯方位词、合成方位词两类。单纯方位词包括上、下、左、右、中、内、外、前、后、间、旁、边。合成方位词包括派生型方位词、复合型合成方位词。派生型方位词包括前加式派生型方位词（简称前加式派生方位词）、后加式派生型方位词（简称后加式派生方位词）。前加式派生方位词是在单纯方位词前加"之""以"构成的方位词。后加式派生方位词是在单纯方位词后加"边""面""头"等构成的方位词。复合型合成方位词包括由两个方位词并列组合而成的词。在我们的语料中还有一类复合型合成方位词是由身体部位名词与方位词组合而成的。

许多研究古代汉语方位词的学者发现了一些较有特色的方位词，如张玉金（2004：32）发现了金文中的"逆"，侯兰生（1985）、蔡言胜（2005）在《世说新语》中发现了"以还、许、头"等，唐韵（2000）在《元曲选》中发现了"首、壁"等。

唐启运（1992）认为除了一般的方位词外，方位词还包括"滨、浦、涘、颠、顶、阴、阳、表"等。邹韶华（2001：88）认为唐启运提出的这些词也可以算作方位词，但由于结合面窄，不符合他提出的"普遍性"要求，所以应排除在方位词外。赵元任（1979）、邹韶华（2001）等都认为"这儿、那儿"也应该归入方位词。储泽祥（1997）、邹韶华（2001）都把"以远、以近"看作方位词。还有很多学者，如赵元任（1979）、俞士汶（2002）等把"末、初、先"等表示时间方位的词也归入方位词。金昌吉（1994）、张谊生（2000）、方经民（2004）等都认为方位词只包括能够后置的、起语法作用的词，那些起修饰作用的方位词并不包括在内。

因为我们是根据语义来定义方位词，所以我们不把合成方位词以及一些非后置的、表示方位的词排除在外。我们主要依据语料力求实事求是地反映出唐五代方位词的面貌。

在我们的语料中单纯方位词有 29 个，包括：上、下、前、后、中、里、间、内、外、东、南、西、北、左、右、边、傍（旁）、侧、畔、

际、壁、厢、头、首、底、所、处、许、行。合成方位词包括：前加式派
生方位词，即"之-/以（已）-"+上列单纯方位词构成的词语；后加
式派生方位词，即上列单纯方位词+"-边/-面/-头/-畔/-底/-
端/-方/-许/-厢"构成的词语；并列式复合型合成方位词，即"东
南""西北""东北""西南""中里""中内""中间""中外""内外"
"前后""上下""左右""底下"；身体部位名词+单纯方位词构成的复
合型合成方位词，即"面上""头上""脚下""目下""眼下""眼前"
"目前""面前""头前""背后""腹内"。

第四节　方位词研究综述

一　现代汉语方位词研究简述

现代汉语方位词研究历史悠久，成果丰富，大致可以分为两类，一类
是从传统意义上对方位词进行研究，一类是借鉴前沿的语言理论对方位词
进行研究。

传统意义上的研究，学者们重点探讨方位词的不同用法，其所表示的
空间意义、时间意义或者更抽象的意义，以及这些方位词的语法功能，但
是对这些不同用法之间具体的演变关系，为何会具有这样的语法、语义功
能的研究显得薄弱。传统意义的研究以吴之翰（1965）的研究为代表，
他在对 10 万字材料认真考察的基础上，得出如下结论：（1）名词和动词
后以外的其他位置一般用单纯方位词。（2）"往、从、到"之后可以跟单
纯方位词，"在"后一定跟双音节方位词。（3）表"泛向性"的基本上
是单纯方位词。（4）用单纯方位词还是双音节方位词，与名词音节数多
少没有关系。（5）书面语中多用单纯方位词，双音节方位词主要见于口
语。这篇文章为后代学者树立了典范，提出了现代汉语方位词研究的基本
思路。

随着认知语法、语法化等理论在汉语语法研究中的应用，人们开始对
共时平面上同音形式所具有的各项意义之间的关系予以关注。学者们对方
位词的研究不再满足停留在描写与分析的阶段，他们开始运用这些前沿理
论对方位词进行研究。认知语言学突破了传统语言学对方位词描写与分析

的束缚，开始尝试从认知上对方位词进行解释。语法化理论把方位词放在一个不断演化的系统中，从动态的观点来看待方位词的演变。类型学的研究把方位词置于更广阔的背景中，使人们看到汉语方位词的特点，也看到了汉语方位词的发展并不特别，符合世界上其他语言方位词的发展规律。

我们在研究时吸收现代汉语方位词研究的优点，做到材料与理论相结合，避免在研究中出现靠语感或有限的形式去验证，缺乏充分的材料验证或有力的数据支撑这种不足。

二　古代汉语方位词研究综述

（一）古代汉语方位词分期研究

在古代汉语方位词的研究中，各个时代的方位词都有学者涉猎。甘露（2001：22—24）认为甲骨文中方位词已有一定数量，包括单纯方位词和复合方位词。方位词以单义词为主，并有多义词和引申义。方位词语法功能多样，构成了大量复合词和短语，基本形成了汉语方位词的最初格局。甲骨文已经有一些方位词在句中可以作主、宾、定、状、中心语等成分，还可以活用作谓语。到金文、先秦典籍中方位词不仅在数量上有所增加，在用法和意义上也有扩展。张世禄（1996）分析了先秦方位词的范围、定义和特点。他认为先秦汉语合成方位词还很少，"以（之）上、以（之）下""之中""之间"等并没有合成一个词，而"东面""南面"也是词组，与现代汉语意义不同。他还分析了方位词的活用用法。张静（2005）对先秦19部典籍的方位词进行封闭研究，勾勒出了先秦汉语方位词的面貌。邱斌（2007）探讨了《左传》中"东、西、南、北、上、下、前、后、外、里、内、中、左、右"的语义、语法特点，并对其出现频率进行了统计，以此为基础对比了古今汉语在空间方位语义场、时间方位语义场和顺序等级方位语义场的异同。魏丽君（1991）对《史记》中方位词的特点和用法做了分析，对单纯方位词、合成方位词以及常常与方位词组合的词分别进行了讨论。何乐士（2000）对《史记》《世说新语》中的方位词进行了研究。《史记》中方位名词可以直接作状语，《世说新语》中不仅方位名词可以直接作状语，而且方位短语作状语大量出现。何乐士（1992：214）还对《世说新语》与敦煌变文的语法特点进行了比较，指出在《世说新语》中方位词神通广大，几乎可以与任何名词结合成为表处所的短语，这些短语大多不用介词引进，且多数位于谓语前或句首，少数位于谓语之后，这种趋势由《史记》经《世说新语》到敦煌变文一直持续发展。侯兰生（1985）从词语组合、语义特点以及出现频率等方面对《世说新语》中的方位词进行考察，指出《世说新语》中出现了一些新型方位词，方位词出现的频率远比上古汉语高，方位词词汇意义灵活。他根据"一个方位可以用几个方位词表达"这样的原则分出方位同义词，并对这些同义词的异同进行了辨析。蔡言胜（2005）用穷尽性描写和认知语言学的理论考察了《世说新语》中方位词在语义、语法上的特点，指出从先秦汉语到中古汉语，方位词有普遍虚化的趋势，而方位短语入句后的语序及功能特征也发生了相应变化，并探讨了《世说新语》中新产生的方位词。林晓恒（2006）研究了魏晋南北朝到唐五代的方位词，对《搜神记》《洛阳伽蓝记》《颜氏家训》《王梵志诗》《游仙窟》《敦煌变文》等文献进行了考察、分析。她着重从语义角度对从魏晋南北朝到唐五代的单纯方位词、合成方位词的情况进行了考察，探讨了合成方位词出现的原因。王锳（2004）对《唐诗别裁》中方位词做了穷尽性统计，指出复合方位词在唐代不发达，各类方位词附着性不强，方位词中泛向用法比前代更为明显和突出。唐韵（2000）全面描述了《元曲选》中方位短语的构成及其表义类型，并且探讨了方位短语入句后的功能。她认为方位短语是由名词性词语、动词性词语或数量词语、少数形容性词语之后加上方位词构成的，另一类是由某些方位词互相结合构成的。方位短语主要表示方位意义，也可以表示范围、时间、数量等。方位短语入句后可以充当主语、定语、动词宾语、介词宾语、状语、补语等，她还详细探讨了这些方位短语所表达的意义。许仰民（2006）指出《金瓶梅词话》中表方向的词有"东、西、南、北"四个，它们都能修饰名词或受名词修饰，有的还能与动词、形容词、数词、量词、代词、副词、介词、名词词缀结合为不同结构，表现出极强的组合能力。邹韶华（2001）考察了《红楼梦》中"里""外"的方位用法，包括使用频率和标记现象两个方面，最后从认知心里的角度分析"里""外"的不对称性。

　　敦煌方位词的研究较为零散，以对与方位相关的词语进行释义为主。王锳（1993）对敦煌文献中"前人"的意义进行了解析，周一良（1998：419）对敦煌文献中"前头""东西"的意义进行了解释，魏耕原（2006：29）对敦煌变文中的"里许"进行了解释。

　　从整体研究上研究古代汉语方位词的学者并不多。唐启运（1992）把方位词定义为处所方位名词，他描述了古代汉语处所方位名词的使用情况，认为常见的用法是处所方位名词置于处所名词之后组成方位词组，或把这种方位词组和介词构成介词结构，在句子中作各种成分。他把"滨、浦、浌、颠、阴、阳"等归入方位词。储泽祥（1996）考察了空间方位短语在历时演变过程中的规律性：（1）结构方式上由多种方式发展为单一方式。（2）结构类别上逐渐丰富，但发展不平衡。（3）语义关系上，一些名、方配合逐渐形成语义上的要求。董秀芳（1998）以《史记》为基础，对"所"作为后置词提示处所的功能进行了考察，并在此基础上提出古代汉语中还存在与"所"相似的"间""边""处""许"等用来表示方位的后置词系统。

（二）演变与探源研究

江蓝生（1998）从与阿尔泰语言的比较，运用类推的方法和方言资料，多方面论证了表示客体、处所、对象、来源的后置词"行"是"上"的一种白读，"行"的各种用法在文献中也能找到"上"的用例。汪维辉（2000：93，103）探讨了方位词"里"的发展演变，他认为方位词"里"开始于西汉，较早出现在医籍中，与之搭配的词多为身体器官名词，如"腹"等。"里"从魏晋开始在口语中迅速发展，到南北朝后期，文学语言中普遍使用，作为方位词的各种功能大体具备，至迟到晚唐五代，方位词"里"已经发展成熟。他同时对方位词"侧""旁（傍）""边"的发展过程做了考察，指出这几个词中先秦以"侧"为主，也用"旁（傍）"；西汉可能一度"旁（傍）"战胜"侧"，但为时不长；"边"在西汉露头，东汉开始以迅猛之势扩展，到魏晋南北朝已经在文学中占据压倒优势，而且仍在继续虚化，此后"边"一直沿用到现代汉语。陈瑶（2001：39）曾对"头"进行过探讨，她认为"头"是一个能表示多种方位的方位词，这些用法最晚不会晚于南北朝。"头"表方位的用法在很多方言中还有保留。她还探讨了"旁、边、侧"的历史来源与词义关系，探讨了方言中"高头""肚里"等用法的历史来源。祖生利（2004）研究了元朝的直译体文献，认为汉语中表示原因的后置词"上""上头"是由直译蒙古语表示原因的后置词 tula 和形动词工具格附加成分 – ar/ – bar 的结果。两者之所以能够对译是因为两者语法位置相同，而且宋元时期"上、上头"语义进一步虚化，功能进一步扩大，与 tula 和 – ar/ – bar 有相同之处。陈卫兰（2004）也认为表示原因的后置词"上、上头"不是汉语原有的用法，而是源于对译蒙古语的后置词，在直译体的渗透下汉语文献也开始使用。张静（2006）指出"旁"的本义应该是指事物自身的四边。事物自身的四个边侧，相对于它的中心来说，也就是前、后、左、右或者东、西、南、北四个方向，笼统地说也就包括了所有的方向，由此可以引申出"普遍的""广泛的"之义。事物自身的四边，相对于它的中心来说都是边侧，因而引申指事物的边侧。

语法化、类型学等理论引进后，一些学者运用这些理论对方位词进行了历时考察。江蓝生（1999）运用语法化中重新分析等理论论证了结构助词"底"的来源，认为作为结构助词的"底"来源于方位词"底"。江蓝生（2002）运用语法化理论研究了"后"的语法化途径。吴福祥（2007）运用语法化的理论，结合跨语言研究的成果讨论了汉语方位词"后"的来源和演变，着重分析了"后"语义演变的路径、动机和动因。他认为汉语方位词"后"的语义演变跟人类语言普遍的语义演变过程一样。陈玉洁（2007）运用类型学的研究成果——联系项原则，把"里"的历时探源与河南方言中的"哩"结合起来，探讨了汉语中"里"的虚化用法。

此外，还有很多学者从文字学的角度对方位词的本义进行了探讨。林义光（1920）、王国维（1927）、丁山（1930）、郭沫若（1936）、唐兰（1936）、蒋逸雪（1981）等众多学者从文字学的角度对"东、南、西、北、中"的本义进行了探讨。周晓陆（1996）结合古代文化，指出东、西、南、北、中实为同义构字法所为，全是本字，并非假借，它们全与日影的测量有关。

（三）对比研究

李泰洙（2000）探讨了古本、谚解本《老乞大》里方位词的特殊功能。他以1998年韩国发现的古本《老乞大》和以往习用的《老乞大谚解》为主要材料，考察了这两个本子里的方位词"上、里、根底"等表示动作的对象、处所、受事、原因、工具以及相当于领格助词等功能。这些功能在元明以前的白话文献中很少，到清代乾隆年间刊刻的两种《老乞大》中又大部分都消失了，所以他认为这些特殊功能应该是元代汉语与阿尔泰语言接触的产物。祖生利（2001）通过对元代白话碑文的研究，考察了汉译方位词"里、内、根底、上、上头、行、处"等与蒙古语静词的领格、宾格、工具格、离格、共同格等附加成分之间的对应关系，从而确定了白话译文中这些词所表示的特殊语法意义。他认为这些词已经成为变格形式的标记，其用法与汉语大不相同，这些特殊用法成为这一时期汉语"介词＋NP＋方位词＋VP"结构中介词省略现象增多的原因之一。蔡言胜（2005）把《世说新语》中的方位词与《论衡》《左传》中的方位词进行对比。他比较了三部文献中方位词语义特征的变化，并以生命度高低、可数与否、普通或专有等为参项对方位词前面所选择的名词进行了分析。他对比了三部文献中前、后置词搭配构成的框式介词，认为这种格式从上古到中古呈现递减趋势，无须前置词引导而独立运用方位词的情况逐渐递增。

（四）文化研究

"东、南、西、北、左、右"负载了深厚的文化内涵，许多学者从文化的角度对这些方位词进行了研究。周前方（1995）从词法结构、词汇意义等语言角度阐释了汉语方位称谓词的构成。从君主时期等级制度的影响、宗法制度的影响、夫权思想影响、封建礼仪在人际关系中的影响等几个方面阐释了方位称谓词的产生和应用。黄发忠（1985）认为尊左的观念来源于左手的虚静安逸，尊右观念来自尊左的观念。常林炎（1989）认为尊右是主流文化现象，尊左是支流文化，认为各种尊左现象的产生都有一些特殊的原因。张霭堂（1992）反驳了黄发忠的观点，他认为尊右来自右手的方便有力，尊左则来自阳尚左和天道尚左。对方位词的文化内涵研究较为全面的学者当属杨琳（1996）。他对前辈学者关于尊右与尊左的研究结论给予了评价，并提出了自己的看法。他赞同张霭堂提出的尊右来自右手方便有力，但尊左主要来源于东方崇拜。他还从语言、文化综合的角度，从对四方神与对四方风名称析释的角度对"东、西、南、北"进行了较为全面的研究。他认为东、南主生，西、北主死，许多语言现象、文化现象的产生都与这种观念息息相关。另外，他还对人们尚中的文化观念进行了探讨。王希杰（2004）认为汉语和汉文化中尊右是主流，尊左是一种有条件的偏离现象，其他语言中也是尊右占主流地位。

（五）古代汉语方位词研究的特点

（1）与现代汉语方位词相比，古代汉语方位词研究成果不够丰富，理论基础薄弱

从数量上来看，古代汉语方位词研究成果大大少于现代汉语。古代汉语方位词的研究大多集中在传统语言学范围内，着重方位词句法、语义的分析。尽管一些学者运用认知语言学、语法化的理论来研究古代汉语方位

词，但这样的研究数量并不多，而且古代汉语的研究理论、方法多借鉴于
现代汉语，没有形成自己的理论特色。

（2）古代汉语方位词研究零星、分散，缺乏系统的研究

尽管各个时代的方位词都有学者进行过研究，但是多是"点"的研
究，仅仅对某一部或几部作品进行研究。这样"点"的研究对我们窥视
一个时代的方位词起到了重要作用，但是"点"毕竟不能代替"面"，只
有在对一个时代方位词整体了解的基础上，才能真正认清这个时代方位词
的特点，才能了解这个时代方位词与前后时代之间的关系。

古代汉语方位词必须借鉴现代汉语方位词的研究经验，不断拓宽自己
的研究视野，不断吸收新的理论来使自己的研究更加完善；同时也要继续
发挥古代汉语方位词研究中重视文献的传统，扩大文献的考察范围，真正
做到进行"面"的研究，只有把各个历史层面都弄清楚，我们才能真正
看清方位词的"史"。

第五节　唐五代时期方位词的特点

（1）唐五代时期方位词虚化趋势渐剧

1）方位词的意义泛化、虚化

唐五代时期，方位词的意义不断泛化，很多方位词不只表示本身所属
的方位意义，如"上""下"不仅表示本义，还有"里、中"义；"头"
不仅具有"上""前"等方位义，还有"边""里"等义；"底"有
"下"义，也有"上""里""边"等方位义。正因为方位词意义的泛化，
才出现了不同方位词表达同样的意义，我们以"手上""手下""手中"
为例来进行说明。

方经民（2002：62）指出在没有语境干扰的情况下，"X上"的不同
结构形式对各个义项的解释概率是：

主要承附面＞上方表面＞＞上方空间

由于表示"主要承附面"的"上"在解释概率中处于首位，出现的
频率非常高，因此表示附着于"手"这个表面的"手上"的例证也非常
多。例如：

　　大丸重六文，湿中丸重三文，温干则以漆抹在手上。（唐·蔺道人《仙授理伤续断秘方·医治整理补接次第口诀》）

　　或榆皮汁及余滑物，涂其手上。（唐·义净译《大宝积经》卷五十六）

　　"抹""涂"都需要承附面，因此"手上"义为在"手"这个附着面上。当"手上"与"领得""领入"相连时，"手上"与"手中"意义相同。例如：

　　今者汉子、佛德于都头手上领得雍归麦、替麦拾伍车。（S. 374《至道二年新乡副使王汉子等牒》）

　　乡农王师子手上领入黄麻三斗。（S. 5049《戊寅年某寺诸色斛斗如破计会》）

　　丙子年正月十八日，都师明信于前都师程法律手上见领得白面叁硕。（S. 6297《丙子年都师明信领得诸色斛斗历》）

　　"人"与表示处所方位的词语相连时，这些处所方位多具有"体"特征，而"上"典型的空间形状为"面"，因此当用"上"与"人"等词搭配时"手上"相当于"手中"。下面两例中"手上"与"手中"同样与"擎"搭配，可见"手上"与"手中"意义相同。

　　须弥山向手中擎，大海水于毛内吸。（S. 4571《维摩诘经讲经文》）

　　无端窜向青云外，不得而今手上擎。（唐·薛涛、李冶《薛涛、李冶诗集》《薛涛诗集杂咏·鹰离鞲》）

　　《汉语大词典》中"手下"有三个意义：

　　【手下】1. 管辖下，领属下。《三国志·吴志·甘宁传》："权特赐米酒众殽，宁乃料赐手下百余人食。"《宋书·柳元景传》："道生率手下骁锐纵兵射之，锋刃既交，虏又奔散。"2. 犹手头。曹禺《雷雨》第一幕："鲁贵：[得意]还有啦，钱，[贪婪地笑着]你手下也有不少钱啦!"3. 下手的时候。如：手下留情。

义项 1 是"手下"的主要意义，因为"下"不仅表示空间方位的"下面"，而且也表示等级、地位上处于"下级"。由于"下"具有"覆盖、笼罩"义，如"月光下"即表示"（某物或某人）处于月光的覆盖、笼罩之下"。处于覆盖、笼罩之下，自然就具有附属或依赖性，因此某人"手下"之人或物自然是处于低于（某人）的地位且附属于他的。"覆盖、笼罩"往往需要一个立体的三维空间，因此"下"自然与表示三维立体空间的方位词"中""里"同义。

> 此夜，母妻不来，死于奴婢手中。（唐·李延寿《北史》卷十九《孝文六王列传》）
> 其奴尝与乡人董震因醉角力，震扼其喉，毙于手下。（唐·李延寿《北史》卷三十三《李孝伯列传》）

"毙"于"手下"，"死"于"手中"，两句话表达的意义相同，因此"手下""手中"同义。在敦煌文献中，有很多"手下"与"领得""入"搭配，义同"手中"。例如：

> 梁户朱神德手下领得课油，抄录如后。（S. 5495《天复四年二月一日灯司领得课油抄》）
> 叁拾肆硕捌斗于公廨苏老宿手下入。（S. 5753《某寺癸巳年正月一日以后诸色入破历计会》）

通过上文的论述，我们知道敦煌文献中的"手下"与"手上"同义，它们都可以与"领得""入"等搭配，与"手中"同义。

方位词意义普遍虚化，表现为许多方位词虚化为处所标记，义同于"这/那里""处"，用来把前面的成分转化为处所成分。一个重要的证据就是方位词与指人名词的搭配。在现代汉语方位词中，除了需要以人的视点来确定方位的相对方位词"前、后、左、右"，以及表示范围的"里、内、中"外，方位词"上、下"等不能与指人名词搭配用来表达方位意义。储泽祥（1997：106）指出几乎所有的强形态名词①＊都能构成"N上"，而"老王""教授""士兵""人""虎""牛"等强性质名词不能构成"N上"。强性质名词后的方位标一般限于"前/后/里/中"四个，能和"上"结合的极少见。在唐五代敦煌文献中指人名词可以与"上""下"搭配，用来表达方位意义。例如：

　　羽下精兵六十万，团军下却五花营。（S. 5437《汉将王陵变》）
　　过失推向将军上，汉家兵法任交虏。（BD0866《李陵变文》）

在唐五代的传世文献中也有这样的用例：

　　景曰："与尔计，生活孰多？我止人上取，尔割天子调。"（唐·李百药《北齐书》卷十五《尉景列传》）
　　此外皆人上取得。（唐·李延寿《北史》卷五十四《司马子如列传》）

周一良（1985：413）认为上面两例中的"上"为虚词，是当时口语"人上犹言人民那边"。可见这里的"上""下"已经失去了具体的方位意义，只是作为处所标记，把前面的成分处所化。在汉魏南北朝时期方位词"所""许""边"有与此相似的用法。例如：

　　午言之赵王张敖所。（《史记》卷一百四《田叔列传》）
　　夫受斋法，必从他人边受。（汉·失译《大方便佛报恩经》卷六）
　　孙安国往殷中军许共论，往反精苦，客主无间。（《世说新语·文学》）

---

　　①　＊能够进入"把NV进＿"格式构成方所的体词，就是强形态体词。它包括：植物名词，表示工具、材料的名词，地名、建筑物名，某些自然物名，表人体、动物身体部分的名词，某些集合名词。不能进入"把NV进＿"格式的体词就是强性质体词。它包括：人称代词、反身代词，人名、衔位名词、职官名词、称谓名词，动物名词，某些自然现象名词，其他一些表人名词，某些文艺类名词。

"边""所"在唐五代的敦煌文献仍然保有这种虚化的方位用法。例如：

> 越王共范蠡向伍相边进言。（S. 328《伍子胥变文》）
> 乃被鬼使擒捉领到阎罗王所。（P. 3570V《刘萨呵和尚因缘记》）

方位词虚化的另一个证据是一些方位词，如"底""上"出现在其他方位词之后，这并不是两个方位词的简单并列，而是构成一个合成方位词，其中一个方位词是方位意义的主体，另外一个没有具体的方位意义。例如，"底"出现在"后"之后构成"后底"，表示"后头、后面"义；"上"出现在"西南""西北"等方位词之后，表示"西南方""西北方"之义。

2）一些方位词语法化为虚词

在唐五代时期方位词"里"虚化为语气助词。例如：

> 幸有光严童子里，不交伊去唱将来。（P. 2292《维摩诘经讲经文》）
> 佛向经中说着里，依文便请唱将来。（P. 2418《父母恩重经讲经文》）

吴福祥（1996：335）指出"里"本为表示处所、方位的实义名词，在中古文献中，"里"可以用于句尾，语气助词"里"很可能是由这类用于句尾的处所名词虚化来的。

"里"在唐五代时期已经向结构助词"里"转化。陈玉洁（2007）指出"里"在"N1 + 里 + N2"的结构中发展出标记领属关系的功能，此时它的方位意义并未完全消退，有时"里"的方位意义显著，处所有显著的"里–外"对立，有时只凸显 N2 存在的处所，"里"的方位意义不显著。例如：

> 每日在长连床上，恰似漆村里土地相似！（五代·释静、释筠《祖堂集》卷七《岩头和尚》）

　　"漆村里土地"主要说明"土地是存在于漆村的",并不凸显"里"的方位意义,在这样的环境中"里"逐渐褪掉方位指示意义而朝功能词方向发展。在这种演化过程中"存在即拥有"的认知机制起到了重要的作用,存在于某处即为某处所拥有,因此"土地"存在于"漆村"就是为漆村所有。关于结构助词"底",江蓝生(1999)、储泽祥(2002)都认为来自方位词,我们赞同他们的看法,后文将详细论证。

　　"后"虚化为假设助词,其例最早见于《祖堂集》:

　　　　师云:"为汝不荐祖。"僧曰:"荐后如何?"师云:"方知不是祖。"(五代·释静、释筠《祖堂集》卷九《大光和尚》)
　　　　师云:"不见道,能尽一切。"僧云:"尽后如何?"师云:"方知有此剑。"(五代·释静、释筠《祖堂集》卷八《曹山和尚》)

　　江蓝生(2002)认为"荐后如何""尽后如何"可以理解为"祭祀之后怎么样""铲除尽后怎么样",也可理解为"祭祀了怎么样""铲除尽了怎么样","后"类似于表示动作完成的动态助词。不管作何理解,"后"的意义发生虚化是显见的。

　　当"后"用于非假设句中时,"后"就成了语气助词,最早的用例出现在五代。例如:

　　　　把酒问春因底意,为谁来后为谁归?(五代·王周《问春》)

　　(2)合成方位词在唐五代迅速发展
　　唐五代时期合成方位词具有以下三个特点:类型多样、使用频率高、词汇化程度高。在描述编第八章我们将对这些特点进行详细论证。
　　(3)方位词在唐五代时期基本发展成熟
　　我们所谓的基本成熟,指的是方位词不仅继承魏晋南北朝以来的用法,而且现代汉语方位词的很多用法在唐五代时期就已经具备。我们以方位词"里"为例来进行说明。"里"是一个后起的方位词,在东汉才出现真正表三维空间的方位词"里",而且用法不多,到魏晋南北朝时期开始出现迅速增长的势头。若方位词"里"在唐五代发展成熟,其他比"里"更早出现的方位词自然已经发展成熟。汪维辉(2000:103)指出在魏晋南北朝时期"里"已经呈现迅猛增长的趋势，等朝代他对其进行了详细的说明。据他对晋、宋、齐、梁、北魏、北齐、北周、陈诗的统计，方位词"里"有216例，但与唐五代时期"里"的使用频率相比，使用频率较低。我们对《全唐诗》进行了统计，方位词"里"有321例。从意义上看，唐五代时"里"所具有的空间泛化意义、表示时间的意义、表示处于某种状态或过程之中的意义在魏晋南北朝时都已经出现，但使用频率低。以时间意义为例，在魏晋南北朝诗中"夜里"只有1例，而且还有异文，但仅在《全唐诗》中"夜里"就已经出现9例。从搭配上看，尽管唐五代时期能与"里"搭配的词语在魏晋南北朝时很多已经出现，如与抽象名词搭配，与具有划界意义的名词搭配，与具有无限延展性名词搭配，与集合名词搭配，与处所词或组织机构名词搭配，与形容词搭配，与动词搭配。总体上，唐五代时能与"里"搭配的词语范围更宽，如在魏晋南北朝时没有"里"与事件名词"病""酒"的搭配，但唐五代时已经出现。唐五代时还出现了"里"与指示代词"这/那"的搭配，这种搭配也是魏晋南北朝时期没有的。方位词"里"在唐五代时期开始虚化为结构助词、语气词。唐五代时期"里"所有的用法都保留到现代汉语普通话或方言之中，并得到了广泛应用。除了一些固定的习惯用法，如"四下里""私下里"等在唐五代时期没有出现，几乎现代汉语中所有关于方位词"里"的用法在唐五代时期都已经出现。

　　唐五代时期合成方位词也基本发展成熟，其用法保留在现代汉语普通话或方言中。例如，现代汉语普通话中没有"里许"这个合成方位词，但在上海宝山，江苏太仓、昆山等方言中保留了下来，义同"里边、里面"；"后底"也没有保留在现代汉语普通话中，但在山西襄垣，内蒙古西部，贵州大方，江苏常熟、宜兴、苏州、常州，上海崇明，广东海丰等方言中用它表达空间方位，义同"后边、后头"。"西南上""东南上"在唐五代时用来表示方位，邓欧英（2003：30）指出"上"用作"东南""西南""西北""东北"的后缀，义同"方""边""面"等，表示方向。这种用法在普通话中稀见，但在一些方言中可以看到，如山西忻州方言中"西南上""西北上""东北上"义同"西南方向""西北方向""东北方向"。

描　写　编

第一章

上　下

第一节　"上"的形式、语义分布

一　"X上"的形式、语义分布

（一）"X上"表示空间实指意义

（1）"X上"表示处于物体的表面或顶部

1）X为普通名词101例：

凡灶上不得安鸡毛狗骨及烧之，有飞祸。（P.2615a《帝推五姓阴阳等宅图经一卷》）

君王听法登金殿，释道谭经宝台上。（P.3808《长兴四年中兴殿应圣节讲经文》）

独泣空房襟上血，孤眠永夜梦中啼。（P.3812《诗歌丛钞》）

巫山小女隔云别，松花春风山上发。（《全唐诗》卷三百九十三李贺《神弦别曲》）

每日在长连床上，恰似漆村里土地相似！（五代·释静、释筠《祖堂集》卷七《岩头和尚》）

2）X为身体部位名词69例：

就芙蓉于膝上，长莲子怀中。（P.2505《书仪一卷》）

发于鬓上刚然白，麦向田中方肯黄。（P.3808《长兴四年中兴殿应圣节讲经文》）

菖蒲末亦得，及着口舌上甚效。（P. 3930《医方书》）

彤焉如巧人画鳌背上物，即之四顾，远迩细大，杂然陈乎前，引人目去，求瞬不得。（《全唐文》卷六百六刘禹锡《洗心亭记》）

"如何是沙门行李处？"云："头上戴角，身着毛衣。"（五代·释静、释筠《祖堂集》卷八《曹山和尚》）

3）X 为代词 2 例：

不觉蜘蛛在于其上，团团结就，百匝千遭，胡蝶被裹，在于其中，万计无由得出。（S. 2073《庐山远公话》）

远公忽望高原，乃唤此上，其境峻峰鹤鸣，涧下龙吟，百谷千峰，例皆花发。（S. 2073《庐山远公话》）

九疑第二峰，其上有仙坛。（《全唐诗》卷二百四十一元结《登九疑第二峰》）

寺东有石如台，乃庵其上，时人号石头和尚焉。（五代·释静、释筠《祖堂集》卷四《石头和尚》）

（2）"X 上"指物体在上但并不接触的上方空间
1）X 为任何具有纵向高低关系的名词 15 例：

香山阁上彩云飞，彩阁香山望转微。（P. 2673《唐诗文丛钞》）

若得片云遮顶上，楚将投来总安存。（P. 3697《捉季布变文》）

宫上盘旋非雾重，天边摇拽称云轻。（P. 3808《长兴四年中兴殿应圣节讲经文》）

胸中之万仞青山，压低气宇。头上之一轮红日，烧尽风云。（《全唐文》卷八百七十李宏冀《投姚洞天书》）

师云："头上宝盖生者不是？"僧云："如何则是？"师云："头上无宝盖。"（五代·释静、释筠《祖堂集》卷十四《鲁祖和尚》）

2）X 为副词 1 例：

红楼直上悬明镜，碧海当心陷玉盘。（P. 2973《诸杂书篇咏月诗

六首》）

　　及铸新钱，乃同流俗，"乾"字直上，"封"字在左。（后晋·刘昫《旧唐书》卷四十八《食货志》）

（二）"X 上"表示空间泛化意义

"X 上"泛指处所、范围或方面，可释为"边、侧""中/里""处""这/那里""这个地方"等。

（1）"X 上"相当于"X 边、侧"11 例：

　　我虽贞洁、质素无亏，今于水上泊沙，有幸得逢君子。（S. 328《伍子胥变文》）

　　蛟龙虽圣，不能杀岸上之人。（P. 2564《太公家教》）

　　江上女两两，溪边舞皎皎。（P. 3994《菩萨蛮》）

　　屏居淇水上，东野旷无山。（《全唐诗》卷一百二十六王维《淇上田园即事》）

　　德宗以万福为濠州刺史，万福驰至涡口，立马岸上，发进奉船，淄青将土停岸睥睨不敢动，诸道继进。（《全唐文》卷五百六十韩愈《顺宗实录四》）

（2）"X 上"指范围，"上"相当于"里/中"

1）X 为抽象名词 132 例：

　　凡井在子地，出不孝子，在丑上，不利家。在亥上，不利。井不得故，令人失明。井在刑上溺死。九月动井，凶。井在勾陈上，出狂。（P. 2615a《帝推五姓阴阳等宅图经一卷》）

　　伏愿灵山会上，长为［闻］法之人；莲花国中，永作淹泥之客。（P. 3163V《阳都衙斋文》）

　　裹中箫管不曾闻，筵上牺牲无处觅。（P. 3381《秦妇吟一卷》）

　　五音之日风起岁月日，时刑上黑色勃勃然，经刻冥冥不见人形，是谓妖风。（唐·瞿昙悉达《唐开元占经》卷九十一《风占》）

　　师竖起拳云："灵山会上与摩唤作什摩教?"对云："唤作拳教。"（五代·释静、释筠《祖堂集》卷九《罗山和尚》）

2）X 为处所词或组织机构名词 20 例：

乃令于寺上佛堂中读经。（S. 610《启颜录》）

早朝堂上起居了，诸房伯叔并通传。（P. 2633《崔氏妇人训女文一本》）

但道兖州庄上客，随君出入往来频。（P. 3697《捉季布变文》）

陛下往在藩邸，扈从三阳，在臣宅上休憩。（《全唐文》卷三百六王利文《上瑞麦表》）

师有一日法堂上坐，忽然喝一声，侍者惊讶，上和尚处看，并无人。（五代·释静、释筠《祖堂集》卷十六《南泉和尚》）

3）X 为具有无限延展性的名词 12 例：

路上逢醉人，抽身以下道。（S. 4307《新集严父教一本》）

正月一日平旦，取家长卧席于道上烧，去时气。（P. 2882V《医方书》）

或若道上疮出病死，须同行证盟。（P. 3448V《董善通张善保雇驼契》）

洛阳宫中花柳春，洛阳道上无行人。（《全唐诗》卷二百十五冯著《洛阳道》）

石室高沙弥往京城受戒，恰到朗州，经过次，近药山下，路上忽见一个老人。（五代·释静、释筠《祖堂集》卷四《药山和尚》）

4）X 为身体部位名词 33 例：

乡农王师子手上领入黄麻三斗。（S. 5049《戊寅年某寺诸色斛斗如破计会》）

身中使得坚牢藏，心上还出染患胎。（P. 2292《维摩诘经讲经文》）

典应庆于愿达手上交库日得麦一百一十六石。（P. 3234V《应庆麦粟油入破历》）

今接杯盘于手上而反复之，至危之事也。（唐·房玄龄《晋书》

卷二十七《五行志》)

掌中珠,心上气,爱惜岂将容易。(《全唐诗》卷八百九十七孙光宪《更漏子》)

5) X 为交通工具 3 例:

君为庐中之事,我为船上之人。(S.328《伍子胥变文》)

车上绮罗遥水面,船中鼓笛应山头。(P.2673《龙门赋》)

体着三枪、四枪者,车上载行。(BD0866《李陵变文》)

鱼买罾头活,酒沽船上香。(《全唐诗》卷六百八十四吴融《秋兴》)

冲乃令积草车上,放火烧南门,拟乘火突入。(后晋·刘昫《旧唐书》卷七十六《太宗诸子列传》)

6) X 为表示信息载体的名词 8 例:

经上分明亲说着,观音菩萨作仁王。(P.2187《破魔变一卷》)

状上只言粗豪酒醉,不曾茶酒相言。(P.2972《茶酒论》)

——总依书上说,不是歌里慢虚全。(P.3910《新合千文皇帝感辞》)

则王氏枥中,空有代劳之用;晋朝书上,全无称德之因。(《全唐文》卷七百七十王榮《马惜锦障泥赋》)

从上相承说,达摩和尚说法时,恐此土众生不信玄旨,数数引《楞伽经》来,缘经上有相似处。(五代·释静、释筠《祖堂集》卷十八《仰山和尚》)

(3)"X 上"表示"在某方面",X 为抽象名词 6 例:

菩提不是触尘摄,争得交他性上求。(S.3872《维摩诘经讲经文》)

万法而皆自心生,三界乃本从识上。(P.2292《维摩诘经讲经文》)

首列谏垣，操上已推于独步。（P. 4093《甘棠集》）

性上本无生，为对求人说。（五代·释静、释筠《祖堂集》卷二《第十九祖鸠摩罗多尊者》）

又时上堂云："理上通明，与佛齐肩；事上通明，咸同诸圣；事理俱通，

唤作什摩。"（五代·释静、释筠《祖堂集》卷九《罗山和尚》）

（4）"上"没有具体的方位意义，相当于处所标记，用来使前面的名词处所化，意义相当于"处""那/这里"

1）X 为数词 1 例：

上来宗师第十八上求佛地住处门中，次第解释之中，且有三段经文。（P. 2133V《金刚般若波罗蜜经讲经文》）

八十八上加十思维。（唐·湛然《法华文句记》卷一）

2）X 为方位词 16 例：

边上散劈硫黄，日中曝干。（S. 5435《失名医方》）

初夜闲行看月时，西南角上细如眉。（P. 2973《诸杂书篇咏月诗六首》）

取同坊南壁上进通上件屋舍两口，内一口无屋，东西叁仗五尺，南北一仗二尺。［S. 3877V《天成（复）贰年赤心乡百姓曹大行与令狐进通回换舍地契》］

十五日夜，从四更候月，五更一筹起东北上，食半强，入云不见。（唐·魏征《隋书》卷十七《律历志》）

今伺候，一更三筹起西北上，食准三分之二强，与历注同。（唐·魏征《隋书》卷十七《律历志》）

3）X 为指人名词 3 例：

已上三等破用壹仰一团人上，若有团家阙欠饭若薄妙罚在团头身上。（S. 3793《辛亥年团家三等食料案》）

所有欠物并君护等诸人上。（P. 3899V《唐开元十四年沙州勾征悬泉府马社钱案卷》）

过失推向将军上，汉家兵法任交赊。（BD0866《李陵变文》）

每于百僚上，猥诵佳句新。（唐·杜甫《杜工部集》卷一《奉赠韦左丞丈二十二韵》）

有钱石上好，无钱刘下好，士大夫张下好。（《全唐诗》卷八百七十六《选人语》）

4）X 为代词 1 例：

子年卯酉为轴，四角名廉路，当其上不得作宅。（P. 2615a《帝推五姓阴阳等宅图经一卷》）

吾庐在其上，偃卧朝复暮。（《全唐诗》卷四百五十三白居易《闲居自题》）

此上一切差别教法，无不皆是唯心所显。（五代·释延寿《宗镜录》卷二十九）

（5）词汇化的"身上"

1）"身上"置于指人名词 X 之后，表示责任的承担者 6 例：

官中税麦之时，过在仓司身上。（P. 3223《老宿绍建与僧法律愿庆相争根由责勘状》）

更若畔上失他主人农具铧镰刀锹钁袋器什物等，陪在作儿身上。（P. 3649《丁巳年四月七日莫高乡百姓贺保定雇工契》）

智定欠麦肆硕粟六硕，并在信子及男定君身上。（P. 3860《丙午年翟信子及男定君欠麦粟契》）

凡有殃咎宜加臣身上。（《全唐文》卷五百四十八韩愈《论佛骨表》）

2）"身上"义为"自己、本身"4 例：

寺主戒福、善清等二人身上欠麻两硕。（S. 4701《庚子年十二月

十四日都司仓常住斛斗案》）

　　总是门徒身上事，速须打扑锁心猿。（P. 2305V《无常经讲经文》）

　　周氏便夸身上艺，虽为下贱且超群。（P. 3697《捉季布变文》）

　　身上艺能无不通，就中草圣最天纵。（《全唐诗》卷二百四鲁收《怀素上人草书歌》）

　　欲得定知身上事，凭君为算小行年。（《全唐诗》卷三百八十六张籍《赠任道人》）

（三）"X 上"用来表示时间
X 为时间词或名词 6 例：

　　逐日早上各面一升。（S. 2474《油面破历》）
　　至若阳鸟旦上，引光於日枝。（P. 2481《书仪》）
　　三岁上必有大难。（P. 4071《星占书》）

在唐五代传世文献中，我们没发现"上"用来表示时间的用例。
（四）"X 上"表示地位、等级较高
（1）已经词汇化的"X 上" 5 例：

　　方今圣上，心同白水。（S. 78V《失名书仪》）

　　伏愿德光金简，为圣上之股肱；声振玉阶，显名彰于日下。（S. 5639《文样》）

　　阿爷莫怕，主上龙归沧海，今日便作万乘军王。（S. 2144《韩擒虎话本》）

　　伏以主上稽古，志遵旧典，所议助祭，实无明文。（后晋·刘昫《旧唐书》卷一百八十九下《儒学列传》）

　　惟圣上之慈爱，训义方于至道。（《全唐文》卷一百四十二李百药《赞道赋》）

（2）X 为副词 4 例：

是知佛法僧宝，最上福田。（S. 343《书仪镜》）

决列直须了却，最上聪明大智。（P. 3591《青剉和尚诫后学铭》）

严持最上香羞，唯新鲜之蔬菜。（P. 2133《妙法莲华经讲经文》）

苏州进藕，其最上者名曰"伤荷藕"。（唐·李肇《唐国史补》卷下）

我昔为王，尊居最上。（唐·释辨机《大唐西域记》卷九《摩揭陀国下》）

二 "上 X"的形式、语义分布

（一）"上 X"表示垂直关系中位置较高的一方

（1）X 为普通名词或抽象名词 13 例：

上仓倘若逆人心，不免此处生留难。（S. 328《伍子胥变文》）

上天降祸，大行皇帝皇太后丧云大行皇太后。（P. 3442《吉凶书仪上下卷》）

当即返身辞上界，速就冥间救母来。（BD02496《盂兰盆经讲经文》）

上苍久无雷，无乃号令乖。（唐·杜甫《杜工部集》卷二《夏日叹》）

其人因言："我上界人，知公有异剑，愿借一观。"（唐·段成式《酉阳杂俎》卷六《前集·器奇》）

（2）X 为身体部位名词 9 例：

端身坐盘石，以舌着上萼。（S. 2614《大目乾连冥间救母变文》）

上唇半斤有余，鼻孔竹筒浑小。（P. 3048《丑女缘起》）

上脉状如此，未知何脏先受其灾。（P. 3287《三部九候论》）

有着颊里及上腭，如此者名重腭。（唐·孙思邈《千金要方》卷九《少小婴孺方》）

视其上唇里弦有青息肉，如黍米大，以针决去之，差。（唐·王

煮《外台秘要》卷二十八《卒死方》)

(二)"上 X"表示等级或质量高

(1) X 为抽象名词21例:

　　伏以厶乙,名重西陲,誉流上国。(S. 78V《失名书仪》)

　　福微之者遂蔬餐,福盛之人皆上味。(S. 3872《维摩诘经讲经文》)

　　别举崇班,荣迁上品。(P. 3718《晋故归义军太原阎府君写真赞并序》)

　　昔用雄才登上第,今将重德合明君。(《全唐诗》卷六百五十方干《上杭州杜中丞》)

　　日映未,灌顶醍醐最上味。(五代·释静、释筠《祖堂集》卷十一《云门和尚》)

(2) X 为指人名词12例:

　　更有六和上士,坐竹径而遥视如来。(S. 4571《维摩诘经讲经文》)

　　上人传灯不倦,开后学之见知。(P. 2044《释门文范》)

　　上士保持虽意在,恶人计校已心生。(俄 Φ096《双恩记》)

　　爰有上人,挺生迦卫,信美东土,我违西裔。(《全唐文》卷四百三十八徐承嗣《东林寺舍利塔铭》)

　　师云:"上士聊闻便了却,中下意思莫能知。"(五代·释静、释筠《祖堂集》卷十《镜清和尚》)

(3) X 为形容词"好"6例:

　　若养六畜宜黄伯黑色,番息上好。(P. 2615a《帝推五姓阴阳等宅图经一卷》)

　　邻近觅上好地充替。(P. 3155V《天复四年令狐法姓租地契》)

　　若定住身不在,仰口承男德子取上好绢者。(P. 3603V《癸未年

八月七日龙勒乡张定仵借帛绢契》)

　　桃仁一千二百枚，捣令细熟，以上好酒一斗五升研滤三四遍。
(唐·孙思邈《千金要方》卷四《妇人方》)

　　取上好椒未经蒸者，取三大斗，分为两袋。(唐·王焘《外台秘
要》卷十八《服汤药色目方》)

(4) X 为职官名词 5 例：

　　时有镇国上将军任蛮奴越班走出奏而言曰："臣启陛下，且愿拜
将出师，剪戮后，收下西秦，驾行便去。"(S. 2144《韩擒虎话本》)
　　遂唤上将钟离末，各将轻骑后随身。(P. 3697《捉季布变文》)
　　又言上医察色，中医听声，下医诊候。(P. 3655《明堂五脏论》)
　　徐謇，当世上医。(唐·李延寿《北史》卷十九《孝文六王列
传》)
　　其十六卫各置上将军一人，秩从二品；左右金吾上将军，俸料次
于六统军支给。(后晋·刘昫《旧唐书》卷十二《德宗本纪》)

(三) "上 X" 表示时间、次序靠前，相当于 "前 X"
(1) X 为名词 8 例：

　　如来，请陈上事。(P. 2193《目连缘起》)
　　又从一枚起，还依上法。(P. 2565《医方书》)
　　奈何武帝取佞臣之言，道陵上祖已来，三代背汉，敕下所司，捕
捉陵之家口，一男一女，摊入云阳。(P. 3595《苏武李陵执别词》)
　　至永淳二年，回至西京，具以上事闻奏大帝。(《全唐文》卷九
百一十二志静《佛顶尊胜陀罗尼经序》)
　　大茆草王无子为王，作是念言："我上祖代代相承，皆是金轮王
之苗裔。"(五代·释静、释筠《祖堂集》卷一《释迦牟尼佛》)

(2) X 为量词 2 例：

　　上卷立铺毕，此入下卷。(P. 3697《捉季布变文》)

若言上段慈悲重，喜见还应独得名。（俄 Φ365《妙法莲华经讲经文》）

韩曰："上段孔子行是去齐来鲁也；下段孔子行是去鲁之卫也。"（唐·韩愈、李翱《论语笔解》卷下）

今请每房分为两卷，其上卷自九祖某公至元孙止，其下卷自父考及身已降，递相补注。（《全唐文》卷四百二十八于邵《河南于氏家谱后序》）

三　"上"的独用

（一）"上"的体词性用法

（1）"上"实指空间位置高 19 例：

上有双鸟，下有神鬼。（S. 2922《韩朋赋一首》）

向上云烟散散漫漫，向下铁锵撩撩乱乱。（S. 2614《大目乾连冥间救母变文》）

水者主寒，阴气在上，阳气在下，故曰冬寒。（P. 2581《孔子备问书一卷》）

左有精舍，上有宝坊，凭岩架壑，崛起堂殿。（《全唐文》卷四百四十五邵真《易州抱阳山定惠寺新造文殊师利菩萨记》）

僧便问："作摩生是在顶上底眼？"洞山云："不昧向上。"（五代·释静、释筠《祖堂集》卷四《丹霞和尚》）

（2）"上"用来转指等级、地位较高 16 例：

上者更须临恩，陪加忧恤，小者更须去义，转益功勤。（S. 5647《文样》）

上从兜率降人间，托荫王宫为生相。（P. 2999《太子成道经》）

唯虔奉上之心，永荷奖擢之力。（P. 3449《刺史书仪》）

夫选贤之义，无私为本；奉上之道，当仁是贵。（《全唐文》卷六太宗《答房元龄请解仆射诏》）

平明渡便桥，国忠欲断桥。上曰："后来者何以能济？"命缓之。（后晋·刘昫《旧唐书》卷九《玄宗本纪》）

（3）"上"用来指次序在前 7 例：

因此树故，如上四兽，识得大小。（P. 2187《四兽因缘》）

如上五说，是阴阳之枢纽，人伦之轨模，非夫博物明贤，无能悟斯道也。（P. 3865《宅经》）

上件渠人今缘水次逼近，切要通底汀口。（P. 5032《渠人转帖》）

其常贡上件物色，今后并不许进奉。（《全唐文》卷一百二十二郭威《却诸道贡物诏》）

王言："知汝四子实无过失，不幸横遭如上所说。此非我心，善贤之意。"（五代·释静、释筠《祖堂集》卷一《释迦牟尼佛》）

（二）"上"的饰词性用法

饰词性的"上"用在动词前作状语，或是用于实指空间方位或是用于转指地位、等级高 66 例：

此阵既圆，上合天地。（S. 2144《韩擒虎话本》）

摩珑琥珀，雕克珊瑚，祥风由动于馨香，瑞雾上凝于光彩。（S. 4571《维摩诘经讲经文》）

无状招祸，祸不及身，上延耶娘。（P. 3442《吉凶书仪上下卷》）

凡所赠官，宜兼赠母邑号，俾夫群臣受荣，上延父母，先帝遗泽，下及幽冥。（《全唐文》卷二十五元宗《上圣祖及诸庙帝后尊号推恩制》）

致泽靡下究，情不上通，事既壅隔，人怀疑阻。（后晋·刘昫《旧唐书》卷十二《德宗本纪》）

四 "上"的合成方位词

（一）前加式派生方位词

（1）"以上（已上）"53 例

1）"已上（以上）"或作主语或作定语，用来总括上文，有 26 例，其中 6 例作主语，20 例作定语：

已上尽是译经三藏，不是禅师。（S. 516《历代法宝记》）

已上六味，各随砂子分两。（P. 3093 V《杂方术》）

推地矩日：正月寅，二月巳，三月申，四月亥，五月卯，六月午，七月酉，八月子，九月辰，十月未，十一月戌，十二月丑。已上月日，逢此日不可穿地，大忌，煞人。（P. 3647《葬经》）

疏：已上是五帝三王乐名也。（唐·成玄英疏《南华真经注疏》卷十）

已上五件，委三司使条理奏闻。（《全唐文》卷一百十二后唐明宗《即位赦文》）

2）"已上（以上）"后附于 X 之后时，"X 已上（以上）"表示超过某个范围，或用来表示等第高

X 为数量词或名词 27 例：

满五匹以上，先决一百。（P. 3078《散颁刑部格卷》）

小功已上即单云顿首。（P. 3637《书仪一卷》）

疗丈夫册已上七十已下不及少年方。（P. 4038《道家医方》）

其五品已上先无爵邑者封开国男，六品已下各加一级。（《全唐文》卷四太宗《即位大赦诏》）

东都大内、上阳两宫，大率宫女四万人，品官黄衣已上三千人，衣朱紫者千余人。（后晋·刘昫《旧唐书》卷一百八十四《宦官列传》）

（2）"之上"全部后置于名词，没有前置以及独用的用法。"之上"前面的 X 不能为单音节词，"之上"的意义与用法与"上"大致相同

1）"X 之上"用于空间实指，表示空间上处于较高的位置 11 例：

臣得危言于初祚之际，邀福于九天之上。（S. 1889《敦煌氾氏家传并序》）

其夫人灵在金牌之上，对三百员战将，四十万群臣。（S. 5437《汉将王陵变》）

每入门须徐行登西阶之上，更无缓步。（P. 3716 V《新集书仪一卷》）

餐霞赤城之表，驭风紫霄之上，遁俗无闷，逢时有待。（《全唐文》卷十九睿宗《赐天师司马承祯三敕》）

灵鹤倏来，嘹唳于楼台之上。（五代·释静、释筠《祖堂集》卷十七《溟州崛山故通晓大师》）

2）"之上"表示等级、地位较高6例：

宠过祖先之上，威加大漠之中。（P.3720《张淮深造窟记》）

别号天尊，居大罗之上；独名大道，治玉景之中。（P.3766《辨证论》）

于殊常之义，坐着我众藩之上，我祖仍自不拜，启读不名，侍从临阶，剑屡上殿。（BD0866《李陵变文》）

朕以眇身，祗膺大宝，托王公之上，居兆亿之尊，励志克己，详求至治，兢兢业业，四载于兹矣。（《全唐文》卷五太宗《祈雨求直言诏》）

冬十月丙子，代国夫人杨氏改荣国夫人，品第一，位在王公母妻之上。（后晋·刘昫《旧唐书》卷四《高宗本纪》）

3）"X之上"用于泛指空间范围，相当于"X里/中"6例：

每经之上皆云价直百千两金，未知百千两金总有几斤？（S.610《启颜录》）

不可一日一月，长在净土之上，而不运行，无此道理。（S.6551V《说三皈五戒文》）

莫不青襟胄子，雍容广坐之前；硕学鸿儒，肃穆筵之上。（P.2481《书仪》）

今相公居庙堂之上，当台衮之任，与房、杜、苏、宋，列于青史。（《全唐文》卷五百十陆长源《上宰相书》）

但令百司群官各举其职，则公敛衽于庙堂之上，天下自理，何要权耶？（后晋·刘昫《旧唐书》卷一百五十八《韦贯之列传》）

4）"X 之上"相当于"边、侧"2 例：

太子丹使荆轲刺秦王，祖送易水之上。（P. 2524《语对》）

行经数步，即至奈河之上，见无数罪人，脱衣挂在树上，大哭数声，欲过不过，回回惶惶，五五三三，抱头啼哭。（S. 2614《大目乾连冥间救母变文》）

若乃泗水之上，岐山之侧，抚之则磬动奇音，被之则锦开新色，匠石见而惊骇，师涓闻而叹息。（《全唐文》卷一百六十八裴炎《古石赋》）

三年五月，悦以救军将至，率其众出战于御河之上，大败而还。（后晋·刘昫《旧唐书》卷一百四十一《田承嗣列传》）

（二）后加式派生方位词

（1）"上方"用于实指空间方位，有 8 例，其中 6 例前置作定语，2 例独用作宾语

植来高节几经霜，浓翠穿云出上方。（S. 76《前吉州馆驿寻官刘廷坚诗二首》）

顶礼上方大觉尊，归命难思清净众。（S. 2440《温室经讲唱押坐文》）

若要上方膳帝释，出门轻把白榆攀。（俄 Ф096《双恩记》）

上方看度鸟，后夜听吟猿。（《全唐诗》卷二百六十三严维《奉和独孤中丞游云门寺》）

坛上方十六步，每等广四步，设八陛。（后晋·刘昫《旧唐书》卷二十三《礼仪志》）

（2）"上头"有 9 例，其中 5 例独用作主、宾语，3 例后置作中心语，1 例前置作定语

前置作定语 1 例：

人人总色活，注着上头天。（P. 3833《王梵志诗卷第三》）

若有人将此相来问，则祛上头牛字对之。（五代·释静、释筠

《祖堂集》卷二十《五冠山瑞雪寺和尚》)

后置作中心语 3 例：

　　梦见在车上头，大富贵。(S.620《解梦书》)
　　谁家女儿楼上头，指挥婢子挂帘钩。(《全唐诗》卷三百八十八卢仝《楼上女儿曲》)

独用作主、宾语 5 例：

　　汝总见风吹翻干，上头翻动否？(S.516《历代法宝记》)
　　搏壁跻半空，喜得登上头。(《全唐诗》卷一百九十八岑参《登嘉州凌云寺作》)

（三）复合型合成方位词
"上"的复合型合成方位词有"头上"1 例，"面上"21 例。
（1）"头上"义为"前、最前"

　　所以经头上先置"如是"。(俄 Φ096《双恩记》)

（2）"面上"有 21 例。"面上"置于指人名词 X 之后，"X 面上"的意义大致相当于"X 处""X 那里"。"面"与"上"共同来表达方位概念，用来使前面的指人名词处所化。例如：

　　一仰阿兄郭定昌面上取本物。(S.1398《壬午年二月廿日慈惠乡百姓郭定成典身契》)
　　于索盈达面上买柽壹车，用土布壹匹。(S.4120《某寺布褐绫绢破历》)
　　平康百姓杜愿弘面上雇弟愿长。(P.5008《戊子年二月廿九夕梁户史汜三雇杜愿长契》)

在阐释编中我们将对"面上"进行详细论证。

五　"上"为趋向动词

趋向动词"上"22 例：

游弋探着，奏上霸王。(S. 5437《汉将王陵变》)

大王闻说喜徘徊，卷上珠帘御帐开。(S. 3048《丑女缘起》)

人患反花疮，烧马齿菜作烧灰，敷上，立差。(P. 2666V《单方》)

汁以地黄膏涂上，日一易。(唐·王焘《外台秘要》卷二十三《九瘘方》)

戴上玉钗时，迥与凡花异。(《全唐诗》卷八百九十七孙光宪《生查子》)

六　"上"为动词

动词"上"29 例：

更漱口了，更上药。(S. 5435《失名医方》)

皆是目连行孝顺，慈亲便得上天堂。(P. 2193《目连缘起》)

是以回车上路，整队还宫，音乐闻如不闻，舞袖见如不见。(俄Φ096《双恩记》)

伏恐本府已有追符，即日径须上路，倚大夏之节杖，入彭泽之篮舆。(《全唐文》卷七百七十八李商隐《献相国京兆公启》)

因高僧冲雨上堂，药山笑曰："汝来也。"(五代·释静、释筠《祖堂集》卷五《道吾和尚》)

七　"上"为动量词

动量词"上"2 例：

三五上，即效。(S. 5435《失名医方》)

又灸，如此三上，软白如银。(P. 3093V《杂方术》)

唐五代传世文献没有作动量词的"上"。

小　结

单纯方位词"上"在敦煌文献中有 649 例，后置用法 465 例，约占总数的 71.7%，其中空间实指用法 189 例，非空间实指用法 276 例；前置用法 76 例，约占总数的 11.7%；独用用法 108 例，其中体词性用法 42 例，饰词性用法 66 例，独用用法约占总数的 16.6%。除了方位用法外，"上"还有 22 例趋向动词的用法，29 例动词的用法以及 2 例量词的用法。合成方位词"上"共有 117 例，其中前加式派生方位词"以上（已上）" 53 例，"之上" 25 例；后加式派生方位词 17 例，其中"上方" 8 例，"上头" 9 例；复合型合成方位词"头上" 1 例，"面上" 21 例。在我们的语料中没有"上面""上边"的用例。在唐五代的传世文献中有"上头" 67 例，"上面" 8 例，没有"上边"的用例。

单纯方位词"上"共有四种意义：空间意义、时间意义、转指意义、用于表示次序在前的意义。空间意义包括空间实指意义、空间泛化意义。空间实指意义包括"处于物体的表面或顶部""指物体在上但并不接触的上方空间"。空间实指意义中以"处于物体的表面或顶部"为其主要用法。空间泛化意义中包括泛指"边、侧"，用来指范围、用来指方面、作为处所标记。转指意义用于转指等级、地位高。前置用法、后置用法的"上"四种意义齐备，独用的"上"缺少表示时间的意义。与后置用法相比，前置用法、独用用法要简单得多，空间泛化意义只出现在后置用法中。与单纯方位词相比，合成方位词以实指空间方位，转指地位、等级高的意义为主，合成方位词不具有表示时间的意义。

搭配上，"上"除了不与语气词、叹词、助词、连词等搭配外，可以与其他所有的词类搭配。与"上"搭配的大部分是名词，包括普通名词、抽象名词、指人名词、身体部位名词，以及处所词或组织机构名词等几乎所有名词。"上"还可以与方位词、数量词、代词、时间词等体词搭配。"上"在前置时可以与形容词搭配，就我们所见的用例，形容词仅限于"好"。"上"可以与介词"向""于""在"等搭配，也可以与副词"最""直"等搭配。合成方位词的搭配对象要少于单纯方位词，多与名词搭配，包括普通名词、抽象名词、身体部位名词、指人名词等，还可以与数量词、介词搭配，但不能与方位词、形容词等搭配，这与合成方位词的空间性较强有关。

与魏晋南北朝时期"上"的比较

魏晋南北朝是方位词大发展时期，通过与魏晋南北朝时期方位词的比较，能看清唐五代时期方位词的发展与变化。据林晓恒（2006：24）的统计，在《世说新语》《搜神记》《洛阳伽蓝记》《颜氏家训》四部文献中，单纯方位词"上"共有用例333例，其中后置用法228例，约占总数的68%；前置用法42例，约占总数的13%；独用的"上"共有63例，约占总数的19%。唐五代时期的后置用法比率为71.7%，高于魏晋南北朝时期的68%；前置用法比率为11.7%，低于魏晋南北朝时期的13%；独用用法的比率为16.6%，低于魏晋南北朝时期的19%。从魏晋南北朝到唐五代方位词"上"都是以后置用法为主，其次是独用的用法，使用最少的是前置用法。唐五代时期后加式派生方位词的数量要大大超过魏晋南北朝时期，在魏晋南北朝时期"上头"只有7例，"上面"3例，"上边"在传世文献中没有出现，复合型合成方位词"面上"在魏晋南北朝时期也还没有出现。

唐五代时期的"上"继承了魏晋南北朝时期所有的意义，并且扩大了使用范围，产生了新的意义。我们着重探讨一下空间泛化意义以及时间意义。在空间泛化意义中相当于"边、侧"义的意义在先秦已经出现，在《左传》中表示"边、侧"义的"上"就有22例。魏晋南北朝时表示"边、侧"义的"上"使用范围缩小，在《齐民要术》中甚至一例都没有出现，这个意义的"上"在唐五代敦煌文献中也仅仅出现了11例。相当于"里/中"意义的"上"在先秦就已经出现，但仅限于"车上"，在魏晋南北朝时相当于"里/中"的"上"搭配范围扩大，不仅出现在交通工具"车"等后面，还可以出现在一般名词之后，如《世说新语·自新》："机于船屋上遥谓之曰：'卿才如此，亦复作劫邪？'"可在处所词或组织机构词语之后，如《洛阳伽蓝记》："寺上经函至今犹存。"可在信息载体名词之后，如《洛阳伽蓝记》："幅上隶书云太和十九年、景明二年、延昌二年。"作为处所标记的"上"在魏晋南北朝也已经出现，如《世说新语·文学》："理亦应在阿堵上。"唐五代时期"上"搭配范围宽泛，不仅可以搭配抽象名词，还可以与代词、方位词、指人名词搭配。虽然魏晋南北朝时"上"可以与指人名词搭配，但"上"并不是处所标记，而用来转指等级、地位较高，如《世说新语·赏誉》："王太尉曰：'见裴令公精明朗然，笼盖人上，非凡识也。若死而可作，当与之同归。'"表示时间意义的"上"在南北朝时已经出现，但用例不多，在《世说新语》中仅出现1例，如《世说新语·品藻》："廉颇，蔺相如虽千载上死人，懔懔恒如有生气。"在《齐民要术》中出现了1例，如卷六："秋上子黑熟时，收取，散着池中，自生矣。"唐五代时附着在抽象名词之后，用来指某方面的"上"在魏晋南北朝尚未出现，这种用法属于唐五代时期的新用法。较为虚化的新用法的出现，搭配范围的扩大都表明唐五代时"上"的方位义越来越泛化、虚化。据林晓恒（2006）统计，在魏晋南北朝时期"上"的虚指用法出现频率只有2.48%，而到了唐五代时已经上升到11.8%。据我们统计，在唐五代时用于空间泛化的"上"占总数的43%，足见单纯方位词"上"的泛化程度。

　　由于单纯方位词"上"越来越泛化、虚化，用于空间实指的单纯方位词在不断减少，合成方位词的出现弥补了这种缺憾。因此，合成方位词多用来表示实指的空间，或是用来转指等级、地位高。唐五代时期的合成方位词，特别是后加式派生方位词的数量大大超过魏晋南北朝时期，在林晓恒（2006）的语料中，魏晋南北朝时期没有后加式派生方位词，而唐五代敦煌文献中仅"上头"就有9例。我们在《中国基本古籍库》中对"上头"进行了检索，在魏晋南北朝时"上头"仅有5例，唐代仅白居易的《白氏长庆集》中就有6例，足见合成方位词，特别是后加式派生方位词在唐五代时期发展迅速。

第二节　"下"的形式、语义分布

一　"X 下"的形式、语义分布

（一）"X 下"表示空间实指意义

（1）表示物体的下方区域或周边区域的下方，大致等同于英语的 below

1）X 为普通名词 55 例：

> 阶下往来三径迹，门前桃李四时春。（P. 2555V《诗文集》）
> 少妻灯下坐支颐，老母堂前愁啮齿。（P. 2714《十二时》）

骏马雕鞍穿锁甲，旗下依依认得真。(P. 3697《捉季布变文》)

辩才时年八十余，每日于窗下临学数遍，其笃好也如此。(《全唐文》卷三百一何延之《兰亭始末记》)

有一日，大师领大众出西墙下游行次，忽然野鸭子飞过去。(五代·释静、释筠《祖堂集》卷十五《五泄和尚》)

2）X 为身体部位名词 23 例：

畜小儿惊啼，书脐下作［贵］字，大吉。(P. 2666V《单方》)

鼻下一寸，受年一百。(P. 3645《前汉刘家太子传》)

银印垂腰下，天书在箧中。(P. 3812《诗歌丛钞》)

不堪腰下悬金印，已向云西寄玉田。(《全唐诗》卷三百王建《送唐大夫罢节归山》)

灸鼻下人中，三壮。(唐·王焘《外台秘要》卷二十八《卒死方》)

3）X 为副词 1 例：

横骨当脐直下，胞两旁是。(P. 3287《三部九候论》)

垂绳一头当脊正下以墨点讫。(唐·王焘《外台秘要》卷二十六《灸痔法方》)

道上直下穿井以邀防之，积薪井中，加火熏之，敌人自然焦灼。(唐·李筌《太白阴经》卷四《战攻具篇》)

（2）"X 下"表示在某物体近于垂直的下方部位，大致相当于英语的 under

1）X 为普通名词 56 例：

哀哀慈母黄泉下，乳哺之恩不易酬。(P. 2193《目连缘起》)

此小儿三度到我树下偷桃，我捉得，系着织机脚下，放之而去之，今已长成。(P. 3645《前汉刘家太子传》)

檐下三光满，窗中万象悬。(P. 3967《唐诗七首》)

床前沙鸟语，案下锦鳞惊。（《全唐诗》卷六百五十三方干《嘉兴县内池阁》）

思曰："速去速来，你若迟晚些子，不见吾。你若不见吾，不得床下大斧。"（五代·释静、释筠《祖堂集》卷四《石头和尚》）

2）X 为天体名词 6 例：

声振玉阶，显名彰于日下。（S. 530V《文样》）

想上官游情日下，拾玉韵于花间。（P. 2505《书仪一卷》）

云中想见游龙影，月下思闻飞鹊声。（P. 3619《唐诗丛钞》）

若非群玉山头见，会向瑶台月下逢。（《全唐诗》卷二十七李白《清平调》）

然光颜受国家恩深，誓不与逆贼同生日月下。（后晋·刘昫《旧唐书》卷一百六十一《李光进列传》）

3）X 为身体部位名词 15 例：

唯有三寸素书，在朋头下。（S. 2922《韩朋赋一首》）

黄金足下千花印，紫磨胸前万字新。（S. 4571《维摩诘经讲经文》）

捻脉指下轻重脉名类形状第二。（P. 3477《玄应脉经》）

新曲帐中发，清音指下来。（《全唐诗》卷六十李峤《筝》）

师问洞山："如何是出离之要？"洞山云："阇梨足下烟生。"（五代·释静、释筠《祖堂集》卷八《中山和尚》）

4）X 为代词 1 例：

铁锵万剑安其下，烟火千重遮四门。（S. 2614《大目乾连冥间救母变文》）

游鹍翔雁出其下，庆云清景相回旋。（《全唐诗》卷三百五十六刘禹锡《飞鸢操》）

周设石距十八，如碑之状，去坛二步，其下石跗入地数尺。（后

晋·刘昫《旧唐书》卷二十一《礼仪志》)

(二)"X下"表示空间泛化意义

"X下"泛指处所、范围或空间,可释为"里/中",或作为处所标记,义为"处""这/那里""这/那个地方"。

(1)"X下"表示范围,相当于"X里/中"

1) X为普通名词或抽象名词26例:

　　意徒会下听经人,知道莲花难得遇。(P.2305《妙法莲华经讲经文》)

　　不如林下鸟与鹊,母不失雏雄伴雌。(P.2492《白香山诗集》)

　　从泽中马力先战疲,帐下娥眉随李结。(P.3195《唐诗丛钞诗七首》)

　　公至其帐下,大哭流涕,因抚定其嗣,蕃人大喜。(《全唐文》卷二百三十三张说《兵部尚书代国公赠少保郭公行状》)

　　有一日,廊下见一禅师,号曰神策,年近六十有余。(五代·释静、释筼《祖堂集》卷三《一宿觉和尚》)

2) X为身体部位名词15例:

　　梁户朱神德手下领得课油抄录如后。(S.5495《天复四年二月一日灯司领得课油抄》)

　　疗心下停水,沥沥作声,大良。(P.3201《药方》)

　　油壹胜先年差胜手下贷将收不得用。(P.3490V《油破历》)

　　腹中雷鸣,心下痞坚而满。(唐·王焘《外台秘要》卷二《伤寒中风方》)

　　其奴尝与乡人董震因醉角力,震扼其喉,毙于手下。(唐·李延寿《北史》卷三十三《李孝伯列传》)

3) X为处所词或组织机构名词16例:

　　马门合地开来,放出大军,二将第四队插身,楚下并无直觉,唯

有季布奉霸王巡营，营内并无动静。（S. 5437《汉将王陵变》）

本出始兴，今都下亦种之。（P. 3714《新修本草》）

比来京下皆用细附子，有效。（P. 3714《新修本草》）

蜀中夫子时开卦，洛下书生解咏诗。（《全唐诗》卷一百二十五王维《故人张谞工诗善易卜兼能丹青草隶顷以诗见赠聊获酬之》）

神龙二年，令住京下，于大崇福寺翻译此经。（《全唐文》卷十九睿宗《大宝积经序》）

（2）"X下"表示某一方面，X为抽象名词1例：

口中不解语，情下极荒忙。（P. 3833《王梵志诗卷第三》）

意下纷纷造化机，笔头滴滴文章髓。（《全唐诗》卷六百四十四李咸用《读修睦上人歌篇》）

若也未逢匠伯，低首侧聆，意下寻思，卒摩搔不着。（五代·释静、释筠《祖堂集》卷九《罗山和尚》）

（3）"下"为处所标记，大致相当于"X处""X这/那个地方"
1）X为指人名词3例：

羽下精兵六十万，团军下却五花营。（P. 3697《汉将王陵变》）

语由未讫，陵下有一官决果管敢，校尉缘检校疏唯，李陵嗔打五下。（BD0866《李陵变文》）

战由未息，追取左贤王下兵马数十万人，四面围之，一时搦取。（BD0866《李陵变文》）

答曰："外边人皆云崔侍郎下，有气力者即存。"（唐·张鷟《朝野佥载》卷一）

有钱石上好，无钱刘下好，士大夫张下好。（《全唐诗》卷八百七十六《选人语》）

2）X为抽象名词21例：

从鬼下为冢穴，从魁在西，当骨星胜，有大陵稍尺之房。

（P. 2831《卜葬书》）

推玄尸法：男以功曹、女以［传］送加葬年，魁罡下为玄尸，不可葬。凡人如此，亦不得送丧。尝将月将加月建、征明下妨噢师人。常持征明加太岁，视行年上见魁罡，凶。常持功曹加太岁，年在魁罡下，大吉，师与主人同。（P. 2831《卜葬书》）

推地镜法：以神后加太岁月建，甲为天苍，庚为地苍，艮为地天府，坤下为地府，丙下为天对，壬下为地对，辛下为阳尸，乙下为阴尸，乾下为刑戮，巽下为死丧。太一下为天贵，征明下为［地］鬼，神后下为殃祸，胜先为天狱，小吉为天煞，大吉下为地煞，公曹为戮煞，传送为龙煞，太冲下为天神，从魁下为地神，天罡下天吞，天魁下为地吞。（P. 3647《葬经》）

凡天罡下为建，建为青龙。（唐·李筌《太白阴经》卷九《遁甲》）

登明加岁支天魁下为孤，太冲天罡下为虚。（唐·李筌《太白阴经》卷十《推神煞门户篇》）

（三）"X 下"表示时间意义

（1）X 为时间词或介词 6 例：

不知衾虎兵士到来一击，当时瓦解，当下擒将。（S. 2144《韩擒虎话本》）

一日，宝积菩萨承居士教化，当下心回，对居士面前，叙其往。（S. 3872《维摩诘经讲经文》）

当今日下，实是孤危。（BD0866《李陵变文》）

曲江昨日君相遇，当下遭他数十鞭。（《全唐诗》卷八百二楚儿《赠郑昌图》）

汝勿速去，当有难起，衰于日下。（五代·释静、释筠《祖堂集》卷二《第二十八祖菩提达摩和尚》）

（2）X 为动词或副词 5 例：

幼而出家，早禀师氏，于言下悟，阐化南天，大作佛事。

（S. 516《历代法宝记》）

又手又说寒温，直下令人失笑。（P. 3048《丑女缘起》）

但于言下知归处，誓学牟尼六度门。（P. 3375V《欢喜国王缘》）

言下忘言一时了，梦中说梦两重虚。（唐·白居易《白氏长庆集》卷六十五《读禅经》）

师低头沉吟顷刻，天皇云："见即直下便见，拟思则便差。"（五代·释静、释筠《祖堂集》卷五《龙潭和尚》）

（四）"X 下"表示次序在后

X 为代词或名词 5 例：

此下唱经，以此开赞修多罗藏所生功德，唯愿光明普照三千界，佛刹微尘国土中。（P. 2122V《佛说阿弥陀经押座文》）

伏惟翁婆万福，舅姨动止胜念。更有亲表，此下具言。（P. 3442《吉凶书上下卷》）

从头第一礼至九百九十九尊，直至末下一尊面前，放下盘珠。（S. 3771V《悉达太子修道因缘》）

自此下譬喻凡有六条：第一刍狗，第二舟车，第三枯槮，第四爐梨，第五猿狙，第六妍丑。（唐·成玄英《南华真经注疏》卷五）

神秀下普寂，普寂下懒瓒和尚。（五代·释静、释筠《祖堂集》卷三《懒瓒和尚》）

（五）"X 下"用于转指等级、地位低

（1）X 为职官名词或形容词 5 例：

厶官点率部下铁骑万人，亲往征讨。（S. 78V《失名书仪》）

世间丑陋，生于贫下。（P. 3048《丑女缘起》）

免有君王心挠烦，谩教臣下言腾沸。（俄 Φ096《双恩记》）

富豪者终年闲坐，贫下者终日牵船。（唐·杜牧《樊川集》卷十三《与汴州从事书》）

朕既深欢慰，欲与臣下同之。（后晋·刘昫《旧唐书》卷十六《穆宗本纪》）

（2）X为副词1例：

最下乞人，同如来福田之相。（P. 2341V《愿文》）

以是为差，九等最下，兼本丁租庸，犹输四五十贯。（《全唐文》卷三百八十六独孤及《答杨贲处士书》）

战国魏以吴起为将，与士卒最下者同衣食。（唐·杜佑《通典》卷一百五十二《兵五·抚士》）

（六）词汇化的"X下"

（1）X为普通名词或身体部位名词，用来转指较为尊贵的人，"陛下"3例，"殿下"6例，"阁下"3例，"足下"3例：

臣启陛下，蕃家弓箭为上，赌射只在殿前。（S. 2144《韩擒虎话本》）

臣忝备藩维，尚使胡尘不息，遂令陛下议欲迁都，此臣之责也。（后晋·刘昫《旧唐书》卷二《太宗本纪》）

殿下见之，非常惊怪。（P. 2999《太子成道经》）

纲毳矣，日过时流，坟树已拱，幸未就土，许傅圣躬，无以酬思，请效愚直，伏愿殿下详之。（《全唐文》卷一百三十三陈叔达《谏太子建成书》）

某姓官位公阁下。（P. 3442《吉凶书仪上下卷》）

月日，左拾遗张九龄谨奏记紫微令梁公阁下：公登庙堂运天下者久矣。（《全唐文》卷二百九十张九龄《上姚令公书》）

足下辛从帝邑来，诛灭陵亲实已否？（BD0866《李陵变文》）

毛子足下：勤身访道，不毒氛瘴，裹粮鬼门，放荡云海，有足多矣。（《全唐文》卷二百三十八卢藏用《答毛杰书》）

（2）X为天体名词"天"，组成"天下"用来转指天覆盖下的所有范围以及处于此范围内的所有的人31例：

百若齐心，横行天下。（S. 328《伍子胥变文》）

皇帝郊天礼毕，大赦天下。（P. 3723《记室备要一部并序》）

如此声名，传扬天下。（P. 4065《归义军曹氏表状稿三通》）

稳暖皆如我，天下无寒人。（唐·白居易《白氏长庆集》卷一《新制布裘诗》）

从马大师二十年外，有契道者千万，遍行天下。（五代·释静、释筠《祖堂集》卷三《第二十八祖菩提达摩和尚》）

二　"下 X"的形式、语义分布

（一）"下 X"用来指垂直空间方位中位置较低的区域

X 为名词 27 例：

魔王登时观下界，方见如来出世中。（P. 2187《破魔变一卷》）

下部纳皂荚末，少时如初生小儿啼，活。（P. 3596V《医药方》）

泽降丹霄，恩及下土。（P. 4065《归义军曹氏表状稿三通》）

日居复月诸，环回照下土。（唐·白居易《白氏长庆集》卷五十二《和祝苍华》）

师曰："还见佛不？"对曰："见。"师曰："什摩处见？"对曰："下界见。"（五代·释静、释筠《祖堂集》卷五《云岩和尚》）

（二）"下"用来转指等第、质量低

（1）X 为职官名词 3 例：

下官形骸若此，自拙为人。（S. 328《伍子胥变文》）

下官身是伍子胥，避楚逃逝入南吴。（S. 328《伍子胥变文》）

要去任王归国取，下官决定不相当。（P. 2305《妙法莲华经讲经文》）

况下官抱疹东山，不干时事；借人唱和，何损于朋党？（《全唐文》卷一百六十六卢照邻《与在朝诸贤书》）

朱温出师迎劳，接之以礼。谓之曰："下官屡以天子命达于公，如前年中翻然改图，与下官同力勤王，则岂有今日之事乎？"（后晋·刘昫《旧唐书》卷二百下《秦宗权列传》）

（2）X 为指人名词 2 例：

　　帝王尚自降他，况复凡流下庶？（S. 4398 V《降魔变一卷》）

　　不稳且言为贼士，既问须知非下人。（P. 3696《捉季布变文》）

　　此则听之于无形，求之于未有，虚心以待下庶。（唐·吴兢《贞观政要》卷五《公平第十六》）

　　若是下人出来着衣，更胜阿郎，奈何缘被人识得伊。（五代·释静、释筠《祖堂集》卷八《曹山和尚》）

（3）X 为形容词 6 例：

　　贱奴身虽为下贱，佛法一般。（S. 2073《庐山远公话》）

　　夫子留教，上遣如斯，不与你下愚之人解说。（S. 2073《庐山远公话》）

　　我为度下劣之辈，个个渐入佛智，示现如是众恶不净土耳。（S. 3872《维摩诘经讲经文》）

　　臣才虽下劣，而学实优长，窃自不逊，以为近古已来，未之有也。（《全唐文》卷二百七十四刘子元《重论孝经老子注议》）

　　臣虽下愚，忝胤先绪，驱率所统，归崇天极，道遥百济，装船理舫。（唐·杜佑《通典》卷一百八十五《边防一·东夷上》）

（4）X 为抽象名词 41 例：

　　感铭下恳，谨修状咨闻。（P. 3449《刺史书仪》）

　　伏惟上为宗社，特保冲和，下情所望。（P. 3723《记室备要一部并序》）

　　从结下诚，何愁重德。（P. 4093《甘棠集》）

　　既奉如此进止，奴奴还同再生，下情不胜喜跃。（《全唐文》卷一百金城公主《谢恩赐锦帛器物表》）

　　伏惟遵护，用慰祷祠，其他下诚，已具前状，云云。（唐·崔致远《桂苑笔耕集》卷七《盐铁李都相公二首》）

（三）"下 X"为时间、次序在后

X 为普通名词 4 例：

委被事状，述在下文。（S. 4398V《降魔变一卷》）

从开元十二年甲子入下元，今合用下元甲子，每一周年用一图，[一百八十] 年三元毕，周而复始。（P. 3594《宅经》）

从此下文是别序，目连得道复如何？（台北《盂兰盆经讲经文》）

答曰："依下文犯罪已发及已配，而更为罪者，各重其事。"（唐·长孙无忌《唐律疏议》卷三）

正一法文下卷云："凡为道民便受护身符及三戒，进受五戒、八戒，然后受箓。"（唐·陆海羽《三洞珠囊》卷六《清戒品》）

三 "下"的独用

（一）"下"的体词性用法

（1）用于空间实指 12 例：

目连承佛威力，腾身向下，急如风箭。（S. 2614《大目乾连冥间救母变文》）

下有水，上有山，一登一弄不能还。（P. 2673《龙门赋》）

肾者，在下，人之精气之本。（P. 3477《玄应脉经》）

上有六龙回日之高标，下有冲波逆折之回川。（唐·李白《李太白集》卷三《蜀道难》）

四祖在双峰山告众曰："吾来至此山时，于武德七年秋，于庐山顶上东北而望见此蕲州双峰山顶上有紫云如盖，下有白气横分六道。"（五代·释静、释筠《祖堂集》卷三《牛头和尚》）

（2）转指等级、质量较低的人或物 17 例：

所以孝从下起，恩乃上流。（S. 5520《社条本》）

大将须伫粮存信以恩恤下，得免其患。（P. 2632《手决一卷》）

先去大中十载，大唐差册立回鹘使御史中丞王端章持节赴单于，下有压押衙陈元弘走至沙洲界内，以游弈使佐承珍相见。（P. 2962

《张议潮变文》）

诛者，上施于下之辞，非百姓之相杀者也。（《全唐文》卷五百四十九韩愈《复仇状》）

儿子曰："启禅师：'是法平等，无有高下。'那得有这个言词障于某甲善心？再乞禅师垂慈容纳。"（五代·释静、释筠《祖堂集》卷三《慧忠国师》）

（3）表示次序在后 14 例：

次下便与门徒弟子唱经，能不能？（S. 6551V《说三皈五戒文》）

具条于下。（P. 3287《三部九侯论》）

切并著年、月、日向下具全衔厶牒。（P. 3449《刺史书仪》）

此略标义端，次下解释也。（唐·成玄英《南华真经注疏》卷三）

且列如来七世祖族名讳，具录如下。（唐·释道世《法苑珠林》卷十三《千佛篇第五之一·种姓部》）

（二）"下"的饰词性用法

"下"用来作状语 12 例：

岂唯下劝兆人，上供七庙。（P. 2481《书仪》）

岂以皇情下属，圣意曲垂，擢处重司，致于崇列。摩心揣分，上感鸿慈。（P. 3723《记室备要一部并序》）

下向熙连河沐浴，上登草座劝黎民。（BD03024《八相变》）

下延裨将，共荷鸿私。（唐·刘禹锡《刘梦得文集》卷十六《代谢端午日赐物》）

男子上向，女人下向。（唐·释一行《大毗庐遮那成佛经疏》卷四《入漫茶罗具缘真言品第二之余》）

四　"下"的合成方位词

（一）前加式派生方位词

（1）"以下（已下）"19 例，"以下（已下）"或作主语，或作定语

1）"已下"用来指下文的（内容）7 例：

已下不能广解也。（S. 4571《维摩诘经讲经文》）

更欲广申赞叹，恐度时光，不及子细谈扬，以下聊陈忏悔。（S. 6551V《说三皈五戒文》）

妇人修表不需诚惶诚恐已下语，直云谨言。（P. 3442《吉凶书仪上下卷》）

以下十八句以水中小贵。（唐·杨筠松《天玉经》卷一）

已下八卷并玄奘译。（唐·释道宣《大唐内典录》卷九下）

2）"以下（已下）"用来虚指范围，表示位置、次序或数目低于某一点或某一范围

a. X 为数量词 5 例：

总有四陂，每陂二亩已下时人于水中洒出大者。（P. 2005《沙州都督府图经》）

诸在官侵夺私田，一亩以下杖六十。（P. 3608《唐律疏议》）

七岁已下为无服之殇。（P. 4024《书仪》）

八十以上十岁以下，及笃疾、犯反逆、杀人应死者上请。（唐·长孙无忌《唐律疏议》卷四）

文武百官，自一品以下，逐月所给料钱并须均匀，数目多少，一般支给。（后晋·刘昫《旧唐书》卷二下《哀帝本纪》）

b. X 为名词 7 例：

又持胜福，次用庄严都衙已下诸官吏等。（P. 2058《叹佛文》）

自齐衰以下皆以布为绞带。（P. 2967《丧礼服制度》）

从胸已下，合为一体。（P. 3814《大唐西域记卷第二》）

疮发心胸以下者，武都、雄黄、松脂各三两，和为块，刀子刮为散，饮服方寸匕。（唐·孙思邈《千金宝要》卷二《疮疽痈肿第八》）

二月丁丑，幸国子学，亲释奠，赦大理、万年系囚，国子祭酒以

下及学生高第精勤者加一级，赐帛有差。（后晋·刘昫《旧唐书》卷三《太宗本纪》）

（2）"之下" 13 例

1）用于空间实指，表示垂直或接近垂直的下方，X 为普通名词 5 例：

　　沙弥蜜于绳床之下，攀援潜隐。（S. 2659V《大唐西域记一卷第一》）

　　日月虽明不照覆盆之下，刀剑虽利不斩无罪之人。（P. 2721《杂抄一卷并序》）

　　当见一鼠作窟在社树之下，人欲勋之，恐然社树。（P. 3645《前汉刘家太子传》）

　　长松之下列羽客，对坐不语南昌仙。（唐·李白《李太白集》卷七《当涂赵炎少府粉图山水歌》）

　　实冰于夷盘之中，置之尸床之下。（唐·杜佑《通典》卷八十四《礼四十四·凶六·丧制之二》）

2）表示在下方区域或下方附近区域，X 为普通名词 2 例：

　　寄通灵台之下，遗踪江湖之上。（P. 2524《语对》）
　　嵩刈之下，或出兰香。（P. 2564《太公家教》）
　　如闻蓬艾之下，蚊蚋犹虞，故当乘破竹以追奔，同燎原而扑灭。（《全唐文》卷四十三肃宗《亲征史思明诏》）
　　癸酉，令朝集使各举所部孝悌文武，集于泰山之下。（后晋·刘昫《旧唐书》卷八《玄宗本纪》）

3）"X 之下"相当于"X 里/中"，X 为名词 4 例：

　　雷音之下，有鼓难鸣；碧玉之前，那逞寸铁！（S. 2073《庐山远公话》）

　　回廊之下，上睹芳踪；法座之前，犹存旧迹。（P. 2044V《释门文范》）

盖闻夫天妇地，结因于三世之中；男阴女阳，纳婚于六礼之下。（P. 4525《放妻书》）

颜回、仲由炊之于坏屋之下。（唐·虞世南《北堂书钞》卷一百四十四《酒食部三·饭篇二》）

不妨一字之下，风律外彰，体德内蕴。（唐·释皎然《诗式》卷一《辩体有--十九字》）

4）用于表示时间，X 为时间词或动词 2 例：

今日之下，[乞与] 些些方便。（P. 2491《燕子赋一卷》）

太子既生之下，感得九龙吐水，沐浴一身。（BD03024《八相变》）

捶楚之下，无求不得，囚人畏痛，饰辞应之。（唐·房玄龄《晋书》卷六十九《刘隗列传》）

侍者去看，来报和尚，和尚令师来堂里打揲，云："老汉在这里住，聚得千七百人，今日之下，只得半个圣人。"（五代·释静、释筠《祖堂集》卷十《长庆和尚》）

（二）后加式派生方位词
（1）"下方" 6 例
前置作定语 1 例：

遍看下方诸位世界，何处堪吾托生腹？（BD03024《八相变》）

正殿云开露冕旒，下方珠翠压鳌头。（《全唐诗》卷七百四十六陈陶《朝元引四首》）

独用作主、宾、状语 5 例：

下方乞食上方去，尘俗难寻道者踪。（S. 529《失名行记》）

当即辞于天界，速往下方，趣入冥间，访觅慈母。（BD02496《盂兰盆经讲经文》）

东林西林兮入何处，上方下方兮通石路。（《全唐诗》卷二百五

十皇甫冉《庐山歌送至弘法师兼呈薛江州》)

　　见说九华峰上寺，日宫犹在下方开。(《全唐诗》卷四百九十六萧建《代书问费征君九华亭》)

　　(2)"下头"有2例，1例后置作中心语，1例前置作定语。

　　葱同渠地东头方地兼下头共两畦伍亩。 (S.2174《天复玖年(909)闰八月十二日神沙乡百姓董加盈兄弟分家书》)

　　谁知弥勒下头，便沐呼我号。(S.3872《维摩诘经讲经文》)

　　种柳，取青嫩枝如臂大，长六七尺，烧下头三二寸，埋二尺已来。(唐·韩鄂《四时纂要》卷一《正月》)

　　师云："速与！速与！下头概子冷，不欲得辜负，你莫形迹！"(五代·释静、释筠《祖堂集》卷九《落浦和尚》)

　　(三)复合型合成方位词
　　复合型合成方位词，包括"底下"2例，"脚下"15例，"目下"4例，"眼下"2例。
　　(1)"底下"2例：

　　杨妃亦见，拽的灵衬在龙床底下，权时把敷壁遮阑，便来前殿。(S.2144《韩擒虎话本》)

　　若也不信，行到龙床底下，见其灵衬，方可便信。(S.2144《韩擒虎话本》)

　　三更机底下，摸着是谁梭。(《全唐诗》卷五百十一张祜《读曲歌五首》)

　　通关穴二道在舌根底下，两边是。(唐·佚名《司牧安骥集》卷一《伯乐针经》)

　　(2)"脚下"15例
　　"下"与身体部位词"脚"组成一个新的方位词。我们将在后文把"脚下""面上"等放到一起来讨论。

帖至，限今月十日脚下并身及粟李家门内取齐。（S. 3714《亲情社转帖》）

一物已上分为两分，各注脚下。（S. 5647《叔侄分书》）

抬盘脚下洒滂沱，经像面前多碎骨。（P. 2714《十二时》）

复有梵本经四卷脚下注云："似是长安中出。"（唐·释智升《开元释教录》卷四下）

脚下六枝分脚下者，门下也。四祖下横出一宗。六枝者，牛头、融禅师等六祖。（五代·释静、释筠《祖堂集》卷一《第二十八祖菩提达摩和尚》）

（3）身体部位名词"目""眼"等与"下"组合成一个新的合成方位词，用来表示时间，义为"现在、当下"

"目下" 4例：

唯有子胥逃逝，目下未获。（S. 328《伍子胥变文》）

非但目下自如，三代子孙兴盛。（S. 5645《司马头陀地脉诀》）

若论目下别何方，吾且新辞道场内。（P. 2292《维摩诘经讲经文》）

汝绝目下事，从之复何难。（唐·李白《李太白集》卷十一《登敬亭山南望怀古赠窦主簿》）

彝举家十口，儿女幼弱，皆小寺中侨寄，目下绝粒。（《全唐文》卷五百三十三李观《代彝上苏州韦使君书》）

"眼下" 2例：

但悦其身眼下乐，宁知冥路拷亡魂。（S. 2614《大目乾连冥间救母变文》）

眼下应是不久灾。（P. 3655《青鸟子脉法》）

尚不能忧眼下身，因何更算人间事。（唐·白居易《白氏长庆集》卷五十二《答崔宾客晦叔十二月四日见寄》）

虽贫眼下无妨乐，纵病心中不与愁。（唐·白居易《白氏长庆集》卷六十九《会昌二年春题池西小楼》）

五 "下"为趋向动词

趋向动词"下"31例：

从兜率陀天降下阎浮提，生大姓婆罗门家，亦修苦行，从凡而成佛道。(P. 2999《太子成道经》)

欲投馆驿安下，全冀隆私，俯垂允容。(P. 3449《刺史书仪》)

宝珠解下汝收取，在意着心勤守护。(俄 Φ096《双恩记》)

解下佩刀无所惜，新闻天子付三刀。(《全唐诗》卷五百二姚合《裴大夫见过》)

至仪凤元年正月八日，南海县制旨寺遇印宗，印宗出寺迎接归寺瑞安下。(五代·释静、释筠《祖堂集》卷二《第三十三祖惠能和尚》)

六 "下"为动词

动词"下"115例：

子胥见吴王迎来，下马拜谢吴王。(S. 328《伍子胥变文》)

当下车之时，即歌来暮；及朝天之后，人有去恩。(P. 4092《新集杂别纸》)

不敢坐与下床来，礼拜高声唱善哉。(BD03024《八相变》)

开帘见新月，便即下阶拜。(《全唐诗》卷二百八十六李端《拜新月》)

师上堂，临下堂时云："有人问话者出来。"(五代·释静、释筠《祖堂集》卷十三《福先招庆和尚》)

七 "下"为动量词

动量词"下"3例：

锡杖敲门三五下，胸前不觉泪盈盈。(S. 2614《大目乾连冥间救

母变文》)

　　责情且决五下，枷项禁身推断。(P. 2491《燕子赋一卷》)

　　若打一下，诸坊布鼓自鸣；若打两下，江河腾沸；若打三下，天地昏暗。(P. 3645《前汉刘家太子传》)

　　鼓声三下红旗开，两龙跃出浮水来。(《全唐诗》卷二百七十五张建封《竞渡歌》)

　　师以手空中点一下，供奉无对。(五代·释静、释筠《祖堂集》卷十五《鹅湖和尚》)

小　结

　　单纯方位词"下"在敦煌文献中共有 445 例，后置用法有 307 例，包括空间实指 157 例，非空间实指 150 例，后置用法约占总数的 69%；前置用法有 83 例，包括 27 例空间实指用法，52 例转指用法，4 例指时间、次序在后，约占总数的 19%；独用用法有 55 例，包括体词性用法 43 例，饰词性用法 12 例，约占总数的 12%。"下"还有 31 例作趋向动词，115 例作动词，3 例作量词。合成方位词共有 60 例，其中前加式派生方位词有 32 例，"已下（以下）"19 例，"之下"13 例；后加式派生方位词有 8 例，包括"下方"6 例，"下头"2 例；复合型合成方位词有 23 例，包括"底下"2 例，"脚下"15 例，"眼下"2 例，"目下"4 例。在唐五代传世文献中有"下面"7 例，"下边"4 例，"下头"21 例，"下畔"17 例。

　　单纯方位词"下"有四种意义：空间意义、时间意义、转指意义、表示次序在后的意义。空间意义包括空间实指意义与空间泛化意义。空间实指意义包括"表示物体的下方区域或周边区域的下方，大致等同于英语的 below""表示在某物体近于垂直的下方部位，大致相当于英语的 under"两种用法。空间泛化意义包括"X 下"相当于"X 里/中"的意义，"下"作处所标记，相当于"X 处""X 这/那个地方"的意义。转指意义用来转指等级、质量低。合成方位词"已下（以下）"没有空间实指意义，用来转指等级、质量低或用来指次序在后。"之下"的用法同单纯方位词"下"的后置用法一致，包括空间实指意义，相当于"里/中"的意义，作为处所标记，以及表示时间意义。后加式派生方位词中 7 例用于空间实指，1 例用于表示次序在后。复合型合成方位词包括"底下""脚下""目下""眼下"，其中"目下""眼下"在唐五代以及后代传世文献中大量使用。

搭配上，"下"可以与除了助词、叹词、连词、语气词外所有词类搭配，搭配最多的是名词，包括普通名词、抽象名词、职官名词、身体部位名词、指人名词、天体名词、组织机构名词等几乎所有的名词。"下"还可以与时间词、数量词等体词性词语搭配，也可以同动词、形容词等谓词性词语搭配。与动词搭配的"下"大部分为趋向动词，一小部分用来表示时间。"下"还可以与副词、介词搭配。合成方位词可以与普通名词、抽象名词、天体名词、身体部位名词、职官名词等名词搭配，可以与时间词、数量词、动词等搭配，可以与介词搭配，但不能同指人名词、形容词搭配。

与魏晋南北朝时期"下"的比较

据林晓恒（2006：36）统计，"下"在魏晋南北朝时期共有 269 例，其中后置用法 189 例，约占总数的 70%；前置用法 34 例，约占总数的 13%；独用用法 46 例，约占总数的 17%。后置用法从魏晋南北朝至唐五代一直都占主导地位，唐五代时期后置用法的比率为 69%，同魏晋南北朝时期基本持平；前置用法的比率为 19%，高于魏晋南北朝时期的 13%；独用用法的比率为 12%，低于魏晋南北朝时期的 17%。后加式派生方位词在魏晋南北朝时期要少于唐五代时期，魏晋南北朝的传世文献中只有"下面"2 例，"下边"1 例，"下头"7 例。

语义上，空间意义、时间意义、转指意义、表示次序在后的意义，这些意义在魏晋南北朝时都已经出现。用于空间实指时，唐五代时义为"物体的下方区域或周边区域的下方，大致等同于英语的 below"的"X下"有 79 例，义为"在某物体近于垂直的下方部位，大致相当于英语的 under"的"X 下"有 78 例，这两种用法基本持平。据蔡言胜（2005）研究，在《世说新语》中第一种用法有 16 例，第二种用法有 27 例，义为"在某物体的近于垂直的下方部位，大致相当于英语的 under"的"X下"，多于义为"物体的下方区域或周边区域的下方，大致等同于英语的 below"的"X下"。在魏晋南北朝时方位词"下"已经出现了相当于"里/中"的意义，如《世说新语·俭啬》："王丞相俭节，帐下甘果盈溢不散。""下"的时间意义在魏晋南北朝以前就已经出现，如《论衡》卷十八《齐世篇》："又况当今在百代下，言事者目亲见之乎？"唐五代以前用来表示时间的"下"数量较少。

搭配上，唐五代时期"下"的搭配对象要多于魏晋南北朝时期。唐五代时"下"可以与动词搭配表示时间，但在魏晋南北朝时期没有这样的搭配。唐五代时"下"还可以与指人名词搭配，"下"为处所标记。虽然魏晋南北朝时"下"也可以与指人名词搭配，如南朝梁沈约《宋书》卷一《武帝本纪》："或说玄曰：'刘讳龙行虎步，视瞻不凡，恐不为人下，宜蚤为其所。'"但与指人名词搭配时，"下"不是作为处所标记，而是用来转指等级、地位低。除此之外，唐五代时期方位词"下"的搭配对象，在魏晋南北朝时都已出现。

第三节　上下

（1）表示空间方位"上与下"8例：

其上下左右相失不？（P. 3287《三部九候论》）

九候相应者，上下若一，不得相失也。（P. 3287《三部九候论》）

浮沉上下，逆顺循之。（P. 3287《三部九候论》）

上下有气各一丈许。（唐·瞿昙悉达《唐开元占经》卷八《日占》）

手足多肉，上下相称。（唐·孙思邈《千金要方》卷四十六《脾脏方》）

（2）表示空间上的"从上到下"1例：

仙人将仙衣裹手，把得孩儿，上下占相，即知是佛。（BD03024《八相变》）

上下周流，痛不可忍。（唐·孙思邈《千金要方》卷六《妇人方》）

其寺上下五重，凿石为之。（唐·释道世《法苑珠林》卷三十九《感通篇第二十一之余·圣迹部之余》）

（3）表示周围、附近 1 例：

上下不见邻里之人，何况千里之客？（S. 2922《韩朋赋一首》）·

观四维上下，不见法，不见身，不见心。（唐·独孤及《毗陵集》卷九《舒州山谷寺觉寂塔随镜智禅师碑铭并序》）

此患由来实是长，四维上下远茫茫。（五代·释静、释筠《祖堂集》卷四《丹霞和尚》）

（4）表示社会关系中居于上位的人与居于下位的人，犹言"尊卑、长幼" 2 例：

因即行侣会坐，上下商量，共修此古精蓝报答好事。（S. 3929《节度押衙知画行都料董保德建造兰若功德记》）

高低尽普，上下均平，声闻而个个赞君，菩萨而人人仰德。（俄Φ252《维摩诘所说经讲经文》）

上下一相蒙，马鹿遂颠倒。（《全唐诗》卷二百六十二古之奇《秦人谣》）

上下官僚辄缘私情相嘱者，其受嘱人宜封状奏闻。（后晋·刘昫《旧唐书》卷七《睿宗本纪》）

（5）"上下"用来转指一个集体中从上到下所有的人 10 例：

曹司上下，说公白健。（P. 2491《燕子赋一卷》）

厶切以上下人多，兼及尺头不少。（P. 3449《刺史书仪》）

专使上下共廿九人到院安下。（P. 3547《上都进奏院状》）

上下官僚，辄缘私情相嘱者，其受嘱人宜封状奏闻。（《全唐文》卷十八李旦《颁新格式制》）

斯亦离间之渐，必可使其上下俱怀情阻。（后晋·刘昫《旧唐书》卷九十七《郭元振列传》）

（6）"上""下"为动词，表示"或上或下""时上时下"，引申为"徘徊" 1 例：

青龙者，水之精也，乘云雨而上下。(P. 2683《瑞应图》)

映花莺上下，过水蝶悠飏。(《全唐诗》卷二百六李嘉祐《与郑锡游春》)

藻者，逐水上下，象圣王随代而应也。(后晋·刘昫《旧唐书》卷四十五《舆服志》)

"上下"在唐五代时期还可以表示"从前到后的一段时间"，如唐刘知几《史通》卷七《探赜第二十七》："今古上下数千载，春秋已往得其遗事者，盖惟首阳山二子而已。""上下"还可以用在时间词语之后表示对时间的估量，这种用法在魏晋南北朝就已经出现，如晋葛洪《抱朴子内篇》卷十六《小儿作黄金法》："取铅十斤于铁器中销之，二十日上下，更内铜器中，须铅销，内紫粉七方寸匕，搅之，即成黄金也。"在唐五代传世文献中我们没有找到这种用例。除了上述意义外，大约从唐代开始，"上下"有了"匹敌、差不多"的含义，如《全唐文》卷五百五十三韩愈《上张仆射第二书》："有张籍者，年长于翱，而亦学于仆，其文与翱相上下，一二年业之，庶几乎至也。""上下"还能用来表示"高低、胜负"，如唐陆龟蒙《孤雁》诗："晴鸢争上下，意气苦凌慢。"

"上、下"本是对立的两极，现转指以它们为顶点的整个空间距离，这是一种"部分代整体"的转喻。转喻是相接近或相关联的不同认知域中，一个凸显事物替代另一个事物。"上、下"作为一段空间距离的两个临界点，具有凸显的属性，因而能够发生转喻。

第四节　"上""下"对称与不对称

很多学者对现代汉语中"上""下"的对称性与不对称性做过研究。赵元任(1979：192)指出"上"的使用度大大高于"下"。吴之翰(吕叔湘)(1965)对大约10万字的材料进行统计显示，"上"出现140例，"下"仅出现37例，比率约为4：1。张春燕(1994)对984个常用动词进行了统计，487个能与"上"或"下"结合，这其中既能加"上"又能加"下"的有139个，占29%；只能加"上"的有317个，占65%；只能加"下"的31个，只占5%。可见大部分动词只能加"上"，一部分两者都能加，极少数只能加"下"。

运用敦煌文献的语料，我们来看一下"上""下"的对称与不对称性。方位词"上"在唐五代敦煌文献中有 651 例，方位词"下"有 447 例，比例大约是 1.5：1。趋向动词"上"有 19 例，趋向动词"下"有 31 例，"上"与"下"的比例是 1：1.6。张敏（2007）对唐五代的《大唐西域记》《朝野金载》《敦煌变文集》《祖堂集》的统计结果也显示，在作趋向动词时"下"占优势，"上"共有 51 例，"下"的总数达到 100 例。动词"上"在唐五代的敦煌文献中共有 29 例，"下"有 115 例，"上""下"的比例是 1：4。在唐五代时方位词"上"的用例多于"下"，与现代汉语不同的是在作趋向动词及动词时，"下"的用例要大大多于"上"。

语义上，现代汉语中的"上"既可以指位置高，又可以指接触的物体的表面，而"下"只可指位置低。唐五代时期，"上""下"这种语义区别就已经存在，上文已经介绍，不再赘述。在空间泛化意义中，"上"具有相当于"边、侧"义，"下"没有这种意义。方位词"上""下"都具有时间意义，但"上"既可以与时间词搭配，也可以与数量词搭配，而"下"只与时间词或动词搭配，不与数量词搭配。沈家煊（1999：150—160）指出现代汉语中作动词和趋向动词时，"上"不仅能表示由低处到高处，还能表示由一处到另一处，而"下"只是表示由高处到低处，有时"下"可以表示由一处到另一处，如"下车间"，但去具体的某个地点，如"上车间"只能说"上"不能说"下"。唐五代时动词"下"虽然数量多，但我们没发现一例具有"从一处到另一处"这样的意义。"上"作动词时虽只有 29 例，但已有 6 例表示"从一处到另一处"，如"上路""上厅"等。唐五代时趋向动词"下"后的宾语可以表示动作的终点，如"降下阎浮"，也可以表示动作的起点"跳下阶"。"上"只有表示终点的用例，如"领上法场"。沈家煊（1999：160）指出"上"在表示"合拢""达到""开始"等意义时没有对应的"下"。在唐五代时趋向动词"上"已经有"开始"等意义，如"驱上马"，但没有义为"合拢""达到"的"上"。作动词时"上"具有"添加"义，"下"没有相反的义项。动词"下"常常与"定"相联系，如"安下"，这种意义也是"上"所没有的。

我们来看一下"上""下"的对称性。首先，"上""下"都可以作方位词、动词、趋向动词、量词。作方位词的"上""下"在用法上基本是对称的。在空间实指时"上"用来表示较高的位置,"下"用来表示较低的位置。在转指时"上"转指等级、质量高,"下"转指等级、质量低。在表示次序时"上"表示次序在前,"下"表示次序在后。在唐五代时期,表示空间泛化意义时,"上""下"都具有相当于"里/中"的意义,具有作为处所标记的用法。作为趋向动词时,"上"表示通过动作使人或事物由低处向高处移动,如"卷上珠帘";"下"表示通过动作使人或事物由高处向低处移动,如"赚下落马"。"上"表示地位、等级低的人向地位等级高的人传递信息/进献东西等,如"奏上陈王""随状献上",在"上"作为趋向动词的19例中具有这种意义的有14例,约占总数的74%。"下"表示地位等级高的人对地位等级低的人实行的一些行为,如"敕既行下""诸州颁下",31例趋向动词"下"中具有这种意义的只有6例,约占总数的19%。趋向动词"上"有"添加"义,如"揭上头牟","下"有"脱离"义,如"宝珠解下"。作为趋向动词的"上""下"都能表示结果,如"趁上李陵""收下西秦"。作为动词的"上"表示从低处到高处的动作,如"上马","下"表示从低处到高处的动作,如"下马"。动词"上"也可以表示地位等级低的人对地位等级高的人所实行的行为动作,如"上表","下"表示地位等级高的人对地位等级低的人所作的动作行为,如"下疏"。

有些学者认为"下"具有量词的用法,而"上"没有量词的用法,因此认为两者存在着不对称性。"上"并不是没有量词的用法,袁宾(1986)认为下面例句中的"一上"就是"一场、一番"的意思。例如:

> 若不是松山,几被个老翁惑乱一上。(宋·释普济《五灯会元》卷三《松山和尚》)
> 老僧三十年前至定山,被他热谩一上。(宋·释普济《五灯会元》卷九《定山神英禅师》)
> 我不是不会,只是未谙,待见这老汉共伊理会一上。(宋·释普济《五灯会元》卷十八《信相宗显禅师》)

"惑乱一上"意为惑乱一场,"理会一上"意为理会一番。"上"这种动量词的用法并非到宋代才出现,我们在唐五代的敦煌文献中就发现了相关用例，如 S. 5435《失名医方》："三五上，即校。" P. 3093 V《杂方术》："又灸，如此三上，软白如银。"这两例中的"上"当然可以理解为动词，但它们放在数词之后，表示针灸的次数，因此理解为"三五次""三次"也无妨。宋代除了《五灯会元》外，我们在《朱子语类》中也发现了"上"作为量词的用法，如《朱子语类》卷一百二十三："禅学后来学者摸索一上，无可摸索，自会转去。"《朱子语类》卷一百三十七："及元祐间议废之，复词赋，争辩一上，临了又却只是说经义难考。"敦煌文献以及《朱子语类》中这些"上"可以理解为义同"回""次""番""场"等动量词。唐五代时"上""下"都有量词的用法，它们是对称的。

　　"一下"与"一上"在作动量词时意义、用法并不完全对称。袁宾（1986）把《五灯会元》中的"一下"与"一上"作了比较，得出结论："'一下'有与'一上'相同的语法作用，即置于动词（或动宾词组）后，对谓语动词作补充说明。但是'一下'所说明的多是某个具体简单、时间短促的动作，而'一上'说明的则是须经过一段时间的比较复杂的行为。"

　　我们赞同袁宾的说法，认为"一上""一下"在时间量上的差别，与"上""下"自身的语义及其人们的认知有密切的关系。"上"作为趋向动词的意义是"由低处到高处"，"下"的意义是"由高处到低处"。人们会有这样的经验：往杯子里倒水，随着水越倒越多，杯子中的水位就会从低到高，水位上升。书上再摞书，数量就会增加，同时人会感觉到高度也发生了变化。如此的生活经验不断地重复，而且它们同样显示数量域与空间域之间的对应——多为上，少为下，这样的生活经验就进入了人类的认知结构。人们总是从自己身体与外界事物互动过程中获得的经验出发去理解客观世界，正是因为在人类的认知中，总是把数量多的事物与"上"对应，数量少的事物与"下"对应，所以趋向动词"上""下"在向动量词演化时，在凸显事物的时间量时，仍然保留着"上"对应时间量多、时间长这样的特征，而"下"在表达时量时，只能对应着短时、少量。

　　袁宾（1986）认为"一上"就是"一场、一番"的意思，《汉语大词典》也指出"一上"犹言"一番"。作为动量词的"上"能够与动量词"场""番"对应，说明它们之间有着密切的关系。邵敬敏（1996）把"番"归为具有情态量的持续动量词，指出："'番'主要表示费时费力地去做某件事，主要适用于言说动词，如'议论、汇报、介绍、报告'，或者与言说有关的动词，如'调查、研究、表演、重复'。"番"表示花费较长时间或较多精力去做某件事，并尽心尽力，力求完美，因而有褒义倾向。据沈家煊（1999：176）研究，"上"与"大""好"都是正面词，这些正面词之间有自然的联系，能够共同构成无标记的组配。通过邵敬敏（1996）的分析，我们知道"番"具有褒义，具有褒义的"番"显然也是正面词，所以能够与"上"形成一种无标记的组配。另外，"场"也强调有头有尾的一个事件，不仅累计量较大，而且经历的时间也较长。因此，"番""场"与表示时量多、时量长的"上"是完全吻合的，"上"与"番""场"能够形成一种无标记的组配，表示一段较长的时间。

　　为什么"上"作为动量词在数量、使用时间、使用范围上要远远逊色于"下"呢？我们认为这与"下"作动词、趋向动词在数量上远远超过"上"有关。动量词与动词、趋向动词密切相关，在唐五代时期"下"作为动词的比率是"上"的4倍，作为趋向动词的"下"是"上"的1.6倍，因此"下"与动量词的联系更为紧密。"下"作为动量词在魏晋时期就已经迅速发展，到唐五代时已经非常成熟，而与动量词"上"具有相同意义的"番""次"在唐五代时已经发展完备，不需要"上"再去充实其队伍。因此，作为动量词的"上"只在唐、宋昙花一现。

第二章

前　后

第一节　"前"的形式、语义分布

一　"X前"的形式、语义分布

（一）"X前"表示参照物面向的方向、区域或部位

（1）X为普通名词204例：

伍奢闻之忿怒，不惧雷电之威，被发直至殿前，触圣请而直谏。
（S.328《伍子胥变文》）

凡题吊书，父亡书题云昔前，母亡云苦前。（S.329《书仪镜》）

达叶峰前，犹禀昔时之命；桃林塞畔，方沾此日之人。（P.4093
《甘棠集》）

楞伽堆案前，楚辞系肘后。（《全唐诗》卷三百九十二李贺《赠
陈商》）

师到石霜，将锹子向法堂前过来过去。（五代·释静、释筠《祖
堂集》卷六《渐源和尚》）

（2）X为指人名词或称谓名词68例：

不了慈亲罪因，雨泪佛前启告。（P.2193《目连缘起》）

雀儿及燕子，皆总立王前。（P.2653《燕子赋一卷》）

帝复来，鱼衔千里珠置帝前而去。（P.2524《语对》）

云竿百尺，绳直规圆，惟有力者，树之君前。（《全唐文》卷二百三十四张楚金《透撞童儿赋》）

后再见马大师，于大师前旋行一匝作圆相，然后于中心礼拜。（五代·释静、释筠《祖堂集》卷四《觥源和尚》）

（3）X 为代词 3 例：

感得龙天奉引其前，亦得天女迎接，一往迎前忉利天，忉利天受快乐。（P. 2614《大目乾连冥间救母变文》）

漆虽黑，乡其前。（P. 3883《孔子项讬相问书》）

和尚近就其前，便即问其所以。（BD02496《盂兰盆讲经文》）

闲上望京台，万山蔽其前。（《全唐诗》卷四百七十三李逢吉《望京楼上寄令狐华州》）

龙章凤黻照其前，锵金鸣玉叠其后。（《全唐文》卷一百七十九王勃《上刘右相书》）

（4）X 为身体部位名词 9 例：

深深长画眉绿，雪散胸前。（P. 2838V《云谣集杂曲子》）

灸大便孔前一寸，玉茎后即是。（P. 3378《十五杂疗病药方残卷》）

关前脉若少阳虚，关上逢之胃气物，若在尺上阳道绝，痿痛引肉及皮肤。（P. 3655《七表八里三部脉》）

红蛮杆拨贴胸前，移坐当头近御筵。（《全唐诗》卷三百二李峤《宝剑篇》）

髆上全无项，胸前别有头。（后晋·刘昫《旧唐书》卷一百九十一《方伎列传》）

（二）"X 前"指过去经历的时间
（1）X 为时间词或名词 157 例：

和尚，贱身生居草也，长向王宫，三五日前，大王占相道故，却

后七日命终，方我归家，令辞父母。（P. 3375V《欢喜国王缘》）

每年行水，春分前十五日行用。（P. 3560《沙州敦煌县行用水细则》）

秋贵重阳冬贵腊，不如寒食在春前。（P. 3252V《唐诗文丛钞》）

三十年前老健儿，刚被郎中遣作诗。（《全唐诗》卷三百十四王智兴《徐州使院赋》）

嘉禾未必春前熟，君子从来用有时。（五代·释静、释筠《祖堂集》卷七《雪峰和尚》）

（2）"X 前"用来表示早于某动作或某事件的时间，X 为动词或动词性短语 25 例：

欲拟出门前，但依严父教。（S. 4307《新集严父教一本》）

生前自作七分收，死后为之得一分。（P. 2305V《无常经讲经文》）

醒前犹自记华章，醉后无论绢与墙。（P. 2555V《诗文集》）

桐木布温吟倦后，桃花饭熟醉醒前。（《全唐诗》卷六百十四皮日休《醉中即席赠润卿博士》）

愿未死前，一见病弟异人术士，求其所未求，以甘其心，厚其衣食之地。（《全唐文》卷七百五十三杜牧《上宰相求湖州第二启》）

二　"前 X"的形式、语义分析

（一）"前 X"表示靠前的空间方位、次序

（1）X 为普通名词 6 例：

才叹羡了，便却归前官房内。（S. 4633《太子成道变文》）

八座龟龙，腾之前席。（P. 3723《记室备要一部并序》）

不取前殿谏，唯爱后庭花。（P. 4985《杜荀鹤诗四首》）

后庭联舞唱，前席仰恩辉。（《全唐诗》卷九十二李乂《奉和人日清晖阁宴群臣遇雪应制》）

良久，赤块北飞，越前殿飞入佛阁网中，如三门周绕转而火作。（后晋·刘昫《旧唐书》卷三十七《五行志》）

（2）X为抽象名词或数量词4例：

此唱经缘前文中明真身不动。（P.2133V《金刚般若波罗蜜经讲经文》）

辞牓子依前半张。（P.3449《刺史书仪》）

名彰前列，道茂当朝。（P.3723《记室备要一部并序》）

呜呼！公之世胄勋华，职官扬历，并已托于寄莫，备在前文。（《全唐文》卷七百八十二李商隐《重祭外舅司徒公文》）

有病虚羸黄瘦者，服如前一方。（唐·孙思邈《千金要方》卷六《妇人方》）

（二）"前X"表示参照物面向的方向、区域或部位
X为普通名词11例：

愿我平安达前所，行无滞碍得通流。（S.328《伍子胥变文》）

师前徒倒戈，自攻其后。（P.2668《闽外春秋》）

慢捶胸，徒下泪，前路忙忙没依倚。（P.2714《十二时》）

莫愁前路无知己，天下谁人不识君。（《全唐诗》卷二百十四高适《别董大二首》）

流人未达前所者，徙防西州。（后晋·刘昫《旧唐书》卷三《太宗本纪》）

（三）已经词汇化的"前X"
（1）"前程（呈/逞）"16例
1）义为"前方的路程"13例：

恰到病来卧在床，一无支抵前程道。（P.2305V《无常经讲经文》）

劝君取语早修行，前程免受波咤苦。（P.2714《十二时》）

今乃共使臣同往，望仆射以作周旋，得达前程，往回平善，此恩之得，何敢忘焉。（P.2945《权知归义军节度兵马留后使状稿》）

向夕问舟子，前程复几多。（《全唐诗》卷一百六十孟浩然《问

舟子》)

逮前程之尚遥，顾所离而日远。(《全唐文》卷五百九十五欧阳詹《出门赋》)

2) 义为"未来的状况"2例:

四方开泰，使人不失于前程。(S. 5589《散食文一本》)

前逞倘若腾荣日，专心驻目望回鞭。(P. 3676《饯送达法师诗钞》)

谩道强亲堪倚赖，到头须是有前程。(唐·杜荀鹤《杜荀鹤文集》卷三《遣怀》)

强说前程聊自慰，未知携手定何时。(《全唐诗》卷二百七十一窦叔向《酬李袁州嘉佑》)

3) 转指"前路需要的费用"1例:

以长官夫妇情深，净能遂救其性命，但当赴任，将绢以充前程，无使再三。(S. 6836《叶净能诗》)

在唐五代传世文献中，我们没有见到用来转指"前路需要的费用"的"前程"的用例。

(2)"前人"31例

1) 义为"以前的人"3例:

前人掣绳挽之，后人以棒打之。(S. 462《金光明经果报记》)

前人多贮积，后人无惭愧。(S. 778《王梵志诗集并序》)

况某等往日并资前人，令及身行，即无后继。(P. 2979《唐开元二十四年岐州郿县县尉判集》)

还看古人书，复举前人瓢。(《全唐诗》卷三百四十二韩愈《与张十八同效阮步兵一日复一夕》)

所以光武形于诏令，《春秋》不书祥瑞，朕诚薄德，思及前人。(后晋·刘昫《旧唐书》卷十四《宪宗本纪》)

2）转指"对方"28例：

但看前人轻重行之，即免差失矣。（P.2622《吉凶书仪上下两卷》）

前人赐许婚，判命向前走。（P.3418《王梵志诗》）

如前人卑小即言：敬惟、敬愿。（P.3502V《书仪》）

不欲令死，唯欲前人疾病苦痛者，又减二等。（唐·长孙无忌《唐律疏议》卷十八）

夫前人唾者，发于怒也，汝今拭之，是恶其唾而拭之，是逆前人怒也。（唐·刘𫗧《隋唐嘉话》）

（四）"前X"用于表示时间
（1）指过去的、较早的时间，X为动词、时间词或名词82例：

比来丑陋前生种，今日端严过释迦。（P.3048《丑女缘起》）

并伪造前代官文书印，若将行用，因得成官。（P.3078《散颁刑部格卷》）

道茂前贤，誉高时达。（P.3723《记室备要一部并序》）

草露经前代，津梁及后人。（《全唐诗》卷二百四十八郎士元《双林寺谒傅大士》）

古所谓一国为一人兴，前贤为后愚废，信矣哉！（后晋·刘昫《旧唐书》卷五《高宗本纪》）

（2）"前X"义为从前的，X为职官名词或普通名词7例：

并仰前所由伯明勾当收什。（S.2447《壬子二年二月二日前知经藏僧光璨并伯明交割手帖》）

于前执仓所由法律惠清、福达、保员、惠慈四人手上现领得粟叁佰叁拾硕。（S.4613《庚申年八月至申酉年三月敦煌都司前后执仓斛斗交历》）

前家男女不孝，见妾后园摘桃，树下多埋恶刺。（S.4654《舜子变》）

夷州流人前颖州刺史李岵，幸以宗属，列于藩任。(《全唐文》卷四十七代宗《赐李岵自尽诏》)

制以太中大夫、前御史中丞裴贽为礼部尚书、知贡举。(后晋·刘昫《旧唐书》卷二十上《昭宗本纪》)

三 "前" 的独用

(一)"前"的体词性用法

(1)"前"表示面向的方向、部位或区域，独用作主、宾语78例：

妇人卓立审思量，不敢向前相附近。(S. 328《伍子胥变文》)

猛火龙蛇难向前，造次无由作方便。(S. 2614《大目乾连冥间救母变文》)

凡安宅，前下后高，有流水东南流，居之富贵，宜子孙。(P. 3865《宅经》)

当来日大难行，前有坂，后有坑，大梁侧，小梁倾。(《全唐诗》卷二十元稹《当来日大难》)

师却唤座主向前来，座主一时向前来。(五代·释静、释筠《祖堂集》卷三《慧忠国师》)

(2)"前"表示时间、次序在前20例：

若本身死亡者，仰众社盖白耽拽，便送赠例，同前一般。(S. 527《显德六年正月三日女人社再立条件》)

慈母却归地狱，依前受苦不休。(P. 2193《目连缘起》)

夫妇拟百年，妻即在前死。(P. 3418《王梵志诗》)

长安柳枝春欲来，洛阳梨花在前开。(《全唐诗》卷一百九十九岑参《送魏四落第还乡》)

可封广宁公主，依前实封一千户。(《全唐文》卷二十五元宗《封广宁公主制》)

（3）"向前"表示"先前、以前"3例：

更有向前相识者，从头老病总无常。（P.2187《破魔变一卷》）

渐成衰朽渐尪羸，忘却向前歌舞处。（P.3093《佛说观弥勒菩萨上生兜率天经讲经文》）

更有向前相识者，从头老病总无常。（BD02496《盂兰盆经讲经文》）

难问开元向前事，依稀犹认隗嚣宫。（《全唐诗》卷六百四许棠《成纪书事二首》）

向前不信别离苦，而今自到别离处。（《全唐诗》卷七百七十一张安石《苦别》）

（4）"从前"表示"以前"10例：

欲识从前生长处，应知总在率陀天。（S.6551V《说三皈五戒文》）

汝今早合舍女身，只为从前障佛因。（P.2187《破魔变一卷》）

仆恨从前心眼昏。（P.3697《捉季布变文》）

借问别来太瘦生，总为从前作诗苦。（《全唐诗》卷一百八十五李白《戏赠杜甫》）

伏以天下三司监院官带御史者，从前谓之外台，得以察访所在风俗，按举不法。（《全唐文》卷六百九十四高元裕《请外台御史振举旧章奏》）

（5）"前"用来转指前文、上文，或转指前文、上文提到的人、事、物28例：

前捣为散，下枣膏。（S.9987《备急单验药方残卷》）

牒得前件弟子久慕良缘，夙怀善意。（P.3140《三界寺弟子李憨儿戒牒》）

千渠口千渠，右件渠利子口下过，则满即放前件渠，减塞向下，先进下用。（P.3560《沙州敦煌县行用水细则》）

　　起今前件官员等，如得替后，且就家私，稳便安居，限一年后，方得赴阙。(《全唐文》卷一百十五晋高祖《得替官限家居一年方得赴阙敕》)

　　依前作丸，如梧子大，服三十丸。(唐·孙思邈《千金要方》卷六十二《膀胱腑方》)

　　(二)"前"的饰词性用法
　　(1) 用来表示空间方向、位置 37 例：

　　悲歌以了，更复前行。(S. 328《伍子胥变文》)
　　风伯前驱，雨师后洒。(P. 2044V《释门文范》)
　　逢人须敛手，避道莫前荡。(P. 2718《王梵志诗一卷》)
　　前行无归日，返顾思旧乡。(唐·李白《李太白集》卷五《北上行》)
　　统领本军南下，与臣同力前驱，虽在寝兴，不忘寇孽。(后晋·刘昫《旧唐书》卷十九下《僖宗本纪》)

　　(2) 表示时间、次序在前 2 例：

　　前死深埋却，后死续即入。(S. 778《王梵志诗集并序》)
　　前死万年余，寻入微尘数。(P. 3418《王梵志诗》)
　　兄弟争前死，贼遂两释之。(唐·白居易《白氏六帖事类集》卷六)
　　藩不受命，顾曰："宁前死耳。"(唐·李延寿《南史》卷十七《胡藩列传》)

　　(3) "前"作句子的状语，用来表示时间 4 例：

　　唯前敕令交纳绢一匹，听众转多，难为制约，伏乞重赐指挥。(S. 2073《庐山远公话》)
　　前解长行文已了，重宣偈诵唱将来。(P. 2305《妙法莲华经讲经文》)

前我以王自有要誓，诸施不违人意，是以不通也。（俄ДХ00285《须大拏太子好施因缘》）

臣某言：前累表自陈，披历肝胆，恳诚所守，期在不移，而天听邈然，未垂矜纳，屏营踟蹰，罔措心颜。（《全唐文》卷二百七十三崔沔《为安国相王让东宫第三表》）

老公曰："前我语王，恐王不能供之。"（唐·陆海羽《三洞珠囊》卷九）

（三）"前"作补语

"前"用来表示方向、次序在前23例：

龙蛇塞路，拔剑汤前。（S. 328《伍子胥变文》）

汉军勇猛而乘势，曳戟冲山直进前。（P. 2962《张议潮变文》）

旦食前，暮食后。（P. 3596V《医药方》）

出则天主导前，入则梵王从后。（唐·释道宣《佛道论衡》卷丙《大唐高祖问僧形服有何利益琳师奉对事》）

常清出回，诸将皆引前，德诠见常清出其门，素易之，自后走马突常清而去。（后晋·刘昫《旧唐书》卷一百四《封常清列传》）

四　"前"的合成方位词

（一）前加式派生方位词

（1）"已前（以前）"25例

1）"已前"用来总括前文7例：

以前城镇并陷吐蕃。（S. 367《光启元年十二月廿五日书写沙、伊等州地志》）

右以前吊答书疏，首尾封题一依前样。（P. 2622《吉凶书仪上下两卷》）

已前诸官，密计相宜，要［看］公主。（P. 3048《丑女缘起》）

已前六件，望准旧例施行。（《全唐文》卷九百七十二阙名《请定内外官吏对见条例奏》）

右以前并禁不得食。(唐·孙思邈《千金要方》卷六十四《消渴方》)

2)"已前(以前)"表示时间范围

a. "X 以前" 12 例:

高昌未破以前,盘陁因入朝至京,即下祆神,以利刀刺腹,左右通过,出腹外,截弃其余。(S. 367《沙、伊等州地志》)

三年已前,有一青提夫人,亦到此间狱中。(S. 2614《大目乾连冥间救母变文》)

二月一日以前,八月卅日以后,亦任开放泾渭二水。(P. 2507《开元水部式》)

突厥颉利可汗未破已前,自恃强盛,抄掠中国,百姓被其杀者,不可胜纪。(《全唐文》卷十太宗《赐薛延陀玺书》)

只如锋铓未兆已前,都无是个非个。(五代·释静、释筠《祖堂集》卷九《落浦和尚》)

b. "已前 X" 4 例:

已前过去劫中,你王弟转轮者师兄,只吾之身便是。(S. 3771V《悉达太子修道因缘》)

心知已前作恶之事,恐怕更有高下。[P. 4525(12)V《太平兴国某年内亲从都头某牒》]

已前祥瑞虽闲事,此日希奇争不惊。(俄 Φ096《双恩记》)

若得已前三句语意者,则理穷而名极者也。(唐·成玄英《南华真经注疏》卷七)

已前事件,已降宣命处分,其属郡淄登莱等州,如有前项旧弊,亦依青州例施行。(《全唐文》卷一百二十四周太祖《赐青州敕》)

c. 独用的"已前" 2 例:

自已前有逐年有甚事件,并一一抄录。(P. 3721《杨洞芊撰瓜沙

两郡编年》)

我恨已前烦恼重，四时逐乐不知休。（俄 Ф101《维摩碎金》)

以前虽被愁将去，向后须教醉领来。（《全唐诗》卷六百十三皮日休《奉酬鲁望惜春见寄》)

已前为非，一切不问，如限内不来者，其物业许邻近人请射承佃。（《全唐文》卷一百十五晋高祖《招抚流亡官健敕》)

（2）"之前" 22 例
1）"X 之前" 用来表示空间位置、区域 18 例：

在尊之前，不可受卑者拜。（S. 1920《百行章》)

舍真财于万像之前，炳金灯于千龛之内。（S. 4525《河西节度使曹元德造佛窟功德记》)

方趋金殿之前，忽践王阶之上。（P. 3723《记室备要一部并序》)

有竹斯竿，于阁之前。君子秉心，惟其贞坚兮。（《全唐诗》卷一百五十四萧颖士《有竹一篇七章》)

禅师不离左右，咨禀玄宗，若颜回于夫子之下，如迦叶于释尊之前。（五代·释静、释筠《祖堂集》卷二十五《冠山瑞雪寺和尚》)

2）"X 之前" 用来表示时间 4 例：

芳规超万古之前，峻躅映千龄之后。（S. 4652《灵宝金箓斋仪》)

其麦限五日之前纳。（S. 5825《社司转帖》)

一朝分产，魂消剖蚌之前，五福无征，命奄悬孤之下。（P. 2526V《发愿文》)

突厥未平之前，尚不安业，匈奴微弱以来，始就农亩。（《全唐文》卷一百三十三李大亮《请停招慰突厥疏》)

未妊之前，其父见白虹入室，又母梦中见僧同床而寝，觉闻香气芬馥，父母愕然，共相谓曰："据斯嘉瑞，必得圣子。"（五代·释静、释筠《祖堂集》卷十七《雪岳陈田寺元寂禅师》

（二）后加式派生方位词
后加式派生方位词包括"前面"1 例，"前头"27 例。

（1）"前面"用来实指空间方位，前置作定语1例：

　　此是左掩右夷阵，见前面津口红旗，下面总是鹿巷，李有挠勾搭索，不得打着，切须既当！（S.2144《韩擒虎话本》）
　　欲知前面花多少，直到南山不属人。（《全唐诗》卷三百四四韩愈《游太平公主山庄》）
　　内东西壁及前面门上并似展画甚妙。（唐·张彦远《历代名画记》）

（2）"前头"27例
1）用来表示空间、次序有23例，其中5例前置作定语，9例后置作中心语，9例独用作主、宾语
前置作定语5例：

　　不但近日斫营去，前头风火依须汤。（S.5437《汉将王陵变》）
　　更阅前头已披卷，仍斟昨夜未开缸。（唐·李商隐《李义山诗集》卷五《水斋》）

后置作中心语9例：

　　老母如何对臣前头骂詈楚主！（S.5437《汉将王陵变》）
　　遥索彩箱新样锦，内人异出马前头。（《全唐诗》卷三百一王建《朝天词十首寄上魏博田侍中》）

独用作主、宾语9例：

　　若乃山面平落，前头有起大山之势，去即未停，不可便位为住。（S.5645《司马头陀地脉抉》）
　　莫向前头闹，喧乱作鸦声。（P.2718《王梵志诗一卷》）
　　虎到前头心不惊，残阳择虱懒逢迎。（《全唐诗》卷五百八十四段成式《呈轮上人》）
　　师与仰山行次，师指枯树子云："前头是什摩？"仰山云："只是

个枯树子。"（五代·释静、释筠《祖堂集》卷十六《沩山和尚》）

2）"前头"用来表示时间

a. 用来表示"先前""以前"，1 例前置作定语，1 例后置作中心语

前置作定语 1 例：

> 入来全不识，却觅前头丑阿婆。（P. 3048《丑女缘起》）

后置作中心语 1 例：

> 粗麺伍胜二月八日前头修补行像时看功匠女眷、儿女用。
> （P. 2776《诸色斛斗入破历算会稿》）

b. 用来表示"今后""未来"，前置作定语 2 例：

> 前头事须好好祇对，远公勿令厥错。（S. 2073《庐山远公话》）
> 阿郎但不用来，前头好恶有贱奴身在。（S. 2073《庐山远公话》）

在唐五代"前头"的用例中，多数用来表示空间方位或次序在前，用来表示时间意义的"前头"我们只找到 1 例，义为"未来""今后"。

> 夜台暮齿期非远，但问前头相见无。（《全唐诗》卷四百五十九
> 白居易《哭刘尚书梦得二首》）

（三）复合型合成方位词

复合型合成方位词包括"眼前"19 例，"目前"13 例，"面前"15 例，"头前"3 例。

（1）"眼前"19 例

1）用于表示人正对着的近距离的空间 14 例：

> 净方次第眼前生，快乐庄严无不现。（S. 3872《维摩诘经讲经
> 文》）

如今歌舞浑新法，争得军王换眼前。（S. 6171《官词》）

怪来偏得主君怜，料叙分明在眼前。（P. 255 V《诗文集》）

名公绎思挥彩笔，驱山走海置眼前。（《全唐诗》卷一百六十七李白《当涂赵炎少府粉图山水歌》）

眼前俗物关情少，醉后青山入意多。（五代·王定保《唐摭言》卷十《海叙不遇》）

2）表示时间，义同"现在、当前"5 例：

但畅眼前欢，宁知没后恶。（S. 4571《维摩诘经讲经文》）

若解分明生晓悟，眼前便是宝花开。（俄 Ф101《维摩碎金》）

得此一娇儿，不忍眼前死。（俄 ДХ00285《须大拏太子好施因缘》）

眼前长贵盛，那信世间愁。（《全唐诗》卷二十四张祜《少年乐》）

怀旧如昨，承欢眼前，素业遂空，清风独远。（《全唐文》卷三百四十六杨国忠《祭萧相公文》）

（2）"目前" 13 例
1）用于表示人或物所面对的近距离的空间 10 例：

我闻贞夫烈妇，自古至今耳闻，今时目前交见。（S. 133 V《秋胡小说》）

天堂在目前，地狱非虚说。（S. 4277《王梵志诗》）

归程保重加餐饭，张掖姑臧在目前。（P. 3451《张淮深变文》）

卿勿见陈元康、杨遵彦等在吾目前趋走，谓吾以为勤劳，我后代声名，在于卿手。（《全唐文》卷一百七十朱敬则《请择史官表》）

僧曰："此人常在目前，不随于境。"（五代·释静、释筠《祖堂集》卷六《洞山和尚》）

2）表示时间，义同"现在、当下"3 例：

目前灾难不能侵，临终又得如眠睡。（P. 2714《十二时》）

妄布目前之恩果，贻身后之累。（P. 2942《唐永泰年间河西巡抚史判集》）

取乐目前，不虑后苦。（P. 3244《五辛文书》）

皆曰亲戚外，酒散目前愁。（《全唐诗》卷三百九十七元稹《阳城驿》）

大师云："目前妫什摩？"秀才云："还许选官也无？"（五代·释静、释筠《祖堂集》卷十五《五泄和尚》）

（3）"面前"用来表示人或物所面对的近距离的空间 15 例：

若到随州使君面前，已膏便涂，必得痊差。（S. 2144《韩擒虎话本》）

感得王陵对天子面前，披发哭其慈母。（S. 5437《汉将王陵变》）

普劝面前诸弟子，是须孝顺阿耶娘。（P. 4560《孝顺乐赞》）

山岳起面前，相看不相见。（《全唐诗》卷二百八十二李益《杂曲》）

若有一个汉到与摩境界，谁敢向汝面前，说是说非？（五代·释静、释筠《祖堂集》卷十三《山谷和尚》）

（4）"头前"义同"前面、前方" 3 例：

师子舔唇摇尾，在头前闲显。（S. 3074《高僧传略》）

从你男女头前哭，千呼万唤耳不闻。（P. 2976《五更转》）

悟蒙知识度，快乐在头前。（P. 3056《佛家诗曲集》）

大凡男癞，当骑碓轴，以茎伸置轴上，齐阴茎头前，灸轴木上随年壮。（唐·孙思邈《千金要方》卷七十四《解毒杂治方》）

五　"前"为动词

动词"前" 5 例：

子胥带剑，途步而前。（S. 328《伍子胥变文》）

　　求却不却，求前不前。(S. 328《伍子胥变文》)

　　按之尽牢，举之无有，不前不去，但出不入，如鱼之食于筋中，名曰迟。(P. 3477《玄应脉经》)

　　攀旧壁而无据，溯泥溪而不前。(《全唐诗》卷四十一·卢照邻《怀仙引》)

　　初举明经，因诣京师，中路逢徒步者，自云父为颍上令，闻病笃，倍道将往焉，徒步不前，计无所出。(后晋·刘昫《旧唐书》卷一百八十七上《忠义列传》)

小　结

　　单纯方位词"前"共有 822 例，其中后置用法 460 例，约占总数的56%；前置用法 157 例，约占总数的 19%；独用用法 205 例，体词性用法139 例，饰词性用法 43 例，作补语的用法 23 例，独用用法约占总数的25%。"前"还有 5 例作动词。"前"的合成方位词共有 125 例，前加式派生方位词包括"已（以）前" 25 例，"之前" 22 例；后加式派生方位词包括"前面" 1 例，"前头" 27 例；复合型合成方位词包括"眼前"19 例，"目前" 13 例，"面前" 15 例，"头前" 3 例。在唐五代的传世文献中"前头"共有 44 例，"前面" 19 例，"前边" 1 例，"前畔" 2 例。

　　单纯方位词"前"主要有空间意义、时间意义、转指意义。空间意义包括参照物面向方向的部位或区域、指靠前的空间方位。时间意义指过去经历过的时间。转指意义用来转指前文、上文，或前文、上文提到过的内容、事物等。合成方位词中除了 7 例"以（已）前"用来总括上文，18 例"已（以）前"都用来表示时间。18 例"之前"用来表示空间位置、区域，4 例用来表示过去的、较早的时间。后加式派生方位词中"前面"只有 1 例，用来表示空间方位。"前头"有 27 例，其中 23 例"前头"用来表示空间方向、区域，4 例用来表示时间。在我们的语料中没有"前边"的用例，但在唐五代的传世文献中有"前边"的用例，如唐张彦远《法书要录》卷十《右军书记》："前边僧权，后边珍。"仅此 1 例。在唐五代传世文献中"前面"用例亦不多，只有 5 例。"前头"在唐五代传世文献中用例最多，共有 65 例。

　　搭配上，单纯方位词"前"可以与名词搭配，包括普通名词、抽象名词、指人名词、身体部位名词等，还可以与数量词、代词、介词、动词甚至是短语、小句搭配。在我们的语料中没有"前"与副词搭配的用例，但在唐五代传世文献中有这种搭配，如唐鱼玄机《打球作》诗："毕竟入门应始了，愿君争取最前筹。"

与魏晋南北朝时期"前"的比较

据林晓恒（2006：46）统计，"前"在魏晋南北朝时期共有150例，其中后置用法65例，约占总数的43%；前置用法45例，约占总数的30%；独用用法40例，约占总数的27%。敦煌文献中"前"后置用法的比率为56%，高于魏晋南北朝时期的43%；前置用法的比率为19%，低于魏晋南北朝时期的30%；独用用法的比率为25%，低于魏晋南北朝时期的27%。在林晓恒（2006）的语料中，魏晋南北朝时期"前"的合成方位词包括"之前"3例，"以前"1例，没有后加式派生方位词。在魏晋南北朝传世文献中有"前面"2例，"前头"1例，如晋郭璞《葬书》："后面要金气可乘，前头要合水可泄。"没有"前边"的用例。"前头""前边"在东汉就已经出现，如东汉支娄迦谶译《道行般若经》卷七："与比丘僧相随，最在前头。"东汉安世高译《大比丘三千威仪》卷下："二者不得妄起至上座前边坐。""前面"在西晋也已经出现，如西晋竺法护译《正法花经》卷六："于世尊前面自启白。"

唐五代时期单纯方位词"前"所具有的空间意义、时间意义以及转指意义在魏晋南北朝时期都已经出现。转指前文、上文提到过的内容、事物等用法，在林晓恒（2006）统计的四部文献中并未出现，我们在魏晋南北朝时期的其他文献中找到了相关用例，如《齐民要术》卷五《种槐柳楸梓梧柞》："凡为家具者，前件木皆所宜种。"合成方位词"以前"在林晓恒（2006）的语料中只出现1例，用来表示时间，在她的语料中没有用来总括上文的"以前"，但我们在晋葛洪《肘后备急方》卷八《治百病备急丸散膏诸要方》中见到了表示此义的"以前"，如"隐居效验方云主痈疽、痔恶疮等。以前备急诸方故是要验，此来积用效者亦次于后"。

搭配上，唐五代时能与"前"搭配的词语，在魏晋南北朝时期都已经出现，在林晓恒（2006）所举的四部文献中没有"前"与数量词、动词搭配的用例，但在魏晋南北朝的传世文献中有这样的搭配。"前"与数量词搭配，如《齐民要术》卷七《祝麴文》："七日未得作者，七月二十日前亦得。""前"与动词搭配，如南朝梁陶弘景《养性延命录》卷下

《导引按摩篇》："又有法：安坐，未食前自按摩，以两手相叉，伸臂股，导引诸脉，胜于汤药。""前"与副词搭配，如南朝梁释僧佑《释迦谱》卷一《释迦降生释种成佛缘谱》："汝今宜应最前设供。"

第二节　"后"的形式、语义分布

一　"X后"的形式、语义分布

（一）"X后"表示与参照物朝向相反的方向或区域

（1）X为名词3例：

又于窟宇构堂后，建此普净之塔。（S. 3929V《节度押衙知画行都料董保德等建造兰若功德记》）

遂于金吾杖取五百人，刀剑悉如雪霜，伏于殿后，不令人知。（S. 6836《叶净能诗》）

榆楮百木之少府，种之于舍后，令人得财，一名谷树。（P. 2615a《帝推五姓阴阳等宅图经一卷》）

雁在弓前落，云从阵后浮。（《全唐诗》卷三十八孔绍安《结客少年场行》）

融以手指于庵后曰："更有庵在。"（五代·释静、释筠《祖堂集》卷三《牛头和尚》）

（2）X为人称代词3例：

身卦短褐，一随他后。（S. 2073《庐山远公话》）
远公唱喏，便随他后。（S. 2073《庐山远公话》）
走出寺门，趁他旌旗，随逐他后。（S. 2073《庐山远公话》）

在唐五代的传世文献中，我们没有找到"后"与人称代词搭配的例子。

（3）X为身体部位名词9例：

天门，在脑后大小胃上一寸。(S. 6168《灸法图》)

天柱在项后大筋外，近发际宛宛中。(P. 3287《三部九候论》)

阴后，大孔前，经上处中，随年壮。(P. 3596V《医药方》)

治头风摇动，灸脑后玉枕中间七壮。(唐·孙思邈《千金翼方》卷二十六《针灸上》)

师云："身前见，身后见?"对云："见时不说前后。"(五代·释静、释筠《祖堂集》卷二《第三十三祖惠能和尚》)

(二)"X后"表示位置、次序靠后

(1) X为抽象名词3例:

序分政宗今讲了，流通末后意如何? (P. 2133V《金刚般若波罗蜜经讲经文》)

行来去末后，见一个空闲镬汤，有一狱子于地狱叉镬，立在汤边。(P. 2324《难陀出家缘起》)

夫三生种福，富贵为末后之难。(俄Φ252《维摩诘所说经讲经文》)

不知末后沧溟上，减却瀛洲第几峰。(《全唐诗》卷四百七十九张又新《罗浮山》)

师便拍掌云："噫! 我当初悔不向伊道末后一句。我若向他道末后一句，天下人不奈何雪峰。"(五代·释静、释筠《祖堂集》卷七《岩头和尚》)

(2) X为表示信息载体的名词1例:

状后年月日具官姓名状，若同在一处，亦可除年。(P. 3900《书仪》)

并于状后书其名姓并住止处所。(《全唐文》卷一百二十三周太祖《禁越诉敕》)

具一一注于书后，篇目一一随卷题配之。(《全唐文》卷一百五十九李淳风《太元金篆金锁流珠引序》)

（3）X 为副词 4 例：

最后有一房中，其中不见天男。（P. 2324《难陀出家缘起》）

凡修书，先修寒温，后便明体气，别纸最后。（P. 3906《杂抄一卷》）

最后有一大臣，精神爽明，词辨分明。（俄 Φ096《双恩记》）

吴兴卑小君应屈，为是蓬莱最后仙。（《全唐诗》卷四百四十六白居易《得湖州崔十八使君书喜与杭越邻郡因成长句代贺兼寄微之》）

贞元二年，成纪李公以侍极司宪，临长是邦，勒护法之诚，承最后之说，大抵去三以就一，舍权以趋实，示不迁不染之性，无差别次第之门。[《全唐文》卷五百一权德舆《唐故洪州开元寺石门道一禅师塔铭（并序)》]

（三）"X 后"表示比 X 更晚的时间

（1）X 为时间词或名词 161 例：

皇帝亦见，喜不目胜，遂赐衮虎锦彩罗纨，金银器物，美人一对，且归私第憩歇，一月后别有进止。（S. 2144《韩擒虎话本》）

可笑轮台寒食后，光景微微上不传。（P. 3697《捉季布变文》）

今月七日卯后辰前入棺殡殓，随葬成服，吉。（俄 Φ279《卜葬书》）

遥思寒食后，野老林下醉。（《全唐诗》卷四百七十五李德裕《清明后忆山中》）

经三年后，归蒙山修行。（五代·释静、释筠《祖堂集》卷十八《仰山和尚》）

（2）X 为形容词 2 例：

久后僧众到来，如何有水？（S. 2073《庐山远公话》）

道子久后于光祖，定难安邦必有期。（S. 5437《汉将王陵变》）

比为患者，惟苦二蕃，今吐蕃请命，边事不起，即日虽尚屯兵，

久后终成弛柝。(《全唐文》二百十九崔融《谏税关市疏》)

明眼人笑你，久后总被俗汉弄将去。(五代·释静、释筠《祖堂集》卷十六《黄蘗和尚》)

(3) X 为副词 4 例：

最后至瓦器行，见大口瓮子。(S. 610《启颜录》)

证最后之涅槃，誓居深谷。(S. 5957《文样》)

我生胎分今朝尽，是降菩萨最后身。(BD03024《八相变》)

此日登仙众，君应最后生。(《全唐诗》卷八百三十九齐己《送孙凤秀才赴举》)

粲最后曰："当至三公而不终。"(唐·李延寿《南史》卷二十六《袁湛列传》)

(4) X 为代词 32 例，包括已经词汇化的"然后"26 例：

迩后勿悭好音，时希翰墨。(S. 78V《失名书仪》)

从此后阿耶两目不见，母即顽遇，负薪诣市。 (S. 4654《舜子变》)

然后严持觉路，度接众生，将三脱为究竟之因，启四智为坚终之处。(俄 Ф252《维摩诘所说经讲经文》)

尔后相传六皇帝，不到离宫门久闭。(《全唐诗》卷四百十九元稹《连昌宫词》)

何当破月氏，然后方高枕。(唐·李白《李太白集》卷五《塞下曲六首》)

(5) X 为动词、词组或小句 97 例：

甘州自胡进达去后，更无人来往。 (S. 2589《中和四年（884）十一月一日肃州防戍都营田康使君等状》)

别后安和好在否，比来此处相寻访。(S. 2614《大目乾连冥间救母变文》)

妇人产后血不止，取突中土和酒服。(P. 2666V《单方》)

药童食后送云浆，高殿无风扇少凉。(《全唐诗》卷三百二王建《宫词一百首》)

问："牛头未见四祖，百鸟衔花供养。见后为什摩不来?"(五代·释静、释筠《祖堂集》卷九《落浦和尚》)

(6) X 为事件名词 2 例：

此变后分天下之日，南去汉营二十里，北去项羽营二十里。(S. 5437《汉将王陵变》)

昨日酒后，去就有乖。(S. 5636《新集书仪》)

犹期谢病后，共乐桑榆年。(《全唐诗》卷三百五十四刘禹锡《奉酬湖州崔郎中见寄五韵》)

昌为人亦明悟，然性好酒，酒后多过。(唐·姚思廉《梁书》卷二十四《萧景列传》)

二 "后 X" 的形式、语义分布

(一) "后 X" 表示靠后的空间位置

（1）X 为普通名词 14 例：

遂遣新妇往后宫，不得与朕相见。(S. 3771V《悉达太子修道因缘》)

妾见后院空仓，三二年来破碎。(S. 4654《舜子变》)

春光摧绽后园花，莺啼燕语撩乱。(P. 2506V《词四阙》)

栽松满后院，种柳荫前墀。(《全唐诗》卷四百三十一白居易《春葺新居》)

月壬子，故江王元祥男晫以犯名教，斩于大理寺后园。(后晋·刘昫《旧唐书》卷五《高宗本纪》)

（2）X 为抽象名词 2 例：

谨具后状咨闻。(S. 78V《失名书仪》)

有如此，帷急用后方。(P. 2882V《医方书》)

其他即遣专人冀具后状，云云。(唐·崔致远《桂苑笔耕集》卷八《盐铁李都相公二首》)

轻者服前方，重者以次第服后方。(唐·孙思邈《千金要方》卷二十二《风毒脚气方》)

(二)"后 X"表示时间、次序靠近末尾

(1) X 为时间词 7 例:

后夜三更供佛僧，须知功德卒难称。(P. 2133《观音经讲经文》)

后时南天竺国有一论师，诣上茅城，名忧波提。(P. 2931《佛说阿弥陀经讲经文》)

后三日中，辞别父母。(P. 3375V《欢喜国王缘》)

后二岁，上征琮入朝，率臣下二百余人朝京师。(唐·李延寿《北史》卷九十三《僭伪附庸列传》)

后二十载，塔下有水淹渗，乃发看。(五代·释静、释筠《祖堂集》卷十五《龟洋和尚》)

(2) X 为名词或量词 19 例:

向寅地，宜财、富贵及后世大吉。(P. 2615a《帝推五姓阴阳等宅图经一卷》)

臣罪受诛虽本分，陛下争堪后世闻!(P. 3697《捉季布变文》)

这度清鸾才失伴，后回花小为谁春。(P. 3375V《欢喜国王缘》)

却秦振英声，后世仰末照。 (唐·李白《李太白集》卷二《古风》)

有记在后卷，传兰以语于弟子法阶，阶每说之，道俗多闻。(唐·释道世《法苑珠林》卷三十七《神异篇第二十之余·杂异部》)

(3) X 为职官名词或称谓名词 16 例:

十一月廿五日，后所由法律惠澄等五人，于前法律戒德等四人手

上领得粟叁拾贰硕。（S. 4613《庚申年八月至申酉年三月敦煌都司前后执仓斛斗交历》）

不自斟量，便集邻里亲眷，将刀杀后母。（S. 4654《舜子变》）

并分付与后执仓黄麻人徐僧正、寺主李定昌、都师善清三人身上讫，一一诣实。（P. 3290《己亥年十二月二日某寺算会分付黄麻凭》）

参去属其后相曰："以齐狱市为寄，慎勿扰也。"（《全唐文》卷二百十九崔融《谏税关市疏》）

何武字君卿为司空，事后母不笃。（唐·杜佑《通典》卷二十《职官二·司空》）

三　"后"的独用

（一）"后"的体词性用法

（1）表示空间位置靠近末尾 16 例：

三阳初发，同往来，具陈于后。（P. 2042《新集两亲家接客随月时景仪一卷并序》）

朋母于后，呼天唤地。（P. 2922《韩朋赋一首》）

兄在后扶身渐行。（俄 Ф096《双恩记》）

草头一点疾如飞，却使苍鹰翻向后。（《全唐诗》卷一百九十九岑参《卫节度赤骠马歌》）

为统帅者，尽力行之于前；而参谋议者，尽心奉之于后。（《全唐文》卷五百五十韩愈《论淮西事宜状》）

（2）表示时间、次序靠后 29 例：

自后凡有人者，不曾。（S. 5435《失名医方》）

可昔心，错钝拟，在后儿孙不堪矣。（P. 2305V《解座文汇抄》）

夜眠须在后，起则每须先。（P. 2718《王梵志诗一卷》）

大师与同学定公南隐罗浮山，自后竟不知所终。（唐·独孤及《毗陵集》卷九《山谷寺觉寂塔禅门第三祖镜智禅师塔碑阴文》）

僧曰："何者在先，何者在后？"（五代·释静、释筠《祖堂集》卷八《曹山和尚》）

（二）"后"的饰词性用法

（1）"后"表示空间或次序上处于较为靠后的位置2例：

行也行也，去时去时，万家之邻女后随，满路之箫韶前引。（S.4571《维摩诘经讲经文》）

乾达婆众后随，而乃嗔乃喜。（P.2187《破魔变一卷》）

左右两阶，威仪整肃，幡华前引，音乐后随。（《全唐文》卷九百十六慧灵《仁王护国经道场念诵轨仪序》）

命左右烧逆旅舍，以绝后追。（唐·李延寿《南史》卷三十八《柳元景列传》）

（2）"后"表示时间、次序在后96例：

身死妻后嫁，总将陪新胥。（P.3211《王梵志诗卷第二》）

后，妻阴二娘死。（P.3774《丑年十二月僧龙藏析产牒》）

后王宫自失火，王遂自迁寒林，又无成垒。（俄 Ф096《双恩记》）

继父者，谓母后嫁之夫。（唐·长孙无忌《唐律疏议》卷二十三）

后闽王请住西院，奏紫衣谥号本净大师无尘之塔。（五代·释静、释筠《祖堂集》卷九《南际和尚》）

（三）"后"用来转指后代

这种意义的"后"1例：

冯氏，承姬姓周文王裔，毕公高之后。（P.3421《新集天下姓望氏族谱》）

高祖武皇帝，讳衍，字叔达，小字练儿，南兰陵中都里人，汉相国何之后也。（唐·姚思廉《梁书》卷一《武帝本纪》）

齐即太公之后，封于营丘之地。（唐·成玄英《南华真经注疏》卷四）

（四）"后"作补语

这种用法的"后"16例：

子胥逐后奔驰，状如蓬飞扑火；吴军随后即趁，恰似风云。（S. 328《伍子胥变文》）

仙娥从后，持宝盖以随后；织女引前，扇香风而塞路。（P. 2187《破魔变一卷》）

官人侍婢常随后，使唤东西是大臣。（P. 3048《丑女缘起》）

不辞奋翼向君去，唯怕金丸随后来。（《全唐诗》卷一百五十一刘长卿《小鸟篇上裴尹》）

华时年十三，在军中，与廞相失，随沙门释昙冰逃，使提衣朴从后，津逻咸疑焉。（唐·李延寿《南史》卷二十三《王诞列传》）

四 "后"的合成方位词

（一）前加式派生方位词

（1）"已（以）后"有56例，没有表示空间的用法，都用来表示时间

1）"X已（以）后"46例

a. X为时间词16例：

从今已后，姑亦失妇，妇亦失姑。（S. 2922《韩朋赋一首》）

三日已后，便取太子，从大觉长者园中将引净饭王宫。（S. 4128《太子成道变文》）

壬寅年正月一日已后，直岁沙弥愿通手上诸色入历。（P. 3234V《应庆麦栗油入破历》）

恐中外具寮，未悉予志，起今月十六日以后，权不听政。（《全唐文》卷六十一宪宗《辍朝侍膳敕》）

从今已后，第一不得行此事。你若行此事，是你正眼埋却也不难。（五代·释静、释筠《祖堂集》卷四《石头和尚》）

b. X为代词5例：

从此以后永长辞，讬生诸天徒众里。(S. 4398V《降魔变一卷》)

自兹已后，镌造不绝，可有五百余龛。(P. 3720《莫高窟记》)

从此已后悟无常，不乐世间五欲乐。(俄 Φ101《维摩碎金》)

自兹以后，宜革前弊。(《全唐文》卷十二高宗《禁留狱诏》)

自此以后，每依其星，计日行度所至，日度及益疾，皆从夜半为始。(后晋·刘昫《旧唐书》卷三十三《历志二》)

c. X 为动词、词组或小句 25 例：

父母亡没已后，投佛出家，剃除须发，号曰大目乾连，神通第一。(S. 2614《大目乾连冥间救母变文》)

父放母命已后，一心一肚快活，天下传名。(S. 4654《舜子变》)

今日结亲已后，恒愿鸾凤同鸣。(P. 2974《吐蕃宰相尚腊藏嘘律钵患病设斋文》)

迁邺以后，大选之职，知名者数四，互有得失，未能尽美。(唐·李延寿《北史》卷五十《辛雄列传》)

此篇所明渐证实际之者，渐证实际已后，有行人耶？(五代·释静、释筠《祖堂集》卷第二十《五冠山瑞雪寺和尚》)

2)“已（以）后”独用 10 例：

已后却卖此身，得钱五百贯文还他白庄。(S. 2073《庐山远公话》)

已后更不许诸亲怪护。[S. 2199《咸通六年（865）十月廿三日尼灵惠唯书》]

已后街衢相见，恐失礼度，或则各自家内有其衰祸，义济忽难。(P. 3989《景福三年敦煌族社约》)

师乃以手摩童子头曰：“惺惺直言惺惺，历历直言历历，以后莫受人谩。”(五代·释静、释筠《祖堂集》卷三《慧忠国师》)

子自不负平生，又乃终吾一世，已后出世传心，第一莫忘黄蘗。(五代·释静、释筠《祖堂集》卷十九《临济和尚》)

（2）"之后" 37 例

1）用来表示空间次序在后 1 例：

福等山河，永在圣天诸（之）后。（S. 6551V《说三皈五戒文》）

遂使殊俗之典，郁为众妙之先；诸华之教，翻居一乘之后。
（《全唐文》卷六太宗《令道士在僧前诏》）

皆数十章之后，方始正言其兵。（《全唐文》卷六百八十三王真
《道德经论兵要义述表》）

2）36 例用来表示时间
a. X 为时间词或代词 8 例：

立夏之后，山暖雪霄。（P. 2005《沙州都督府图经》）

自魏晋之后，藻丽渐繁；齐梁以还，文华竞轶。（P. 2573《兔园
策府卷第一并序》）

皇帝自此之后，日夜思慕，寝食不安。（S. 6836《叶净能诗》）

臣纲言：臣伏见武德五年之后，四海初定，陛下自负太平，日就
骄侈，伤于酒德，稍怠万机，专与幸臣，旦夕游宴，所重唯声乐，所
爱唯鹰犬。（《全唐文》卷一百三十三李纲《论时事表》）

自此之后，皆骑马而已。（后晋·刘昫《旧唐书》卷四十五《舆
服志》）

b. X 为动词或词组 27 例：

吾死之后，愿弟得存。（S. 328《伍子胥变文》）

神没之后，僵仆而倒。（S. 367《光启元年十二月廿五日书写沙、
伊等州地志》）

妇人盛产之后，月经不利，时下有青赤白，体肥而内虚，赢弱，
小便不利。（S. 1467《医药疗方》）

管儿管儿忧尔衰，尔衰之后继者谁。（《全唐诗》卷四百二十一
元稹《琵琶歌》）

世尊灵山说法之后，付嘱摩诃迦叶。（五代·释静、释筠《祖堂

集》卷十一《齐云和尚》)

c. "之后"独用 1 例：

母知是已，便却心，之后生一男，名续种。（BD04456《斋仪》)

在唐五代传世文献我们没有找到独用的"之后"。

（二）后加式派生方位词

后加式派生方位词包括"后面"2 例，"后底"5 例。

（1）"后面"用来表示空间方位，1 例前置作定语，1 例后置作中心语

前置作定语 1 例：

后面讲堂修必备，前头门屋盖周旋。（S. 4472《左街僧录圆鉴大师云辩诗文抄并李琬抄记》)

后面粘纸，具前后历任文书，都计多少纸数，具年月日，判成授某官。（《全唐文》卷一百十后唐明宗《文书告敕宜粘连逐缝使印敕》)

后置作中心语 1 例：

食堂后面书抄，清密故记之尔。（P. 2133V《金刚般若波罗蜜经讲经文》)

右九棘公侯伯子男位焉，群吏在其后面。（唐·杜佑《通典》卷二十《职官二·三公总叙》)

（2）"后底"5 例

1）用来表示空间的用法，前置作定语 4 例：

前头火着，后底火灭。（BD0866《李陵变文》)

急手出火，烧却前头草，后底火来，他自定。（BD0866《李陵变文》)

前头草尽不相连，后底火来他自定。（BD0866《李陵变文》）

回头看后底，影亦不随身。（《全唐诗》卷八百十庞蕴《杂诗》）

师行次，云岩避边侧立，待师到，云："后底，后底。"（五代·释静、释筠《祖堂集》卷四《药山和尚》）

2）"后底"用来表示时间的用法 1 例：

大王自将十万人来覆五千，不盖其荣，返昭挫褥，拓回放，后底还来，小弱不诛，大必有患。（BD0866《李陵变文》）

在唐五代传世文献中没有发现用来表示时间的"后底"。

（三）复合型合成方位词

"背后"义同"后"4 例：

天门若无障闭，坐处背后空危。（S. 5645《司马头陀地脉抉》）

千人莫引于前头，万骑罢随于背后。（俄 Ф101《维摩碎金》）

山头宝逐甚昌杨，衫子背后双凤凰。（北大 D246《下女夫词一本》）

眼前列枑械，背后吹笙竽。（唐·杜甫《杜工部集》卷五《草堂》）

是月，有人生子，男而阴在背后，如尾，两足指如兽爪。（唐·李延寿《北史》卷十《周本纪下》）

小 结

单纯方位词"后"共有 539 例，其中后置用法有 321 例，约占总数的 59.5%；前置用法有 58 例，约占总数的 10.8%；独用的"后"有 160 例，约占总数的 29.7%。前加式派生方位词包括"已（以）后"56 例，"之后"37 例。后加式派生方位词包括"后面"2 例，"后底"5 例。复合型合成方位词包括"背后"4 例。在我们的语料中没有"后边""后头"的用例，在唐五代的传世文献中有"后面"12 例，"后头"5 例，"后边"34 例。

　　单纯方位词"后"包括空间意义、时间意义、转指意义。空间意义包括表示与参照物朝向相反的方向、区域、部位，表示靠后的空间位置。时间意义包括表示比参照物更晚的时间，以及表示从前的两种意义。转指意义用来转指后代的人。单纯方位词"后"表示时间意义的用法要远远多于表示空间意义的用法，后置用法中表示时间意义的用法有 298 例，表示空间意义的用法有 23 例。前置的"后"中表示空间意义的用法 16 例，表示时间意义的用法 42 例。独用的"后"表示空间意义的用法有 34 例，表示时间意义的用法 125 例。在单纯方位词"后"的 539 例中，表示空间意义的用法有 73 例，表示时间意义的用法 465 例，空间意义与时间意义的比例是 1∶6.4。在"后"的合成方位词中"以（已）后"都是用来表示时间的，"之后" 37 例用法中只有 1 例用来表示空间，其余 36 例都用来表示时间。后加式派生方位词中"后面""后底"没有表示时间的用法，都是用来表示空间的。在 104 例与"后"相关的合成方位词中，时间用法有 92 例，空间用法有 12 例，空间用法与时间用法的比例是 1∶7.7。无论是单纯方位词"后"，还是与"后"相关的合成方位词，时间用法都是"后"的主流用法，空间用法是其次要用法。

　　搭配上，"后"能与名词，包括普通名词、抽象名词、指人名词、身体部位名词、表示信息载体的名词搭配，还可以与数量词、代词、时间词等搭配，也可以与动词、形容词、介词、副词等搭配。

与魏晋南北朝时期"后"的比较

　　据林晓恒（2006：58）统计，"后"在魏晋南北朝《世说新语》《洛阳伽蓝记》《颜氏家训》《搜神记》四部文献中共有 540 例，其中后置用法 158 例，约占总数的 29%；前置用法 94 例，约占总数的 17%；独用用法 288 例，约占总数的 53%。唐五代时期"后"的后置用法比率为 59.5%，高于魏晋南北朝时期的 29%；前置用法比率为 10.8%，低于魏晋南北朝时期的 18%；独用的"后"比率为 29.7%，低于魏晋南北朝时期的 53%。在林晓恒（2006）的语料中魏晋南北朝时期与"后"相关的合成方位词只有"之后" 20 例，"已（以）后" 9 例，没有后加式派生方位词。魏晋南北朝的传世文献中没有"后头"的用例，"后边""后面"在魏晋南北朝时用例很少，"后边"有 2 例，"后面"也只有 2 例。其实，"后头"在东汉佛经中就已经出现，如东汉支娄迦谶译《道行般若经》卷六："菩萨持初头意，近阿耨多罗三耶三菩，若持后头意近之。"

唐五代时单纯方位词"后"所具有的意义，在魏晋南北朝时期都已经出现，包括空间意义、时间意义、转指意义。

搭配上，魏晋南北朝时期"后"能与名词，包括普通名词、抽象名词、指人名词、身体部位名词、表示信息载体的名词等搭配，还可以与数量词、代词、时间词等搭配，也可以与动词、形容词、介词、副词等搭配。

第三节　"后"的时间性

除了"东""西""南""北""左""右"之外，所有的方位词都有表示时间的用法，但还是以表示空间方位的用法为主，而"后"表示时间的用法大大超过了表示空间的用法。唐五代敦煌文献中，"后"表达时间的用法是表达空间用法的 6.4 倍。下面我们从几个方面来探讨"后"的时间特性。

从来源上看，"后"表示时间的用法来源久远。徐中舒（1990：164）对"后"的释义为"迟也，晚也，与先相对而言。卜辞有'后饮'之例，即与'先饮'相对而言"。张玉金（2002：154，166）指出"后"有"后1""后2"两种，"后1"如"后王射兕"可能是某人在王后射杀"兕"的意思，其中的"后"，可能事实上表示出了一事在另一事之后进行这样的时间关系。"后2"如"岳燎，后酒"（《小屯南地甲骨》四三九七），这里的"后"大概是表示"岳燎"和"酒"两事之间的先后关系的词。

　　　　先后束。（《甲骨文合集》22283）
　　　　后束求。（《甲骨文合集》22287）
　　　　贞：后酒。（《甲骨文合集》25948）
　　　　贞：其后升岁。（《甲骨文合集》25948）

张玉金（2002：166）指出上述例证中"后"用来表示两事之间先后关系的，但时间在先的那件事没有说出来。吴福祥（2007）指出"后"的本义应为"行而走在人后"，是一个动词，而动词与时间性有密切的联系。

从搭配上看，"后"与时间性紧密相连，"后"经常与"时"互文对举。

> 欲把捉时无把捉，道虚空后不虚空。（宋·吴潜《履斋遗稿》卷一《望江南》）
> 怕不问时，权作弟兄；问着后，道做夫妻。（元·关汉卿《拜月亭》一折［金盏儿］）

"时"是一个典型的时间词，那么与之相对的"后"当然也具有较强的时间性。虽然上例中"时""后"都为语气助词，但据学者们的研究，语气助词"后""时"与表示时间的"后""时"关系密切。

"后"经常与"先"搭配，而"先"表示时间或次序在前。我们在《中国基本古籍库》中进行了模糊搜索，在唐五代时期"先后"有82例，而"前后"只有12例。与"前"相比，"先"的时间性更强。既然"后"经常与时间性较强的"先"搭配，那么只有"后"也具有相似的用法与功能，它们才能经常并列或对举，由此可证，"后"与时间性密切相关。

从演变上看，表示空间方位的"后"从古到今未发生较为显著的变化，但表示时间的"后"则经历了一系列的变化。正如吴福祥（2007）所指出的，"后"在成为表达时间概念的后置词之后，在语义演变过程中先后获得"某一时段之后""某一情状实现或结束之后""假设""话题标记""停顿标记"等意义或用法，唐代表达时间概念的"后"用在状态动词后还可以表示"状态的开始"。这些演变都与"后"的时间用法相关的。频繁使用是语法化发生的一个重要的条件，既然"后"的这些语法演变都与时间性相关，那么就可以反证表示时间的"后"频繁、大量地使用，正因为如此才促使其发生演化。

综上，我们认为时间性是"后"的主要属性，空间性为其次要属性。

第四节　前后

一　空间方位用法

（1）表示空间上的"前与后"1例：

更有化生玉女，现身来擎金瓶，前后散众名花；八部龙天，左右护卫。（S. 4128《太子成道变文》）

兹川方悠邈，云沙无前后。（《全唐诗》卷二百十二高适《自淇涉黄河途中作十三首》）

凡大驾行幸，卤簿则分前后二部以统之。（后晋·刘昫《旧唐书》卷四十四《职官志》）

（2）表示周围、四周6例：

如来领八部龙天，前后围绕，放光动地，救地狱之苦处。（S. 2614《大目乾连冥间救母变文》）

前后事从，三千余人，往到台下。（S. 2922《韩朋赋一首》）

队队笙歌前后拥，喧喧朱紫两边行。（俄 Ф101《维摩碎金》）

人家更在深岩口，洞水周流宅前后。（《全唐诗》卷九十五沈佺期《入少密溪》）

时摩竭王在高楼上，诸臣前后围绕。（唐·释道世《法苑珠林》卷十八《千佛篇第五之六·成道部》）

二　时间用法

（1）表示时间、次序上的"前与后"3例：

说者听者共相会过，更无前后，啐啄同时，故曰一时。（S. 4571《维摩诘经讲经文》）

当初佛会，欲拟说经，无前后而趋筵，尽一时而赴会。（S.4571《维摩诘经讲经文》）

直缘说听无前后，所以经文号一时。（P.3808《长兴四年中兴殿应圣节讲经文》）

心照有无界，业悬前后生。（《全唐诗》卷二百五十六刘眘虚《登庐山峰顶寺》）

太宗嗣位，拜刑部尚书，并录前后功，赐实封四百户。（后晋·刘昫《旧唐书》卷六十七《李靖列传》）

（2）表示"从前到后"所经历的时间过程 19 例：

于大盘石上座，毒出石裂，前后六度毒。（S.516《历代法宝记》）

前后不经旬日，杨素战萧磨呵得胜回过，直诣阁门，所司入奏。（S.2144《韩擒虎话本》）

前后更受官告四通。（P.3720《受赐官告文牒诗文序》）

诸盗经断后仍更行盗，前后三犯，徒者流二千里。（唐·长孙无忌《唐律疏议》卷二十）

前后数四，情辞恳恻。（《全唐文》卷十二高宗《降太子忠为梁王诏》）

（3）偏指"以前"5 例：

前后见我不归，得甚能欢能喜！（S.4654《舜子变》）

前后送书，万无一回，愿其陛下，造其战书，臣当敢送。（S.5437《汉将王陵变》）

前后缘诸城镇官吏数多恩赐，汝全不曾得苾篱。（P.3750《书信》）

高丽余烬，谓能悔祸，故遣停兵，全其巢穴，而凶顽成性，殊未革心，前后表闻，类多不实。（《全唐文》卷八太宗《绝高丽朝贡诏》）

前后见汝发言盖不同堂，汝子细向吾说看。（五代·释静、释筠

《祖堂集》卷十六《古灵和尚》)

（4）指事情发生的经过、过程 1 例：

并须月直纳物，亦须知前后。(S. 5788《社司转帖》)

"前后"表示发生的经过、过程的用法在汉代就已经出现，如《全汉文》卷二五东方朔《答客难》："虽欲尽节效情，安知前后？"因为"前后"能够用来表示时间方位，而任何事件都是在一定时间内发生的，时间是事件"经过、过程"的凸显特征，通过转喻的作用，便可用来转指"经过、过程"。除了表示上述意义外，"前后"在唐五代时期还可以表示"以某一时间为参照点的稍前到稍后的一段时间"，如唐韩鄂《四时纂要》卷二《二月》："寒食前后，收柴炭、造漆器、造弓矢、造布。"

"前后"从表示"前和后"两个对立的空间方位发展出"从前到后"的范围的意义，这是一个转喻的过程。"前"和"后"是"从前到后"这段空间距离的两个顶点，起着划分界限的作用。在从前到后这段空间距离中，前和后最容易被识别和记忆，具有认知的凸显性，因而能够被用来转指整段空间距离。

第三章

中里间内外

第一节 "中"的形式、语义分布

一 "X中"的形式、语义分布

（一）"X中"表示具体的空间范围之内

（1）X为普通实体名词，X表示的事物是界限相对封闭的三维的"体"或是能够隐喻为"容器"的实体336例：

> 阿郎见此箱中物，念此女人织文章。（S.2204《董永变文》）
> 别取清浆两大石投釜中。（S.9987《备急单验药方残卷》）
> 宝马香车透出城，城中歌舞纷相乱。（P.2673《龙门赋》）
> 至于陷重俊令犯逆，诱臣下使谋君，戎马满于宫中，战场在于阙下。（《全唐文》卷二百七十六袁守一《弹魏元忠表》）
> 但执此判，将归寺中，集众声锺，诠谛真实。（五代·释静、释筠《祖堂集》卷十五《归宗和尚》）

（2）X为身体部位名词96例：

> 见君口中双板齿，为此认识意相当。（S.328《伍子胥变文》）
> 鬼魇死，捣韭鼻并灌耳中即活，大佳。（P.2666V《单方》）
> 八月一日，取脐中土垢，令人无患。（P.2882V《医方书》）
> 又因顾问之次，伏承圣旨，云："去年口中生一齿，今年又生一牙。"（《全唐文》卷二百四十三李峤《为秋官员外郎李敬仁贺圣躬新

牙更生表》）

对云："若约某甲见处，和尚亦须放下手中物。"（五代·释静、释筠《祖堂集》卷十六《南泉和尚》）

（3）X 为具有划界意义的名词 8 例：

梦见门中生树，生贵子。（S. 620《解梦书》）
季布幕中而走出，起居再拜叙寒温。（P. 3697《捉季布变文》）
毗耶墙中，答净名之高问。（俄 Φ223《十吉祥》）
次至于西，有高门，门中有厦屋。（《全唐文》卷七百二十七舒元舆《问国学记》）
甲士自幕中出，周环之，凡郓一千二百人，立斩于庭，血流成渠。（后晋·刘昫《旧唐书》卷一百六十二《曹华列传》）

（4）X 为副词 1 例：

如王舍城胜一切诸国，国乃摩羯之正中，仁王所都处，表一乘乃三乘之道法也。（俄 Φ096《双恩记》）
日光无落照，树影正中围。（《全唐诗》卷三十二褚亮《奉和咏日午》）
日正中，文之盛也。（后晋·刘昫《旧唐书》卷一百九十上《文苑列传》）

（二）"X 中"表示泛化的空间范围之内
（1）X 为抽象名词 130 例：

筵中日日门徒集，座上朝朝施利盈。（S. 4472《左街僧录圆鉴大师云辨诗文抄并李琬抄记》）
情中点缀，口内改张。（P. 3887《忏悔词》）
会中维那白其上座，遣出阿难，不令在会。（俄 Φ096《双恩记》）
仆为文久，每自则意中以为好，则人必以为恶矣。（《全唐文》

卷五百五十三韩愈《与冯宿论文书》）

　　我于崛山禅定中，遍观如来悉不见。（五代·释静、释筠《祖堂集》卷一《第七释迦牟尼佛》）

（2）X为身体部位名词78例：

　　身中有佛性甚分明，被业障覆藏都不现。（S.2440《八相押坐文》）

　　阿娘被问来由，不觉心中欢喜。（P.2193《目连缘起》）

　　腹中怀恶来，自生煞人子。（P.3418《王梵志诗》）

　　腹中书万卷，身外酒千杯。（《全唐诗》卷五百二十四杜牧《送张判官归兼谒鄂州大夫》）

　　汝诸人各自身中有无价大宝，从眼门放光，照山河大地；耳门放光，领览一切善恶音响，六门昼夜常放光明，亦名放光三昧。（五代·释静、释筠《祖堂集》卷十七《福州西院和尚》）

（3）X为代词32例：

　　我维摩居士，亦于此中，为其法度，教化是等，悉使发心云云。（S.3872《维摩诘经讲经文》）

　　其中受罪之人，一日万生万死。（P.2193《目连缘起》）

　　无忧花树叶敷荣，夫人缓步彼中行。（P.2999《太子成道经》）

　　此中逢岁晏，浦树落花芳。（《全唐诗》卷八十二刘希夷《江南曲八首》）

　　彼中禅侣，皆增叹伏。（五代·释静、释筠《祖堂集》卷十《五冠山瑞雪寺和尚》）

（4）X为表示信息载体的名词28例：

　　还魂记内分明说，广异文中有吉祥。（P.2133V《金刚般若波罗蜜经讲经文》）

　　佛向经中亲自说，道如何擎重担也唱将来。（P.2418《父母恩重

经讲经文》)

　　是时翁年廿四，兵部牒中有名字。(P. 2492《白香山诗集》)

　　状中仍言请付御史台按问，不得更云请留中不出。(《全唐文》卷七十六李炎《厘革请留中不出状诏》)

　　僧问："未审经中说什摩？"(五代·释静、释筠《祖堂集》卷八《钦山和尚》)

（5）X 为具有无限延伸性、无固定三维形态的名词 61 例：

　　故能置义井于途中，引妙泉于路侧。(S. 2832《文样》)

　　净能便封皇帝书符，吹向空中，当时化为神，便乃升天。(S. 6836《叶净能诗》)

　　金色光中瞻相好，玉毫香里礼千回。(俄 Φ101《维摩碎金》)

　　虽捷书传庆，已窃抃于途中，而贺表陈诚，愿先驰于阙下。(《全唐文》卷六百二十四浩虚舟《为崔大夫贺破吐蕃表》)

　　师以手空中点一下，供奉无对。(五代·释静、释筠《祖堂集》卷十五《鹅湖和尚》)

（6）X 为数词或数量词 5 例：

　　再得人身，万中希一。(S. 2073《庐山远公话》)

　　此唱经文是七段中，第五校量显圣也。(P. 2144V《金刚般若波罗蜜经讲经文》)

　　向十八重中，与阎浮罗王说法，遣难陀观看。(P. 2324《难陀出家缘起》)

　　此心旷荡谁相会，尽在南华十卷中。(《全唐诗》卷七百六十六刘兼《秋夕书事》)

　　长庆云："退已进于人，万中无一个。"(五代·释静、释筠《祖堂集》卷十四《鲁祖和尚》)

（7）X 为集合名词 22 例：

函使须亲族中捡两儿郎有官即有貌者充使及副使。（P. 2646《新集吉凶书仪上下两卷并序》）

忽然人怪责，可不众中羞。（P. 2718《王梵志诗一卷》）

言长老者，年老腊长，僧中上首之倍［辈］也。（P. 2931《佛说阿弥陀经讲经文》）

百万僧中不为僧，比君知道仅谁能。（《全唐诗》卷七百十一徐夤《依韵赠南安方处士五首》）

众生既有六道，佛何但住在人中现化？（五代·释静、释筠《祖堂集》卷六《草堂和尚》）

（8）X 为处所词或组织机构名词 57 例：

朝中无半面之交，海内乏弹冠之侣。（S. 78V《失名书仪》）

说言未讫，行至家中。（S. 133V《秋胡小说》）

藩中行兵马，不是余人，是我李陵。（BD0866《李陵变文》）

近有流落藩中十数年者至阙庭，知犬戎恶稔，上疑下阻，日就残灭。（《全唐文》卷四百十四常衮《喻安西北庭诸将制》）

敦煌太守才且贤，郡中无事高枕眠。（《全唐诗》卷一百九十九岑参《敦煌太守后庭歌》）

（三）"X 中"表示在一定时间范围内
X 为时间词 37 例：

出亦当奴，入亦当婢，冬中忍寒，夏中忍热，桑蚕织络，以事阿婆。（S. 133V《秋胡小说》）

其妻夜中为贼所煞。（S. 2072《珊玉集》）

佛在王舍城时于十二年中诸比丘等多梵诸戒，佛虽说恶而未制戒。（BD04456V《斋仪》）

古树秋中叶，他乡病里身。（《全唐诗》卷四百七十贺兰朋吉《客舍喜友人相访》）

吾灭度后二百年中，此袈裟不传。（五代·释静、释筠《祖堂集》卷二《第二十九祖师慧可禅师》）

（四）"X 中"表示处于某段时间的"中央"

X 为"日""夜"等词5 例：

　　夜中子时，殷勤告灭。（P. 2044《释门文范》）

　　热中及热病者日中死。（P. 3287《三部九候论》）

　　夜半得，旦日日中愈者，何言言之。（P. 3287《三部九候论》）

　　旦暮两蔬食，日中一闲眠。（《全唐诗》卷四百三十白居易《答崔侍郎、钱舍人书问因继以诗》）

　　正日中午时，灸病处影上。（唐·孙思邈《千金翼方》卷二十四《疮痈下》）

（五）"X 中"表示处于某种状态或过程之中

（1）X 为形容词9 例：

　　难理人家堪抚血，危中方便好施持。（S. 4472《左街僧录圆鉴大师云辨诗文抄并李琬抄记》）

　　季布暗中轻报曰："可想阶下无鬼神！"（P. 3697《捉季布变文》）

　　正是苦中而取乐，盖缘幻法染心王。（俄 Ф101《维摩碎金》）

　　扬州青铜作明镜，暗中持照不见影。（《全唐诗》卷二十张籍《白头吟》）

　　几催闲处泣，终作苦中娱。（《全唐诗》卷四百七元稹《酬乐天东南行诗一百韵》）

（2）X 为动词或动词性短语14 例：

　　申恳切于患中，词金人于愈后。（P. 2044V《释门文范》）

　　妇人别意，即白马蹄中土，安妇人炕下，勿使人知，睡中自道姓名。（P. 2666V《单方》）

　　红颜奇赴愁中改，白发哪堪镜里生。（俄 ДX02147《岁甲歌》）

　　愁中卜命看周易，梦里招魂读楚词。（《全唐诗》卷一百五十一刘长卿《感怀》）

　　师闻举云："此两人总在拣择中收。"（五代·释静、释筠《祖堂集》卷十一《永福和尚》）

（3）X 为事件名词 3 例：

　　但得酒中趣，勿为醒者传。（P. 2552《唐人选唐诗》）
　　岁时总向愁处抛，风月偷从病中过。（P. 2555《诗文集》）
　　谨于疾中扶力还状，不宣。（P. 3502V《书仪》）
　　多端落杯酒，酒中方得欢。（《全唐诗》卷三百七十七孟郊《严河南》）
　　李元素病中上表，恳切披陈，云妻王氏，礼义殊乖，愿从离绝。（《全唐文》卷六十宪宗《停户部尚书李元素官诏》）

二　"中 X"的形式、语义分布

（一）"中 X"指处于 X 范围之内
（1）X 为普通名词 7 例：

　　故得中朝倚瞩，相公钦崇。（S. 78V《失名书仪》）
　　把舜子头发，悬在中庭树地。（S. 4654《舜子变一卷》）
　　伏以中慰，训戒中垒，宜力内朝。（P. 4093《甘棠集》）
　　美人醉起无次第，堕钗遗佩满中庭。（《全唐诗》卷二十二王建《白纻歌二首》）
　　心膂北军，爪牙中垒，徼道以肃，期门有严。（《全唐文》卷三百七十一于益《左武卫将军白公神道碑》）

（2）X 为身体部位名词 3 例：

　　脱却天衣便入水，中心抱取紫衣裳。（S. 2204《董永变文》）
　　苦法万般交处置，中心更向阿谁陈。（S. 3771V《悉达太子修道因缘》）
　　不审如何，在于中心忧愕未已。（P. 3637《新定书仪镜》）

朕德之不明，化有不洽，未跻仁寿，尚劳用兵，中心忿悼，无忘鉴寐。（《全唐文》卷五十李适《讨李希烈诏》）

素餐高位，空负耻于中心；弁冕轻车，免讥诮于众口。（后晋·刘昫《旧唐书》卷一百七十《裴度列传》）

（3）X 为集合名词 1 例：

怨死尸在生日，于父母处不孝，中亲处无情。（BD02496《盂兰盆经讲经文》）

在唐五代传世文献中我们没有找到"中亲"的用例。

（二）"中"转指一定社会组织机构内，多转指"宫中"

这种意义的"中 X"3 例：

其医人忽尔抬头，见此中官，更言曰：阿姨道底是那。（S. 3872《维摩诘经讲经文》）

伏以中丞瑞等九苞，灵同三秀。（P. 4092《新集杂别纸》）

中使厶至。（P. 4093《甘棠集》）

宣与书家分手写，中官走马赐功臣。（《全唐诗》卷二十二王建《霓裳词十首》）

上恐，遣中使喻之，乃止。（后晋·刘昫《旧唐书》卷三十七《五行志》）

（三）"中"为表示与 X 的四方、上下或两端距离同等的方位，义等同于"中间、中央"

（1）表示空间上处于中间的位置 34 例：

蓟门安禄山叛逆，倾陷中国。（S. 78V《失名书仪》）

日轮正在中天，还似佛居宝座。（P. 2133《观音经讲经文》）

何图中路生离，一去累经数日。（P. 3936《致女婿女儿书》）

何言中路遭弃捐，零落漂沦古狱边。（《全唐诗》卷六十六郭震《古剑篇》）

臣以边尘暂起，不足为忧，中土不安，以此为事。（后晋·刘昫《旧唐书》卷八十九《狄仁杰列传》）

（2）表示时间上处于中间的位置 7 例：

惭君与我一中餐，抱石投河而命极。（S. 328《伍子胥变文》）

初夜与中夜、后夜，此三时亦须礼拜供养于佛。（P. 2133《观音经讲经文》）

其年夏四月中旬臣煞君，外国兵至城。（P. 2632《手决一卷》）

门前月色映横塘，感郎中夜渡潇湘。（《全唐诗》卷二十一刘方平《栖乌曲二首》）

诸祭祀卜日，皆先卜上旬；不吉，次卜中旬、下旬。（后晋·刘昫《旧唐书》卷二十四《礼仪志》）

三 “中”的独用

“中”的体词性用法

独用的“中”没有饰词性的用法，“中”在作体词时，或作主语或作宾语 21 例：

精密夷雅，中明外和。（P. 4093《甘棠集》）

况是与人为患物，于中切莫起贪心。（俄 Ф101《维摩碎金》）

太子才问了，中有弟一大臣白太子。（俄 Ф096《双恩记》）

或有人示以文卷者，中有《小学说》一篇。（《全唐文》卷三百十八李华《字诀》）

宪宗选使臣宣谕，以从中选。（后晋·刘昫《旧唐书》卷一百七十七《崔慎由列传》）

四 “中”的合成方位词

（一）前加式派生方位词

（1）“之中”105 例

1)"之中"用来表示处于 X 的空间范围之内

a. X 为普通名词 29 例:

地狱之中,锋剑相向,涓涓血流。(S. 2614《大目乾连冥间救母变文》)

名标画阁之中,声振寰宇之外。(S. 1145《病痤发愿文》)

共往山林之中,福分也合同比。(BD02496《盂兰盆经讲经文》)

官掖之中,宜先省约,其后官细人子弟音声人等,并宜放归。(《全唐文》卷五十五德宗《即位赦文》)

师曰:"有人遍身烘烂,卧荆棘之中,阇梨作摩生归?"(五代·释静、释筠《祖堂集》卷四《药山和尚》)

b. X 为身体部位名词 6 例:

耳鼻之中皆流血,哭言:"黄天我娘娘。"(S. 2614《大目乾连冥间救母变文》)

举身自扑太山崩,七孔之中皆洒血。(S. 2614《大目乾连冥间救母变文》)

举身自扑似山崩,耳鼻之中皆洒血。(S. 5437《汉将王陵变》)

肠胃之中当留谷二斗四升,水一斗一升。(唐·孙思邈《千金要方》卷五十二《胃腑方》)

右三味捣筛为散,取如大豆粒,吹于两鼻之中。(唐·王焘《外台秘要》卷四《诸黄方》)

c. X 为抽象名词 39 例:

五服之中兼容隐,此即古来贤圣语。(S. 2614《大目乾连冥间救母变文》)

然则百王制格,讵能离痴网之中。(S. 4860V《当坊义邑创置伽蓝功德记并序》)

八难六趣之中,遇此同登彼岸。(S. 5561《文样》)

加以秋水盈襟,寒郊满望,洲渚肃而蒹葭变,风露凝而荷芰疏,

忘怀在真俗之中，得性出形骸之外。（《全唐文》卷一百九十九骆宾王《秋日于益州李长史宅宴序》）

张渍曰："只如今约有情方便之中，如何是无情因缘？"（五代·释静、释筠《祖堂集》卷三《慧忠国师》）

d. X 为集体名词6 例：

于是巍巍圣主，荡荡慈尊，居贤圣之中，处庵园会里。（S. 4571《维摩诘经讲经文》）

昨见嵇绍，昂昂若野鹤在群鸡之中。（P. 2524《语对》）

负深知于群萃之中，人皆改观。（P. 4093《甘棠集》）

缚戎人，戎人之中我苦辛。（《全唐诗》卷四百二十六白居易《缚戎人达穷民之情也》）

与摩会千人万人之中，难得一个半个。（五代·释静、释筠《祖堂集》卷七《岩头和尚》）

e. X 为数量词3 例：

父母见存为造福，七分之中而获一。（S. 2614《大目乾连冥间救母变文》）

此是七唱之中，第四如所不分别，即无能见也。（P. 2133V《金刚般若波罗蜜经讲经文》）

三分之中，且讲序分。序分之中，依佛地论，科为五种成就。（P. 3898《长兴四年中兴殿应圣节讲经文》）

三教之中儒最尊，止戈为武武尊文。（《全唐诗》卷六百五十七罗隐《代文宣王答》）

其诸司所征到钱，自今以后，仍于五分之中常抽一分，留添官本，各勒本司以后相承收管。（《全唐文》卷六十一宪宗《处分诸司食利钱敕》）

2）"之中"用来表示时间
a. X 为时间词或名词19 例：

正逢爱日之中。(S. 78V《失名书仪》)

阿娘怀子，十月之中，起座不安，如擎重担；饮食不下，如长病人。(P. 2418《父母恩重经讲经文》)

皆在四时之中，八节之内，足验灾祥。(P. 2632《手决一卷》)

开元天宝之中，耕者益力，四海之内，高山绝壑，耒耜亦满，人家粮储，皆及数岁，太仓委积，陈腐不可校量。忽遇凶年，谷犹耗尽。(《全唐文》卷三百八十元结《问进士》)

千里之地，大朝之声教不通；十年之中，百姓之艰苦难状。(《全唐文》卷一百二十六周世宗《平秦成阶等州德音》)

b. X 为动词或形容词 3 例：

若道是儿，总忘却百骨节疼痛，迷闷之中，便即含笑。(S. 2073《庐山远公话》)

渴慕之中，忽蒙荣问。(S. 5636《新集书仪》)

渴慕之中，忽遭荣问。(P. 3691《新集书仪一卷》)

恍惚之中见有物，状如日轮明突屼。(《全唐诗》卷八百五十九吕岩《鄂渚悟道歌》)

欲出山参寻知识，宴寂之中，忽然神人报言："三五日间，有大菩萨人到来，为和尚说法。"(五代·释静、释筠《祖堂集》卷十九《俱胝和尚》)

（二）复合型合成方位词
"中"的复合型合成方位词 2 例：

中里有一智臣，嫌诸臣语：汝等出言，快不当理。(俄 ДХ00285《须大拏太子好施因缘》)

即朝大臣眷属，隐便商宜，中内有一智臣，出来白王一计。(BD02496《盂兰盆经讲经文》)

闭目藏真神思凝，杳冥中里见吾宗。(《全唐诗》卷八百五十九吕岩《渔父词一十八首·入定》)

中内以合外，外以合内。(唐·吕岩《吕子易说》卷上《阴阳消

息图解》)

小　结

单纯方位词"中"共有 998 例,其中后置用法有 922 例,包括空间实指用法 441 例,非空间实指用法 481 例,约占总数的 92%;前置用法 55 例,约占总数的 6%;独用用法 21 例,约占总数的 2%,独用的"中"只有体词性用法,而没有饰词性用法。与"中"相关的合成方位词有 107 例,前加式派生方位词"之中"105 例,并列式复合型合成方位词"中内"1 例,"中里"1 例。

单纯方位词"中"有以下几种意义:空间意义、时间意义、转指意义、处于某种状态或过程之中的意义。空间意义包括空间实指意义、空间泛化意义,表示与 X 的四方、上下或两端距离同等的空间方位,义同于"中间、中央"。时间意义包括指在某一个时间段之内的意义,表示处于某个时间段"中央"的意义。转指意义用于转指一定社会组织机构内。与单纯方位词"中"相比,合成方位词"之中"除了不具备表示处于某种状态之中,以及转指一定社会组织机构内这两种意义外,其他的意义全部具备。前置的"中",有一部分如"中庭""中朝""中心"与"庭中""朝中""心中"意义相同,这样的用法在先秦文献中就已经出现,如:"泛彼柏舟,在彼中河。"(《诗经·鄘风·柏舟》)"孔子哭子路于中庭。"(《礼记·檀弓》)储泽祥(1996)认为"中+名词"这种现象虽可以从押韵角度来解释,但这种解释有限,他认为可从汉藏语系来看这种现象。在壮侗语族的侗语、黎语、毛南语等语言中采用"方位词+名词"这种形式构成方位结构。因此,从整个汉藏语系看,古汉语中存在的"中+名词"的方位结构是可以接受的。

搭配上,单纯方位词"中"搭配范围非常广泛。可以与名词,包括普通名词、身体部位名词、集合名词、天体名词、组织机构名词、用于划界意义的名词、事件名词、抽象名词等名词搭配,可以与代词、时间词、数词、数量词等体词搭配,可以与形容词、动词、动词性短语等谓词性成分搭配,还可以与介词、副词搭配。与动词、动词性词组、形容词等谓词性成分搭配时,"X 中"表示处于某种状态或过程之中。"之中"在搭配上不能与用于划界意义的名词搭配,不能与代词、数词、形容词、副词等搭配，除此之外，与单纯方位词"中"搭配相同。

与魏晋南北朝时期"中"的比较

据林晓恒（2006：73）统计，"中"在魏晋南北朝时期共出现 666 例，其中后置用法 591 例，约占总数的 89%；前置用法 27 例，约占总数的 4%；独用用法 48 例，约占总数的 7%。唐五代时期后置用法占总数的 92%，高于魏晋南北朝时期的 89%；前置用法的比率要高于魏晋南北朝时期，由魏晋时期的 4% 上升到 6%；独用用法的比率下降，由魏晋南北朝时期的 7% 下降到 2%。

唐五代时期"中"所具有的意义，魏晋南北朝时期都已经具备。"中"的空间意义、时间意义林晓恒（2006）都已提到，这里不再赘述。表示处于某种过程或状态的意义在魏晋南北朝时已经出现，如《全晋诗》卷十九《冬歌十七首》："怀冰暗中倚，已寒不蒙亮。"南朝梁萧纶《代秋胡妇闺怨》诗："知人相忆否，泪尽梦啼中。"与唐五代时期相比，这种意义用例较少，在林晓恒（2006）的语料中甚至没有出现。

搭配上，唐五代时期与"中"搭配的对象要多于魏晋南北朝时期。魏晋南北朝时期"中"能与普通名词、天体名词、身体部位名词、划界义名词、集合名词、组织机构名词、抽象名词，以及与代词、数量词、时间词、介词、副词等搭配，但能与形容词、动词搭配的"中"要少于唐五代时期，我们对魏晋南北朝时期的诗、文进行检索，发现在唐五代时期已经有多例的"危中"在魏晋南北朝的诗、文中都没有出现。《全唐诗》中"暗中"有 45 例，而在魏晋南北朝诗中仅有 4 例；"苦中"在唐诗中有 3 例，在魏晋南北朝诗中没有出现；"明中"在唐诗中有 32 例，在魏晋南北朝诗歌中却没有一例；"睡中"在唐诗中已有 3 例，在魏晋南北朝诗中没有出现；"醉中"在唐诗中已有 89 例，南北朝诗中没有出现。

第二节　"里"的形式、语义分布

一　"X 里"的形式、语义分布

（一）"X 里"实指空间方位，表示参照物的内部空间

（1）X 为普通名词，这个名词是三维的"体"，或是能够隐喻为"容

器"的名词108例:

> 阿兄在屋里新生儿,见在蒡里卧在。(S. 610《启颜录》)
>
> 初谓练丹仙灶里,还疑铸剑神溪中。(P. 3608V《夜烧篇》)
>
> 但藏玉匣里,未向代人看。(P. 3619《剑歌》)
>
> 兰成宅里寻枯树,宋玉亭前别故人。(《全唐诗》卷四百十三元稹《送友封》)
>
> 含元殿里,更觅长安。(五代·释静、释筠《祖堂集》卷十七《岑和尚》)

(2) X为身体部位名词17例:

> 莫道思量救拔门,眼里参差兼没泪。(P. 2305V《解座文汇抄》)
>
> 闭门无呼唤,耳里极星星。(P. 3418《王梵志诗》)
>
> 遍身烟焰,口里如烟道。(BD02496《盂兰盆经讲经文》)
>
> 一声来耳里,万事离心中。(《全唐诗》卷四百四十六白居易《好听琴》)
>
> 唇干口燥,腹里雷鸣。(唐·孙思邈《千金翼方》卷十五《补益》)

(3) X为具有划界意义的名词4例:

> 却遣汝向朱门里出入,瓦宅里跳跃。(S. 1477《祭驴文一首》)
>
> 埋米一升,在于大门里入地一尺,不被虫食。(P. 2666V《单方》)
>
> 一重门里石师子,二重门里石金刚。(P. 3833《孔子项托相问书》)
>
> 门外车马喧,门里宫殿清。(《全唐诗》卷一百三十六储光羲《题太玄阁》)
>
> 其诸司使并诸司诸色人等,并勒于左右银台门外下马,不得将领行官一人辄入门里。(《全唐文》卷一百一朱晃《定门禁敕》)

（二）"X里"表示泛化的空间范围，表示在某一范围界限之内

（1）X为抽象名词37例：

居心有情含识里，随类同尘不染尘。（S. 3016V《心海集》）

生受刀光苦，意里极星星。（P. 3418《王梵志诗》）

梦里宛然归旧国，觉来还在虏营中。（P. 3812《诗歌丛钞》）

贝叶经前无住色，莲花会里暂留香。（《全唐诗》卷二百三十六钱起《紫参歌》）

我分明向汝道："'却向性海里修行，不要三明六通。'何故如此？"（五代·释静、释筠《祖堂集》卷十八《仰山和尚》）

（2）X为身体部位名词31例：

新妇道辞便去，口里咄咄骂詈：不徒钱财产业，且离怨家老鬼。（P. 2564《㜪㜐新妇文》）

佛在之日，有一善女，也曾供养罗汉，虽有布施之缘，心里便生轻贱。（P. 3048《丑女缘起》）

头上鬟发自落，身里袈裟化出。（BD02496《盂兰盆经讲经文》）

耳边要静不得静，心里欲闲终未闲。（《全唐诗》卷六百五十五罗隐《寄右省王谏议》）

师曰："口里道得有什摩利益，莫信口头办，直得与摩去始得。设使与摩去，也是佛边事。"（五代·释静、释筠《祖堂集》卷六《洞山和尚》）

（3）X为处所词或组织机构名词16例：

春官省里，谁争夺席之能，孔子门中，自让披沙之誉。（S. 78V《失名书仪》）

邯郸城南游侠子，自矜生长邯郸里。（P. 2552《唐人选唐诗》）

到来藩里重，长愧汉家恩。（P. 2553《王昭君变文》）

中华国里亲遭遇，仰面观天笑眼开。（《全唐诗》卷八百五十九吕岩《勉牛生、夏侯生》）

济南郡里多沮洳，娥皇女英汲井处。（唐·封演《封氏闻见记》卷八《历山》）

（4）X为具有无限延展性的名词34例：

暧䖀之云空里布，泼下黑雾似墨池。（P.2187《破魔变一卷》）

捉蝴蝶，趁猢子，弄土拥泥向街里。（P.2418《父母恩重经讲经文》）

惆怅春风里，蹉跎柳色前。（P.2552《唐人选唐诗》）

何得空里雷，殷殷寻地脉。（唐·杜甫《杜工部集》卷一《白水县崔少府十九翁高斋三十韵》）

昨升仙楼有群蕃街里打球，欲令朕见。（唐·封演《封氏闻见记》卷六《打毬》）

（5）X为集合名词6例：

人里般粮，总不如笼里将来。（S.3835《百鸟名君臣仪仗》）

一生心快捷，禽里更无过。（P.2653《燕子赋一卷》）

大众里不觉闹，独自坐不恓恓。（S.4398V《降魔变一卷》）

老向巴人里，今辞楚塞隅。（唐·杜甫《杜工部集》卷十七《大历三年春白帝城放船出瞿塘峡久居夔府将适江陵漂泊有诗凡四十韵》）

众里遥抛新摘子，在前收得便承恩。（《全唐诗》卷三百二王建《宫词一百首》）

（6）X为代词5例：

只忧身命片时，阿那里有心语话。（P.2418《父母恩重经讲经文》）

可借却娘娘百匹锦，衡教这里忍饥来。（P.3128V《解座文》）

玉貌定知归那里，且喜恩沾说修持。（P.3375V《欢喜国王缘起》）

那里朝日才出，还应先照西楼。（《全唐诗》卷六百八十三韩偓《六言三首》）

石头曰："我这里有刀子。"（五代·释静、释筠《祖堂集》卷五《长髭和尚》）

在唐代的传世文献中我们只见到2例"那里"，没有见到"这里"的用例，到五代时期的《祖堂集》中"这里"大量出现，有120例，而"那里"仅出现5例。《祖堂集》中的"这里"不仅数量众多，而且用法上也突破了敦煌文献中以作主、宾语为主的情况，可以出现在人称代词"我""某甲"或指人名词"老僧"等之后，使前边的词语处所化。

（三）"X里"用来表示时间

X为时间词5例：

冬里三回雪烂漫，春来五遍雨滂沱。（S. 4472《左街僧录圆鉴大师云辨诗文抄并李琬抄记》）

百岁电光中，生凭倾克里。（P. 2044V《释门文范》）

夜里勉卧，平旦早起。（P. 3697《捉季布变文》）

历山居处当天半，夏里松风尽足听。（《全唐诗》卷六百十六皮日休《怀锡山药名离合二首》）

日里话，暗嗟切。（五代·释静、释筠《祖堂集》卷十九《香严和尚》）

（四）"X里"表示处于某种状态或过程之中

（1）X为形容词9例：

洛桂只于场面，堕梅花于暗里。（P. 3172《临圹文一本》）

钲鼙闹里纷纷击，戛戛声齐电不容。（P. 3451《张淮深变文》）

算应未及甘罗贵，早被无常暗里追。（P. 3728V《左街僧录大师压座文》）

斗柄更初转，梅香暗里残。（《全唐诗》卷一百十八孙逖《和常州崔使君寒食夜》）

客舟贪利涉，暗里渡湘川。（《全唐诗》卷一百六十孟浩然《夜

渡湘水》）

（2）X 为动词 1 例：

睡里不知回早晚，觉时只觉泪斑斑。（P. 2555《诗文集》）

醉中惊老去，笑里觉愁来。（《全唐诗》卷二百五包佶《对酒赠故人》）

新句有时愁里得，古方无效病来抛。（《全唐诗》卷五百十八雍陶《秋居病中》）

（3）X 为事件名词 1 例：

所危中告佛，厄里求僧。（P. 2854《礼佛发愿文》）

愁中卜命看周易，病里招魂读楚词。（《全唐诗》卷一百九十七张谓《辰阳即事》）

酒里消闲日，人间作散仙。（《全唐诗》卷六百九十四王毂《逢道者神和子》）

二　"里 X"的形式、语义分布

"里 X"表示具体的空间范围之内

X 为身体部位名词 1 例：

里心常有此疑猜，一段疑猜终不去。　（S. 3872《维摩诘经讲经文》）

在唐五代传世文献中我们没有找到"里 X"的用例。

三　"里"的独用

"里"的体词性用法

体词性的"里"多作句子主语 6 例：

吾有方丈室，里有一杂物。（S. 4277《王梵志诗》）

里有四合床，屏风十二扇。(S. 5515《下女夫词》)

梧桐树虽大里空虚，井水虽深里无鱼，五尺大蛇怯蜘蛛，三寸车辖制车轮。(P. 3883《孔子项讬相问书》)

乱山秋木穴，里有灵蛇藏。（《全唐诗》卷五百七十三贾岛《赠僧》)

此为半在外，半在里。（唐·孙思邈《千金翼方》卷九《伤寒上》)

四 "里"的合成方位词

后加式派生方位词

在我们的语料中没有见到"里"的前加式派生方位词，只有 6 例后加式派生方位词。

（1）"里面"用来实指空间方位，独用作主语 1 例

里面睹如千圣窟，外边看似八珍山。(P. 2603《赞普满偈十首》)

金丹不是小金丹，阴鼎阳炉里面安。（《全唐诗》卷八百五十六吕岩《七言》)

三门里面千层阁，万井中心一朵山。（唐·徐寅《钓矶文集》卷八《题福州天王阁》)

（2）"里许"用来实指空间方位，独用作主语或状语 3 例

缘甚此汤空闲，里许几人受罪？(P. 2324《难陀出家缘起》)

里许有个古人名，万代流传皆不恶。(P. 2555《诗文集》)

随便里许坐，悷护得劳藏。(P. 2653《燕子赋一卷》)

合欢桃核终堪恨，里许元来别有人。（《全唐诗》卷五百八十三温庭筠《南歌子词二首》)

师云："你在里许多少时？"僧云："如何得出离去？"（五代·释静、释筠《祖堂集》卷十四《紫玉和尚》)

（3）"里伴（畔）"用来实指空间方位 2 例

前置作定语 1 例：

里半髑楼千万个，十方骸骨不交回。（P. 3718V《曲子名目》）

后置作中心语 1 例：

阿耶语话没断决，口角里伴（畔）两弄火。（P. 3125《七言小曲》）

在唐五代传世文献中没有"里畔"的用例。

小　结

单纯方位词"里"共有 281 例，其中后置用法 274 例，包括空间实指用法 129 例，空间泛化用法 145 例，后置用法约占总数的 97.5%；前置用法只有 1 例，占总数的 0.4%；独用用法有 6 例，都是体词性用法，作句子的主语或宾语，没有饰词性的用法，独用用法约占总数的 2.1%。在我们的语料中"里"的合成方位词共有 6 例，都是后加式派生方位词，包括"里面"1 例，"里许"3 例，"里伴（畔）"2 例。6 例合成方位词中只有 1 例后置用法，占总数的 17%，其余 5 例都是独用用法，占总数的 83%。在我们的语料中没有"之里"的用例，在唐五代传世文献中有"之里"30 例，如唐黄滔《黄御史集》卷一《水殿赋》："屏开于万象之外，岳立于千艘之里。"在唐五代以前没有"以里"的用法，"以里"的最早用例出现在宋代，如史浩《鄮峰真隐漫录》卷六《赐四川宣抚使吴璘回师秦陇诏》："卿所带忠义兵却须守，挈老小于秦州以里措置。"在唐五代的传世文献中，"里边"有 3 例，"里许"19 例，"里面"6 例，"里头"3 例。

"里"包括以下几种意义：空间意义、时间意义、表示处于某种状态或过程的意义。空间意义包括空间实指意义以及空间泛化意义。空间实指意义包括表示具有"容器"或能够隐喻为"容器"特征的三维空间的内部、二维平面的范围之内、身体器官内部以及用于表示以 X 为界划分出的空间范围的内部。空间泛化意义包括表示抽象化处所的内部、群体范围、无限的空间范围等。时间意义中"里"表示在某一个时间段之内。"里"的合成方位词"里许""里面""里伴（畔）"都用来实指空间方位。

搭配上，单纯方位词"里"可以与名词，包括普通名词、身体部位名词、集合名词、组织机构名词、具有划界意义的名词、抽象名词等名词搭配，还可以与代词、时间词等体词搭配。在我们的语料中没有"里"与数量词搭配用例，但在唐五代传世文献中"里"可以与数量词搭配，用来表示在某个时间范围内，如唐姚汝能《安禄山事迹》卷下："但看五日里，清水河边见。"在我们的语料中也没有"里"与表示信息载体的名词搭配的例证，但在唐五代的传世文献中有这样的搭配，如唐皮日休《卢征君》诗："放旷书里终，逍遥醉中死。""里"还可以与形容词、动词等谓词性词语搭配，用来表示处于某种状态或过程之中。独用的"里"不能与介词搭配，唐五代敦煌文献都是以"X里"的形式与介词进行搭配，有 25 例。在我们搜集到的语料中亦未见"里"与副词搭配的情况。

与魏晋南北朝时期"里"的比较

据林晓恒（2006：69）统计，"里"魏晋南北朝时期只有 8 例，这 8 例中没有前置用法以及独用的用法，都是后置用法，后置率达到了 100%。与之相比，唐五代时期"里"的用例大大增加，在我们的语料中达到了 281 例，后置法仍然是其主导用法，占总用法的 97.5%，前置用法只有 1 例，独用用法只有 6 例。由于林晓恒（2006）语料的限制，"里"出现频率较低，我们又对《全宋文》进行了统计，发现"里"有 23 例，其中有前置用法 2 例，独用用法 2 例，后置用法 19 例，后置用法约占总数的 82.6%，前置用法约占总数的 8.7%，独用用法约占总数的 8.7%。在魏晋南北朝的传世文献中只有 1 例"里边"，没有"里"的其他合成方位词。

唐五代时"里"所具有的意义在魏晋南北朝时都已经出现。空间泛化的意义，如南朝梁吴均《咏灯》诗："檐艳烟光转，氛氲雾里轻。"表示时间意义，如南朝陈陆系《有所思》诗："只看今夜里，那似隔河津。"表示处于某种状态内意义，如南朝陈江总《杂曲三首》："皎皎新秋明月开，早露飞萤暗里来。"南朝陈吴均《和萧洗马子显古意诗六首》："绿鬓愁中改，红颜啼里灭。"表示时间意义的"里"在魏晋南北朝时期还比较少，以"夜里"为例，在魏晋南北朝时期只有 1 例，而仅在《全唐诗》中"夜里"就已经出现 9 例。

搭配上，唐五代时期"里"的搭配对象要多于魏晋南北朝时期。唐五代时期能与"里"搭配的词语在魏晋南北朝时很多已经出现，与抽象名词搭配，如南朝梁萧子云《和湘东王夜梦应令》诗："故言如梦里，赖得雁书飞。"与具有划界意义的名词搭配，如陶渊明《止酒》诗："坐止高荫下，步止筚门里。"与具有无限延展性的名词搭配，如南朝陈惠标《咏水诗三首》："舟如空里泛，人似镜中行。"与集合名词搭配，如南朝梁朱超《咏独栖鸟》诗："寄语故林无数鸟，会入群里比毛衣。"与处所词或组织机构名词搭配，如南朝宋刘铄《拟行行重行行》诗："回车背京里，挥手从此辞。"与形容词搭配，如上面所举的"暗里"。与动词搭配，如上文所举的"啼里"。大体上，唐五代时能与"里"搭配的词语更多，在魏晋南北朝时没有身体部位"口"与"里"的搭配，但唐五代时已经出现。唐五代时还出现了"里"与指示代词"这、那"的搭配，以及"里"与事件名词"病""酒"等搭配。

第三节　"间"的形式、语义分布

一　"X间"的形式、语义分布

（一）"X间"表示事物两端之间或两个事物之间的位置

（1）X为普通名词5例：

子胥行至莽、荡山间，按剑悲歌而叹。（S. 328《伍子胥变文》）

凡居泽两山间，或川或谷或巷相冲，名曰当尾门，居之子孙衰。（P. 2615a《帝推五姓阴阳等宅图经一卷》）

相逢梁宋间，与我醉嵩莱。（P. 2552《唐人选唐诗》）

三湖返入两山间，畜作潍湖弯复弯。（《全唐诗》卷九十八赵冬曦《潍湖作》）

衔泥两椽间，一巢生四儿。（《全唐诗》卷四百二十四白居易《燕诗示刘叟》）

（2）X为身体部位名词6例：

芜荑平。右主治五内邪气，散皮肤肢节间风气，能化食。（S. 76《食疗本草》）

放眉间之白毫，旋顶上之青螺。(S. 2583V《弥陀赞》)

风府在项两筋间，入发际一寸。(P. 3287《三部九候论》)

新愁旧恨多难说，半在眉间半在胸。(《全唐诗》卷五百十八雍陶《忆山寄僧》)

灸肘后两筋间，名天井，百壮。(唐·王焘《外台秘要》卷七《灸诸胀满及结气法》)

(3) X 为抽象名词 3 例：

智惠愚痴咫尺间，万般一切由心识。(P. 2931《维摩诘经讲经文》)

都来咫尺间，迷心终不见。(S. 6551V《说三皈五戒文》)

宅舍寅卯地有直街巷即开门冲者厌之法：铁女人，各长七寸，白石七两，虎头一具，用砖居盛之，用庚日埋于寅卯间，入土七尺，大吉。(P. 4522V《宅经推镇宅法第十》)

药水龙沙近，丹崖咫尺间。(《全唐文》卷一百六十二陈宗裕《敕建乌石观碑记》)

小败出于辰卯间，宋得位。(唐·瞿昙悉达《唐开元占经》卷四十五《太白占》)

(二) "X 间"表示在一定的空间范围之内

(1) X 为普通名词 33 例：

覆钵势上、石隙间流黑香油。　(S. 2659V《大唐西域记一卷第一》)

书若无感，零落草间。(S. 2922《韩朋赋一首》)

白练带，色如银，久在山间别作群。(S. 3835《百鸟名君臣仪仗》)

往往花间逢彩石，时时竹里见红泉。(《全唐诗》卷九十六苏颋《奉和初春幸太平公主南庄应制》)

雪里松青，云间鹤翥。(五代·释静、释筠《祖堂集》卷二《第二十四祖师子尊者》)

（2）X为身体部位名词5例：

蒲桃，平。右益脏气，强志，疗肠间宿水。（S.76《食疗本草》）

腰间宝剑长拔，手里遮月恒张。（S.289《当身勇猛无敌诗》）

下膀胱水，腹留热气，皮间邪水上出面目。（P.3714《新修本草》）

四曰溢饮水溢在膈上五脏间；五曰流饮水在肠间，动摇有声。（唐·孙思邈《千金要方》卷五十八《肠腑方》）

疗呕哕心下痞鞕者，以膈间有水，头眩悸，半夏加茯苓汤方。（唐·王焘《外台秘要》卷二《伤寒呕哕方》）

（三）"X间"表示泛化的空间范围

（1）X为抽象名词9例：

俗间之罪满娑婆，唯有悭贪罪最多。（S.2614《大目乾连冥间救母变文》）

我既得此神通，却往毕拨罗严间，石门已闭，便即打门。（俄Ф096《双恩记》）

冥间母受多般苦，穿刺烧蒸不可量。（BD02496《盂兰盆讲经文》）

象山下之泉，为天下之式，因碌碌于俗间，类栖栖于孔墨。（《全唐文》卷四百八十二黎逢《石砚赋》）

初至冥间，冥吏以持经功德放还。（唐·段成式《酉阳杂俎》卷七《续集·金刚经鸠异》）

（2）X为具有无限延展性的名词3例：

积雪晨飞，途间失地；惊沙夕起，室外迷天。（S.343V《大唐皇帝述圣记抄》）

窟宇途间，梵室之珠延莫喻。（S.3929《节度押衙知画行都料董保德等建造兰若功德记》）

何期今日道途间，得逢居士慈悲相。（P.2292《维摩诘经讲经

文》）

　　冉冉征途间，谁是长年者。（唐·杜甫《杜工部集》卷二《玉华官》）

　　每于朝集会同处，公卿间无所与语，反呼驺卒访道途间事，由此多忤于物。（唐·姚思廉《梁书》卷三十三《刘孝绰列传》）

（3）X为处所词2例：

　　控弦云起于塞间，交锋雪飞于城下。（S. 4473《后晋文抄》）
　　游人夜到汝阳间，夜色冥蒙不解颜。（P. 3252V《唐诗文丛钞》）
　　恨君流沙去，弃妾渔阳间。（唐·李白《李太白集》卷二十四《闺情》）
　　故垒烟尘后，新军河塞间。（《全唐诗》卷二百五十皇甫冉《送常大夫加散骑常侍赴朔方》）

（4）X为代词15例：

　　君子从何至此间，面带愁容有饥色？（S. 328《伍子胥变文》）
　　此山神异，峰如削成，其间有井，沙不能蔽。（S. 5448《敦煌录一卷》）
　　此间无物可支彼，当固须自给。（P. 2942《唐永泰年间河西巡抚史判集》）
　　我来游其间，寄傲巾半幅。（《全唐诗》卷一百五十一刘长卿《游四窗》）
　　侍郎便到潮州，问左右："此间有何道德高行禅流？"（五代·释静、释筠《祖堂集》卷五《大颠和尚》）

（5）词汇化的"X间"
1）"人间"32例：

　　有无实说莫沈吟，人间乳哺最恩深。（S. 2614《大目乾连冥间救母变文》）

只别人间弹指顷，难陀从佛道天宫。（P. 2324《难陀出家缘起》）

白泽本来天界住，托生牛腹向人间。（俄 Ф223《十吉祥》）

九流百氏，供笔下之波澜；五色六章，集人间之光彩。（《全唐文》卷八十六李儇《萧邈罢判度支制》）

2）"世间" 53 例：

佛与慈悲出世间，不但怨亲总一般。（P. 2324《难陀出家缘起》）

非但此金，世间一切伏藏未出之者，我能尽见。（P. 2344V《祇园因由记》）

所以四大假合，五谷咨身，立形躯于世间，看《明堂》而医疗。（P. 3655《明堂五脏论》）

居士问："但见和尚则知是僧，未审世间何者是佛？云何为法？"（五代·释静、释筠《祖堂集》卷二《第二十九祖师慧可禅师》）

3）"凡间" 1 例：

众生虽在凡间，真性本同诸佛。（P. 2133《观音经讲经文》）

未知朽败凡间骨，中授先生指教无。（《全唐诗》卷六百六十三罗隐《寄程尊师》）

（四）"X 间" 用来表示时间
（1）"X 间" 用来表示一段时间
X 为时间词 15 例：

贤感五百年间出，德应黄河号一清。（P. 2553《王昭君变文》）

不得三五日间，身死有何灵验？（P. 3048《丑女缘起》）

僧文信经数年间与崇恩内外知家事，劬劳至甚，与耕牛一头，冬粮麦叁硕。（P. 3410《沙州崇恩析产遗嘱》）

浮云一别后，流水十年间。（《全唐诗》卷一百八十六韦应物《淮上喜会梁川故人》）

近半载间师无异说，然而无门可推。（五代·释静、释筠《祖堂

集》卷六《石霜和尚》)

(2)"间"相当于"中",X为时间词8例：

天宝年间，忽闻范阳到次山有明和上。(S.516《历代法宝记》)

白面五升，夜间造饭。(S.6452《净土寺诸色斛斗破历》)

凡欲内药，晚间早食，须也入胡蹲坐，以中指内着少许唾，便令滑润，偃腰卧，其药直入腰，温下部。(P.2882V《医方书》)

晚间春作好，行乐不须猜。(《全唐诗》卷五百十二欧阳衮《田家》)

五祖亦见此偈，并无言语，遂于夜间教童子去碓坊中唤行者来。(五代·释静、释筠《祖堂集》卷十八《仰山和尚》)

(3)"X间"表示瞬时时间
1)X为具有［＋短暂］［＋迅速］义的副词3例：

涕泣之，俄尔间根及鬼忽去。(S.2072《珦玉集》)

人生一世瞥然间，不修实是愚痴意。(P.2305V《解座文汇抄》)

草草间未即披展，因使不代。(P.3900《书仪》)

我们只在唐五代传世文献中找到1例：

道济见收，愤怒气盛，目光如炬，俄尔间引饮一斛。(唐·李延寿《南史》卷十五《檀道济列传》)

2)X为具有［＋短暂］［＋迅速］义的时间词1例：

姓命惟忧倾刻间，浑家大专看待。(P.2714《十二时》)

挈携陬维口澜翻，百二十刻须臾间。(《全唐诗》卷三百四十二韩愈《记梦》)

曾驱万马上天山，风去云回顷刻间。(《全唐诗》卷五百九十八高骈《赴安南却寄台司》)

（五）"X 间"表示处于某种状态或过程中

（1）X 为动词 4 例：

　　刺史未取枣间，其弟乃自吃枣总尽。（S. 610《启颜录》）
　　劝即次日申间劝，且乞时时过讲院。（P. 2305V《解座文汇抄》）
　　未说间，大众有疑。（俄 Ф096《双恩记》）
　　避风新浴后，请假未醒间。（《全唐诗》卷二百九十九王建《昭应官舍》）
　　其京城未降雨间，宜令坊市权断屠宰。（《全唐文》卷八十四懿宗《罪己诏》）

（2）X 为形容词 3 例：

　　灌了少间仰卧，脚踏壁少时，即利脓水。（P. 2882V《医方书》）
　　少间一酹，专辄敢有，诸故人亦望归降。（S. 329《书仪镜》）
　　如斯秽土显然间，难会如斯深道理。（俄 Ф101《维摩碎金》）
　　平旦空肚食之，少间虫便死。（唐·王焘《外台秘要》卷二十六《蛔虫方》）
　　少间遂觉，体上大汗，便即瘳愈。（唐·释道世《法苑珠林》卷五十九《俭约篇第四十五·引证部》）

（3）X 为事件名词 2 例：

　　所以言不死者风气之病及经间之病。（P. 2882V《医方书》）
　　一食饭间即泻卸恶物，出尽，取葱白四枝火中烧热，去皮便内鼻中穴。（P. 2882V《医方书》）
　　未发前一食间即调，如其不得好瘥，明日依式更调之。（唐·孙思邈《千金要方》卷八十二《养性》）
　　三五度饭间即侧卧，沥却热汁。（唐·王焘《外台秘要》卷二十一《目赤痛方》）

二　"间"的合成方位词

（一）前加式派生方位词"之间"

（1）"X 之间"用来表示空间范围

1）"X 之间"实指空间范围

X 为普通名词 5 例：

　　会樊鹤树之间，役烈祇园之内。（S.2319《故和尚大祥祭文》）

　　象之害舜，舜犹为布衣，在田亩之间，此盖一身之祸耳。（P.2636《帝王略论》）

　　加地有疾梨瓦砾毒草恶虫，树木之间，不可依止。（俄 ДХ00285《须大挐太子好施因缘》）

　　倒影光素，于潭之间。（《全唐诗》卷二百七十七卢纶《赋得白鸥歌送李伯康归使》）

　　师巡游往至一竹林之间，闻一比丘错念佛偈。（五代·释静、释筠《祖堂集》卷一《第二祖阿难尊者》）

2）"X 之间"泛指空间范围

a. X 为抽象名词 6 例：

　　苦海之间，永作舟舟而救济。（P.2726《比丘法坚愿文》）

　　沉湎于酒色之间，偃息于堂之上。（P.3608V《讽谏今上鲜于明令狐恒等试僧尼及不许交易书》）

　　凡事之间，如同伤翼。（P.3753《普光寺定忍状》）

　　窃恐志随灾易，留连于声色之间；情逐祸移，沈湎于杯觞之内。（《全唐文》卷九百三十六杜光庭《莫庭乂本命醮词》）

　　天地之内，宇宙之间，中有一宝，秘在形山。（五代·释静、释筠《祖堂集》卷六《洞山和尚》）

b. X 为指人名词 5 例：

　　每于人使之间，是阙奔驰之礼。（S.78V《失名书仪》）

　　至于妻子之间，每加严恪。（S.1920《百行章》）

愿令手足之间，皆忝丹青之力。(P. 4092《新集杂别纸》)

唯当明祈日月，幽祷鬼神，愿令手足之间，早奉陶钧之赐。(《全唐文》卷七百七十五李商隐《上李舍人状》)

诏军人之间，年多耆寿，可颁授老职，使荣沾邑里。(唐·李延寿《北史》卷十《周本纪下》)

c. X 为形容词 1 例：

烟灯照黑暗之间，击法鼓闻大千之外。(S. 2832《文样》)

我们在唐五代传世文献中没有找到"黑暗之间"的用例。

(2) 表示事物两端之间或两个事物之间的位置

1) X 为普通名词 2 例：

牵牛织女以此日会于河汉之间。(S. 6537V《词集》)

十月六年春正月楚子伐隋，军于汉淮之间。　(P. 2668《闈外春秋》)

宋、亳、陈、许之间，遭涝尤甚，其应缘赈恤，宜倍优赏。(《全唐文》卷二十八元宗《遣使赈恤河南道诏》)

洛、渭之间，庐舍坏，溺死者千余人。(后晋·刘昫《旧唐书》卷九《玄宗本纪》)

2) X 为身体部位名词 2 例：

百骨节之间，由如锯解。(S. 2073《庐山远公话》)

人呼吸常在于心肾之间，则血气自顺。　(P. 3810《踏魁罡步斗法》)

廉出肘内侧、两骨之间。(唐·孙思邈《千金要方》卷四十《心脏方》)

病源此由饮水多，水气停聚两胁之间。(唐·王焘《外台秘要》卷八《癖饮方》)

3）X 为抽象名词 3 例：

两意之间叵耐，进退心口难为。（P. 2324《难陀出家缘起》）

唯人之心对面时，咫尺之间不能料。（P. 2492《白香山诗集》）

忽若恐怕人无凭信，车无明月，二此之间，两情不和，限至陆年。（P. 3964《乙未年赵僧子典男苟子契》）

彼皆凝神于经纬之间，极思乎圆方之壶。（《全唐文》卷七百六十八卢肇《海潮赋》）

咫尺之间为什摩不睹师颜？（五代·释静、释筠《祖堂集》卷六《石霜和尚》）

4）X 为形容词 2 例：

轻重之间，大家斯酌。（S. 6537V《大唐新订吉凶书仪一部并序》）

校量显胜，灭恶生善，胜劣之间，亦不相似，为因感果不相似也。（P. 2133V《金刚般若波罗蜜经讲经文》）

以臣所见，若改除金吾大将军，轻重之间，实为得所。（《全唐文》卷六百六十八白居易《论孟元阳状》）

臣以为贤愚之际，优劣之间，以此而求，十得八九矣。（唐·白居易《白氏长庆集》卷四十七《四十六选将帅之方》）

（3）"X 之间"用来表示时间
1）"X 之间"用来表示持续的时间
X 为时间名词 9 例：

数载之间，无能奈此。（S. 329《书仪镜》）

不经旬日之间，便到右军界首。（S. 5437《汉将王陵变》）

慈母作咒，冥道早知，七日之间，母身将死，坠阿鼻地狱，受无间之余殃。（P. 2193《目连缘起》）

请看韦孔与钱崔，半月之间四人死。（《全唐诗》卷四百四十五白居易《和自劝二首》）

十年之间，三登科第，名落众耳，迹升清贯，出交贤俊，入侍冕旒。（后晋·刘昫《旧唐书》卷一百六十六《白居易列传》）

2）"X 之间"用来表示瞬时时间

a. X 为具有［＋短暂］［＋迅速］义的动词 9 例：

弹指之间身即到，高声门外唱家常。（P. 2324《难陀出家缘起》）

念念之间白发变，须臾之倾患心内。（P. 2857《建佛堂门楼文》）

接待之间，倍多疏失。（P. 2945《权知归义军兵马使状稿》）

若以未交马价，且近塞垣，行止之间，亦宜先告边将，岂有倏来忽去，迁徙不常，虽云随逐水草，动皆逼近城栅。（唐·权德舆《权载之文集》卷三十六《奉送韦中丞使新罗序》）

遂见一坑，其中极秽，逡巡之间，遂被二人推入。（唐·释道世《法苑珠林》卷八十《渔猎篇第七十三·引证部》）

b. X 为具有［＋短暂］［＋迅速］义的副词 8 例：

俄而之间即到郑军，郑将大喜。（P. 2721《杂抄一卷并序》）

人生一世，瞥尔之间，如石火电光，非能久住。（P. 2305V《解座文汇抄》）

倏忽之间，吾身已逝。（P. 3570V《刘萨呵和尚因缘记》）

焚香有告，俄尔之间，云收风歇，野光火色，尽耀山林，腾焰数回，明朗如昼。（《全唐文》卷三百九十七潘观《使者征祥记》）

倏忽之间迷病死，尘劳难脱哭怆怆。（五代·释静、释筠《祖堂集》卷四《丹霞和尚》）

c. X 为表示具有［＋短暂］［＋迅速］义的时间名词 17 例：

刹那之间至本州岛院内。（S. 3092V《道明还魂记》）

瞬息之间，自然消歇。（S. 3872《维摩诘经讲经文》）

须臾之间，四方云起，水谢通流。（P. 3665《类书》）

须臾之间，千变万化，蓬壶仿佛而隐见，天水微茫而昭合。

（《全唐文》卷三百四十颜真卿《浪迹先生元真子张志和碑铭》）

刹那之间，其宝自现。（五代·释延寿《宗镜录》卷十一）

（4）"X之间"表示处于某种状态或过程之中

1）X为动词23例：

辗转之间，便至岳神庙前。（S. 6836《叶净能诗》）

接待之间，倍多疏失。（P. 2945《权知归义军兵马使状稿》）

惶惧之间，遂弃宪尸于青门外。（P. 3813《判文》）

更俟后坐，动逾数辰，处置之间，便有不及。（后晋·刘昫《旧唐书》卷十七下《文宗本纪》）

停腾之间，更有一人来报和尚云："适来迁化僧却来也。"（五代·释静、释筠《祖堂集》卷十六《南泉和尚》）

2）X为形容词5例：

周穆何戒怛怤于恍惚之间，秦僧有缘，唱导于精微之内。（P. 2605《敦煌郡羌戎不杂德政序》）

清静意无常已后，资生活具少小之间，亦与宜娘。（P. 3410《沙州僧崇恩析产遗嘱》）

日来月往，时运不亭，兹虽之间至我戒。（BD01150《龙兴寺僧惠晏文一本》）

恍惚之间，感验非少。（唐·李商隐《李义山文集》卷三《上河东公第二启》）

恍惚之间觉行十余步。（唐·释智升《开元释教录》卷五上）

（二）复合型合成方位词"中间"

（1）"X中间"的形式、语义分布

1）"X中间"表示事物两端之间或两个事物之间的空间位置

a. X为名词1例：

凡此二宅，问得主人往来之处，依此两盈中间，此中居之大富贵

吉也，造立宅舍居大富贵，其东西二宅并即破尽。（P. 2615a《帝推五姓阴阳等宅图经一卷》）

玉几由来天北极，朱衣只在殿中间。（唐·杜甫《杜工部集》卷十《至日遣兴奉寄北省旧阁老两院故人二首》）

二山中间有林，名曰舍夷。（五代·释静、释筠《祖堂集》卷一《第七释迦牟尼佛》）

b. X 为代词 2 例：

虽然鱼水相同，于其中间有异。（S. 2073《庐山远公话》）

道安答曰："涅盘经譬喻，其数最多，大喻三千，少喻八百，于其中间。"（S. 2073《庐山远公话》）

原州居其中间，当陇山之口，其西皆监牧故地，草肥水美。（《全唐文》卷三百六十九元载《城原州议》）

芊韶上流则欧阳颁、萧勃，下流则傅泰、余孝顷，文育据其中间，筑城缮士，贼徒大骇。（唐·李延寿《南史》卷六十六《周文育列传》）

2）"X 中间"用来表示时间

a. "X 中间"表示一定的时间范围之内

X 为时间词 6 例：

不经两三日中间，后妻设的计成。（S. 4654《舜子变》）

四日中间，绛番额僧吃用。（S. 6981v《某寺诸色斛斗破历》）

不经旬月中间，即至纳职城。（P. 2962《张议潮变文》）

每议及国朝相府间事，言贞观则房、魏，言开元则姚、宋，自贞观数十岁至开元中间，岂无房、魏之相邪？（《全唐文》卷七百四十二刘轲《再上崔相公书》）

我于得道夜及涅盘夜，是二夜中间常说般若。（五代·释延寿《宗镜录》卷一百）

b. "X 中间"用来表示瞬时时间

X 为表瞬间的时间词 4 例：

　　目连问以，更往前行，时向中间，即至五道将军坐所，问阿娘消息处。(S. 2614《大目乾连冥间救母变文》)

　　倾克中间，烧钱断送。(S. 4327《不知名变文》)

　　劣时却领张令妻归衣店内，不经时向中间，张令妻即再苏息。(S. 6836《叶净能诗》)

　　俄尔中间，擎一大钵可受三升已来。(唐·张鷟《游仙窟》卷三)

　　俄顷中间，数回相接。(唐·张鷟《游仙窟》卷五)

3)“X 中间”表示处于某种状态或过程之中
X 为动词 8 例：

　　非空非实非来去，来去中间一物无。(S. 4243《念珠出自王宫宅曲子》)

　　衾虎接得，思微中间，忽有双雕，争食飞来。(P. 2144《韩擒虎话本》)

　　造檐中间卧酒看博士及局席人，并般沙、墼车牛徒众。(P. 3763《布缊褐麦栗入破历》)

　　琵琶入手，未弹中间，仆乃咏曰：“心虚不可测，眼细强关情，回身已入抱，不见有娇声。”(唐·张鷟《游仙窟》卷三)

　　未差中间，常服佳。(唐·孙思邈《千金翼方》卷二十三《疮痈上》)

(2)“中间 X”的形式、语义分布
1)义同“当中”“中央”
X 为数量词 3 例：

　　兼有大佛殿七间，中间三尊两面文殊普贤菩萨。(P. 2292《维摩诘讲经文》)

　　中间八万户，常无啾唧声。(P. 3418《王梵志诗》)

从新城西南向蒲桃城二百卅里，中间三处有水草，每所相去七十余里。（P. 5034《沙洲都督府图经卷第五》）

但中间两处，值巨石崭崭焉，缭亘数丈，劲硬如铁，势不可减。（《全唐文》卷八百五裴铏《天威径新凿海派碑》）

中间一句独先申义，后举爻辞。（唐·郭京《周易举正》卷上）

2）表示在开始时间与结束时间之间的时间范围
X 为时间词或名词 3 例：

五月廿三日至六月十三日中间廿一日，工匠及众僧般砂车牛人夫等三时事角。（P. 2032V《净土寺食物等品入破历》）

中间肆月给酒贰斗。（P. 2629《归义军支酒帐》）

中间事意，更不审知。（P. 2754《唐安西判集》）

中间十四年，六年居谴黜。（唐·白居易《白氏长庆集》卷十二《曲江感秋二首并序》）

国家诞受天命，累圣重光，景皇帝始封唐公，实为太祖，中间代数，既近在三昭三穆之内，故皇家太庙，唯有六室。（《全唐文》卷六百八十四裴郁《禘祫配祭及昭穆位次议》）

（3）"中间"的独用
1）义同"当中""中央"2 例：

既无内外及中间，何得更言来所在。（P. 2292《维摩诘讲经文》）

人居中间，上承于天，下随于地。（P. 2581《孔子备问书一卷》）

东西相向，中间相去三百步五十步。（唐·萧嵩《大唐开元礼》卷八十五《军礼·皇帝讲武》）

故善男子此心之性，不在内，不在外，不在中间。（五代·释延寿《宗镜录》卷九十六）

2）"中间"用来表示在事件开始与结束之间的时间段 12 例：

比者将为使过，中间无状起居，实积悚愧。（S. 329《书仪镜》）

如中间身不在，一仰保人代还。（S. 4192V《未年四月五日张国清便麦契》）

中间不得抛直，若有抛直五日已外便知算日尅勿。（P. 3441《康富子雇人契》）

尚书在沣州三年，主始入后出，中间不识刺史厅屏。（《全唐文》卷七百五十六杜牧《唐故岐阳公主墓志铭》）

自六月二十日、七月三日匡卫社稷食实封功臣，坐事削除官爵，中间有生有死，并量加收赠。（后晋·刘昫《旧唐书》卷八《玄宗本纪》）

小 结

在唐五代敦煌文献中"间"共有 203 例，只有后置用法，没有前置以及独用的用法。后置用法中表示空间意义的有 153 例，表示事物两端之间或两个事物之间的空间位置的有 14 例，表示时间意义的有 27 例，表示处于某种状态或过程之中的"间"有 9 例。合成方位词"之间"也只有后置用法，共有 97 例，其中表示空间意义的有 17 例，表示事物两端之间或两个事物之间的空间位置的有 9 例，表示时间意义的 43 例，表示处于某种状态或过程之中的有 28 例。"中间"共有 41 例，其中前置用法 5 例，3 例用来表示时间，2 例用来表示空间范围；后置用法 21 例，表示空间的用法有 3 例，表示时间的用法 10 例，表示处于某种状态或过程之中的有 8 例；独用用法 15 例，表示空间的用法有 3 例，表示时间的用法有 12 例。

"间"有空间意义、时间意义、表示处于某种状态或过程之中的意义。空间意义中又包括空间实指意义、空间泛化意义、义同"当中""中央"、表示事物两端之间或两个事物之间的位置的意义。时间意义中包括表示时间段的意义、相当于"时"的意义、表示瞬时的意义。

搭配上，"间"可以与普通名词、身体部位名词、具有无限延展性名词、抽象名词等名词搭配，可以与代词、数量词等体词搭配。"间"还能与形容词、动词、副词搭配，"间"不能单独与介词搭配，只有在与其他词语组成"X 间"后才可以与介词搭配。

与魏晋南北朝时期"间"的比较

在魏晋南北朝《世说新语》《搜神记》《洛阳伽蓝记》《颜氏家训》四

部文献中，"间"共有 70 例，没有前置用法与独用用法，只有后置用法。在后置用法中，"间"表示空间用法的有 62 例，表示时间用法的有 8 例。合成方位词"之间"也只有后置用法，其中空间用法 19 例，时间用法 15 例。"中间" 2 例，都是独用用法，表示处于两个时间段之间。在魏晋南北朝其他传世文献中独用的"中间"有表示空间的用法，如《水经注》卷二十五《泗水》："颜母在中间，南面。""中间"也有后置用法，如南朝梁释慧皎《高僧传》卷十三《唱导》："或时礼拜中间，忏疏忽至。""中间"的前置用法，如南朝梁萧统《文选》卷四十《与魏文帝笺一首》："自初呈试，中间二旬，胡欲傲其所不知，尚之以一曲，巧竭意匮，既已不能。"

"间"在唐五代时期的空间意义、时间意义在魏晋南北朝时期都已经出现，虽单音节的"间"没有表示处于某种状态或过程之中的意义，但"之间"却具有这种意义，如南朝梁陶弘景《真诰》卷十七《握真辅第一》："未来之间某与公及此女以敷席共坐山上，俱北向望海水及白龙。"

搭配上，魏晋南北朝时期"间"可以与普通名词、身体部位名词、具有无限延展性名词、抽象名词等名词搭配，可以与代词、数量词、方位词等体词搭配。"间"还能与形容词、副词搭配，但"间"不能单独与介词搭配，只有在与其他词语组成"X间"后才可以与介词搭配。在以上四部文献中没有与动词搭配的"间"，我们对《全晋文》《全宋文》《全齐文》《全梁文》《全陈文》尽行了搜索，同样也没有找到例证。在魏晋南北朝文献中与形容词搭配的"间"例证也不多，我们只在晋皇甫谧的《甲乙经》卷七《阴阳相移发三疟第五》中发现 1 例，如"少间寒不能自温"。

第四节　"内"的形式、语义分布

一　"X 内"的形式、语义分布

（一）"X 内"表示实指的空间范围之中，义同"里面"

（1）X 为普通名词 133 例：

> 净能于房内，弹琴长啸，都不为事。（S. 6836《叶净能诗》）
> 池内有两朵莲花，母子各座一朵。（P. 2999《太子成道经》）

作金汁，出于模子内。（P. 3093V《杂方术》）

罗舍宅内，自有幽兰数丛；孙绰庭前，空对长松一树。（《全唐文》卷一百三十一王绩《答刺史杜之松书》）

其天皇和尚住寺内，独居小院，多闭禅房，静坐而已。（五代·释静、释筠《祖堂集》卷五《龙潭和尚》）

（2）X 为身体部位名词 54 例：

白庄耳内，忽闻人说江州庐山有一化成之寺中，甚是富贵。（S. 2037《庐山远公话》）

治一切热病在胸内心肺间。（P. 2662《医方书》）

十八日丙戌土平。魁在外，在股内。（P. 3476《唐景福二年癸丑岁具注历日》）

一杯置掌上，三咽入腹内。（《全唐诗》卷四百四十四白居易《卯时酒》）

疗胸内似喘不喘，似呕不呕，似哕不哕。（唐·王焘《外台秘要》卷二《伤寒中风方》）

（3）"X 内"为具有划界意义的名词 7 例：

小敛于户内，二日大敛于户牖之前。（S. 1725《大唐吉凶书仪》）

梦见门内有牛头，其上血流滂沱。（S. 2072《珣玉集》）

如是啼哭，伴行数日，到利师跋王国界内。（俄 Φ096《双恩记》）

窗前人静偏宜夜，户内春浓不识寒。（《全唐诗》卷七百五十四徐铉《梦游三首》）

又于界内置永州，领金城、洛盘、新昌、土埇四县。（后晋·刘昫《旧唐书》卷三十八《地理志》）

（二）"X 内"表示泛化的空间范围之中

（1）X 为抽象名词 37 例：

言有情内火者，四大调适，无热病疮肿烦恼之火，及以淫欲热恼

之火。（S. 6551V《说三皈五戒文》）

百姓思量无计，意内灰惶。（P. 2943《开宝思念五月一日内亲从都头知瓜洲衔推氾愿长等状》）

会内一人都不悟，忽然起问唱将来。（俄 Φ101《维摩碎金》）

意内称长短，终身荷圣情。（《全唐诗》卷二百二十五杜甫《端午日赐衣》）

平生住持高节，宇内声扬。（五代·释静、释筠《祖堂集》卷八《青林和尚》）

（2）X 为身体部位名词 10 例：

应是文武百寮大臣不册涯济，心内疑或，望殿而趣。（S. 2144《韩擒虎话本》）

两硕公廯氾法律手内贷入。（S. 5753《某寺癸巳年正月一日以后诸色入破历计会》）

借问姑妇，体内平安？（P. 2976《下女夫词》）

利及后人，智高前古，继孔明于掌内，坐张仪于腹中。（《全唐文》卷八十七僖宗《奖高骈筑成都罗城诏》）

师答曰："大德岂不闻《首楞严经》云：'十方虚空生汝心内，犹如片云点大清里。'"（五代·释静、释筠《祖堂集》卷十七《岑和尚》）

（3）X 为集合名词 4 例：

请四天王而作证，众内请乡官李延会为录事。（S. 3540《庚午年正月廿五日比丘福惠社长王安午等十六人修佛窟凭》）

于家立慈范之仪，族内置忠贞之孝。（S. 5637《文样》）

于白丁中男内取灼然便水者充分为四番上下，仍不在简点及杂徭之限。（P. 2507《开元水部式》）

其首谋逆叛及打破宁盐州界城堡罪人，并须分别送出，仍须自本族酋长，不特是族内平人。（《全唐文》卷七百二李德裕《请先降使至党项屯集处状》）

天授中，则天尝内出金银实物，令宰相及南北衙文武官内择善射者五人共赌之。（后晋·刘昫《旧唐书》卷一百九十九上《东夷列传》）

（4）X 为表示信息载体的名词 7 例：

书内曾参人尽说，经中罗卜广弘宣。（P. 2418《父母恩重经讲经文》）

经中之不载虚言，书内之具传此事。（P. 2761V《七言诗一首并序》）

经内分明佛戒约，莫教与说不思议。（俄 Φ365《妙法莲华经讲经文》）

学文古篆中，义显心经内。（《全唐诗》卷八百九灵一《安公》）

右，奉宣，令臣于书内添坚昆事者。（《全唐文》卷七百六李德裕《进所撰颉戛斯可汗书状》）

（5）X 为动词 5 例：

知此管内有何名僧大德否？（S. 516《历代法宝记》）

五谷丰登，管内人安。（S. 663《水陆无遮大会疏文》）

其应受刺之司，于管内行牒，皆准此。　（P. 2819《唐开元公式令》）

俱是岭南巡管内，莫欺荒僻断知闻。（《全唐诗》卷三百四十四韩愈《晚次宣溪辱韶州张端公使君惠书叙别酬以绝句二章》）

曲赦并州及管内诸州。　（后晋·刘昫《旧唐书》卷四《高宗本纪》）

（6）X 为组织机构名词 43 例：

敕召国内勇夫，乃与伍相仇报。（S. 328《伍子胥变文》）

百里嵩为徐州刺史，郡内遭旱，嵩行步所到处，每甘雨随车。唯东海两县，僻在山间，父老请嵩暂到，到则二县皆雨。（S. 1441《励

忠节钞》)

　　伏以社内先初合义之时，已立明条。(S. 6005《社约》)

　　社内容周续，乡中保展禽。(《全唐诗》卷五百四十一李商隐《自桂林奉使江陵途中感怀寄献尚书》)

　　师闻举云："大唐国内能有几人?"(五代·释静、释筠《祖堂集》卷六《洞山和尚》)

(三)"X 内"表示处于一定的时间范围之中
X 为时间词 22 例：

　　服药后一月内，不得食羊肉，油面、热物等。(S. 9987《备急单验药方残卷》)

　　三日内，食糜粥自养。(P. 2565《医方书》)

　　角居商地亦无后，亦官事，三年内破家尽。(P. 2615a《帝推五姓阴阳等宅图经一卷》)

　　其十道分判官，三五年内，使就厥功。(《全唐文》卷二十五元宗《置十道劝农判官制》)

　　九年秋解夏之始，忽告门人曰："我今岁内法缘当尽，你等宜设无遮大会，以报百岩传授之恩，终吾志也。"(五代·释静、释筠《祖堂集》卷十七《东国慧目山和尚》)

(四)"X 内"表示处于 X 的状态或过程之中
X 为事件名词 1 例：

　　梦见病内乘车，必死。(S. 620《解梦书》)

在唐五代传世文献中只有 1 例：

　　二十一问："心肺黄者，病内生壅毒，腹中疼痛，两眼胡觑，实似醉狗，何以治之?"(唐·佚名《司牧安骥集》卷五《黄帝八十一问并序》)

二　"内 X"的形式、语义分布

（一）"内 X"实指内部空间，义为"较为里面"，与"外"相对

X 为普通名词或身体部位名词 42 例：

廿日乙未金除。解厌、除服、剪手足甲吉。在内，太微宫，内踝。｛S. 276《具注历日［癸巳岁（933）］》｝

是日铺千重之锦绣，启道场于内宫。（S. 4128《太子成道变文》）

辞七人之旧列，謇謇内庭；逢万乘之深知，路腾前古。（P. 4093《甘棠集》）

泽浸山川，仁覃草木，灵禽栖于内苑，嘉兽宅于上林，三秀呈祥，十朋表异。（《全唐文》卷九百三十六杜光庭《邛州刺史张太博敬周为鹤鸣化枯柏再生修金斋词》）

妇人绝子灸然谷五十壮，在内踝前直下一寸。（唐·孙思邈《千金要方》卷二《妇人方》）

（二）"内 X"转指一定社会结构的内部，多用来转指宫廷内或佛教内

这种意义的"内 X"13 例：

遂差内使一人，宣诏杨坚。（S. 2144《韩擒虎话本》）

内侍黄门辈，无非执化权。（S. 3872《维摩诘经讲经文》）

嫔妃彩女令诏入，内监忙忙迤逦催。（P. 3048《丑女缘起》）

圣朝选将持符节，内使宣时百辟听。（《全唐诗》卷三百八十五张籍《送郑尚书赴广州》）

内侍问："古人有言：'一切众生日用而不知。'作摩生是众生日用而不知？"（五代·释静、释筠《祖堂集》卷十《长生和尚》）

（三）"内 X"转指亲属关系中较为亲近的一方或指母亲、妻子的一方

这种意义的"内 X"4 例：

枝眷内亲外亲，共保清平之乐。(S. 3427《文样》)

月日名曰：告弟妹云，弟兄、某氏姐报，某氏妹白，告外弟妹云，内兄名、某氏内表姐敬报。(P. 3442《吉凶书仪上下卷》)

内亲长不近，外族难知已。(BD02496《盂兰盆经讲经文》)

时以内兄牛氏，壮而游焉，相顾赋之，以纪奇迹。(《全唐文》卷二百九十六赵冬曦《三门赋》)

孝瑜妃卢正山女，武成胡后之内姊也。(唐·李延寿《北史》卷五十二《齐宗室诸王列传》)

(四)"内 X"转指人体内部

这种意义的"内 X"2 例：

我等凡夫，内心不净，杂恶充满，三十六物，共成此身。(S. 3872《维摩诘经讲经文》)

作念者，是舍利弗内心思惟佛言。(俄 Ф101《维摩碎金》)

而兴动此役，固违群情，回正道于内心，求微助于外物，徇左右之过计，伤皇王之大猷，臣窃为陛下惜之。(《全唐文》卷四百四十九高郢《再上谏造章敬寺书》)

内心崩溃，如焚如灼。(唐·释道世《法苑珠林》卷六十一《忠孝篇第四十九之一·述意部》)

三　"内"的独用

(一)"内"的体词性用法

"内"作主语或宾语，用来表示处于具体的空间范围之中，或转指某种组织机构之内、人体内部或内心，有 131 例。

实指空间方位的用例如下：

葫芦盛饭者，内苦外甘也。(S. 328《伍子胥变文》)

鸟庭已向内，龙荒更凿空。(《全唐诗》卷三十袁朗《赋饮马长城窟》)

转指某种组织机构内部用例如下：

内有凡群公，外有晋郑诸国。（P. 2636《帝王略论》）

应缘次上都，孝文皇帝诏入内，咨请问道。（五代·释静、释筠《祖堂集》卷十五《鹅湖和尚》）

转指人体内部或内心用例如下：

厶内省庸虚，叨蒙寄住，守棠荫而问俗，敢惮褰帷。（P. 4093《甘棠集》）

朕内省德薄，在于人上，绍高祖太宗之天下，承上皇先圣之丕业，惕然南面，常惧君难，岂因乐推，亦自光大。（《全唐文》卷四十六李豫《答郭子仪等表请改元立号第二手诏》）

（二）"内"的饰词性用法

"内"转指某物的内部或指内心15例：

竭丹诚而内附，作皇唐之外臣。（S. 78V《失名书仪》）

惟亡尼乃内行八敬，外修四德。（S. 343《文样》）

今者斋主仁慈内积，恩惠溥施。（S. 5637《文样》）

既除丧，外从礼训，内积忧慕，啜菽饮水，励志读书，诵无遗文，释无遁义，皆一览也。（《全唐文》卷三百二十一李华《太子少师崔公墓志铭》）

大师云："内授法印，以契证心；外传袈裟，以定宗旨。"（五代·释静、释筠《祖堂集》卷二《第二十八祖菩提达摩和尚》）

（三）词汇化的"内"

词汇化的"内"包括"大内"11例，"五内"3例。

（1）"大内"的"内"用来转指宫内11例：

臣僧于大内，蒙陛下供养数年，今拟却归庐山，伏乞陛下进旨。（S. 2072《庐山远公话》）

陛下诏净能，言大内有妖起，尊师如何除剪？（S. 6836《叶净能诗》）

我虽于大内，窃闻妙法莲华经是南阎浮提众生病之良药。（P. 2305《妙法莲华经讲经文》）

傍闻大内笙歌近，下视诸司屋舍低。（《全唐诗》卷四百四十九白居易《和刘郎中学士题集贤阁》）

昨皇太后爰自北京归于大内，旋膺典册，正位宫闱。（《全唐文》卷一百三李克用《封命妇邑号诏》）

（2）"五内"的"内"转指人体的内脏 3 例：

忽忆父兄枉被诛，即得五内心肠烂。（S. 328《伍子胥变文》）

五内糜溃，烦冤茶毒，不自堪忍，不孝罪苦。（P. 3442《吉凶书仪上下卷》）

五内屠裂，凶祸分离，不得临见。（P. 3442《吉凶书仪上下卷》）

雾散五内，川流百脉。（《全唐诗》卷八百六十孙思邈《四言诗》）

第三竹沥汤，治风毒入人五内。（唐·孙思邈《千金要方》卷二十三《风毒脚气方》）

四 "内"的合成方位词

（一）前加式派生方位词

（1）"X 之内"表示处于某种空间范围之中

1）X 为普通名词 15 例：

将谓辕门之内，分君主之多忧；州府之中，设机谋之佐国。（S. 289V《宋李存邈真赞》）

空房之内，独坐观心。（S. 522《消灭交念往生发愿文》）

帝都之内，敢有此事，谁不叫呼！（S. 6836《叶净能诗》）

应乡县田园之内，有材杰敢勇之人，若能纠率丁夫，捍御寇贼，搴旗斩将，破阵成功者，委所在长吏速具奏闻，亦与官职优赏。（《全唐文》卷八十七僖宗《招讨王仙芝等诏》）

师曰："此国之内，无诸邪法；我所学者，当是佛宗。"（五代·释静、释筠《祖堂集》卷二《第二十五祖婆舍斯多尊者》）

2）X 为具有划界义的名词 1 例：

有毛堤子，门之内遍作个大池，一切众生，并总四面如官。
（S. 4480V《太子成道变文》）
伏承北门之内，造作不常，玩好所营，或有烦费。（《全唐文》
卷一百八十八韦承庆《重上直言谏东宫启》）
凡大祫太庙，则修七祀于太庙西门之内。（后晋·刘昫《旧唐
书》卷四十四《职官志》）

3）X 为数量词 4 例：

千里之内，以伐醮薪。（P. 2553《王昭君变文》）
十条之内，唯存其八。（P. 3593《唐律疏议》）
十步之内，九伴长嘘。（BD03024《八相变》）
芬芳十步之内，繁华九畹之中，乱群峰兮上下，杂百卉兮攒丛。
（《全唐文》卷六百二十韩伯庸《幽兰赋》）
殷以天子之地，百里之内以供官。（唐·杜佑《通典》卷四《食
货四·赋税上》）

4）X 为抽象名词 22 例：

契一志虽构世网之内，而虑出形骸之外。（S. 4992V《文样》）
振铃梵太虚之内，声彻五天。（P. 2058《亡文》）
善心之内何心重，只有直心堪敬奉。（P. 2292《维摩诘经讲经文》）
朕虽居九重之内，常以万姓为心，而诚不动天，遂使阴阳错谬。
（《全唐文》卷十四高宗《赐京城父老敕》）
伏以大唐受命有天下，四海之内，莫不臣妾南北东西，地各万
里。（后晋·刘昫《旧唐书》卷一百六十《韩愈列传》）

5）X 为集合名词 5 例：

譬如人家养一男，长大成人，窃盗于乡党之内。（S. 2073《庐山

远公话》)

　　若三人之内，有一人合死，及于数家各杀二人，唯合死刑，不入十恶。(P. 3593《唐律疏议》)

　　搢绅之内，瞻赉实多。(P. 4093《甘棠集》)

　　死人之内，大有赤心于我者也。(唐·温大雅《大唐创业起居注》卷二)

　　亲党之内多尚淫祀，率皆宰犊以祈福祐。(五代·释静、释筠《祖堂集》卷四《石头和尚》)

6）X 为表示信息载体的名词 3 例：

　　又俗猥刺之字，不在经典史籍之内。(P. 2058《碎金》)

　　经书之内，皆说父母之恩，奉劝门徒，大须行孝。(P. 2418《父母恩重经讲经文》)

　　每于瞻企之食余，莫尽笺毫之内。(P. 2992V《朔方节度使检校太傅兼御史大夫张状》)

　　臣以素所谙知，兼闻公议，此状之内，仅得十人，状所不该，又有三四。(《全唐文》卷四百六十九陆贽《奉天荐袁高等状》)

　　医书之内分明说，圣人留下古今传。(唐·佚名《司牧安骥集》卷二《起卧入手论》)

7）X 为身体部位名词 1 例：

　　精透子宫之内，津流丹穴之池。(P. 2539《天地阴阳交欢大乐赋》)

　　由久、停久、息久不饮酒，药气沉在皮肤之内，血脉不通故也。(唐·孙思邈《千金翼方》卷二十二《飞炼》)

　　肤体之内，元无石气。(唐·王焘《外台秘要》卷三十七《同州孟使君饵石法》)

8）X 为形容词 1 例：

　　遐迩之内，庆忭同深。(P. 2539V《后唐朔方节度使书启底稿》)

在唐五代传世文献中我们没找到"遐迩之内"的用例，我们对《中国基本古籍库》进行了搜索，只在宋代见到1例，如曾巩《元丰类稿》卷二十七《亳州谢到任表》："厥戴德者，田耕井饮之伦，盖游泳于遐迩之内。"

（2）"X之内"用来表示时间

X为时间词9例：

其愿今年之内瘴疫最多，遭患之人，危中难愈。（P. 2044 V《释门文范》）

只此六时之内，有人能就一时。（P. 2133《观音经讲经文》）

徒倾攀郁之私，莫假旦昏之内。（P. 3151《书信稿》）

何必一日之内，弃骓兮而别虞兮。（《全唐诗》卷四百六十二白居易《不能忘情吟》）

朕以翼翼之心，孜孜求理，十年之内，庶政未凝。（《全唐文》卷七十五文宗《诛王涯郑注加恩中外德音》）

（3）"X之内"表示处于某种状态或过程之中

X为事件名词2例：

朕得舞延之内，忽占面色忧文。（P. 3375 V《欢喜国王缘》）

每闻闲暇之内，勤虔释门至事，欲为召顾光发。（P. 2044 V《释门文范》）

在唐五代传世文献中，我们没找到事件名词与"之内"搭配的用例，但在唐五代时有动词与"之内"搭配用来表示处于一定的状态或过程之中的例证：

圣人，人也，安得混沌之初能藏其身于未分之内！（唐·房玄龄《晋书》卷六十八《纪瞻列传》）

（二）复合型合成方位词

"内"与身体部位名词"腹"组成合成方位词"腹内"，意义较为泛化，用来使前面的指人名词处所化 2 例：

> 倚园已后，府司所由将作物在袁成腹内。（P. 3899V《唐开元十四年沙州勾征悬泉府马社钱案卷》）
>
> 其钱不在崇明腹内。（P. 3899V《唐开元十四年沙州勾征悬泉府马社钱案卷》）
>
> 天下百姓今年地税，并诸勾征欠负等色在百姓腹内未纳者，并一切矜免。（《全唐文》卷二十三元宗《迎气东郊推恩制》）
>
> 磁、邢、洺三州入其腹内，国纪所在，实系安危。（唐·李绛《李相国论事集》卷三《论泽潞事宜》）

小　结

单纯方位词"内"共有 544 例，其中后置的"内"有 323 例，包括空间实指用法有 194 例，非空间实指用法 129 例，约占总数的 59.4%；前置用法有 61 例，约占总数的 11.2%；独用用法有 160 例，约占总数的 29.4%，独用的"内"包括体词性用法 131 例，饰词性用法 15 例，以及词汇化的"大内"11 例，"五内"3 例。与"内"相关的合成方位词有 65 例，包括前加式派生方位词"之内"63 例，复合型合成方位词"腹内"2 例。在我们的语料中没有与"内"相关的后加式合成方位词，也没有前加式复音方位词"以内"。实际上，在汉代时"以内"就已经出现了。例如，《史记》中用来表示空间、数量范围的"以内"就有 3 例。在魏晋南北朝时期也有"以内"的用例，如北齐魏收《魏书》卷四十《陆俟列传》："三百人以外，适当以弓马相待，三百人以内，当以酒食相供。"在唐五代传世文献中"以内"有 57 例，如《全唐文》卷一百一梁太祖《以潼关仍隶陕州敕》："建国称都，俾新其制，况山河之险，表里为防，今二京俱在关东以内，仍以潼关隶陕州。"

"内"共有以下几种意义：空间意义、时间意义、转指意义、表示处于某种状态或过程之中的意义。空间意义包括空间实指意义与空间泛化意义，空间实指意义中有表示具有"容器"或能够隐喻为"容器"特征的三维空间的内部、二维平面的范围之内，以及用于表示以 X 为界划分出的空间范围的内部。空间泛化意义包括表示处于抽象的范围、群体范围、无限的空间范围以及管辖界限之内。转指意义包括转指一定社会组织内部，转指人的内心，转指亲属关系中较为亲近的一方或指母亲、妻子一方。

搭配上，"内"能够与普通名词、身体部位名词、用于划界意义的名词、表示信息载体的名词、表示组织机构的名词、集合名词、具有无限延展性的名词、抽象名词等名词搭配，还可以与时间词等体词搭配。在我们的语料中没有与数量词搭配的"内"，在唐五代传世文献中"内"可以与数量词搭配，如唐阎朝隐《奉和圣制夏日游石淙山》诗："五百里内贤人聚，愿陪闾阖侍天文。""内"也可以与动词搭配，用来表示空间辖域。在我们语料中能够与"内"搭配的对象都能与"之内"搭配，而且"之内"还可以与数量词、形容词搭配。我们在唐五代以前没有发现"内"与副词搭配的情况，这类搭配的最早用例出现于宋，如宋卫湜《礼记集说》卷四："寝门，最内门也。"在我们的语料中也没有"内"与代词搭配的例证，但在唐五代传世文献中有这样的用例，如唐长孙无忌《唐律疏议》卷二十七："而于此内失火者徒二年，延烧兆域内林木者流二千里。"

与魏晋南北朝时期"内"的比较

据林晓恒（2006：90）统计，"内"在魏晋南北朝时有134例，其中后置的"内"有92例，约占总数的69%；前置的"内"18例，约占总数的13%；独用的"内"24例，约占总数的18%。在唐五代时期与魏晋南北朝时期，"内"的后置用法都是占绝对优势的用法。敦煌文献中后置比率为59.4%，低于魏晋南北朝时期的69%；前置用法的比率为11.2%，低于魏晋南北朝时期的13%；独用用法的比率为29.4%，高于魏晋南北朝时期的18%。

唐五代时期继承了魏晋南北朝时期"内"空间意义、时间意义、转指意义，在唐五代时期与魏晋南北朝时期，表示空间实指意义的"内"都是用例最多的。表示管辖界限内的意义，表示处于某种状态或过程之中的意义是唐五代时期新出现的意义，在魏晋南北朝时"内"没有这些意义。

搭配上，魏晋南北朝时期"内"能够与普通名词、身体部位名词、用于划界义的名词、集合名词、具有无限延展意义的名词、集合名词、抽象名词等名词搭配，也能与时间词、数量词等搭配。在我们的语料中没有见到典型的具有无限延展义名词"空"与"内"的搭配，但在唐代传世文献中有这样的搭配，如唐释道宣《广弘明集》卷十七《舍利感应记》："舍利将入函，神光远照空内，又有赞叹之声。"与动词"管"的搭配也是唐五代时期新出现的搭配形式。

第五节 "外"的形式、语义分布

一 "X 外"的形式、语义分布

（一）"X 外"实指空间，表示超出某个空间范围

（1）X 为普通名词 60 例：

又将酒食，野外遨游。（S. 610《启颜录》）

忙忙走到加蓝外，早见师兄对杖来。（P. 2324《难陀出家缘起》）

上叔余有城外庄田地水。（P. 3964《乙未年赵僧子典男苟子契》）

郭外秋声急，城边月色残。（《全唐诗》卷一百四十二王昌龄《和振上人秋夜怀士会》）

有一日，心造坐不得，却院外绕茶园三匝了，树下坐，忽底睡着。（五代·释静、释筠《祖堂集》卷十《长庆和尚》）

（2）X 为具有划界意义的名词 33 例：

翠华自驻门外日，彩袂不掇窗中书。 （S. 619《读史编年诗并序》）

户外多应侄慄寒，筵中不若三春日。（P. 2555《诗文集》）

睡来香气冲帘外，觉后花落枕前。（P. 2555V《诗文集》）

八年癸丑夏五月甲辰晦，正衣服拜诀于户外，自言灵期逼近，难可留止，请自是往，至日月合于鹑首，复近于兹地焉。（《全唐文》卷六百八十九符载《黄仙师瞿童记》）

师着枷到门外，着纳衣便上厅。（五代·释静、释筠《祖堂集》卷十四《紫玉和尚》）

（3）X 为身体部位名词 2 例：

五月灸膝外屈脚当文头，随年壮。（P.3596V《医药方》）

食木之虫，尚不知皮外之味。（P.3766《辨证论》）

灸关仪百壮穴，在膝外边上一寸宛宛中是。（唐·孙思邈《千金要方》卷七《妇人方》）

及浴，令水气不散流溢腹外。（唐·王焘《外台秘要》卷二十《大腹水肿方》）

（二）"X 外"泛指超出一定的空间界限

（1）X 为抽象名词 18 例：

名流宇外，德备众中。（S.2832《文样》）

伏承久处方外，喜还故里。（S.5636《新集书仪》）

文皆理外之言，理失文中之意。（P.2573《兔园策府卷第一并序》）

铲鳞皱于理外，撼精粹于文中。（《全唐文》卷六百三十二李程《攻坚木赋》）

今且问汝，无情之物，为在三界内，为在三界外？（五代·释静、释筠《祖堂集》卷三《慧忠国师》）

（2）X 为组织机构名词 1 例：

其身宾出社外，更无容始者。（S.6537V《社条》）

双鱼莫不寄，县外是黄河。（《全唐诗》卷二百岑参《送王录事却归华阴》）

咸阳王禧疑飈为变，停于鲁阳郡外，久之乃入。（唐·李延寿《北史》卷十九《献文六王列传》）

（3）X 为数量词 4 例：

若欲取土于卅步外，随岁、月德及空吉地。（S.2263《葬录卷上

并序》)

　　漂泊已经千里外，谁人不带两乡愁？(P. 3812《诗歌丛钞》)

　　一壶酒外终无事，万卷书中死便埋。(P. 4878《张祜诗集》)

　　见一门在数十步外，遂望门而去。(唐·张读《宣室志》卷一)

　　师曰："三千里外且喜得勿交涉。"(五代·释静、释筠《祖堂集》卷四《药山和尚》)

(4) X为身体部位名词3例：

　　寒声喧耳外，白露滴林头。(S. 3880《二十四节气诗》)

　　醉眠更有何所忧，衣冠身外复何求。(P. 2555《诗文集》)

　　即佛是心，即心是佛，心外无法，法外无心，净秽同体，无有分别。(俄 Ф101《维摩碎金》)

　　酒中堪累月，身外即浮云。(《全唐诗》卷六十二杜审言《秋夜宴临津郑明府宅》)

　　脉浮者为阳痫，病在六腑外。(唐·孙思邈《千金要方》卷十《少小婴孺方》)

(5) X为代词3例：

　　此外更许例行。(S. 5629《敦煌郡某乙等社条壹道》)

　　解释已竟，从此外任觅送路而走，七劝任用者也。(P. 2133V《金刚般若波罗蜜经讲经文》)

　　只须受戒闻经，此外难申孝义。(P. 2418《父母恩重经讲经文》)

　　六宫嫔御，见在者人数不多，此外不令更有添置。(《全唐文》卷八十九僖宗《车驾还京师德音》)

　　固守动用，三世佛怨。此外别求，即同魔作。(五代·释静、释筠《祖堂集》卷十四《百丈和尚》)

(三)"X外"指超过一定的时间范围

X为时间词，"外"相当于"后""以后"3例：

一千年外，声教被于此土。(S. 5645《礼忏文》)

身影百年外，相看一聚尘。(P. 3211《王梵志诗卷第二》)

离别十年外，飘摇千里来。(P. 3862《宋中过陈兼》)

谁于千岁外，吟绕老龙形。(《全唐诗》卷八百四十齐己《小松》)

从马大师二十年外，有契道者千万，遍行天下。(五代·释静、释筠《祖堂集》卷二《第二十八祖菩提达摩和尚》)

（四）"X外"指超出某种动作、行为的范围，或某种动作、行为不算在某个范围之内

X为动词或动词性词组7例：

准依新戒食外，更添馎饼一枚。(S. 2575《天成肆年（929）三月六日都僧统海晏置道场条令牓》)

自死外每羊柒口，管毛壹斤。(P. 2703V《壬申年十二月安延达状》)

从彼此重湖紫外，布皇泽以无遗。(P. 4093《甘棠集》)

经营衣食外，犹得弄儿孙。(《全唐诗》卷六百九十三杜荀鹤《钓叟》)

至浙川县于荒野中囤贮，除支用外，六千九百四十五石，襄烂成灰尘。(后晋·刘昫《旧唐书》卷一百九十下《文苑列传》)

二 "外X"的形式、语义分布

（一）"外X"指超出一定社会组织机构的范围

X为名词71例：

适别龙颜，游与缠市，见一外国君子，泥涂猖狂，披发悲啼，东西驰走。(S. 328《伍子胥变文》)

便各思惟，于早精舍之处，外道来自雇身，因乍亲拟觅方便。(P. 2344V《祇园因由记》)

外语莫向家中说，家语莫向外人传。(P. 2633《崔氏妇人训女文一本》)

自是姓同亲向说，九重争得外人知。（《全唐诗》卷三百王建《赠王枢密》）

师曰："西天下劣外道所习之法，此土以为禅宗，也大误人！"（五代·释静、释筠《祖堂集》卷三《崛多三藏》）

(二)"外"指与"内"相对的空间

X 为名词 33 例：

外户不闭，囹圄皆空；路不拾遗，里无争讼。（S. 2832《文样》）

外相不净，九孔常流。（S. 4571《维摩诘经讲经文》）

廿二日庚申木满。葬埋、解除吉。在外，在外踝。（P. 3476《唐景福二年癸丑岁具注历日》）

外户通宵不闭关，抱孙弄子万家闲。（《全唐诗》卷三百四十九欧阳詹《赠鲁山李明府》）

欲现外相薄皮所覆。（唐·释道世《法苑珠林》卷三十一《入道篇第十三之余·引证部》）

(三)"外"转指社会关系中关系较为疏远的一方

X 为称谓名词或抽象名词 7 例：

外兄弟姐妹姑之儿女，内兄弟姐妹舅之儿女。（S. 1725《大唐吉凶书仪》）

舅姨外氏凶图。（P. 3442《吉凶书仪上下卷》）

缘利师王是外舅矣。（俄 Ф096《双恩记》）

煌煌元公，作镇南海，在公为外舅，在国为屏臣。（《全唐文》卷四百二十七于邵《送房判官巡南海序》）

节度使侯希逸即其外兄也，用为兵马使。（后晋·刘昫《旧唐书》卷一百二十四《李正己列传》）

三 "外"的独用

(一)"外"的体词性用法

"外"表示超出一定的空间界限，多与"内""中"相对 364 例：

念汝在外飘零，子乃悔将何及！（S. 133 V《秋胡小说》）

见我兄弟在外，虑恐在后仇怨，诈作慈父之书，远到妄相下脱。（S. 328《伍子胥变文》）

提舍忽然从外入，击阳法鼓更聪时。（P. 2931《佛说阿弥陀经讲经文》）

良久一人自外白曰："境内并无此国。"（唐·段成式《酉阳杂俎》卷十四《前集·诺皋记上》）

师一脚在外，一脚在内，转头看，石头便侧掌云："从生至死，只这个汉，更转头脑作什摩？"（五代·释静、释筠《祖堂集》卷十五《五泄和尚》）

（二）"外"的饰词性用法

"外"在句中作状语 13 例：

绫罗匹帛，故不外求。（S. 529《失名行记》）

外结金兰之好，内包溪壑之心。（P. 3813《判文》）

出家之人虚心求道，无所贮畜，外乞衣食，以资色身；内之法门，度之人众，故云乞士。（俄 Ф096《双恩记》）

心以当竹实，炯然无外求。（《全唐诗》卷二百十八杜甫《凤凰台》）

外结凶党，益固奸谋，不孝不忠，宜肆原野。（后晋·刘昫《旧唐书》卷十二《德宗本纪》）

（三）"外"作补语

补语"外"3 例：

或若出外，常须忧惧。（S. 2073《庐山远公话》）

谢出外迎顿。（S. 5643《失名书仪》）

如斯恩念最多，争忍抛离出外。（P. 2418《父母恩重经讲经文》）

而中丞出外为御史台。（唐·杜佑《通典》卷二十四《职官六·中丞》）

又每使诸将出外，亦收其亲属质于宫内。（后晋·刘昫《旧唐

书》卷五十四《王世充列传》)

四 "外"的合成方位词

(一) 前加式派生方位词

（1）"已外"表示超出一定的时间范围2例：

三日已外，依契为定，不许休悔。（S. 1475V《寅年正月廿日令狐宠宠卖牛契》）

若有抛直五日已外，便算日克勿。（P. 3441《康富子雇人契》）

将取艾叶拭手使汁入手中，七日勿洗手，持斋过七日以外即成。（唐·孙思邈《千金翼方》卷二十九《禁经上》）

公三亭成就，天地相临，从今十年已外，必得五品要职。（后晋·刘昫《旧唐书》卷一百九十一《方伎列传》）

（2）"之外"18例

1）"X之外"表示超出X的空间范围

a. X为名词5例：

朗证无生，高视铁围之外；往来化物，还乘金座之中。（S. 5637《文样》）

建封碑于棻战之外，显以崇勋；颂美誉于府城之中，用明懿绩。（P. 2044V《释门文范》）

碎肉迸溅于四门之外，凝血滂沛于狱墙之畔。（S. 2614《大目乾连冥间救母变文》）

戎亭虚警，守大荒之外，地阴悉平，夷中国之轶，合蓦会而作贡，极遐方而献琛，荐环袠而委质，候风海而发心。（《全唐文》卷一百四十二李百药《皇德颂》）

时有二龙戏于馆门之外，三日而去。（后晋·刘昫《旧唐书》卷二《太宗本纪》

b. X为具有无限延展性的名词2例：

屹屹寿山，永耸烟岚之外。(S.5639《文样》)

升弱羽于云霄之外，死亦增惭。(P.4093《甘棠集》)

瑶枝玉斡，虚扃皓月之中；羽驾云装，宁遐碧霄之外。(唐·黄滔《黄御史集》卷七《南海韦尚书》)

与夫道风遐畅，远秀松筠之表；胜趣挺生，孤映烟霄之外。(《全唐文》卷九百二十三江旻《唐国师升真先生王法主真人立观碑》)

2) "X 之外" 为空间泛化用法，表示超出 X 的范围、界限

a. X 为抽象名词 3 例：

骁雄之外，忠孝惟多。(S.78V《失名书仪》)

卿文学之外，才力甚高。(S.4473《后晋文抄》)

衣钵之外，不计针锋。(P.3979《修佛龛记》)

精养灵根气养神，此真之外更无真。(《全唐诗》卷八百五十八吕岩《绝句》)

诸军镇和籴贮备，共三十三万石，本价之外，更量与优饶。(《全唐文》卷五十四德宗《委本道节度使监军同勾当常平仓敕》)

b. X 为数量词 2 例：

伏计乍到极边，悬远万里之外。(S.329《书仪镜》)

徐达情地惝惶，抽身数步之外，遂屈帝子向前：老身虽居臣下，不那尔顺之年。(S.4398V《降魔变一卷》)

咸以为明堂者，置之三里之外，七里之内，在国阳明之地。(《全唐文》卷九十六高宗武皇后《令礼官详定享明堂礼仪诏》)

去王城五百里之内以上旬，千里之内以中旬，千里之外以下旬。(后晋·刘昫《旧唐书》卷四十三《职官志》)

c. "X 之外" 表示超出某种动作、行为的范围，X 为动词 6 例：

叹赏之外，无以喻陈。(S.78V《失名书仪》)

惭腼之外，余无所云。（S. 5636《新集书仪》）

若有余罪者，谓二官当罪之外，仍有余徒。（BD06417《唐律疏议卷二》）

自今已后，僧尼除讲律之外，一切禁断。（《全唐文》卷三十元宗《禁僧徒敛财诏》）

修心之外，无别行门。（五代·释静、释筠《祖堂集》卷六《草堂和尚》）

（二）后加式派生方位词

后加式派生方位词共有 8 例，都用来实指空间，包括"外边" 6 例，"外端" 1 例，"外头" 1 例。

（1）"外边"有 6 例，后置作中心语 1 例，独用作主、宾语 5 例：

缘为善庆初伏事相公，不得入寺听经，只在寺门外边与他看马。（S. 2073《庐山远公话》）

儿向外边行万里，母心随后去也唱将来。（P. 2418《父母恩重经讲经文》）

亦有用大家物者，亦有外边得者。（P. 3774《五年十二月僧龙藏析产牒》）

为看九天公主贵，外边争学内家装。（《全唐诗》卷三百四十六王涯《宫词三十首》）

师问僧："外边是什摩声?"（五代·释静、释筠《祖堂集》卷十《镜清和尚》）

（2）"外端"后置作中心语 1 例：

客心云外端，乡树梦中攀。（P. 3619《叹苏武北海》）

在唐五代传世文献中，我们只找到 1 例作为方位词的"外端"：

耳聋不得眠，针手小指外端。（唐·孙思邈《千金翼方》卷二十六《针灸上》）

（3）"外头"前置作定语1例：

　　罗袖班班新泪点，一心专忆外头儿。（P. 2418《父母恩重经讲经文》）

　　灸肩髃百壮穴，在肩外头近后，以手按之有解宛宛中。（唐·孙思邈《千金要方》卷四十一《心脏方》）

　　心中虽吉外头凶心中者，周字也。外头凶者，周王无道灭佛法也。（五代·释静、释筠《祖堂集》卷二《第二十八祖菩提达摩和尚》）

小　结

单纯方位词"外"共有625例，其中后置用法134例，约占总数的21%，表示空间实指用法95例，非空间实指用法39例；前置用法111例，约占总数的18%；独用用法380例，约占总数的61%。合成方位共有28例，其中前加式派生方位词"已外"2例，"之外"18例；后加式派生方位词共有8例，包括"外边"6例，"外端"1例，"外头"1例。在唐五代传世文献中有"外面"15例，"外边"23例，"外头"9例，"外畔"3例。

"外"具有空间意义、时间意义。空间意义包括空间实指意义、空间泛化意义。空间实指意义包括用于表示超出具体的空间、界限。空间泛化意义包括用于表示超出一定数量、喻义空间等界限范围，超出某种动作、行为的范围，某种动作、行为不算在内。时间意义用于表示超出一定的时间段。合成方位词"之外"具有所有单纯方位词"外"所具有的意义，"已外"用于表示超出一定的时间范围。后加式派生方位词只具有空间实指的用法。

"外"能够与普通名词、身体部位名词、具有划界义的名词、集合名词、组织机构名词、表示信息载体的名词、具有无限延展义的名词、抽象名词等名词搭配，可以与代词、数量词、时间词等体词性成分搭配，还可以与动词、介词、副词搭配。"外"与动词搭配表示超出某种动作的范围，某种动作行为不算在内。在我们的语料中没有与副词搭配的"外"，但在唐五代传世文献中有6例，如唐杜佑《通典》卷七十五《礼三十五宾二·天子朝位》："天子路寝门有五焉，其最外曰皋门。"在我们的语料中"已外"只能与时间词搭配，我们对《全唐文》进行了检索，发现了"以外"能够与名词搭配，如《全唐文》卷一百四十九褚遂良《谏以皇子任刺史疏》："昔两汉以郡国理人，除郡以外，分立诸子，割土分疆，杂用周制。"与代词搭配，如《全唐文》卷八百三十九刘岳《郭彦夔不许改名疏》："降此以外，回避无闻。"与动词搭配，如《全唐文》卷十七中宗《即位赦文》："殿中诸闲厩马，量支留以外，抽送外州马坊及本监牧。"甚至出现了独用的"以外"，如《全唐文》卷九百六十八阙名《准敕厘革中外奏请官额奏》："自今后如显立战伐功劳者，任具事绩申奏，如简勘不虚，当别具商量处分，以外辄不得更有奏请。"敦煌文献6例"外边"中有5例独用用法，1例后置用法，1例"外端"后置于名词，1例"外头"作为定语来修饰称谓名词。

与魏晋南北朝时期"外"的比较

据林晓恒（2006：100）统计，魏晋南北朝时期"外"共有136例，其中后置用法78例，约占总数的57%；前置用法32例，约占总数的24%；独用用法26例，约占总数的19%。敦煌文献中"外"后置用法的比率为21%，低于魏晋南北朝时期的57%；前置用法的比率为18%，低于魏晋南北朝时期的24%；独用的比率为61%，高于魏晋南北朝时期的19%。虽然"之外""已（以）外"在魏晋南北朝时期已经很常用，但我们在《中国基本古籍库》中进行了检索，没有发现"已（以）外"的独用用法。魏晋南北朝时期后加式派生方位词有"外面"3例，"外畔"3例，"外边"1例，没有"外头""外端"的用例。总体上，魏晋南北朝时期后加式派生方位词的数量要少于唐五代时期。

意义上，唐五代时期"外"所具有的用法在魏晋南北朝时期都已经出现。

搭配上，唐五代时期"外"的搭配对象要多于魏晋南北朝时期。我们对《中国基本古籍库》进行了检索，在《后汉书》中发现了"外"与动词搭配的例证，如卷十三《隗嚣公孙述列传》："内侍公孙述远据边陲，乃谓诸将曰：'且当置此两子于度外耳。'"但是在表示"超出某种动作的范围，某种动作行为不算在某范围之内"这样的意义时，"外"与动词搭配的用例要远远少于唐五代时期，我们把唐五代时期出现的、能够与"外"搭配的动词在《中国基本古籍库》中进行了检索，这些搭配在魏晋南北朝时期一例都没有出现。在魏晋南北朝时期，我们只发现义为"考虑、思考"的动词"度"与"外"搭配，没有其他动词与"外"搭配。

第六节　中外、内外

一　"中外"的形式、语义分布

"中外"转指朝廷内外 34 例：

> 伏蒙厶官敦以中外之分，勿闻升况，尚垂眄顾之心，不遗姓字。（S. 78V《失名书仪》）
>
> 自是勋封日厚，宠泽时深，大欢中外之情，实惬众多之望。（P. 3723《记室备要一卷并序》）
>
> 喜兼中外，义感生灵。（P. 4093《甘棠集》）

在唐五代传世文献中"中外"除了具备上述意义外，还具有以下意义：

（1）指宫内和宫外

> 二十余日，中外不通，两宫安否？（唐·韩愈《顺宗实录》卷一）

（2）指家庭内外，家人和外人

> 拜手终凄怆，恭承中外亲。（《全唐诗》卷二百八十五李端《送杨皋擢第归江东》）

（3）指中原与边疆

> 燮理阴阳禾黍丰，调和中外无兵戎。（《全唐诗》卷四百十九元稹《连昌宫词》）

二　"内外"的形式、语义分布

（1）表示具体的事物的内部和外部空间或转指某种社会组织的内部和外部18 例：

内外柔和，上下无怨。（S. 1920《百行章》）

眠不覆衣被，内外既冷，饮食不化。（P. 2882V《医方书》）

身肉手足，将内外财帛，施身为床座，求闻妙法。（俄 Φ101《维摩碎金》）

内外名家流，风神荡江湖。（唐·杜甫《杜工部集》卷八《别张十三建封》）

百司常务，并宜且停，内外官人行署以上，量事分番，皆尽九月三十日。（《全唐文》卷二高祖《劝农诏》）

（2）转指较为亲近和较为疏远的亲属关系5 例：

内外沐荫宗枝，江海涌而不竭。（S. 5957《文样》）

合宅共投于善门，内外咸欢以建福。（P. 2733《曹元忠礼佛舍施发愿文》）

凡五姓墓六对八将虽以远占，然于十二辰各有男女内外九族之位。（P. 4930《甘棠集》）

内外亲属有吉凶礼制，多取则焉。（唐·李百药《北齐书》卷三十五《裴让之列传》）

掌内外九族之差，及玉器衣服之令，沙门道士之法。（唐·杜佑《通典》卷二十三《职官五·尚书下》）

第七节　同义词辨析

一　"中""里""内"辨析

（一）"中""里""内"的相同点

从形式上看，"中""里""内"都以后置用法为主，"中"的后置率为92%，"里"的后置率为97.5%，"内"的后置率为59.4%。从意义上看，"中""里""内"都能表示具体的"体"或能够隐喻为"体"的三维空间的内部，都有空间泛化的意义，都有表示时间的意义，都有表示处于一定的状态或过程范围之内的意义。从搭配上看，"中""里""内"都以与表示具有容器或能够隐喻为"容器"的名词搭配的用例最多。它们都能够与身体部位名词搭配，有"心中"，也有"心里""心内"；都可以与集合名词搭配，有"众中"，也有"众里""众内"；都可以与具有划界义的名词搭配，有"门中"，也有"门里""门内"；都可以与表示信息载体的名词搭配，有"书中"，也有"书里""书内"；都可以与具有无限延展义的名词搭配，有"空中"，也有"空里""空内"；都可以与表示组织机构的名词搭配，如"郡中""郡内""省里"；都可以与抽象名词搭配，有"意中"，也有"意里""意内"；都可以与代词搭配，如"其中""这里/那里""其内"；都可以与动词搭配，如"睡中""睡里""管内"，都可以与介词"从""向""于"搭配。

（二）"中""里"与"内"的比较

从形式上看，"中""里"的前置用法与独用用法所占比率较小。"中"前置用法的比率约占总数的6%，独用的用法的比率约占总数的2%。"里"前置用法的比率约占总数的0.4%，独用用法的比率约占总数的2.1%。"里""中"的独用用法中只有体词性用法，而没有饰词性用法。与"里""中"相比，"内"的前置用法与独用用法所占的比率较大，"内"前置用法的比率约占总数的11.2%，独用用法的比率约占总数的29.4%，独用的"内"既包括体词性的用法，也包括饰词性的用法。前置的"里X"以及前置的"中X"大部分表示与"X里""X中"相同的意义，即表示处于X范围之内，而"内X"却与"X内"不同，"内X"表示处于X较为里面的地方，"X内"则表示处于X范围之内。

从意义上看，"中""里"与动词搭配时表示处于某种状态或过程中，而"内"与动词搭配却表示处于某种范围界限之中。

从搭配上看，"中""里"都能够与形容词搭配，如"暗中""暗里"，"内"不能与形容词搭配。

（三）"内""中"与"里"的比较

从形式上看，与"里"相比，"内""中"的前置比率相对较高。"内"的前置比率达到了11.4%，"中"前置比率达到了6%，而"里"

的前置比率只有 0.4%。"中""内"只有前加式派生方位词"之中""之内",而没有后加式派生方位词,"里"既有前加式派生方位词"之里",也有后加式派生方位词"里边""里许""里面"等。

从意义上看,"内""中"都具有转指意义,而"里"却不具备这样的意义。

从搭配上看,"内""中"与代词搭配时,与具有书面语色彩的"其""此""彼"搭配,"里"不与这些词搭配,而与口语词色彩较浓的"这""那"搭配。

（四）"内""里"与"中"的比较

"内""里"在唐五代时期,在数量上要大大少于"中"。据我们的统计,单纯方位词"中"有 998 例,而"内"只有 544 例,"里"只有 281 例,"中"的数量甚至超过了"内"与"里"的数量之和。

在搭配上,"中"的搭配范围要比"内""里"宽泛得多。虽然"里""内"都可以与动词搭配,但在我们的语料中"里"仅能与"睡"搭配,"内"仅能与"管"搭配,而"中"却可以与"睡""妄""醉""论"等动词搭配,还可以与"乞事""食宿""疗伤""学妒"等动词性短语搭配。我们在《中国基本古籍库》中进行了检索,发现在我们的语料中能够与"中"搭配的动词或动词词组都不能与"里""内"搭配。

（五）"中"与"里"的比较

从前文的比较中我们看到唐五代时期"中"与"里"的共性更多一些,下面我们将对它们之间的差异进行对比。

我们借鉴邢福义（1996）的结论来分析唐五代时期的"里"与"中"。邢福义（1996）认为有三种意义,只适合用"里",不适合或不怎么适合用"中"。

（1）等同义

X 由 NP 充当,"NP 里"和 NP 意义等同。他所举的"四下里、私下里、背地里、两下里、平日里、整日里、每日里"这些用例在唐五代时期都没有出现,因此我们没法比较。他指出"夜里"即"夜间",它们都是"夜",可以参看《现代汉语词典》的解释:

　　夜:从天黑到天亮的一段时间。
　　夜里:从天黑到天亮的一段时间。

　　　　夜间：夜里。

　　在唐五代敦煌文献中既有"夜里"也有"夜中"，"夜中"有 6 例，"夜里"只有 1 例。我们在《中国基本古籍库》中对"夜里"与"夜中"进行了检索，发现"夜里"只有 7 例，而"夜中"多达 351 例。因此，在唐五代时"夜里"与"夜中"没有区别。既然"夜里""夜中"在唐五代时期没有区别，而邢先生举的其他例证在唐五代时期又没有出现，那么等同义在唐五代时不能作为区分"里"与"中"的标准。

　　（2）指代义

　　"X 里"不是单纯表示方所，而是用来指代跟某种方所相关的特定社会单位、单位领导或单位成员，"里"不能换成"中"。

　　邢福义（1996）指出"省、县、乡、镇、村、部、司、厅、局、院、系、处、厂、车间、科"这类名词都可以带上"里"用于表示指代义。这些词在唐五代敦煌文献中只有"省里"1 例，但并不用来指代跟某种方所相关的特定社会单位、单位领导或单位成员。我们在《中国基本古籍库》中对邢先生列举的词进行了检索，找到了"村里"13 例，"县里"8例，"乡里"2 例，但这些词并不用来指代与其相关的单位领导或单位成员。在唐五代时"村中""乡中"反而用来指代与其相关的单位成员，如唐白居易《秋游原上》诗："村中相识久，老幼皆有情。"这里的"村中"指的是"村里的人"。唐欧阳詹《欧阳行周文集》卷二《春日途中寄故园所亲》诗："寄书南飞鸿，相忆剧乡中。"这里的"乡中"指代的是"乡里的亲人"。在唐五代时"里"不具有指代义，"中"具有指代义，因此"指代义"可以构成"里"与"中"的区别。

　　（3）划界义

　　邢福义（1996）指出以某事物为界限，划定跟"外"相对的"里"，"里"不能换成"中"。"大门"是划界的事物，"大门里"指以大门为参照物的院子里头或房屋里头，不能说成"大门中"。"窗外""窗里"相对，是以窗子为参照物划分出来的房子外面和房子里头，"窗里"不能说成"窗中"。同样"墙里""墙外"相对，指以墙为参照物划分出来的院子里头和院子外面，"墙里"不能说成"墙中"。这类"X 里"数量有限，其中的 X 限于窗、墙、门、门槛、竹帘之类。

　　我们对邢先生所说的这些词语进行检索，发现在唐五代时期没有具有划界义的"门槛中""墙中",但有表示划界义的"门中""窗中""帘中"。"门""窗""帘"与"中"和"里"搭配都具有划界义,因此划界义不能作为区别"中""里"的标志。

从产生时间上看,"中"在先秦汉语中就已经出现,因此书面语色彩较为浓重,而"里"出现时间较晚,据汪维辉(2000:103)研究,紧接名词后面的"里"到西汉时才出现,早期集中出现在医籍中,魏晋时在口语中迅速发展,到南北朝后期在文学语言中大量使用,因此与"中"相比,"里"的口语色彩较为浓厚。在搭配上,"中"多与书面语色彩较为浓厚的词语搭配,如上面说到的"其""此""彼"只与"中"搭配,不与"里"搭配,而口语色彩浓厚的"这""那"只与"里"搭配,不与"中"搭配。再如"目"是一个书面语词,出现要比"眼"早得多,因此只有"目中"这样的说法,而不见"目里"这样的搭配。

从意义上看,唐五代时期"中"具有所有"里"具有的意义,但"中"有些意义"里"不具备。"中"的"中间"义是"里"不具备的,"中"用来转指一定社会组织机构之内这种意义也是"里"不具备的。

在唐五代时期,划界义、等同义不能区分"里"与"中",指代义适合"中"而不适合"里"。

邢福义(1996)还指出有三种意义,一般只适合于用"中",不适合或不怎么适合用"里"。

(1)活动义

邢福义(1996)指出 X 表示某种行为活动性,包含有时间性。典型的 X 由 VP 充当,"VP 中"往往可以说成"VP 过程中"。

在唐五代敦煌文献中"里"仅能与动词"睡"搭配,用来表示处于某种过程之中。"中"可以与"睡""妄""醉""论"等动词搭配,还可以与"乞事""食宿""疗伤""学妒"等动词性短语搭配。我们在《中国基本古籍库》中进行检索,发现表示活动义时,能够与"中"搭配的动词或动词词组都不能与"里"搭配来表示活动义。在唐五代时期"睡里"仅 5 例,而"睡中"却有 29 例。动词主要与"中"搭配表示过程义,因此"过程义"可以看成是区别"中"与"里"的一个标准。

(2)状态义

X 表示某种状态,包含有延展性和可变性。所用的形容词,或者表示光线视觉,或者表示境况氛围,或者表示心理状态、神志状态。

在我们的语料中"里""中"都能够与形容词搭配，但是与"里"搭配的形容词只有"暗"，而与"中"搭配的形容词除了"暗"还有"苦""危"。我们在《中国基本古籍库》中发现"暗中"102例，"暗里"3例；"危中"7例，没有"危里"这样的用法；"苦中"34例，没有"苦里"这样的用法。虽然"里"能与形容词搭配，但能与"里"搭配的形容词要大大少于"中"，且能与"里"搭配的形容词，在使用时数量上也要少于"中"。与"里"相比，"中"更加适合表示状态义。

（3）无限义

X是NP表示范围无限的事物。典型现象有两个，一个是"空中"，在心里感觉上，"空"没有周缘，"空中"不能说成"空里"。另一个是"途中"，在心里感觉上"途"的延伸是无限的，"途中"不能说成"途里"。

在唐五代敦煌文献中"空里"出现了28例，"空中"出现40例，相差不多。我们在唐五代传世文献中发现"空里"47例，"空中"1209例，数量相差悬殊。在唐五代敦煌文献中没有"途里"的用法，"途中"却有4例。在唐五代传世文献中也没有"途里"，而"途中"出现了317例。因此，无限义在唐五代时期也可以看作是区分"中"与"里"的重要标准。

邢福义（1996）指出非空间NP后边，不一定不用"里"，但两种情况下通常用"中"。其一，NP是集合名词，代表一定数量个体集合而成的人物。比如"美人"一般说"美人中"不怎么说"美人里"。其二，NP是比较抽象的名词。越是抽象，越倾向于用"中"。在唐五代敦煌文献中集合名词与"里"搭配有6例，与"中"搭配有23例，我们在《中国基本古籍库》中进行了检索，唐五代传世文献中"众里"4例，而"众中"却有451例，"人中"1114例，"人里"只有13例，因此与"里"相比，"中"更适合与集合名词搭配。我们对唐五代时期敦煌文献中出现的、与抽象名词搭配的"里""中"的比率进行了统计，发现与"里"搭配的抽象名词占总数的13.2%，而"中"与抽象名词搭配占总数的13%，从唐五代时敦煌语料来看，还不能说越抽象的词，越倾向于与"中"搭配。

二　"中""间"辨析

（一）"中""间"的相同点

从意义上看，"中""间"都可以表示在一定的空间、时间范围之内。"中""间"都表示和某范围的四方、上下或两端距离同等的空间，义同于"中间、中央"。"中""间"都可以表示处于某种状态或过程之中，张谊生（2007）认为此时的"中""间"是一种非典型的持续体标记。他指出在作为持续体标记时，"中""间"基本上都是一种背景化的持续体，"中""间"通常不表示具体的持续性动作，而是将各种背景化行为转化为持续性的情状。"中""间"都表示行为性状的过程化，所谓过程化就是指"V中""V间"蕴含较强的过程义和期间义，这些特点也适用于唐五代时期的"中""间"。

从搭配上看，"中""间"都能与普通名词搭配，既有"山中"又有"山间"；都可以与身体部位名词搭配，既有"肠中"又有"肠间"；都可以与抽象名词搭配，既有"梦中"又有"梦寐间"；都可以与具有无限延展性的名词搭配，既有"途中"又有"途间"。"中""间"还都可以与表示组织机构的名词、代词、时间词、动词、形容词、事件名词搭配。

（二）"中""间"的不同点

从形式上看，"中"有后置用法、前置用法以及独用用法，而"间"只有后置用法。

从意义上看，"中"具有转指一定社会组织机构的意义，如有"中官"，而"间"不具有这样的意义。"间"具有表示事物两端之间或两个事物之间的位置，这样的用例在敦煌文献中有14例，如"两山间"，而"中"却不具有这样的意义。虽然"中""间"都可以表示时间，但"间"能够表示瞬时时间，表示瞬时时间的"间"有4例，如"顷刻间"，"中"却不具有这样的意义。

从搭配上看，"中"能够与集体名词搭配，"间"却不能；"中"能够与具有划界意义的名词搭配，"间"却不能；"中"能够与表示信息载体的名词搭配，"间"却不能。"间"能够与表示瞬时的时间词、副词搭配，"中"却不能。

第四章

东 南 西 北

第一节 "东""南""西""北"的形式、语义分布

一 "X东/南/西/北"的形式、语义分布

"X东/南/西/北"表示X以东/南/西/北的区域

（1）X为普通名词或处所词223例：

> 兵至河北，营在楚南。（S. 328《伍子胥变文》）
> 地接龙堆北，川连雁塞西。（P. 2555《诗文集》）
> 水北通西境，桥东路入秦。（P. 3929《沙洲敦煌古迹廿咏并序》）
> 抱磴从天上，驱车返岭东。（《全唐诗》卷四十五许天正《和陈
> 元光平潮寇诗》）
>
> 爰令集京城义学大德良贲等，翰林学士常衮等，于大明宫南桃园
> 详译《护国般若》毕，并更写定《密严》等经。（《全唐文》卷四十
> 九代宗《新翻护国仁王般若经序》）

（2）X为抽象名词8例：

> 在酉南，戌在酉北，亥在子西。（P. 2581《孔子备问书一卷》）
> 宫安未东，商安酉北，角安午东，征安卯北，羽安酉南。
> （P. 2615a《帝推五姓阴阳等宅图经一卷》）
> 三年正月丙寅朔加时申北日蚀。（唐·房玄龄《晋书》卷十七

《律历志》)

　　金、水二星，常附日而行，冬十月，日旦在尾、箕，昏没于申南，而东井方出于寅北，二星何因背日而行？（唐·李延寿《北史》卷三十一《高允列传》)

（3）X 为代词 2 例：

　　其东即三危山，西即鸣砂山，中有自南流水名之宕泉。（S. 5448《敦煌录一卷》)

　　又取舍西园从门道直北至西园北墙，东至治谷场西墙，直北已西为定，其西分壹半，口分地取牛家道西叁畦共贰拾亩。（P. 3744《月光日兴兄弟析产契》)

　　嘉陵江水此东流，望喜楼中忆阆州。（《全唐诗》卷五百三十九李商隐《望喜驿别嘉陵江水二绝》)

　　时幽州节度留后朱滔方恭顺朝廷，诏滔与宝臣及太原之师攻其北，正已与滑亳、河阳、江淮之师攻其南。（后晋·刘昫《旧唐书》卷一百四十二《李宝臣列传》)

（4）X 为副词 10 例：

　　女在中庭东畔，面向西立，女婿正北质方行，男女相当。（S. 1725《大唐吉凶书仪》)

　　又取舍西园从门道直北至西园北墙。（P. 3744《月光日兴兄弟析产契》)

　　又正西有山，有阁一所，名童子像阁，兼有石佛。（P. 4648《五台山巡礼记》)

　　战回各自收弓箭，正西回面家乡远。（《全唐诗》卷二十七王建《辽东行》)

　　辛酉夜，彗长丈余，直西行，稍南指，在虚九度半。（后晋·刘昫《旧唐书》卷十七下《文宗本纪》)

二 "东/南/西/北 X" 的形式、语义分布

"东""南""西""北"表示方向

X 为名词 290 例：

南槽龙马子孙乘，北牖香车妻妾用。(S. 2614《大目乾连冥间救母变文》)

北窗照雪，南轩聚萤。(P. 2819V《东皋子集》)

东家能涅舌，西家好合斗。(P. 3211《王梵志诗卷第二》)

惟欲励精为政，克己化人，使宗社固北辰之安，区宇致南风之泰。(《全唐文》卷九十六高宗武皇后《改元光宅赦文》)

师却去东廊下挂锡，具威仪，便上礼谢，默然击目而出，便去僧堂参众，却上来辞。(五代·释静、释筠《祖堂集》卷三《一宿觉和尚》)

三 "东""南""西""北"的独用

(一) 体词性用法

"东""南""西""北"表示方向，在句中或作主语或作宾语244 例：

太明于东，月生于西。(S. 1725《大唐吉凶书仪》)

从东扫向西，又被西风吹向东。(P. 2324《难陀出家缘起》)

南高北下名征地，官居之吉。(P. 3865《宅经》)

猿鸣钟动不知曙，杲杲寒日生于东。(《全唐诗》卷三百三十八韩愈《谒衡岳庙遂宿岳寺题门楼》)

却归举似云居，云居云："南有雪峰，北有赵州。"(五代·释静、释筠《祖堂集》卷六《投子和尚》)

(二) 饰词性用法

饰词性的"东""南""西""北"主要用来作状语293 例：

胡尘未北灭，楚兵遂东起。(S. 2717V《珠英集第四、第五》)

　　惠日西沉，魔云却布。（P. 2044V《释门文范》）

　　胡马不南牧，汉君无北忧。（P. 2673《唐诗文丛钞》）

　　南巡鹤庙，轩皇与元祖俱来；少驻銮车，展敬则封崇宜及。（《全唐文》卷八十八僖宗《封丈人山为希夷公敕》）

　　问："如何是祖师西来意？"师云："待石乌龟解语即向汝道。"（五代·释静、释筠《祖堂集》卷八《龙牙和尚》）

（三）"东""南""西""北"作补语

作补语的"南""北"2例：

　　拆故营新，爻卦相代；移南徙北，阴阳灾分。（P. 3865《宅经》）

　　解带面西坐，轻襟随风开。（《全唐诗》卷四百五十三白居易《小台晚坐忆梦得》）

　　凌春帝子阁，偶眺日移西。（《全唐诗》卷七百十六曹松《滕王阁春日晚眺》）

四　"东""南""西""北"的合成方位词

（一）前加式派生方位词

（1）"东""南""西""北"与"已"搭配，用来实指空间区域、方向10例：

　　故此境已南，滥波已北，气序既温，疾疫亦众。（S. 2659V《大唐西域记一卷第一》）

　　北园，渠子已西大郎，已东弟。（P. 2685《沙州善护遂恩兄弟分家契》）

　　又取舍南地贰亩，又取东涧舍坑已东地叁畦共柒亩。（P. 3744《月光日兴兄弟析产契》）

　　半陂已南纯浸山，动影袅窕冲融间。（唐·杜甫《杜工部集》卷一《渼陂行》）

　　溪之右，函谷以东，牛酒献于军前，壶浆盈于道路。（后晋·刘昫《旧唐书》卷五十三《李密列传》）

（2）"西""北"与"之"搭配，用来实指空间方向、区域5例：

佛者，是雪山之北，香山之南有城明迦毗罗，净饭王子号悉达多。（P. 2344V《祇园因由记》）

横斜姑射之西，正是汾河之北。（P. 2819V《东皋子集》）

遂于大像之北，欲建龙龛。（P. 3720《张淮深造窟记》）

秦陇之西，人户渐少，凉州已去，砂碛悠然，遗彼居人，如何得济？（《全唐文》卷二百聿凑《谏征安西疏》）

大臣奏曰："今在香山之北，雪山之南。二山中间有林，名曰含夷。"（五代·释静、释筠《祖堂集》卷一《释迦牟尼佛》）

（二）后加式派生方位词

"东、南、西、北"与"面"搭配有30例，与"方"搭配有135例，与"角"搭配有8例，与"边"搭配有16例，与"头"搭配有21例，与"伴（畔）"搭配有12例，与"厢"搭配有4例，与"部"搭配有1例，这些后加式派生方位词都用来实指空间方位。

（1）"东""西""南""北"与"面"搭配30例，其中6例前置作定语，7例后置作中心语，17例独用作主、宾、状语

前置作定语6例：

南面雪山垂平陆，水土沃润。　（S. 2659V《大唐西域记一卷第一》）

即遣强弩二千张，攻贼西面两城，仍使结阵以当贼。（唐·姚思廉《梁书》卷四十五《王僧辩列传》）

后置作中心语7例：

宅西面高但中央下，富贵六畜。（P. 2615a《帝推五姓阴阳等宅图经一卷》）

宫城南面有深山，尽将老幼藏其间。（《全唐诗》卷二十张籍《董逃行》）

独用用法 17 例：

项羽领兵至北面，不那南边有灌婴。（S. 5437《汉将王陵变》）

昆仑山者东面有水精，南面有白玉，西面有水银，北面有琉璃。
（P. 4016《天地开辟以来帝王记一卷》）

东面有石堂焉，即故京兆尹鲜于君之所开凿也。（《全唐文》卷
三百三十七颜真卿《鲜于氏离堆记》）

而共常自在王言论次，有一使者乃奏王曰："百万象兵至于南
面。"（五代·释静、释筠《祖堂集》卷二《第二十一祖婆修盘头
尊者》）

（2）"东""南""西""北"与"方"搭配 135 例，其中 31 例前置
作定语，104 例独用作主、宾、状语

前置作定语 31 例：

广赞西方事，弥陀化生身。（S. 4571《维摩诘经讲经文》）

中书舍人张渐荐国珍有武略，习知南方地形，国忠遂奏用之。
（后晋·刘昫《旧唐书》卷一百一十五《赵国珍列传》）

独用作主、宾、状、补语 104 例：

冬至，北方有星，故云玄律。（S. 545《失名类书》）

南方有赤云，夏旱，谷贵。（唐·韩鄂《四时纂要》卷一《正
月》）

昔有目连慈母，号曰青提夫人，住在西方，家中甚富，钱物无
数，牛马成群，在世悭贪，多饶杀害。（P. 2193《目连缘起》）

师示众云："譬如世间两个君子，一个君子从南方来，一个君子
从北方来，广野之中相逢。"（五代·释静、释筠《祖堂集》卷七
《雪峰和尚》）

此方日没西方照，莫道西沈日便无。（S. 2440《八相押坐文》）

帘外严霜皆倒飞，明星烂烂东方陲。（《全唐诗》卷三百九十三
李贺《夜坐吟》）

如山诗云：日始月盛皆出东方，其男女年并俱盛，如日盛也。（S. 1725《大唐吉凶书仪》）

契阔未及展，晨星出东方。（《全唐诗》卷一百八十九韦应物《宴别幼遐与君贶兄弟》）

（3）"西北""东北""东南""西南""西"与"角"搭配 8 例，5 例前置作定语，3 例后置作中心语

前置作定语 5 例：

但取西南角历山躬耕，必当贵。（S. 4654《舜子变》）

东北角神贪狼，姓析，字及蜇，东南角神名睦空姓，姓井字百居。西南角神名舍毒，姓刘，字大口。西北角神名姓同，字坚坚。（P. 3281V《宅经》）

其晚台军射火箭烧东北角楼，至夜城溃。（唐·李延寿《南史》卷四十一《齐宗室列传》）

后置作中心语 3 例：

右在州子城外东北角，古老传之阿育王之所造也。（P. 2009《西州图经》）

则于城西北角留一马迹，令知腾空西北而去。（五代·释静、释筠《祖堂集》卷一《释迦牟尼佛》）

（4）"西""北""东""南"与"边"搭配 16 例，其中 7 例前置作定语，5 例后置作中心语，4 例独用

前置作定语 7 例：

弟子只在西边村内居住，待到村中与诸多老人商量，却来与和尚造寺。（S. 2073《庐山远公话》）

戊子日取东边桃枝二七枚，缚着卧床中，枕之，不忘。（唐·孙思邈《千金要方》卷四十五《小肠腑方》）

后置作中心语 5 例：

推砂扫窟之次，忽睹南大像北边一所古窟，摧残岁久，毁坏年深。(P. 2641V《重修南大像北古窟题壁并序》)

铜柱南边毒草春，行人几日到金麟。(《全唐诗》卷三百八十六张籍《蛮中》)

独用用法 4 例：

初生似玉环，渐渐团圆在东边。　(S. 4578《咏月婆罗门曲子四首》)

师从东边而向堂中礼三拜，从西边进前云："就和尚请纳衣。"(五代·释静、释筠《祖堂集》卷十二《龙光和尚》)

(5)"东""西""南""北"与"头"搭配 21 例，其中 6 例前置作定语，13 例后置作中心语，1 例独用作状语，1 例独用作主语
前置作定语 6 例：

东头方地兼下头共两畦。(S. 2174《天复玖年闰八月十二日神沙乡百姓董加盈兄弟分家书》)

东头僧寺，恒供千人。(唐·释智升《开元释教录》卷六)

后置作中心语 13 例：

若置灵位，女婿往至，入屋灵前立，哭五三声，退在户西头，面向北，跪哭五六声。(S. 1725《大唐吉凶书仪》)

莫向尊前奏花落，凉风只在殿西头。(《全唐诗》卷五百三十九李商隐《宫辞》)

独用用法 2 例：

回头乃报传语去，却发南头事汉君。(S. 5437《汉将王陵变》)

今日东头承旨常郁至，奉圣旨者。（《全唐文》卷九百六十三阙名《贺朱全忠进白兔表》）

（6）"东""西""南"与"畔"搭配12例，6例后置作中心语，6例独用作宾语或状语

后置作中心语6例：

大儿要取道东畔，小者只言要西边。（S. 3771V《悉达太子修道因缘》）

紫微北畔辞官阙，沧海西头对郡城。（《全唐诗》卷四百四十六白居易《答微之咏怀见寄》）

独用用法6例：

夫主降让妻之一等，是以悬在东伴。（S. 1725《大唐吉凶书仪》）

南伴抵退北边牛，心里此时便惊怖。（P. 2931《佛说阿弥陀经讲经文》）

在唐五代的传世文献中我们没有找到"东畔""西畔""南畔""北畔"独用作宾语、状语的例证，"东畔""西畔""南畔""北畔"以后置用法以及前置用法为主，独用用法较少，且多作主语。

（7）"东""南""东西"与"厢"搭配，后置作定语4例：

箕安尾北畔，鳖在斗南厢。（P. 2512《二十八宿次位经和三家星经》）

其中帝王坐，候、官东西厢。（P. 2512《二十八宿次位经和三家星经》）

宗人宗在左，宗在候东厢。（P. 2512《二十八宿次位经和三家星经》）

在唐五代传世文献中我们没有找到表示方位的"东厢""东西厢"等。

（8）"南"与"部"搭配，前置作定语1例：

然后置南部之尉，朝东海之君。（S.1722《兔园策府卷第一、第二》）

威声惭北部，仁化乐南熏。（《全唐诗》卷二百七十一窦牟《秋日洛阳官舍寄上水部家兄》）

及方立平，晋将李存孝侵镕南部，镕求援于幽州。（后晋·刘昫《旧唐书》卷一百四十二《王廷凑列传》）

（三）复合型合成方位词

复合型合成方位词有136例，都用于实指空间方位。136例中有16例前置作定语，38例后置作中心语，82例独用用法

前置作定语16例：

先锋踏道疾如风，即至黄河东北岸。（S.328《伍子胥变文》）

乃眷荆门，东南巨镇，山川重险，舟车要冲。（《全唐文》卷七十文宗《授李石荆南节度使制》）

后置作中心语38例：

何谓名山之地，居山东南，水从西来，东北去水，始流头下入之是也。（P.2615a《帝推五姓阴阳等宅图经一卷》）

葬在磁州涂阳东北七十余里。（五代·释静、释筠《祖堂集》卷二《慧可禅师》）

独用用法82例：

其水又东北流卅里至沙州城。（P.2005《沙州都督府图经》）

离人与江水，终日向西南。（《全唐诗》卷八十九张说《广州江中作》）

五 "东""南""西""北"为动词

动词"东""南""西""北" 17 例：

虽得人身有富贵，父南子北各分张。（S. 328《伍子胥变文》）

忽然分别，一东一西。（P. 1438V《书仪》）

每到日西独吃饭，饥人遥望眼精穿。（P. 2931《佛说阿弥陀经讲经文》）

风北不北，风东不东。（《全唐文》卷四百三十七鲍防《歌响遏行云赋》）

瀿川钩结盘护，不南不北，湛然中亭。（唐·欧阳詹《欧阳行周文集》卷五《曲江池记》）

小 结

方位词"东""南""西""北"共有 1072 例，其中后置用法 243 例，约占总数的 23%；前置用法 290 例，约占总数的 27%；独用用法 539 例，包括体词性用法 244 例，饰词性用法 293 例，2 例用作补语，约占总数的 50%。"东""南""西""北"还有 17 例动词的用法。"东""南""西""北"的合成方位词共有 378 例。前加式派生方位词有 15 例，其中"已"类有 10 例，"之"类有 5 例。后加式派生方位词有 227 例，"东、南、西、北"与"面"搭配有 30 例，与"方"搭配有 135 例，与"角"搭配有 8 例，与"边"搭配有 16 例，与"头"搭配有 21 例，与"伴（畔）"搭配有 12 例，与"厢"搭配有 4 例，与"部"搭配有 1 例。复合型合成方位词有 136 例。

"东""西""南""北"主要有表示空间区域与表示方向两种意义。"东""南""西""北"的后置用法多用来表示空间区域，前置用法和独用用法多用来表示方向。与其他方位词相比，"东""南""西""北"的意义较为实在，都表示空间实指的意义，没有空间泛化意义以及表示时间的意义。

搭配上，"东""南""西""北"可以与普通名词、抽象名词、副词、代词、介词等词语搭配，搭配范围较其他方位词小。当"东""南"

"西""北"后置时，其前的名词常常是较广大或平坦的地方，如"山""江""屋""舍""道"等搭配。虽然"东""南""西""北"可以与抽象名词搭配，但是当这些抽象名词与其搭配时，都不表示抽象的意义，而是用来转指具有此抽象意义的某处、某个方位。

与魏晋南北朝时期"东""南""西""北"的比较

据林晓恒（2006：111－112）统计，"东""南""西""北"在魏晋南北朝时期共有460例，后置用法224例，约占总数的49%；前置用法188例，约占总数的41%；独用用法只有48例，约占总数的10%。后置用法在她的统计中占主导地位，这与唐五代时期相差较大。因此，我们又借鉴了蔡言胜（2005）对《世说新语》的统计数据。据蔡言胜（2005：17）统计，《世说新语》中"东""南""西""北"共有130例，其中后置用法16例，占总数的12%；前置用法65例，占总数的50%；独用用法49例，占总数的38%。敦煌文献中后置用法的比率为23%，高于魏晋南北朝时期的12%。前置用法的比率为27%，低于魏晋南北朝时期的50%；独用用法的比率为50%，高于魏晋南北朝时期的38%。唐五代时期"东""南""西""北"等合成方位词的种类与数量要多于魏晋南北朝时期。因为"东、南、西、北"与"边""面""头""畔"在唐五代时传世文献中用例非常多，所以我们只统计"东"的后加式派生方位词，在唐五代的传世文献中有"东边"39例，"东头"71例，"东面"80余例，"东畔"6例，没有作为方位词的"东厢"。魏晋南北朝的传世文献中合成方位词"东头"有20例，"东面"29例，"东边"10例，没有"东畔""东厢"的用例。

从比较中我们看出，无论是魏晋南北朝时期还是唐五代时期，"东""南""西""北"的后置用法所占的比率都比较小，它们以独用用法以及前置用法为主。"东""西""南""北"的独用用法要比其他方位词的独用用法多得多，这与"东""南""西""北"的性质有关。"东""南""西""北"是所谓的绝对方位词，即以太阳的出没为基准对空间进行划分，中国古代称作四方，后又称为四正方，可以说太阳是"东、南、西、北"的第一层基准，因此与其他方位词相比，"东"类方位词本身就有一个隐藏基准在内，不必借助外物参照，因此独用用例所占的比率较大。

唐五代时期"东""西""南""北"仍然保持魏晋南北朝时期以实

指方位为主的用法，主要表示实在的空间区域与方向。无论是唐五代时期还是魏晋南北朝时期，"东""南""西""北"都没有演化出空间泛化用法以及表示时间的用法。

从搭配上看，魏晋南北朝时期"东""南""西""北"可以前置于普通名词，如"陈林道在西岸，都下诸人共要至牛渚会"（《世说新语·豪爽》）；可以放于代词之后，如"颍乃分遣骑司马田晏将五千人出其东，假司马夏育将二千人绕其西"（南朝宋范晔《后汉书》卷六十五《皇甫张段列传》）；可与副词搭配，如"平旦之后，日出之初，正东向立，漱口咽液，服气百数，向日再拜"（晋华侨《紫阳真人内传》）；可以独用作宾语，如"须臾，又一大流星出，贯索中，经天市垣，诸流星并向北行，至晓不可称数"（南朝梁沈约《宋书》卷二十六《天文志》）；独用作状语，如"桓宣武北征，袁虎时从，被责免官"（《世说新语·文学》）。在魏晋南北朝时期我们没有发现"东""西""南""北"等与抽象名词搭配的用例。从魏晋南北朝到唐五代，"东""西""南""北"都与具体、实在的空间实体搭配，因此"东""南""西""北"没有发展出空间泛化意义，更倾向于实指空间区域与方向。

第二节　东西

一　"东西"的形式、语义分布

（1）表示"东方与西方""东边与西边"47 例：

东西戎倡俱怀献款之诚，南北蛮余共贺来降之望。（S. 3557《祝愿文》）

厨舍一口，东西并基一丈一尺一寸，南北并基一丈五尺八寸。（S. 6067《马法律卖宅院契》）

东西为经，南北为纬。（P. 2721《杂抄一卷并序》）

初日当中涌，莫辨东西隅。（《全唐诗》卷五十一宋之问《洞庭湖》）

六年，京东西二市置常平仓。（后晋·刘昫《旧唐书》卷四十九

《食货志》)

(2) 泛指四方 12 例：

大哭三声，东西驰走者，觅其明主也。(S.328《伍子胥变文》)

至于使往东西，不及人马，依期而赴，勿使父母有忧。(S.1920《百行章》)

此时恩泽彻西东①*，功德何沙算不穷。(P.3808《长兴四年中兴殿应圣节讲经文》)

众水东西走，群山远近趋。(《全唐诗》卷六百三十九张乔《华山》)

总了东西四畔并属你了也，唯有中心一树由属我。(五代·释静、释筠《祖堂集》卷十九《灵云和尚》)

(3) 泛指方位、方向 8 例：

第十无足者，虽即为人，是事不困，不辩东西，与畜生无异，此即名为无足。(S.2073《庐山远公话》)

右三子父孔员信在日，三子幼少，不识东西。(S.6417V《孔员信女三子为分遗物事上司徒状》)

谁知渐识会东西，时把父娘生毁辱。(P.2418《父母恩重经讲经文》)

才知恩爱迎三岁，未辨东西过一生。(《全唐诗》卷四百三十八白居易《重伤小女子》)

心迷意惑，不识东西，脱衣裸形，迷惑狂走。(唐·释道世《法苑珠林》卷八十三《怨苦篇第七十七之一·杂难部》)

(4) 泛指任何事物 3 例：

一仰舍主宋欺忠及妻男临近稳便买舍充替，更不许异语东西。

---

① *"东西"说成"西东"，这是出于押韵的需要。

（P. 3331《丙戌岁十一月十八日兵马使张骨子买舍契》）

仍需守自本分，如有拗东搋西兼浪言狂语者，使头记名将来到州，重当刑法者。（P. 4044《某年甘州使头都头某甲帖》）

若也听人构厌，左南直北、拗搋东西不听者，当日厌手趁出门外。（P. 4075V《养子契》）

立此条流，如水如鱼，不得道东说西。（S. 6537V《上组社条》）

问之朝廷事，略不知东西。（《全唐诗》卷三百四十二韩愈《南内朝贺归呈同官》）

梵志闻已，心感自责，不识东西。（唐·释道世《法苑珠林》卷五十二《眷属篇第五十六之余·离著部》）

（5）指酒杯 1 例：

瓢作两行，安置拓子里，若无，即以金银东西盏子充。（P. 2646《新集吉凶书仪上下两卷并序》）

在唐五代时期的传世文献中没有义为"酒杯"的"东西"，在宋代这种意义的"东西"很多。例如：

秀岩堂上玉东西，把酒登临望眼迷。（宋·范成大《石湖诗集》卷十《次韵王夷仲正字同游成氏园》）

（6）"四处走动，逃走，分离"义 60 例：

况乎同附一骥，旋有东西。（S. 329《书仪镜》）

成身东西不平善者，一仰阿兄郭定昌面上取本物。（S. 1398《壬午年二月廿日慈惠乡百姓郭定成典身契》）

如若押衙东西不平善，一仰口承人弟愿兴面上取绢。（P. 4885《乙未年四月九日押衙李应子欠高残子骆驼价绢契》）

行人相见便东西，日暮溪头饮马别。（《全唐诗》卷二百八十五李端《送客东归》）

平子论竟不已，遂谪平子为康州都城尉，仍差使领送至任，不许

东西。(后晋·刘昫《旧唐书》卷二十五《礼仪志》)

小　结

从历代的文献来看，"东西"合用在甲骨文中就已经出现。例如：

　　……帝……东西。(《甲骨文合集》14312)

"帝"用作"禘"。"禘"为古代帝王、诸侯举行各种大祭的总名。凡祀天、宗庙大祭与宗庙时祭均称为"禘"。上例中的"东西"应该指"东方与西方"，此时的"东西"还只是"东""西"两个单音词组成的并列短语，它们之间并没有连接成分，属于并列短语中的意合并列短语。所谓意合并列短语指的是并列短语中不用连词来连接并列项。与之相对的是形合并列短语，这种并列短语之间需要连词来连接并列项。与形合并列短语相比，意合并列短语之间的概念距离近，因为它们的并列项之间并没有被其他的东西阻隔。作为意合短语的"东西"具备了词汇化的条件，因为成为复合词的一个条件就是要表达一个密不可分的专门的概念，而意合并列短语恰好符合这个条件。

"东""西"在古代还有动词的用法：

　　秦伯使辞焉，曰："二三子何其戚也？寡人之从君而西也，亦晋之妖梦是践，岂敢以至。"(《左传·僖公十五年》)
　　三十三年春，秦兵遂东，更晋地，过周北门。(《史记》卷五《秦本纪》)

这些作动词的"东""西"并列衍生出了"离开""分离"之义。因为东、西在四方中是相反的两个方向，若一个向东，一个人向西，那么注定两者不能在一起，肯定是南辕北辙，背道而驰的。因此，"东西"自然就引申出了"离开""分离"之义。义为"离开""分离"的"东西"词化程度还不是很高，因为这个整体意义还能从组成成分的意义推知，且存在"西东"这样的倒序形式。例如：

　　　　旧游悲往日，回首各西东。（《全唐诗》卷二百七十三戴叔伦
　《重游长真寺》）

　　　　春来早是，分飞两处，长恨西东。（《全宋词》卷十九杜世安
　《合欢带》）

　　当具有"离开""分离"义的"东西"专用在"为了躲避债务、逃
避责任而离开"这样的语境中，就具有"四处走动，外出，逃走"之义。
义为"四处走动，外出，逃走"的"东西"已经没有"西东"这样的倒
序形式，我们对《全唐文》进行了检索，发现了16例"西东"，但无一
例具有"四处走动，外出，逃走"义。"四处走动，外出，逃走"义的
"东西"相对于具有"离开""分离"义的"东西"使用范围缩小，意义
发生了专指化。董秀芳（2002：138）指出专指化就是最初意义比较宽
泛，后来使用范围变得狭窄，只能指某些特定事件或行为。一个并列双音
词专指化之后词化的程度就比泛化时候提高了。专指化后的整体意义已经
不同于组成成分的意义，已经不能从组成成分直接推测出来，必须单独记
忆。根据董秀芳（2002：146）的分类，专指化处于词化程度等级序列的
第三级，仅仅次于"句法功能发生转化"这一级。这些都证明"四处走
动、逃走、外出"义的"东西"已经具备了非常高的词化程度。

　　"东西"用于指称酒杯，是因为这种酒杯的形状。北宋吕大临《考古
图》卷八《玉杯》对"玉东西"的形状和得名之由进行了解释："《李氏
录》云：汉高祖以玉杯为太上皇寿，以横长，故后人谓之玉东西。"由于
这种杯子横长纵短，东西为横，所以被称为"东西"。

第五章

左　右

第一节　"左"的形式、语义分布

一　"X 左"的形式、语义分布

"X 左"实指空间方位
这种意义的"X 左"2 例：

有限不获远迎，专于路左拜贺，未闻但系深荒恋。（S. 329《书仪镜》）

阳门库娄左，顿颀骑官侧。（P. 2512《二十八宿次位经和三家星经》）

无任荒迫之至，谨诣朝堂路左奉表乞哀以闻。（《全唐文》卷二百二十二张说《让起复黄门侍郎第一表》）

寻以雪峰顺寂，闽王于域左二十里开鼓山，请师为众。（五代·释静、释筠《祖堂集》卷十《鼓山和尚》）

二　"左 X"的形式、语义分布

（一）"左 X"实指空间方位
（1）X 为普通名词 2 例：

左旌右节宣付了，相识天使，便令军将参天使。（P. 3773V《凡节度使新受旌节仪》）

左绞垂至膝，两结相去四寸。（P. 4024《书仪》）

受辞瞻左钺，扶疾往前旌。（《全唐诗》卷一百四十八刘长卿《行营酬吕侍御时尚书问罪襄阳军次汉东境上侍御以州邻寇贼复有水火迫于征税诗以见谕》）

无动安于左襟，妙乐握于右掌。（唐·释道宣《广弘明集》卷二十九下《檄魔文》）

（2）X为身体部位名词17例：

不缘未辞本主，左肋下与一百铁棒。（S. 2144《韩擒虎话本》）

对镜澄澄不动摇，左脚还须押右脚。（S. 2614《大目乾连冥间救母变文》）

捋出脊背，拔却左腿，揭却脑盖。（P. 2653《燕子赋一卷》）

缝袋子盛药，系左臂，辟不祥鬼。（唐·孙思邈《千金要方》卷七十四《解毒杂治方》）

便举左手拍其腹上而喝一声，象兵倒地，不复更起。（五代·释静、释筠《祖堂集》卷二《第二十一祖婆修盘头尊者》）

（3）X为职官名词9例：

朕为元首，臣作股肱；见鲁国贤臣，今来助国，即便拜为左相，赐户三千。（S. 133V《秋胡小说》）

时有左勒将贺若弼越班走出，"启言陛下，臣愿请军去得。"（S. 2144《韩擒虎话本》）

左将丁腰，右将雍氏，各领马军一百余骑。（S. 5437《汉将王陵变》）

位高汤左相，权总汉诸侯。（《全唐诗》卷二百四十二张继《奉送王相公缙赴幽州巡边》）

高祖令尚书左仆射裴寂劳于军中。（后晋·刘昫《旧唐书》卷二《太宗本纪》）

（二）"左"为"偏斜、不正"之义
这种意义的"左X"1例：

不能行左道，于中说一伤。(P. 3833《王梵志诗卷第三》)

古之圣王，先禁左道，为其蠹政，犯必加刑。(《全唐文》卷三十一元宗《禁卜筮惑人诏》)

诱受户命，妄作妖言，中罔朝廷，潜图左道。(后晋·刘昫《旧唐书》卷十八上《武宗本纪》)

三 "左"的独用

(一)"左"的体词性用法

"左"的体词性用法8例：

梵王在左，帝释引前。(S. 4398V《降魔变一卷》)

凡居宅，左青龙，东有南流水，是左青龙。(S. 5645《司马头陀地脉抉》)

何者为左？何者为右？(P. 3883《孔子项讬相问书》)

虽复孟贲在左，夏育居前，卒然惊窜，事生虑表。(《全唐文》卷一百四十七褚亮《谏猎表》)

攻白兽、玄德等门，斩关而进，左万骑自左入，右万骑自右入，合于凌烟阁前。(后晋·刘昫《旧唐书》卷八《玄宗本纪》)

(二)"左"的饰词性用法

"左"的饰词性用法8例：

苦酒侵衣，遂脆如葱，左揽右揽，随手而无。(S. 2922《韩朋赋一首》)

兰窗左辟，园庑斜临。(P. 2819《唐开元公式令》)

左推右耸，剺耳捆腮。(P. 3883《孔子项讬相问书》)

左盘右蹙如惊电，状同楚汉相攻战。(唐·李白《李太白集》卷七《草书歌行》)

进抑退扬，俨褰衣而设礼；左旋右折，俯丹墀以陈言。(《全唐文》卷四百八十二黎逢《贡举人见于含元殿赋》)

（三）"左"作补语

作补语的"左"1 例：

> 凡诊脉法，肝心出左，脾肺出右，肾与命门俱出尺部。（P. 2115
> 《平脉略例》）
>
> 气出右，万物半死；气出左，赤地千里。（唐·欧阳询《艺文类
> 聚》卷三《岁时部上》）
>
> 岁星出左，有年；出右，无年。（唐·瞿昙悉达《唐开元占经》
> 卷二十五《星占》）

四 "左南直北"

（1）义为"四处闲逛、不专心工作"3 例：

> 忽忙时不就田畔，蹭蹬闲行，左南直北，抛工一日，尅物贰斗。
> （S. 1897《龙德肆年二月一日敦煌乡百姓张某雇官契》）
>
> 自雇已后驱驱造作，不得左南直北闲行。（S. 5578《戊申年正月
> 十六日敦煌乡百姓李员昌雇彭章三契》）
>
> 不得忙时左南直北，抛功一日，尅物贰斗。（P. 3649《丁巳年四
> 月七日莫高乡百姓贺保定雇工契》）

（2）义为"不听话、不顺从"2 例：

> 莫信闲人构闪，左南直北。（S. 5700《养男契》）
>
> 若也听人构厌，左南直北，拗捩东西，不听者，当日厌手趁出门
> 外。（P. 4075V《养子契》）

在传世文献中我们没找到"左南直北"的用例，关于其构词理据我
们将在阐释编中详细论证。

五 "左"的合成方位词

后加式派生方位词

"左"的后加式派生方位词 7 例，包括"左边"5 例，"左畔（伴）"

2例，都实指空间方位。

（1）"左边"有5例，其中1例后置作中心语，4例独用作主、宾语后置作中心语1例：

九十日内，然可成形，男在阿娘左边，女在阿娘右肋，贴着俯近心肝，禀气成形。（S. 2073《庐山远公话》）

伏见衡州所进瑞石，其形似龟，顶上有文曰大周，并有乾坤卦，字左边有王武九千字，又有水火金木土字，各依其方，北边兼有井字。（《全唐文》卷二百四十三李峤《为纳言姚璹等贺瑞石龟表》）

独用作主、宾语4例：

左边尽着黄金甲，右伴芬云似锦团。（P. 2553《王昭君变文》）

召六宫彩女，发在左边；命一国夫人，分居右面。（P. 2187《破魔变一卷》）

左边有经数千轴，右边积肉成山。（唐·段成式《酉阳杂俎》卷七《续集·金刚经鸠异》）

第一针人中名鬼宫，从左边下针，右边出。（唐·孙思邈《千金要方》卷四十四《小肠腑方》）

（2）"左畔"2例：

左伴礼生宾拜主，请避住；右伴礼生主拜宾。（S. 6171《杂写》）

左畔作声，似相唤者，大获好事。（P. 3888《占卜书》）

列女攀乌当左畔，将军戴兔镇西边。（《全唐诗》卷八百五十九吕岩《直指大丹歌》）

左畔九个弯弧弓，一矢拟射顽狼胸。（唐·王希明《步天歌·南方井》）

第二节 "右"的形式、语义分布

一 "X右"的形式、语义分布

"X右"实指空间方位

X为普通名词2例：

> 排于坐右，立在宫中。(P. 2292《维摩诘经讲经文》)
> 七在宫门右，八在宫门东。(P. 2512《二十八宿次位经和三家星经》)
> 代邸青门右，离宫紫陌陲。(《全唐诗》卷三李隆基《游兴庆宫作》)
> 导洛宜阳右，乘春别馆前。(《全唐诗》卷六十李峤《熊》)

二 "右X"的形式、语义分布

(一)"右X"实指空间方位

(1) X为身体部位名词20例：

> 冀其偏袒右肩，辞土田之役。(S. 6631V《辞父母赞一本》)
> 释迦慈父降生来，还从右肋出身胎。(P. 2999《太子成道经》)
> 右手中指目相连，诊候还教一息全。(P. 3655《青鸟子脉法》)
> 玄孙扶向店前行，左臂凭肩右臂折。(《全唐诗》卷四百二十六白居易《新丰折臂翁戒边功也》)
> 至二十四年甲寅之岁，摩耶夫人于毗罗苑中游戏快乐，见婆罗树花可爱，举右手攀枝，菩萨从右胁而诞生。(五代·释静、释筠《祖堂集》卷一《第七释迦牟尼佛》)

(2) X为职官名词2例：

> 左将丁腰，右将雍氏，各领马军一百余骑。(S. 5437《汉将王陵

变》)

　　汉家左先锋兵马使兼御史大夫王陵、右先锋兵马使兼御史大夫灌婴。(S. 5437《汉将王陵变》)

　　可检校尚书右仆射守襄州刺史御史大夫充山南东道节度使管内观察处置等使，散官勋封如故。(《全唐文》卷七十九李忱《授郑涯山南东道节度使制》)

　　壬子，以右谏议大夫韦丹为梓州刺史充剑南东川节度使。(后晋·刘昫《旧唐书》卷十四《宪宗本纪》)

(二)"右"指"西部"
这种意义的"右X"1例：

　　圣主委令权右地，但是匈奴尽总仇。(P. 2962《张议潮变文》)

　　右地接龟沙，中朝任虎牙。(《全唐诗》卷七十四苏颋《同饯阳将军兼源州都督御史中丞》)

　　通使玷厥，说合阿波，则摄图回兵，自防右地。(唐·李延寿《北史》卷二十二《长孙道生列传》)

(三)"右"义为"如上、如前"，"右X"指前文提到的物、地、人
(1)"右"指前文提到的事、物
1)指前文提到的药物15例：

　　桃花阴干，量取二升，并尔虚平量之，不须按捺。
　　右一味捣筛为散，温清酒和之，令得通咽，空腹顿服之。(P. 2565《医方书》)
　　高良姜、豆蔻子、桂心各二两
　　右三物细切，以水四升，煮取一升，绞去滓。(P. 2882V《医方书》)
　　人参一两、甘草一两，炙、干姜一两、橘皮一两
　　右四味捣为散，蜜和为丸，丸梧子。每日平明空腹以酒下二十丸，日再服，渐渐加至二十五丸。忌冷水，油腻，陈臭桃李。(P. 2882V《医方书》)

　　阿胶八两、滑石三两、车前子一升

　　右三味治下筛饮服方寸，日再，至生月，乃服药，利九窍，不可先服。（唐·孙思邈《千金要方》卷二《妇人方》）

　　芍药、生姜切，白术、茯苓各三两，甘草二两，炙，大枣十二个，擘。

　　右六味切以水八升煮取三升，去滓，温服一升，小便利则愈。（唐·王焘《外台秘要》卷二《伤寒小便不利方》）

2）"右"指较为抽象的事物、规定 3 例：

　　右入社条件，在后不承文帖及出社者，罚醴腻筵。（P. 3489《戊辰年正月廿四雇坊巷女人社社条》）

　　祖父母、昆弟、世叔父母伯叔父母、昆弟之子

　　右四条为人后者降，本亲从，朞。（P. 4024《书仪》）

　　时人语曰：天下模楷李元礼，无双丁孝公李元礼贤人也，天下共同以为模楷法则；丁孝公为侍中，独有高名，故二人得以右号也。（P. 5002《类书》）

　　推十二部人神所在法：心辰、喉卯、头寅、眉丑、背子、腰亥、腹戌、项酉、足申、膝未、阴午、股巳眉。

　　右十二部人神所在并不可针灸及损伤，慎之。（唐·孙思邈《千金要方》卷八十九《针灸》）

　　服盐药法：成州盐官第一，次绵州封井，次盐州富因井，次益州贵平井，上四井盐可服之。

　　右法服先以大豆许盐置口中，勿咽之。（唐·孙思邈《千金翼方》卷十九《杂病中》）

（2）"右"指前文提到的具体的地方 16 例：

　　西盐池水

　　右俗号沙泉盐，在州北一百七十里，总有四陂。（P. 2005《沙州都督府图经》）

大海道

右道出柳中县界东南。（P. 2009《西州图经》）

石门涧，阔七十三步，崖深一丈五尺，水深三尺。

右源出县东南三里。（P. 5034《沙洲都督府图经卷第五》）

朱提县、唐兴县

右二县并武德元年与州同置，朱提取汉旧名也。（唐·李吉甫《元和郡县志》卷三十三）

永定县、武罗县、灵竹县

右三县并与州同置。（唐·李吉甫《元和郡县志》卷三十八）

（3）"右"指前文提到的人 11 例：

门僧智弁

右智弁楼上转念之次，忽闻参君郎君出塘于园收柰。（S. 5804《僧智弁请赐美柰状》）

龙兴寺户团头李庭秀、段君子、曹昌盛、张金刚等状上

右庭秀等并头下人户家无著积，种莳当时，春无下子之功，秋乃凭何依托？（BD06359《辛丑年龙兴寺寺户团头李庭秀等请便麦牒及处分》）

灵图寺寄住僧道猷

右道猷辄有卑事上告。（北大 D185《灵图寺寄住僧道猷状牒》）

舒州山谷寺上方禅门第三祖璨大师塔铭

右淮南节度观察使扬州大都督府长史兼御史大夫张延，赏状得舒州刺史独孤及状，得僧湛然等状。（《全唐文》卷三百九十二独孤及《舒州山谷寺上方禅门第三祖璨大师塔铭》）

兴元论请优奖曲环所领将士状

右曲环所领一军，悉是朱泚部曲，或顷在凤翔所管，或本从河朔同来。（《全唐文》卷四百七十陆贽《兴元论请优奖曲环所领将士状》）

三　"右"的独用

（一）"右"表示具体的方向、位置

（1）体词性用法 1 例：

　　舍眼东不远有二石窣堵波各高百余尺，右则梵王所立，左乃天帝所建。（P. 3814《大唐西域记卷第二》）

　　右为梁，桂为柱，何人堂室李开府。（唐·白居易《白氏长庆集》卷四《杏为梁》）

　　县间设柷、敔各一，柷于左，敔于右。（后晋·刘昫《旧唐书》卷二十九《音乐志》）

（2）饰词性用法 4 例：

　　脉并右行五十周于身，漏下百刻。（P. 2115《平脉略例》）

　　金刚丑女叹佛已了，右绕三匝，退座一面。　（P. 3048《丑女缘起》）

　　右射右虚，凶奴倾众，时前街汉将争功，抽刀净入。　（P. 3595《苏武李陵执别词》）

　　千弹万唱皆咽咽，左旋右转空偻偻。（《全唐诗》卷四百十九元稹《骠国乐》）

　　左回右旋，倏阴忽明；历汗漫以天矫，排阊阖之峥嵘。（《全唐文》卷三百四十七李白《大鹏赋》）

（二）"右"义为"如上、如前"

在敦煌文献中"右"具有同"前""上"相同的意义，用来指前文提到的人、事、物。

（1）"右"可以与"已上""上"，"已前""前"并列共同指前文提到的人、物

1）"右"与"以（已）上""上"并列 12 例：

　　右已上太岁及已下诸神煞所在之地。　（S. 2404《甲申日具注历日》）

元正日、冬至日

右已上二大节准令休假七日，前三后四日。（S. 6537V《大唐新订吉凶书仪》）

泔清一升、糟醋一升

右以上煎熬取一升，即内盐花一小合。（P. 2882V《医方书》）

历节风贰拾两，酒伍斗、贼风、热风、大风用药与历节同、偏风、猥退、摊缓风拾贰两，酒叁斗

右以上风皆带热，须加冷药。（唐·孙思邈《千金翼方》卷二十一《万病》）

紫雪、金石、甘草、萎蕤、黄芩、大黄、狗白粪、芒消、朴硝二加芦根、麦门冬、香豉、石膏、犀角、胡豆、露、房、白鸭通、大麦奴

右以上诸药皆乳石所要，仲嗣今与名医择之，常用随身备急。（唐·王焘《外台秘要》卷三十七《八不可》）

2）"右"与"以（已）前""前"并列 16 例：

右前件尼光显，近日出家，舍俗得入释门。（S. 542V《普光寺请处分尼光显状》）

右前五姓，皆依五音韵云，或胡改窦之姓，音虽各别，皆为商用者，为上代是复姓，属商。（P. 3647《葬经》）

第一不得故杀有情命根，二不得偷盗他人财物，三不得淫欲，四不得妄语，五不得沽酒教人沽酒，六不得说出家在家菩萨过失，七不得自赞毁他人，八不得悭吝财法，九不得自嗔教人嗔，十不得自谤三宝教人谤三宝

右以前十戒各写一本诵持，如斋日试不通，罚一七供。（俄ДХ02888《周德十七年二月一日女弟子深性于沙州灵图寺受菩萨戒牒》）

柴胡加大黄、芒消、桑螵蛸汤方

右以前七味以水七升，下芒消叁合，大黄肆分，桑螵蛸伍枚，煮取壹升半。（唐·孙思邈《千金翼方》卷九《伤寒上》）

上银壹斤、水壹斗，煎取七升、芎藭肆两、当归肆两、阿胶叁

两、生地黄伍两

　　右以前银水煮取二升，分三服。（唐·昝殷《经效产宝》卷上《胎动不安方论第五》）

　　（2）"右件" 33 例：

　　右件等物限五月一日依配处纳足，如违，陪。（S. 1267V《僧团法事应纳诸色斛斗数及职事目历》）

　　石蜜五两、牦牛酥一升、贝母、通草各三分

　　右件药捣节为末，和酥蜜等微火上煎一、两沸。（P. 2662《医方书》）

　　屈僧

　　右件来日于宅内备斋，伏望大师特垂光隆。（P. 4092《新集杂别纸》）

　　与"件"搭配的词语，既有"药""鹞子""马""地宅""贼""社户""官"等较为具体的指物、指人名词，也有"功德""来日""法"等较为抽象的名词。根据金桂桃（2006）的研究，唐宋时期的量词"件"不仅可以称量具体的事物、人，还可以称量抽象的事物，上面这些"件"似乎与此相同，因此若单纯看上面的例证可以把"件"看作量词，但"件"还可以与数量、数量名等结构搭配。例如：

　　右件一段，妻吐归分。（S. 613《瓜州帐、籍》）

　　蓖麻仁并桃仁二斗、葵仁一合

　　右件三味捣蒸，以绢三尺绞取汁，并及热腊一大两，炼令白如面脂，稀即更加腊。（S. 4329V《医方》）

　　上面的"一段""三味"是数量结构，若把"件"看成是量词就说不通了，因为量词不能再修饰数量结构。因此，我们赞同金桂桃（2006）的看法，把"右件"中的"件"看成是动词，意义为"分列、列举""提到"。作为主谓结构的"右件"，义为"前文提到（列举）""上文提到（列举）"。

（3）在不同的句子中"右"的具体所指不同，在敦煌文献中主要有以下几种情况：

1）指前文提及的事、物

a. 指前文提及的药方40例：

疗产后痢方：

右艾茎叶一把。（S. 5435《失名医方》）

疗马黑汗欲死：

右取汗鞋没汁一升，灌口即差。（P. 3378《十五杂疗病药方残卷》）

治胎在腹死不出方：

右大豆半升，醋二升，煮汁服之，差。（P. 3930《医方书》）

乌蛇膏疗恶疮生好肉去浓水风毒气肿方：

油麻油一斤、黄丹二大两、乌蛇二大两，炙，捣末、鼠一介腊月者佳、蜡四两

右先以油煎鼠，令消去滓，入黄丹并蛇末，以微火更煎，搅沸后下蜡，更煎十沸，膏即成。（唐·韩鄂《四时纂要》卷五《十二月》）

治马脚生附骨不治即入膝节令马长跛方：

芥子半两、巴豆三个，去皮

右先芥子研烂，次入巴豆同研细，用竹刀子以水和，令相着。（唐·佚名《司牧安骥集》卷七《治驴骡通用》）

b. 指前文列举的具体的药物37例：

椒、桂心、附子生用、白术、当归

右细剉，绵裹，以酥二小升煎之。（S. 3347《医方》）

蔓菁子三两，细研、芎䓖二两、白芷二两

右并和，于皿中捣二千杵。（P. 2565《医方书》）

大黄十分，别磨

右切，以水二大升煎取七大合，去滓，分温三服。（P. 2882V《医方书》）

粉半斤、雷丸四两

右捣为细末，和，下筛，以粉儿身。（唐·孙思邈《千金要方》卷十一《少小婴孺方》）

槐鸡半两

右为末，用酒浓煎，顿服，立愈。（唐·咎殷《经效产宝》卷中《产后余血奔心烦闷方论第十八》）

c. 指药方、药物之外其他事、物25例：

正月孟春叙云：春首、初春……十二月季冬叙曰：暮冬、冬暮、晚冬、岁杪、岁暮、末冬、岁终；时云：剧寒、极寒、劲寒、凝寒、甚寒

右按诸家仪年叙几例，四时景候多有不同，兼之删略至多。（S.6537V《大唐新订吉凶书仪》）

白狼、黑狐、黑雉

右按《西凉录》凉王庚子五年七月见于敦煌。（P.2005《沙州都督府图经》）

交代送土宜色件

右谨专送上，切以厶忝获交代。（P.3449《刺史书仪》）

出家功德经一卷

右吴时支谦译，出《长房录》。（唐·释明佺《武周刊定众经目录》卷一）

为良媛等举哀

右与良娣礼同，一举哀而止。（唐·萧嵩《大唐开元礼》卷一百三十六《凶礼·东宫服》）

2）指前文提及的具体的地方73例：

大石立

右按《西凉录》：“凉王庚子四年五月，大石自立于敦煌马圈山。”（P.2005《沙州都督府图经》）

圣人塔一区

右在州子城外东北角。(P. 2009《西州图经》)

大泽，东西十里，南北十五里

右在县南七里。(P. 5034《沙洲都督府图经卷第五》)

怀安县下南至州一百六十里

右居近党项藩落，开元十年检逃户所置，故以怀安为名。(唐·李吉甫《元和郡县志》卷三)

悉唐县、静居县、清道县

右并显庆元年与悉州同置，天授元年割属静州。(唐·李吉甫《元和郡县志》卷三十三)

3）指前文提及的人13例：

叔父姑姐妹兄弟、女子、嫡孙、嫡玄孙、兄弟女、兄弟子

右暮，长殇服为大功九月，中殇七月。(P. 4024《书仪》)

前散兵马使兼知客将宋惠信

右可摄押衙兼鸿胪卿。(P. 4632《西汉金山国圣文神武白帝敕》)

敕归义军节度使

右改补充押衙。(俄 ДХ 01312《敕归义军节度使牒》)

故荆南节度观察使江陵尹兼御史大夫吕諲侄男季重

右见任秘书省著作郎。(《全唐文》卷三百八十一元结《举吕著作状》)

(4) 敦煌表、状中"右"后接表示自称、谦称的词语，如"臣""伏""厶""厶乙"等

1）"右"后接"臣"17例：

进绣像等

右臣州居极边，素无物产。(S. 1438V《书仪》)

得替到京朝见牓子

具衔臣厶

右臣得替到阙，谨诣东上阁门祗侯见，伏侯敕旨。(P. 3449《刺史书仪》)

恩赐历日状

右臣当道子将递到恩赐历日一卷者。（P. 4093《甘棠集》）

谢就加侍中兼实封状

右臣得进奏院状报，伏奉某月日恩制，加授臣侍中，余并如故。（唐·崔致远《桂苑笔耕集》卷四《谢就加侍中兼实封状》）

进撰故江西韦大夫遗爱碑文表

右臣奉某月日敕牒，令撰故江西观察使韦丹遗爱碑文。（唐·杜牧《樊川集》卷十五《进撰故江西韦大夫遗爱碑文表》）

2）"右"后接"伏""伏以" 28 例：

贺端午献物状

某色目物

右伏以端午良辰，礼当续寿，顾惟远役，拜贺无由。前件物诚非珍异，辄敢献上，用表野芹。（P. 2646《新集吉凶书仪上下两卷并序》）

出孝送物

右伏审仆射来日公参，厶值兹检纳忙迫，不过咨迎出孝。（P. 4092《新集杂别纸》）

谢不许让兼赐告身

右伏奉宣圣旨以臣特赐进士不令陈让，兼守本官充翰林学士者，兼赐告身一通。（P. 4093《甘棠集》）

奉宣今日以后百官不得于京城置庙状

右伏见礼记云："君子将营宫，室宗庙为先，厩库为次，宫室为后。"（唐·李德裕《李文饶集》卷十《奉宣今日以后百官不得于京城置庙状》）

进农书状农书三卷

右伏奉某月日敕，宜以二月一日为中和节，所司进农书永以为恒式者。（唐·柳宗元《河东先生集》卷三十九《进农书状农书三卷》）

3）"右"后接"厶""厶乙" 38 例：

右厶启丘下士，鲁国小儒。（S. 78V《失名书仪》）

谢蒙问疾并赐药物状

具官阶衔厶乙

右厶乙自拙将理，去厶时忽染厶疾。（P. 2646《新集吉凶书仪上下两卷并序》）

慰镇州太傅

右厶伏以仆射薨背，限以职守，步获躬俟台阶，下情无任悲惶之至。（P. 4092《新集杂别纸》）

苏州加章服谢宰相

谢令从军状

右某适见客司奉传处分，令借舟船、随从、行李者。（唐·崔致远《桂苑笔耕集》卷十七《谢令从军状》）

为中丞荣阳公桂州上后上中书门下状

右某自解北阙，出守南荒。（唐·李商隐《樊南文集补编》卷三《为中丞荣阳公桂州上后上中书门下状》）

4）独用的"右" 7 例：

无贼错接大惊动状

右今月厶日夜厶处火出，遂差都直游弈寻探。（S. 5606《无贼错接大惊动状》）

谢设状并绢、羁马等

右近日奉宣圣旨，以臣初入翰林，就院设兼赐绢三十匹，衣一副，马一匹并鞍辔者。（P. 4093《甘棠集》）

上白相公状

右今日奉宣，守本官充翰林学士者，兼赐告身一通，恩赐进士出身。（P. 4093《甘棠集》）

贺御制开元文字音义状

右今月日尹凤祥宣敕旨，示臣等圣制开元文字音义三十卷。（《全唐文》卷二百八十九张九龄《贺御制开元文字音义状》）

谢宣慰状

右监军使某回伏奉敕书手诏，兼宣恩旨，慰问臣及将士等。（《全唐文》卷五百四十一令狐楚《谢宣慰状》）

四 "右"的合成方位词

后加式派生方位词

（1）"右边" 2 例：

六月日耳右边出，左无。（P. 3288《立像西秦五州占第廿二》）

右边云次第家某氏姑姨家座前大新妇姓言疏，夫云（之）姐云白记。（P. 3442《吉凶书仪上下卷》）

夜置堂东序，朝铺座右边。（《全唐诗》卷四百八元稹《酬乐天江楼夜吟稹诗因成三十韵》）

左边、右边各有八万四千。（唐·释道世《法苑珠林》卷九《六道篇第四之三·阿修罗部》）

（2）"右面"在句中作宾语 1 例：

召六宫彩女，发在左边；命一国夫人，分居右面。（P. 2187《破魔变一卷》）

三襞头近左面，四结带于右面。（唐·释道宣《四分律行事钞》卷下《二衣总别篇第十七》）

其一儿言愿如佛右面比丘，其一儿言愿如佛左面神足比丘。（唐·释道世《法苑珠林》卷四十九《华香篇第三十三·引证部》）

（3）"右伴（畔）" 1 例：

左伴礼生宾拜主，请避住；右伴礼生主拜宾，请避住。（S. 6171《杂写》）

凡军行，右畔有风动尘者，吏士多死伤。（唐·李淳风《观象玩占》卷四十八《风角》）

平道右畔独渊然，最上三星周鼎形。（唐·王希明《步天歌·东方角》）

小　结

在唐五代敦煌文献中，单纯方位词"左"共有 48 例，前置用法 29 例，约占总数的 60.4%；后置用法仅 2 例，约占总数的 4.2%；独用用法 17 例，约占总数的 35.4%，独用的"左"包括体词性用法 8 例，饰词性用法 8 例，作补语的"左" 1 例。"左"只有后加式派生方位词，共有 7 例，包括"左边" 5 例，"左畔（伴）" 2 例，都实指空间方位。单纯方位词"右"共有 414 例，前置用法 68 例，占总数的 16.4%；后置用法仅 2 例，占总数的 0.5%；独用用法 344 例，占总数的 83.1%。"右"的后加式派生方位词 4 例，包括"右边" 2 例，"右面" 1 例，"右伴（畔）" 1 例。

因为敦煌文献中表示空间方位的"左""右"用例不多，而且后置用例都只有 2 例，为了使结论更为可信，我们对《全唐文》进行了检索。在《全唐文》中单音节"左"共有 778 例，后置的"左" 36 例，约占总数的 4.6%；前置的"左" 645 例，约占总数的 82.9%；独用的"左" 97 例，约占总数的 12.5%。单纯方位词"右"有 829 例，后置的"右"有 48 例，约占总数的 6%；前置的"右" 687 例，约占总数的 83%；独用的"右" 94 例，约占总数的 11%。在我们的语料中没有"之左""之右"的用法，在《全唐文》中共有"之左" 7 例，"之右" 19 例。结合唐五代传世文献来看，"左""右"的后置用法所占的比率是最小的，"左""右"以前置用法以及独用用法为主。在唐五代的传世文献中"左"的后加式派生方位词有"左边" 49 例，"左面" 12 例，"左畔" 6 例。"右"的后加式派生方位词有"右边" 45 例，"右面" 14 例，"右畔" 4 例。

敦煌文献中"左"具有实指空间方位，表示"偏斜、不正"等意义，以空间实指意义为主。在《全唐文》中"左"除了以上的意义外，还有"在直书而左行的文字中，特指后面"义，如《全唐文》卷二百十九崔融《谏税关市疏》："谨件事迹如左，伏惟圣旨择焉。""贬谪、降格"义，如《全唐文》卷二百七十五卢怀慎《陈时政得失疏》："凡左降之人，鲜能省过，必怀自弃，长恶滋深。"在敦煌文献中"右"有实指空间方位，表示"上文""前文"等意义。在《全唐文》中"右"还具有"以右为贵、为尊、为高"义，如《全唐文》卷三十三元宗《亲征安禄山诏》："予每含容，冀其迁善，列在衣冠之右，授之师旅之权。""权贵"义，如"豪右"。

搭配上，“左”在敦煌文献中可以与身体部位名词、职官名词、普通名词、处所词等词搭配，还可以与代词、介词等词搭配。“右”可以与职官名词、身体部位名词、普通名词、处所词、数量词等词搭配，也可以与代词、介词等搭配，表示“上文”“前文”意义的“右”后边还可接表示谦称的词语“臣”“厶”“伏”等。我们没见到“左”“右”与抽象名词、副词、方位词、时间词搭配的例证。

与魏晋南北朝时期“左”“右”的比较

我们对《搜神记》《颜氏家训》《洛阳伽蓝记》《世说新语》四部魏晋南北朝时期的文献进行了统计：“左”有34例，其中后置用法15例，全部为“江左”，约占总数的44%；前置用法14例，约占总数的41%；独用用法5例，包括体词性用法3例，饰词性用法2例，约占总数的15%。“右”有68例，“右”的后置用法1例，约占总数的1.5%；前置用法65例，约占总数的95.6%，在65例“右”的前置用法中“右军”出现了51例；独用用法2例，约占总数的2.9%，独用的“右”都是体词性用法，没有饰词性用法。在《全梁文》中，“左”共有51例，包括前置用法35例，约占总数的69%；后置用法4例，约占总数的8%；独用用法12例，约占总数的23%。在《全梁文》中合成方位词包括“左边”2例，“之左”1例。“右”共有47例，前置用法28例，约占总数的60%；后置用法8例，约占总数的17%；独用用法11例，约占总数的23%。与“右”相关的合成方位词只有“之右”1例。总体上，魏晋南北朝时期“左”“右”后置用法比率最小，前置用法所占的比率最高。魏晋南北朝时期“左”“右”的后加式派生方位词少于唐五代时期，魏晋南北朝的传世文献中有“左边”10例，没有表示方位的“左面”“左畔”的例证。在魏晋南北朝的传世文献中有“右边”6例，“右面”3例，没有表示方位的“右畔”。

唐五代时期“左”“右”所具有的意义，魏晋南北朝时期基本都已经出现。“左”实指空间的意义，如南朝梁萧子显《南齐书》卷五十三《高逸列传》：“鬼泣旧泉，人悲故壤，童孺视编发而惭生，耆老看左衽而耻没。”“左”表示“偏斜、不正”的意义，如北齐魏收《魏书》卷九十六《僭晋司马叡列传》：“新安太守孙泰以左道惑众被戮。”泛指“边、侧”的“左”，如北魏崔鸿《十六国春秋》卷三十一《前燕录九》：“暐亲率群臣谒于道左。”义为“在直书而左行的文字中，特指后面”的“左”，如

《全梁文》卷三十二沈约《为齐竟陵王发讲疏（并颂）》："自法王已降，暨于听僧，条载如左，以记其事焉。"义为"贬谪、降格"的"左"，如《全梁文》卷二十六沈约《立左降诏》："贬职左迁，往朝继轨自今内外群司有事者，可开左降之科。"义为"东边"的"左"，如"江左"。在魏晋南北朝时"右"有实指空间方位的意义，如北魏郦道元《水经注》卷十三："室内有神坐，坐右列玉磬。"义为"上文""前文"的"右"，如晋葛洪《肘后备急方》卷八《治牛马六畜水谷疫疠诸病方》："马急黄黑汗。右割取上断讫，取陈久靴爪头水渍汁灌口。"义为"权贵"的"右"，如"豪右"。义为"西边"的"右"，如"江右"。"左"的主要义项在魏晋南北以前都已经出现，只有"治上思想上倾向进步的、革命的"的意义，以及"用'左'和'右'分别修饰相同或相类似的动词，强调同类行为的反复"的意义还未出现。《汉语大词典》中"右"共有 18 个义项，除了"指政治上、思想上属于保守的或反动的"的意义是近代从外国借来的之外，其余的意义在魏晋南北朝以前都已经出现。我们可以说在意义上单纯方位词"左""右"在魏晋南北朝以前就基本发展成熟。"右"代指的用法，如义为"车上的御者，车上的弓箭手"的"车右"在《左传》中出现的很多，但后代用例渐渐减少，在我们的语料中没有这种用法。在唐五代时"左""右"以空间实指意义为主。

搭配上，"左"在魏晋南北朝时能够与身体部位名词、职官名词、普通名词、处所词等词搭配，还可以与代词、介词等词语搭配。"右"可以与职官名词、身体部位名词、普通名词、处所词、数量词等词搭配，也可以与代词、介词等搭配，但没有后面接自称、谦称词语的"右"。魏晋南北朝时"左""右"不能与抽象名词、副词、方位词、时间词搭配。

我们可以说从魏晋南北朝直至唐五代，"左""右"在形式、意义上变化不大，在搭配上唐五代时出现了"右"后接自称、谦称词的用法。

第三节 "左右"的形式、语义分布

（1）"左右"指空间方位上的"左边和右边"6 例：

以利刀刺腹，左右通过，出腹外。（S.367《光启元年十二月廿

五日书写沙、伊等州地志》）

左右攒枪当大道，东西立杖万余人。（S.2614《大目乾连冥间救母变文》）

肾为烈女，左右各一枚，肾腧在人背第十二椎两旁。（P.3655《明堂五脏论》）

安禅一室内，左右竹亭幽。（《全唐诗》卷一百二十九裴迪《夏日过青龙寺谒操禅师》）

故南北以对，左右以持，秤物低昂，不差毫厘。｛《全唐文》卷二百六姚崇《执秤诫（并序）》｝

（2）"左右"指代身边的近臣、侍臣40例：

吴王问左右曰："卿等如何？"（S.328《伍子胥变文》）

懿帝败于荡阴，百官左右皆去，绍傲然端免，以身卫帝。（S.1810《励忠节抄》）

陈王闻语，大怒非常，处分左右，令交把入。（S.2144《韩擒虎话本》）

景带甲将兵，入朝陛见，过谒简文，左右甚不逊，一二侍卫者莫不惊恐辟易，唯不害与中庶子徐摛侍侧不动。（唐·李延寿《南史》卷七十四《孝义列传》）

及文德皇后崩，晋王时年九岁，哀慕感动左右，太宗屡加慰抚，由是特深宠异。（后晋·刘昫《旧唐书》卷四《高宗本纪》）

（3）"左右"指身边、附近、周围、四周26例：

三十年不离信大师左右。（S.516《历代法宝记》）

黄门侍郎，恒在左右。（S.2922《韩朋赋一首》）

臣在左右，不知羹味，以此生怨，故来相投。（P.2721《杂抄一卷并序》）

朕闻事亲之礼，问安虽限于晨昏；为子之心，就养在勤于左右。（《全唐文》卷六十一宪宗《皇太后寝疾权不听政敕》）

禅师不离左右，咨禀玄宗，若颜回于夫子之下，如迦叶于释尊之

前。（五代·释静、释筠《祖堂集》卷四《五冠山瑞雪寺和尚》）

（4）"左右"为动词，义为"拖延"1例：

　　　　比至还得物日，不许左右。（P. 3150《癸卯年慈惠乡百姓吴庆顺
典身龙兴寺契》）

　　意义为"拖延"的"左右"在唐五代的传世文献中没有相关例证，
但有一个与此相关的词语——前却。"前却"本义为"进退"，引申为
"迟疑、徘徊"，如《法苑珠林》卷一百十四《病苦篇第九十五·敛念
部》："后见一妇人，来在户前，知忌等不眠，前却户外。"在这个意义基
础上，"前却"又引申出"拖延"义，如《吐鲁番文书》卷六："若左须
钱之日，张即子本具还；前却不还，任掣家资，平为钱直。"
　　除以上意义外，在唐五代时期"左右"还可以出现在数量结构之后，
表示估量，如唐孔颖达《尚书注疏》卷八说："伊尹寿年百有余岁，此告
归之时已应七十左右也。""左右"最初表示的是空间方位，常出现在人
或物之后，表示对方位的估量，可解释为"周围、旁边、附近"。"左右"
从对方位的估量发展为对数量的估量，这是一个隐喻过程。如果我们把数
量理解为从小到大依次排列的一条轴线，那么对任一数量而言，比它稍小
的数量总是出现在它的左边，而比它稍大的数量则总是出现在它右边。这
样空间方位和数量之间就有了相似之处，基于这种相似性，"左右"从空
间域投射到数量域，由对方位的估量隐喻出对数量的估量。
　　唐五代时"左右"还不能出现在表示时间的数量词之后，这种用法
大约到了宋金时才出现，如董解元《董解元西厢记》卷五："我眼巴巴的
盼今宵，还二更左右不来到。"这部分词语既属于数量域又属于时间域，
于是"左右"有了从数量域扩展到时间域的机会。在类推机制的作用下，
"左右"不仅能跟带数字的时间词相搭配，还能跟其他的时间词相搭配。

第六章

"边"类方位词

第一节　边傍（旁）侧畔

一　"边"的形式、语义分布

这几个方位词，都表示"在某物旁边"，所以我们把它们放到一起。

（一）"X边"的形式、语义分布

（1）"X边"义为"在X的旁边"

1）X为普通名词29例：

池边转觉虚无尽，台上偏宜酩酊归。（P.2552《唐人选唐诗》）

春来往往不知明，黄鸟窗边唤始惊。（P.2555V《诗文集》）

寒食墓边哭，却被鬼邪由。（P.3418《王梵志诗》）

长安道上春可怜，摇风荡日曲河边。（《全唐诗》卷二十四崔颢《渭城少年行》）

凡凤城外，黑龙水边。（《全唐文》卷四百二十常衮《赠婕好董氏墓志铭》）

2）X为身体部位名词4例：

鬓绾湘云淡淡妆，早春花向脸边芳。（S.1441V《云谣集杂曲子》）

百般谗佞耳边来，冤恨且为含容取。（P.2714《十二时》）

弓硬力强箭又褐，头边虫鸟不能飞。（P. 3500V《庵园大讲祈愿文》）

百岁有涯头上雪，万般无染耳边风。（《全唐诗》卷六百九十二杜荀鹤《赠题兜率寺闲上人院》）

让大师于六祖身边得传心印。（五代·释静、释筠《祖堂集》卷二《第二十八祖菩提达摩和尚》）

3）X 为数词 11 例：

大杼，大椎下第二节两边，相去二寸三分。（S. 6168《灸法图》）

并淬内瓮中浸，四边煻火围之。（P. 3596V《医药方》）

外道魔王裂面笑，僧尼二众行两边。（俄 Φ176V《出家赞》）

东罗城拥门里一边排长刀，一边排长马。（唐·樊绰《蛮书》卷四《名类第四》）

二边俱不立，中道不须行。（五代·释静、释筠《祖堂集》卷四《丹霞和尚》）

（2）"X 边"泛指空间方位，"边"为处所标记，可以释为"X 处""X 那里/边"

1）X 为指人名词 26 例：

发后，其印避崔大夫，衷私在氾建立边留下。（S. 389《肃州防戍都状》）

丁丑年十月十一日程流定边得油三升。（S. 5465《丁丑年己卯年油抄》）

不于女处生嫌厌，不向儿边起爱亲。（P. 2418《父母恩重经讲经文》）

长安寄食半年余，重向人边乞荐书。（《全唐诗》卷三百一王建《归山庄》）

这个功课从无人边得，不由聪明强记。（五代·释静、释筠《祖堂集》卷五《云岩和尚》）

2）X 为代词 4 例，其中 3 例为疑问代词，1 例为指示代词

X 为疑问代词 3 例：

　　妻儿嫁与鬼，你向谁边告。（P. 3418《王梵志诗》）

　　今受困危天地窄，更向何边投莽人？（P. 3697《捉季布变文》）

　　一朝卧病无相识，三春行乐在谁边。（唐·宋之问《宋之问集》卷上《有所思》）

X 为指示代词 1 例：

　　那边礼佛声辽亮，这伴金经次第开。（P. 2418《父母恩重讲经文》）

　　尘滴存乎未免悠，莫弃这边留那边。（五代·释静、释筠《祖堂集》卷四《丹霞和尚》）

　　敦煌文献中"边"出现在方位词之后有 29 例，我们把它放到各个方位词的合成方位词中去介绍，这里不再赘述。

（二）"边"的合成方位词

（1）前加式派生方位词"之边"1 例：

　　隐钝于岩谷之边以畅平生可矣。（S. 2073《庐山远公话》）

　　甘旨可求，则已在尊长之前矣；衣食可让，则已在兄弟之边矣。（唐·欧阳詹《欧阳行周文集》卷八《郑伯义书》）

　　布散山水之中，岩林之下，篱墙之边。（唐·陆海羽《三洞珠囊》卷三）

（2）复合型合成方位词"边傍（旁）"3 例：

　　董仲长年到七岁，街头由喜道边旁。（S. 2204《董永变文》）

　　三个女人同作伴，奔波直至水边傍。（S. 2204《董永变文》）

　　六亲今日来相送，随车直至墓边傍。（P. 3697《捉季布变文》）

　　官亭湖边傍山间有石数枚，形圆如镜，明可以鉴人，谓之石镜。

（唐·欧阳询《艺文类聚》卷六《地部、州部、郡部》）

麂方惊觉，四向顾望，无复走地，便往趣王车边傍。（唐·释道世《法苑珠林》卷六十三《背恩篇第五十二·引证部》）

二 "傍（旁）"的形式、语义分布

（一）"X傍（旁）"的形式、语义分布

"X傍（旁）"表示"在X的旁边"

1）X为普通名词36例：

独有东邻子，种瓜青门旁。（S.2717V《珠英集第四、第五》）

此国傍有城主，先日不宾，频举兵战不降，后因战胜。（P.2344V《祇园因由记》）

阿娘不忍见儿血，擘将写着粪堆傍。（P.3883《孔子项讬相问书》）

渔商波上客，鸡犬岸旁村。（《全唐诗》卷一百二十五王维《早入荥阳界》）

曹山曰："正衔天子敕，诸侯避路傍。"（五代·释静、释筠《祖堂集》卷四《药山和尚》）

2）X为指人名词2例：

董永放儿觅母去，往行直至孙宾傍。（S.2204《董永变文》）

共君喜遇，拱天尊傍。（P.5037《萧州刺史答南番书》）

佛傍有执板笔者，僧谓骞曰："此是尸头，专记人罪。"（唐·段成式《酉阳杂俎》卷三《前集·贝编》）

神在病人傍通语曰："前言永去，今那得来？"（唐·释惠详《弘赞法华传》卷七《诵持第六之二》）

3）X为代词1例：

申不安床，鬼居其傍。（北大D195V《具注历》）

松江流其旁，春夏多苦水。（《全唐诗》卷六百八十五吴融《祝

风三十二韵》）

又令百骑吹鼓角，皆留于后，仍抱薪持火，待军毕发，止鼓角匿其旁，伺悦军毕渡，焚其桥。（后晋·刘昫《旧唐书》卷一百三十四《马燧列传》）

4）X 为数词 3 例：

肝腧在人背九椎两旁，各相去一寸半是也。（P. 3655《明堂五脏论》）

小肠腧在人背第十一椎两旁。（P. 3655《明堂五脏论》）

脾腧在人背第八椎两旁。（P. 3655《明堂五脏论》）

四旁多长枝，群鸟所托依。（《全唐诗》卷三百四十一韩愈《南山有高树行赠李宗闵》）

两旁构木为庐，冒以牛革，回环相属，负土运薪于其下，以填壕堑，矢石不能伤。（后晋·刘昫《旧唐书》卷一百三十四《浑瑊列传》）

(二)"旁"的独用
(1) 体词性用法 3 例：

日无晕而傍有虹者，战必流血。（P. 2632《手决一卷》）

釜鸣取家铜镜于傍击而和之无咎。（P. 2661《诸杂略得要抄子一本》）

尊人共客语，侧立在傍听。（P. 2718《王梵志诗一卷》）

星官之君醉琼浆，羽人稀少不在傍。（唐·杜甫《杜工部集》卷六《寄韩谏议》）

始上次，傍有一个老和尚喝某甲："不许上！"（五代·释静、释筠《祖堂集》卷十六《南泉和尚》）

(2) 饰词性用法 3 例：

乃傍卧放气，与之言语。（S. 610《启颜录》）

傍见巨掌存，势如拓东倒。（S. 2717《珠英集第四、第五》）

傍眠侧卧不随尘。（S. 6631V《四威仪》）

俯瞰九江水，旁瞻万里壑。（《全唐诗》卷三百九十八元稹《松鹤》）

旁生行叶，于列树以宁殊；中引德车，在摧轮而何有。（《全唐文》卷七百六十九王棨《义路赋》）

（三）"旁"的合成方位词

（1）前加式派生方位词"之傍"5例：

到水之傍，乃于水中抛出四釜黄金。（P. 2344V《祇园因由记》）

昆仑之傍通乎百越。（P. 2555《诗文集》）

凡一日气见日月之傍，三日内有大风。（P. 2632《手决一卷》）

以蹲鸱间虎膺之下，以钩戟差玉柱之旁。（《全唐诗》卷八百七十九《招手令》）

宁陵之傍，尚传侯国；绥山之下，独有仙祠。（《全唐文》卷二百二十七张说《元城府左果毅赠郎将葛公碑》）

（2）复合型合成方位词"傍边"6例，"傍畔"1例，用于实指空间方位

"傍边"6例：

耶娘绝年迈，不得离傍边。（P. 2718《王梵志诗一卷》）

两个政争人我，不知水在傍边。（P. 2972《茶酒论》）

师曰："傍边有个探根根迦叶，起来不肯，诸子幼稚，惟无所知。"（五代·释静、释筠《祖堂集》卷七《夹山和尚》）

"傍畔"1例：

昨来忙莫行里（车）小，盖缘傍伴迸夫多。（P. 2809V《曲子词三首》）

先是拨刺巨鳞，傍畔水裔。（《全唐文》卷六百四十二王起《汉

武帝游昆明池见鱼衔珠赋》)

三　"侧"的形式、语义分布

（一）"X侧"的形式、语义分布

"X侧"表示"在X的旁边"

1）X为普通名词20例：

浦侧不见承船泛客，又无伴侣，唯见孤山淼漫。（S. 328《伍子胥变文》)

伏愿甘露台侧，坐闻般若之音；解脱林中，庆现龙花之会。（S. 530V《文样》)

井侧有庙，号曰白龙庙焉。（P. 3142《白龙庙灵异记》)

水侧平坦，可坐数十人。（《全唐文》卷六百九十五韦宗卿《隐山六峒记》)

须臾，山兽口衔饼食，放于座侧，虑其故与，收而餐焉。（五代·释静、释筠《祖堂集》卷十七《溟州? 山故通晓大师》)

2）X为抽象名词1例：

骁夜不离丧侧，部落岂敢东西？（P. 2553《王昭君变文》)

烹煎日月壶，不离乾坤侧。（《全唐诗》卷八百五十九吕岩《又记》)

遂入素中天，停轮太蒙侧。（《全唐诗》卷八百五十三吴筠《游仙二十四首》)

3）X为处所词1例：

有背叛回鹘五百余帐，首领翟都督等将回鹘百姓已到伊州侧。（P. 2962《张议潮变文》)

铭开武岩侧，图荐洛川中。（《全唐诗》卷五则天皇后《唐享昊天乐·第四》)

妾身生长金陵侧，去年随夫住江北。（《全唐诗》卷三百八十二

张籍《春江曲》）

4）X 为指人名词 1 例：

童稚牵衣在人侧，将来不可留又忆。（P. 3812《诗歌丛钞》）

时危可仗真豪俊，二人得置君侧否。（《全唐诗》卷二百二十二杜甫《可叹》）

在母夫人侧，油油翼翼不忍去。（《全唐文》卷五百六十四韩愈《处上卢君墓志铭》）

（二）"侧"的合成方位词
（1）前加式派生方位词"之侧" 4 例：

付笏与从后番官把笏立于厕门之侧。（S. 610《启颜录》）

瑞气盘旋，不离朱楼之侧。（S. 2073《庐山远公话》）

荏苒于提河之侧，缠绵于双树之间。（P. 2044V《释门文范》）

有如女萝草，生在松之侧。（《全唐诗》卷四百三十五白居易《长相思》）

又制追赠宪妃元氏为恭皇后，祔葬于桥陵之侧。（后晋·刘昫《旧唐书》卷九十五《睿宗诸子列传》）

（2）复合型合成方位词"侧边" 1 例：

才经信宿，即至西同侧边，便拟交锋。（P. 2962《张议潮变文》）

侧边斜插黄金凤，妆罢夫君带笑看。（《全唐诗》卷八百二赵鸾鸾《云鬟》）

侧边曰廉。（唐·杜佑《通典》卷一百三十《礼三十三·嘉十八·乡饮酒》）

在唐五代的传世文献中"侧"的复合型合成方位词还有"侧畔"，如唐刘禹锡《酬乐天扬州初逢席上见赠》诗："沉舟侧畔千帆过，病树前头万木春。""侧"的复合型合成方位词还有"侧旁"，如唐欧阳询《艺文类聚》卷九十《鸟部一》："恭侧旁有小儿，亲曰：'何不击之？'"

四 "畔"的形式、语义分布

"X畔"的形式、语义分布

（1）"X畔"表示"在某物旁边"

1）X为普通名词12例：

> 草浓河畔色，槐结路旁荫。（P. 2552《唐人选唐诗》）
>
> 潜于西桐海畔，蚁聚云屯，远侦烽烟，即拟为寇。（P. 3451《张淮深变文》）
>
> 伏愿金沙池畔顶拜弥陀。（BD06412《斋文》）
>
> 君门且隔，吟泽畔之风秋，卧江皋之烟夕。（《全唐文》卷四百五十四李子卿《听秋虫赋》）
>
> 磵畔贞筠，天边瑞凤。不堕三身，吾于此痛。（五代·释静、释筠《祖堂集》卷六《洞山和尚》）

2）X为数词5例：

> 锡杖夺天门，彤珠四畔悬。（S. 4578《咏月婆罗门曲子四首》）
>
> 十将分马两畔立，须榆着甲似鱼鳞。（P. 2555《诗文集》）
>
> 四畔有圆牙，如看虎掌，故有此名。（P. 3714《新修本草》）
>
> 灯火万家城四畔，星河一道水中央。（唐·白居易《白氏长庆集》卷二十《江楼夕望招客》）
>
> 事上堂，只有绳床边立，大众亦在一畔立。（五代·释静、释筠《祖堂集》卷八《云居和尚》）

（2）"X畔"表示泛化的空间，"畔"为处所标记

X为指代词1例：

> 山门有路人皆去，我户无门那畔寻。（S. 788《龙牙和尚偈》）
>
> 青嶂这边来已熟，红尘那畔去应疏。（《全唐诗》卷八百四十六齐己《道林寓居》）
>
> 这畔似那畔，那畔似这畔。（《全唐诗》卷八百七十三裴谐《判

误书纸背》)

敦煌文献中"畔"出现在方位词之后有 17 例，我们把它放到各个方位词的合成方位词中去介绍，这里不再赘述。

小　结

"边""侧""畔""傍（旁）"这几个词，汪维辉（2000：93）认为从古到今有一个依次更替的发展过程。先秦时以"侧"为主，偶尔也用"傍（旁）""畔"，西汉可能一度"旁（傍）"战胜过"侧"，在《史记》中"旁（傍）"表示"在某物旁边"义的共有 54 例，而表示此义的"侧"只有 5 例，但战胜的时间不长。"边"在先秦、西汉基本不作"在某物旁边"用，只有在《韩非子》《灵枢经》中见到极少的用例。但到东汉佛经中"边"开始大量使用，到魏晋南北朝文学语言中占据压倒优势，而且仍在继续虚化。下面我们来看一下唐五代时期"边""傍（旁）""侧""畔"使用情况。

在唐五代敦煌文献中单音节的"边"共有 103 例，这些"边"都后置于其他词语之后，没有前置以及独用的"边"。与"边"相关的合成方位词共有 4 例，其中"之边"1 例，"边傍"3 例。从意义上看，"边"具有表示"在某物的旁边"的实指意义，还有空间泛化意义，空间泛化意义包括出现在代词后的"边"，以及出现在方位词后的"边"。从搭配上看，"边"可以与普通名词、身体部位名词、指人名词、代词、数词、方位词等搭配。

单音节的"傍（旁）"共有 48 例，其中 42 例为后置用法，6 例为独用用法，没有前置用法。与"傍（旁）"相关的合成方位词包括"之傍"5 例，"傍边"6 例，"傍畔"1 例。从意义上看，"傍（旁）"只具有表示"在某物旁边"的空间实指意义，没有空间泛化意义。从搭配上看，"傍（旁）"可以与普通名词、指人名词、代词、数词搭配。

单音节的"侧"有 23 例，都后置于其他词之后。与"侧"相关的合成方位词包括"之侧"4 例，"侧边"1 例。从意义上看，"侧"都是表示"在某物旁边"这样的空间实指意义，没有空间泛化意义。搭配上，"侧"可以与普通名词、抽象名词、处所名词、指人名词搭配。在唐五代传世文献中"侧"有独用的用法，如白居易《梦与李七、庚三十三同访元九》诗："觉来疑在侧，求索无所有。"唐五代时期"侧"也可以与方位词搭配，如后晋刘昫《旧唐书》卷十八上《武宗本纪》："二月戊寅朔，太白掩昴之北侧。"在唐五代传世文献中还有"左侧"25例，"前侧"3例，"后侧""上侧"6例，"下侧"2例，"东侧"4例，"西侧"2例，"外侧"85例。

单音节的"畔"共有35例，都是后置用法。意义上，包括空间实指用法17例，空间泛化用法18例。从搭配上看，"畔"可以与普通名词、数量词、代词、方位词搭配。

"边""傍（旁）""侧""畔"的比较

首先从数量上看，"边"的用例最多，"侧"的用例最少，"傍（旁）""畔"居中，这也印证了汪维辉（2000）的结论，东汉以来"边"的用例越来越多，而先秦时使用最多的"侧"变得几乎不用，先秦时偶尔使用的"傍（旁）""畔"在唐五代时期的用例也远远超过了"侧"。

在唐五代敦煌文献中"边""畔"不仅具有空间实指意义，也具有空间泛化意义，"边""畔"已经发展成为处所标记。在唐五代传世文献中"边""畔""侧""傍（旁）"都可以出现在方位词之后。

从搭配上看，"边"的搭配范围最宽，"侧"的搭配范围最窄。"边""畔"虽然都已经成为处所标记，但"边"的搭配对象要多于"畔"，在我们的语料中"边"可以与指人名词搭配，"畔"没有与指人名词搭配的用例。"边"不仅可以与指示代词搭配，还可以与疑问代词搭配，而"畔"只能与指示代词搭配。

可以说，在唐五代时期"边"已经是一个发展成熟的方位词，并且取代了先秦时"侧"的地位，成为表示"在某物旁边"这个意义的主要候选项。

与魏晋南北朝时期"边"类方位词的比较

我们统计了魏晋南北朝时期《世说新语》《搜神记》《颜氏家训》《洛阳伽蓝记》四部文献中"侧""旁""边""畔"的使用情况。

"边"有29例，都是后置用法。从意义上看，"边"具有空间实指与空间泛化两种意义。从搭配上看，"边"可以与指人名词、普通名词、身体部位名词、数词、方位词搭配。

"侧"有34例，前置用法1例，独用用法9例，后置用法23例，只有1例"之侧"。从意义上看，"侧"都用来表示"在某物的旁边"这样的空间实指意义。从搭配上看，"侧"与普通名词、代词、指人名词搭配。魏晋南北朝时期"侧"与方位词搭配要多于唐五代时期，仅仅在《水经注》一书中"东侧"就有8例，"西侧"8例，"南侧"6例，"北侧"3例。

"旁（傍）"有35例，独用用法8例，后置用法27例。从意义上，都是空间实指用法。从搭配上看，"旁"可以与普通名词、指人名词、代词搭配。

"畔"只有1例，用于空间实指，与普通名词搭配。

从这四部文献看，"侧""旁""边"在数量上相差不大，只有"畔"的用例非常少。在魏晋南北朝时期，"边"还没有像唐五代时一样，在使用频率上远远超过其他三个词，但魏晋南北朝时"边"在搭配范围上已经超过其他三个词，虚化程度也要超过其他三个词。

虽然在这四部文献中没有"畔""旁"与数词搭配的用例，但在魏晋南北朝的其他传世文献中有"四畔"8例，"两旁"11例，"两侧"的用例直至唐代才出现。在魏晋南北朝时期"畔"可以与方位词"东""西""南""北"搭配，我们找到"东畔"4例，"西畔"3例，"南畔"3例，"北畔"2例，没有"里畔"的用例。

第二节 其他"边"类方位词

这类方位词意义与"边"相当，包括"际""壁""厢"。

一 际

（一）"X 际"的形式、语义分布

（1）"X 际"表示空间方位

1）意义相当于"边"6例：

> 玄角，在额两角发际。（S. 6168《灸法图》）
> 影虽深见底，心在天际游。（P. 3619《唐诗丛钞》）
> 兰艳唇端，花图脸际；翠山凝顶，粉月开豪。（北大 D 192《诸文要集一卷》）
> 黉缘白蘋际，日暮沧浪舟。（《全唐诗》卷一百四十九刘长卿

《泛曲阿后湖简同游诸公》）

　　问："昔日觉城东际，象王回旋，今日闽领南方，如何提接？"（五代·释静、释筠《祖堂集》卷十三《福先招庆和尚》）

2）意义相当于"中、间、里"5例：

　　庭际有幽石，自然饫退心。（P. 3771V《珠英学士集》）

　　霞断已翔烟际鹤，风生欲抃海心鳌。（P. 3866《书仪》）

　　销金钿于廊庑，匿嘘橐于庭际。（P. 4640《阴处士碑》）

　　语及君臣际，经书满腹中。（唐·杜甫《杜工部集》卷十五《吾宗卫仓曹崇简》）

　　鹞舟草际浮霜叶，渔父沙边驻小萤。（唐·方干《玄英集》卷六《于秀才小池》）

3）意义相当于"上"1例：

　　谷中清溜响，峰际白云孤。（P. 3619《唐诗丛钞》）

　　雁过湖上月，猿声峰际天。（《全唐诗》卷一百五十刘长卿《夜宴洛阳程九主簿宅送杨三山人往天台寻智者禅师隐居》）

　　蝶留粉于岩端，蜂寻香于岭际。（《全唐文》卷九十五太宗徐贤妃《奉和御制小山赋》）

4）意义泛化，相当于"处、地方"1例：

　　穷洲旅际绝舟船，若为得达江南岸。（S. 328《伍子胥变文》）

　　在唐五代的传世文献中，意义为"处、地方"的"际"用例很少，我们只找到1例：

　　故人渺何际，乡关云雾浮。（《全唐诗》卷五十六王勃《焦岸早行和陆四》）

（2）"X 际"用来表示时间

1）X 为代词 6 例：

迷心此际有疑猜，唯愿慈悲说妙义。 （S. 3872《维摩诘经讲经文》）

此际虔心生郑重，必教功德胜寻常。（P. 2305《妙法莲华经讲经文》）

此际若能申礼拜，十方化佛总亲临。（俄 Ф365《妙法莲华经讲经文》）

此际最宜何处看，朝阳初上碧梧枝。（《全唐诗》卷六百九十吴仁璧《凤仙花》）

此际转祸为福，莫若倒戈入使府，诛大夫以取富贵也。（后晋·刘昫《旧唐书》卷一百四十二《李宝臣列传》）

2）X 为时间词 4 例：

若是正当午际，好须礼拜世尊。（P. 2305《妙法莲华经讲经文》）

晚际有化金桥，久而方灭，来晨斋，上米铺，却往华严寺驻泊一宵。（P. 3931《印度普化大师游五台山启文》）

每忆当初辞国出，岂望今际得珠归。（俄 Ф096《双恩记》）

武德开元际，苍生岂重攀。 （唐·杜甫《杜工部集》卷十六《有叹》）

师晚际上堂曰："在今日有僧决疑，在什摩处？出来！"（五代·释静、释筠《祖堂集》卷四《药山和尚》）

（二）"际"的合成方位词

（1）"之际"用来表示时间

"际"在敦煌文献中只有前加式合成方位词"之际"19 例，18 例都用来表示时间。

1）X 为动词或动词性词组 16 例：

临途之际，四众攀留。（S. 78V《失名书仪》）

任贤之际，忽此罢归。(S. 5636《新集书仪》)

捧授之际，铭荷愈深。(P. 3449《刺史书仪》)

皇太子废立之际，颇有力焉。(唐·魏征《隋书》卷三十六《后妃列传》)

僧家何太粗率，临行之际，喧呶如斯。(五代·释静、释筠《祖堂集》卷六《洞山和尚》)

2) X 为时间词 2 例：

昔孙卿生于战国之际而有睿哲之才。(S. 1440《治道集卷四》)

孝昌之际，离乱尤甚，常、代之北，尽为丘墟。(P. 2511《诸道山河地名要略第二》)

武德之际，饮马渭滨；贞观之初，敢姿凌逼。(《全唐文》卷八太宗《平薛延陀幸灵州诏》)

自贞观、永徽之际，虞世南、褚遂良时人宗其书迹，自后罕能继者。(后晋·刘昫《旧唐书》卷七十三《薛收列传》)

(2)"之际"用来表示空间方位

敦煌文献中只有 1 例"之际"用来表示空间方位。

紫闼九重，已在云霄之际。(P. 3723《记室备要一部并序》)

唐五代传世文献中"之际"在表示空间时意义多样，可以义同"里、中"，可以义同"间"，可以义同"上"。

义同"里、中"：

自顷户口日增，而陂堰岁决，良田变生蒲苇，人居沮泽之际，水陆失宜，放牧绝种，树木立枯，皆陂之害也。(唐·房玄龄《晋书》卷二十六《食货志》)

义同"间"：

窃见自古及今君臣之际，权太重，则下不得所，势太逼，则上不甚安。(唐·白居易《白氏长庆集》卷四十一《论于顿、裴均状》)

义同"上"：

心惆怅，望龙山。云之际，鸟独还。(《全唐诗》卷一百五十一刘长卿《望龙山怀道士许法棱》)

二　壁

"壁"义同"边、面"9例：

取同坊南壁上进通上件屋两口，内一口无屋，[东]西叁仗五尺，南北一仗二尺并基。(S. 3877V《乾宁四年正月廿九日平康乡百姓张义全卖舍契》)

右尊严翁家在日南壁上有厨舍一口，张鸾分内门相北开。(S. 5812《丑年八月令狐大娘诉张鸾侵夺舍宅牒》)

政教坊东壁上舍壹院，内东边厨舍一口子，东西并基壹丈一尺，南北并北头基八尺，计算得八十八尺。(S. 8691《卖舍契》)

其猪忽起走出门直入市西壁，至一贤者店内床下而卧。(唐·释道世《法苑珠林》卷八十《渔猎篇第七十三·引证部》)

若欲求，还东头；若欲觅，海西辟。(《吐鲁番出土文书》第四册《唐唐幢海随葬衣物疏》)

我们将在阐释编中对方位词"壁"进行详细论证。

三　厢

"厢(相)"义同"边、面"11例，5例出现在数词之后，5例出现在方位词之后。

X为数词5例：

梦乘马旁水行，行向北，复向南，一相湿，一相干。(S. 2072

《瑸玉集》）

　　傍光俞在十九槌两相，相去二寸三分。（S. 6168《灸法图》）

　　然后辟两阵，分四厢，左绕右遮，前驱后截。（P. 2187《破魔变一卷》）

　　先生坐中堂，弟子跪四厢。（《全唐诗》卷三百八十三张籍《学仙》）

　　若朝拜祭祀，其冠两厢加翅，戎事则不。（唐·李延寿《北史》卷九十四《百济列传》）

X 为方位词 5 例：

　　箕安尾北畔，鳖在斗南厢。（P. 2512《二十八宿次位经和三家星经》）

　　宗人宗在左，宗在候东厢。（P. 2512《二十八宿次位经和三家星经》）

　　田章即用董仲之言，恰日中时，遂见池内相有三个天女，并白练裙衫，池边割菜。（P. 5545《搜神记·田昆仑》）

　　人今总摘取，各着一边箱。（唐·张鸶《游仙窟》卷三）

第七章

意义泛化类方位词

第一节　头

一　"X头"的形式、语义分布

（一）"头"用来表示空间方位

（1）义同"边"，X为普通名词14例：

行至水头，未见儿咒愿，便即左手托岸良由悭，右手抄水良田贪，直为悭贪心不止，水未入口变成火。（S.2614《大目乾连冥间救母变文》）

情知有不净，岂合岸头行。（P.2718《王梵志诗一卷》）

仰首江南子，因循北海头。（P.2762V《诗九首》）

河头浣衣处，无数紫鸳鸯。（《全唐诗》卷一百十四徐延寿《南州行》）

梦君兄弟曲江头，也入慈恩院里游。｛《全唐文》卷六百九十二白行简《三梦记（并序）》｝

（2）义同"里、中"，X为普通名词8例：

市头学经纪，但依严父教。（S.4307《新集严父教一本》）

闹市头吟诗诵赋。（P.2721《杂抄一卷并序》）

待伊朱解回归日，口马行头卖仆身。（P.3697《捉季布变文》）

瘴塞蛮江入洞流，人家多在竹棚头。（《全唐诗》卷五百二十五

张籍《蛮州》)

一日行得五百里，恰到百丈庄头讨吃饭。（五代·释静、释筠《祖堂集》卷四《药山和尚》）

（3）义同"上"，X 为普通名词 21 例：

我到树边，吃噉树叶，口到树头，枝枫花叶。（P.2187《四兽因缘》)

半轮已挂半山头，一片仍开汉江底。（P.2555V《诗文集》）

万仞峰头凿一湖，更谁来此用功夫。（P.3866《涉道诗》）

秦女峰头雪未尽，胡公陂上日初低。（《全唐诗》卷二百一岑参《首春渭西郊行呈蓝田张二主簿》）

虽则将来，现在岭头；上座若要，便请将去。（五代·释静、释筠《祖堂集》卷三《第三十二祖弘忍和尚》）

（4）义同"前"，X 为普通名词 3 例：

一鬼在病人床头，常与病人语。(S.1468《阴阳书》)

君不见床头明镜悲白发，朝下青云暮成雪。(S.2049V《古诗文抄》）

墓头造食桎伍束。(S.3728《乙卯年押衙知柴场司安佑成牒五通并判》)

家住吴王旧苑东，屋头山水胜屏风。（《全唐诗》卷五百六章孝标《梦乡》）

于堂头植梧桐一株，极为繁茂。（唐·释道宣《续高僧传》卷二十五《感通上正传三十三附见三》）

（5）"头"的意义不具体，或义同"上"或义同"中、里"，或义同"这/那里""处"

1）X 为身体部位名词，义同"上"或"里" 9 例：

缘二人权绾总在手头，何忧大事不成。(S. 2144《韩擒虎话本》)

些些少少住心头，免得结冤仇。(P. 2250《净土五会念佛诵经观行仪卷下》)

高声定无理，不假嘴头喧。(P. 2653《燕子赋一卷》)

终是不如山下去，心头眼底两无尘。(《全唐诗》卷四百四十八白居易《晚从省归》)

师曰："口里道得有什摩利益，莫信口头办，直得与摩去始得。"(五代·释静、释筠《祖堂集》卷六《洞山和尚》)

2）义同"这/那里""处"

a. X 为形容词 1 例：

取高头之规，垒泥作窟。(P. 2491《燕子赋一卷》)

独立最高头，悠哉此怀抱。(《全唐诗》卷四百三十三白居易《登村东古冢》)

b. X 为处所词 3 例：

限今十六日卯时于皆和口头取齐。(P. 3412V《壬午年渠人转帖》)

限今月廿二日卯时于票子口头取齐。(P. 5032《渠人转帖》)

限今月三日卯时并身及柴草于泄口头取齐。(P. 5032《渠人转帖》)

隐峰到沩山，于上座头放下衣钵。(五代·释静、释筠《祖堂集》卷十六《沩山和尚》)

c. X 为动词 12 例：

卿与我出一个异问头，朕必不负卿。(S. 2630《唐太宗入冥记》)

皇帝把得问头寻读，闷闷不已，如杵中心，抛问头在地。(S. 2630《唐太宗入冥记》)

把得问头，特地更闷。(P. 2491《燕子赋一卷》)

王缙之下狱也，问头云："身为宰相夜醮何求？"王答曰："知则不知，死则合死。"（唐·韦绚《刘宾客嘉话录》）

僧曰："和尚为什摩在学人肚里？"师云："还我话头来。"（五代·释静、释筠《祖堂集》卷十一《云门和尚》）

当 X 为动词时，"X头"既强调"头"的处所方位义，又强调"头"的"端点"义，"问头"可以理解为"提问开始处"，"话头"可以理解为"话语开始处"。五代王定保《唐摭言》卷十三云："张处士祜《忆拓枝妓》诗曰：'鸳鸯钿带抛何处？孔雀罗衫属阿谁？'白乐天讥为'问头'。按'问头'乃指变文或参军戏等，于开端时作问答的部分。"现代汉语中与动词搭配的"头"，我们认为在最初时也跟"头"的方位用法有关。例如，"念头"可以理解为"值得念的地方"，"看头"可以理解为"值得看的地方"。

（二）"头"的时间用法

（1）X 为时间词 4 例：

每日早起，夜头佛前手执香炉，请佛降赴道场。（S. 3234V《端拱二年僧志坚状》）

夜头早去阿郎嗔，日午斋时娘子打。（S. 6551V《文样》）

白日长相见，夜头各自眠。（P. 3836《南歌子六首》）

上庙参天今见在，夜头风起觉神来。（《全唐诗》卷三百一王建《华岳庙二首》）

廿三日晚头，开元寺牒将来，送勾当王大使。（日本·圆仁《入唐求法巡礼行记》卷一）

（2）X 为形容词 5 例：

远道冥冥断寂寥，儿家不惯长头别。（S. 328《伍子胥变文》）

但愿长头醉，作伴唤刘伶。（P. 3724《王梵志诗》）

长头饥欲死，肚似破穷坑。（P. 3724《王梵志诗》）

为我尽一杯，与君发三愿，一愿世清平，二愿身强健，三愿临老头，数与君相见。（唐·白居易《白氏长庆集》卷六十九《赠梦得》）

终日相思不相见，长头相见是何人。（唐·刘禹锡《刘梦得文集》卷八《寄湖州韩中丞》）

（三）作为方位后缀的"头"

（1）X为合成方位词或方位词短语3例：

二将勒在帐西角头立地营已入得，号又偷得。（S.5437《汉将王陵变》）

净能承其帝命，抽身便起，只对殿西角头一个剑南蛮画瓮子，可授（受）石已来，净能移心作法，暗求欢乐帝心，娱情在炙。（S.6836《叶净能诗》）

忽然擘手向两边头，不修〔实是愚痴意〕。（P.2305V《解座文汇抄》）

谢氏起新楼，西临城角头。（《全唐诗》卷三百八十四张籍《新城甲仗楼》）

百牢关外夜行客，三殿角头宵直人。（唐·白居易《白氏长庆集》卷十四《夜深行》）

（2）X为单纯方位词60例

唐五代敦煌文献中"上头"9例，"下头"2例，"前头"27例，"外头"1例，"东""南""西""北"与"头"搭配共有21例。

（四）"X头"表示动作或状态的持续

在唐五代传世文献中，意义泛化的"头"还可以与副词或动词搭配，表示动作或状态的持续。

（1）X为副词

齐头送到墓门回，分你钱财各头散。（唐·王梵志《生时不共作荣华》）

（2）X为动词

研尽大地石，何时得歇头。（唐·寒山《世事绕悠悠》）

争头觅饱暖，作计相噉食。（唐·寒山《天高高不穷》）

我若东说西说，则竞头向前采拾。（五代·释静、释筠《祖堂集》卷五《仰山和尚》）

二　首

在唐五代敦煌文献中与"头"同源、同义的"首"也可以作为方位词，义同"前、边"3例：

他牙人，直至相公门首。（S. 2073《庐山远公话》）

到界首一状

具衔

右厶今月日已达界首，即获祇候台严，喜忭之诚，唯积愚恩。（P. 3449《刺史书仪》）

足下外栏琉璃地，金锡令敲门首钟。（BD02496《盂兰盆经讲经文》）

有妇人靓妆立于门首，王氏驻马迟留，喜动颜色，因召同列者，命酒开筵，为欢颇甚。（唐·康骈《剧谈录》卷上《郭鄩见穷鬼》）

恰到界首，十人怕，不敢进。师犹自入界内。（五代·释静、释筠《祖堂集》卷十四《紫玉和尚》）

小　结

唐五代敦煌文献中方位词"头"共出现143例，"头"的意义泛化，与不同的词语搭配表示不同的方位义。143例"头"中意义相当于"边"的有14例，意义相当于"里、中"的有8例，意义相当于"上"的有21例，意义相当于"前"的有3例。身体部位名词之后的"头"共有9例，义或为"上"或为"里"。用于形容词、处所词、动词之后表示泛化空间方位的有16例，"头"相当于"这里/那里""处"。表示时间意义的"头"有9例，4例出现在时间词之后，5例出现在形容词之后。作为方位词缀的"头"有63例，3例出现在合成方位词或方位短语之后，60例出现在单纯方位词之后。在唐五代的传世文献中"头"还可以出现在副词或动词之后表示动作或状态的持续。

搭配上，"头"可以与普通名词、身体部位名词、处所词、时间词、形容词、动词搭配。与普通名词搭配的"头"有46例，与身体部位名词搭配的"头"有9例，与处所词搭配的有3例，与动词搭配有12例，与形容词搭配有6例，其中1例用来表示空间方位，5例用来表示时间，与时间词搭配表示时间意义的有4例，63例"头"与方位词或方位短语搭配作为方位词缀。在唐五代传世文献中，"头"还可以与动词、副词搭配用来表示动作或状态的持续。

与魏晋南北朝时期"头"的比较

魏晋南北朝时期方位词出现的比率少于唐五代时期，我们对魏晋南北朝时期《搜神记》《颜氏家训》《洛阳伽蓝记》《世说新语》四部文献中方位词"头"进行了统计，方位词"头"有17例，13例出现在普通名词之后，3例出现在方位词之后。意义上，相当于"上"的有4例，相当于"边"的有1例，相当于"前"的有6例，相当于"里"的有3例。

搭配上，唐五代时期方位词"头"的搭配对象要多于魏晋南北朝时期，在我们统计的四部文献中没有"头"与身体部位名词、时间词、形容词、动词、方位短语搭配的用例，我们在《中国基本古籍库》中进行了检索，在魏晋南北朝时期虽然"头"可以与身体部位名词搭配，但搭配范围窄，用例较少。在魏晋南北朝时期"嘴头"只有1例，"心头"有3例，没有"手头"的用例。魏晋南北朝时期也没有"头"与形容词、动词搭配的例证。

第二节　底

"X底"的形式、语义分布

（1）"底"义同"下"14例

1）X为普通名词11例：

　　床底瓶中，是极毒药，吃即杀人。（S.610《启颜录》）
　　妻曰："百尺井底，大石镇之，岂有活理。"（S.4654《舜子变》）
　　官人回问，康太清启言官人曰："在毡底一人。"（S.6836《叶净

能诗》)

趁暖檐前坐，寻芳树底行。(《全唐诗》卷四百九十八姚合《游春十二首》)

笔底如风思涌泉，赋中休谩说婵娟。(《全唐诗》卷六百六十六罗虬《比红儿诗》)

2）X 为身体部位名词 3 例：

教君修道觅菩提，菩提猫如脚底泥。(S. 3016《心海集》)

道在脚底不东西，半遍着地若座灰。(S. 3016《心海集》)

海龙王第三女，发长七尺强，衔来腹底卧，燕岂在称扬！(P. 2653《燕子赋一卷》)

苍龙颔底珠皆没，白帝心边镜乍磨。(《全唐诗》卷五百十三裴夷直《同乐天中秋夜洛河玩月二首》)

奴身千代已来，忠赤于国，只如突厥骑施可忠赤之日，部落安贴，后背天可汗，脚底火起。(《全唐文》卷九百九十九东安国王笃萨波提《请讨大食表》)

(2) 义同"里" 2 例：

遂入毂茭底，匍匐前往来看之。(P. 5545《搜神记·田昆仑》)

举头极目无青草，浪底深沉少白蘋。(俄 Φ365《妙法莲华经讲经文》)

移愁来手底，送恨入弦中。(《全唐诗》卷四百五十四白居易《筝》)

葛溪铁片梨园调，耳底丁东十六声。(《全唐诗》卷六百五十三方干《新安殷明府家乐方响》)

(3) 义同"边" 1 例：

水底将头百过窥，波上玉腕千回举。(S. 328《伍子胥变文》)

院院烧灯如白日，沉香火底坐吹笙。(《全唐诗》卷三百二王建

《宫词一百首》）

　　岸傍昔道牵龙舰，河底今来走犊车。（《全唐诗》卷六百八十七吴融《隋堤》）

小　结

　　在唐五代敦煌文献中"底"共有 17 例，意义较为泛化。在 17 例"底"中 14 例义同"下"，2 例义同"里"，1 例义同"边"。"底"还有 2 例与"下"并列组成复合型合成方位词"底下"，有 5 例作为方位后缀，附着于"后"组成"后底"。我们对《全唐诗》进行统计发现，义同"下"的"底"有 160 例，义同"里"的"底"56 例，义同"边"的"底" 4 例，义同"前"的"底" 15 例。"底下" 3 例，"后底" 1 例。与唐五代时期相比，魏晋南北朝时期方位词"底"的用例较少，我们对南北朝诗进行了统计，只有 15 例"底"，其中 12 例义同"下"，1 例义同"里"，2 例义同"上"，没有发现义同"前"的"底"，也没有作为方位词缀的"底"。"底下"在魏晋南北朝传世文献中已经出现，如南北朝虞荔《鼎录》："此铭在底下，又别有铭或浮或沉。"

　　唐五代时期"底"的广泛使用，以及意义的泛化为"底"的虚化准备了条件，我们将在阐释编中详细论证方位词"底"的演化。

第三节　所处许行

一　所

（一）"所"的形式、语义分布

"X 所"义同"这/那里""处"。

1）X 为普通名词 15 例：

　　鱼人逡巡之间，即到船所。（S. 328《伍子胥变文》）

　　于灵图佛帐所便麦叁硕，并汉斗。（S. 1475V《沙州寺户严君便麦契》）

　　后于一时，与父王俱游至王田所。（P. 2999《太子成道经》）

可怜宫殿所，但见桑榆繁。（《全唐诗》卷一百三十九储光羲《饯张七琚任宗城即环之季也同产八人俱以才名知》）

居丧尽礼，每之墓所，哭泣处草为之枯，有白兔驯扰其侧。（唐·姚思廉《梁书》卷三是《裴子野列传》）

2）X为指人名词或代词8例：

当初便领诸眷属，听法特来我所。（S. 4571《维摩诘经讲经文》）

及往山中石室比丘尼所，得闻妙法及受八戒，七日命终，生于天上。（P. 3375V《欢喜国王缘》）

及被鬼使擒捉领到阎罗王所。（P. 3570V《刘萨诃和尚因缘记》）

忽如在我所，耳若闻啼声。（《全唐诗》卷三百三十七韩愈《此日足可惜赠张籍》）

遂至和尚所述其意，则被师拦胸托出云："某甲自住此山，未曾瞎却一师僧眼。"（五代·释静、释筠《祖堂集》卷十九《资福和尚》）

董秀芳（1998）指出"所"用在一个名词后面，用来提示处所，有些相当于"那里/那儿"，有些没办法确译为现代汉语。在《史记》中"所"可以出现在专有名词、普通名词之后，义同"那里/那儿"，或意义较为实在，用来辅助表示处所，或意义较为虚化，主要表示来源。"所"也可以出现在代词之后，或者用来辅助表示处所，或者只是提示一个对象格，这些用法以及搭配，在唐五代时期仍在使用。

二　处

（一）"处"的形式、语义分布

（1）"处"意义较为虚化，义同"那里/这里"17例

1）X为指人名词或称谓名词13例：

于灵图寺僧海清处便佛麦陆硕。（S. 1475V《酉年行人落百姓张七奴便麦契》）

不于女处生嫌厌，不向儿边起爱亲。（P. 2418《父母恩重经讲经文》）

为伯叔处无心起敬崇，二亲边不省生虔奉。（P. 3093《佛说观弥勒菩萨上生兜率天经讲经文》）

曾于衲僧处得落星石一片。（唐·李绰《尚书故实》）

石头教新戒归受业处，新戒便辞石头，却归师处。（五代·释静、释筠《祖堂集》卷五《长髭和尚》）

2）X 为代词 1 例：

或披枷，受鞭考，泪似流星谁处告。（P. 2305V《解座文汇抄》）

于中若有灵利者，教他来专甲处。（五代·释静、释筠《祖堂集》卷五《华亭和尚》）

师既所见云有作用，当于我处而有之不？（五代·释延寿《宗镜录》卷九十七）

3）X 为普通名词 3 例：

此虽量地，长者天宫于四天王宫处早已现也。（P. 2344V《祇园因由记》）

又到祇树处，是僧园也。（P. 2344V《祇园因由记》）

遂于灵图寺常住处便麦肆汉硕，粟捌汉硕，典贰斗铁铛壹口。（P. 2686《巳年普光寺人户李和和便麦契》）

苹间日采乱，荷处香风举。（《全唐诗》卷一李世民《帝京篇十首》）

柳摇风处色，梅散日前花。（《全唐诗》卷七十二崔知贤《晦日宴高氏林亭》）

(2)"处"用来表示时间，义同"……之时""……之际"

1）非散文、韵文转换处的"处"39 例：

满楼明月夜，三更无人语，便是思君肠断处。（S. 1441V《云谣杂曲子》）

闻语笑时无意听，见歌欢处不台头。（P. 2418《父母恩重经讲

经文》)

　　六宫送处皆垂泪，三殿辞时哭断肠。(P. 3375V《欢喜国王缘》)

　　缅想封唐处，实惟建国初。(《全唐诗》卷三李隆基《过晋阳宫》)

　　愁处雪烟连野起，静时风竹过墙来。(《全唐诗》卷六百八十二韩偓《冬日》)

　　2) 出现在散文与韵文转化处的"处"，这时的"处"后多接"若为"或"若为陈说" 48 例:

　　楚王出敕，遂捉子胥处，若为:(S. 328《伍子胥变文》)

　　生杖围绕，驱出门外，母子相见处:(S. 2614《大目乾连冥间救母变文》)

　　单于闻道汉使来吊，倍加喜悦，光依礼而受汉使吊。宣哀帝问，遂出祭词处若为陈说:(P. 2553《王昭君变文》)

　　在唐五代的传世文献中没有在散文与韵文转换之处的"处"，这种用法是敦煌变文中较为特殊的用法。

　　(3) "处"虚化为助词，或表停顿，或只起铺垫音节的作用有 3 例:

　　子胥有两个外甥——子安、子永，"至家有一人食处，知是胥舅。"(S. 328《伍子胥变文》)

　　听除受烦恼，闻经灭妄猜。我闻解了也，次第处唱将来。(S. 4571《维摩诘经讲经文》)

　　这个也为闲处事，问善友到何安泊也唱将来。(俄 Φ096《双恩记》)

　　这种用法在宋以后用例较多，在唐五代时用例较少，除了唐五代敦煌文献用例，我们只发现 1 例:

　　此院好弹秋思处，终须一夜抱琴来。(唐·白居易《白氏长庆集》卷二十六《杨家南亭》)

（二）"之处"的形式、语义分布

"之处"12 例，用来表示时间，义同"……之时""……之际"。

（1）出现在非散文、韵文转换处的"之处"1 例：

闻千家碪捣之时，听万户管弦之处。（俄 Ф101《维摩碎金》）

（2）出现在散文、韵文转换处的"之处"11 例：

良久而死，复乃重苏，两手按地起来，政顿衣裳，腾空往至世尊之处：（S.2614《大目乾连冥间救母变文》）

门官引入见大王，王问目连事由之处：（S.2614《大目乾连冥间救母变文》）

希大圣之威加备之处，若为：（S.4398V《降魔变一卷》）

在唐五代的传世文献中，我们没有找到用于表示时间的"之处"。

王锳对"处"做过较为系统的研究。王锳（1986：41—45）指出"处"可用作方位词，表示多种方位。他指出"处"可以表示"中、间"的方位，如唐杨师道《初秋夜坐应诏》诗："雁声风处断，树影月中寒。""处"可以表示"前"的方位，如唐张说《酬崔光禄冬日述怀赠答》诗："夜魂灯处厌，朝发镜前衰。""处"可以表示"上""下"方位，如唐王勃《临高台》诗："君看旧日高台处，柏梁铜雀生黄尘。"唐丁仙芝《和荐福寺英公新构禅堂》诗："咒中洒甘露，指处流香泉。"正是因为"处"在表示方位时意义较为泛化，因此发展为一个处所标记，不再表示具体的方位意义，多出现在指人名词之后，用来把前面的名词处所化。表示时间的"处"在魏晋南北朝时期就已经出现，如南朝宋范晔《后汉书》卷二十三《五行》："啼妆者，薄拭目下，若啼处，堕马髻者，作一边。"王锳（1986）还指出用于表示语气的"处"是由表示时间用法的"处"进一步虚化而来的。

三 许

"许"的形式、语义分布

"许"表示时间方位 1 例：

不是等闲游行许，前世天生配业来。（S.3393《莫道今朝大其哉

诗一首》)

在唐五代之前"许"的处所、方位用法很多，在魏晋南北朝时期"许"有处所义，义同"地、地方、处所"，如南朝陈江总《并州羊肠坂》诗："关山定何许，徒御惨悲凉。""许"具有方位义，义同"这里/那里"，仅在《世说新语》中就有 29 例，多出现在指人名词、职官名词或少数处所词之后，同"所"一样用来辅助表示处所。在魏晋南北朝之后"许"渐渐泛化，不仅泛化为处所格，而且更加虚化为对象格，如吴康僧会译的《旧杂譬喻经》："王有大恩在我许。""许"发展成为结构助词，出现在代词之后，如隋达摩笈多译《起世因本经》："彼等谁最在前出者，即去上衣自恣而已，随意而去，亦不专求自许本衣。"正因为"许"的不断虚化，在唐五代传世文献中我们没有找到义为"这里/那里"之义的"许"，此时的"许"已经发展成为方位词缀用于方位词之后，如"里许"。

四 行

（一）"行"的形式、语义分布

"行"表示空间方位，义同"里"1 例：

> 皇官行有诸伎女。（P. 3496《太子成道变文》）

（二）"之行"的形式、语义分布

"之行"表示空间方位 1 例：

> 金杯玉盏，非倾于画舸之前；渌醑白醪，不醉于红楼之行。（俄Ф101《维摩碎金》）

"之行"表示时间，相当于"时"1 例：

> 饮酒之行食三口，男女俱起。女向东畔，面向西立，男在西畔，向东立，男女相当，一时再拜。（S. 1725《大唐吉凶书仪》）

关于表示方位的"行"的来源，我们将在阐释编中详细探讨。

　　"头""底""处""所""许""行"等放到名词性成分之后构成的处所，属于非定域处所，这类词的模糊度比"上""下"等其他方位词更大。其他方位词指示出了所表示的处所与参照物之间确定的方位关系，但这类词只指示一个以参照物所在地为中心的大致范围，这类词同"那里、那儿"相当，这类词与作为处所方位标记的"上""下"等相似。正是因为这类词在表示方位时意义较为泛化，所以易于虚化。"许""所"已经虚化为结构助词，"许"虚化为方位词缀，"处"虚化为语气词，"行"虚化为格助词，"底"虚化为结构助词，"头"虚化为方位词缀。

第八章

唐五代合成方位词概说

在唐五代时期，合成方位词已经大量涌现，近乎成熟。这一章我们从合成方位词的特点、产生的原因、词汇化路径三个方面对唐五代时期的合成方位词进行概述。

第一节　唐五代合成方位词的特点

一　使用频率高

因为前加式派生方位词出现时间长，从古至今一直都大量使用，因此我们只关注后加式派生方位词的使用情况。唐五代时期后加式派生方位词的数量迅速增长，我们通过对比唐五代时期与魏晋南北朝时期合成方位词的使用情况便能窥知。在敦煌文献中"上头"有9例，没有"上面""上边"的用例。唐五代传世文献中有"上头"67例，"上面"8例，"上畔"15例，在检索的范围内没有发现"上边"的用例。在《大藏经》中我们发现"上边"在唐五代时有7例。唐五代时期共有"上头"76例，"上边"7例，"上面"8例，"上畔"15例。魏晋南北朝时期有"上头"7例，"上面"3例，"上畔"1例，"上边"在传世文献中没有例证，在佛经中只有1例。在敦煌文献中"下头"有2例，没有"下面""下畔""下边"的用例。在唐五代的传世文献中有"下面"7例，"下边"4例，"下头"21例，"下畔"17例。在唐五代时期共有"下面"7例，"下边"4例，"下头"23例，"下畔"17例。在魏晋南北朝传世文献中只有"下面"2例，"下边"1例，"下头"7例。敦煌文献中有"前面"1例，"前头"27例。唐五代传世文献中有"前头"44例，"前面"19例，"前边"1例，"前畔"2例。唐五代时期共有"前头"71例，"前面"20例，"前边"1例，"前畔"2例。魏晋南北朝文献中有"前面"2例，"前头"1例，没有"前边""前畔"的用例。敦煌文献中有"后面"2例，"后底"5例。唐五代传世文献中有"后头"10例，"后边"1例，"后面"12例，"后底"2例。唐五代时期共有"后头"10例，"后面"14例，"后边"1例，"后底"7例。魏晋南北朝时期有"后边"2例，"后面"1例，没有"后头""后底"的用例。在敦煌文献中"里面"1例，"里许"3例，"里伴（畔）"2例。唐五代传世文献中"里边"3例，"里许"19例，"里面"6例，"里头"3例，"里畔"1例。唐五代时期共有"里头"3例，"里面"7例，"里边"3例，"里许"22例，"里畔"3例。在魏晋南北朝的传世文献中只有"里边"1例，没有"里面""里头""里畔""里许"的用例。在敦煌文献中有"外边"6例，"外头"1例，"外端"1例。在唐五代的传世文献中有"外面"15例，"外边"13例，"外头"9例，"外畔"3例。在唐五代时共有"外边"19例，"外头"10例，"外面"15例，"外畔"3例。魏晋南北朝的传世文献中有"外面"3例，"外畔"3例，"外边"1例，没有"外头""外端"的用例。"东""南""西""北"用法相似，因此我们只以"东"为例来进行比较说明。敦煌文献中有"东头"2例，"东畔"5例，"东边"5例，"东面"5例，"东厢"2例。唐五代传世文献中"东边"39例，"东头"71例，"东面"80例，"东畔"6例。唐五代时期共有"东边"44例，"东面"85例，"东头"73例，"东畔"11例，"东厢"2例。魏晋南北朝时期有"东边"10例，"东面"29例，"东头"20例，没有"东畔""东厢"的用例。敦煌文献中有"左边"5例，"左畔（伴）"2例。唐五代的传世文献中有"左边"49例，"左面"12例，"左厢"2例，"左畔"6例。唐五代时期共有"左边"54例，"左面"12例，"左厢"2例，"左畔"8例。魏晋南北朝时期有"左边"10例，没有表示方位的"左面""左畔""左厢"的例证。敦煌文献中有"右边"2例，"右面"1例，"右伴（畔）"1例。唐五代传世文献中有"右边"45例，"右面"14例，"右畔"4例，"右厢"4例。唐五代时期共有"右边"47例，"右面"15例，"右厢"4例，"右畔"5例。魏晋南北朝时期有"右边"6例，"右面"3例，没有表示空间方位的"右畔""右厢"的用例。"中""内""边、侧、旁、畔、首、壁"等在唐五代时没有后加式派生方位词的用法，因此我们就不再列出。

二　类型多样

唐五代时期后加式派生方位词类型多样，从上面的列举中我们可以看到，除了今天在现代汉语普通话中普遍使用的方位词缀"边、面、头"之外，还有"畔""许""侧""厢""底""上"等与方位词"里""上""边""后""西南"等组成"里畔""上侧""里许""边厢""后底""西南上"等合成方位词，"许""厢""底""上"与方位词结合组成的合成方位词是唐五代时期新出现的用法，在此之前我们没有见到这样的用例。这些合成方位词在传世文献中或不见其用例，或出现时间较晚。这些词虽在现代汉语普通话中没有保留下来，但在现代汉语许多方言中还能窥见其使用的踪迹。

三　词汇化程度高

在唐五代时期，我们发现了"以后""已前""以外""已下""之后"独用的用法：

　　　自已前有逐年有甚事件，并一一抄录。（P. 3721《杨洞芊撰瓜沙两郡编年》）

　　　已后或有诟歌难尽，满说异论，不存尊卑，科税之艰，并须斋赴。（S. 2041《儒风坊西巷村邻等社条》）

　　　更欲广申赞叹，恐度时光，不及子细谈扬，以下聊陈忏悔。（S. 6551V《说三皈五戒文》）

　　　母知是己，便却心，之后生一男，名续种。（BD04456《比丘皆述要》）

　　　自今后如显立战伐功劳者，任具事绩申奏，如简勘不虚，当别具商量处分，以外辄不得更有奏请。（《全唐文》卷九百六十八阙名《准敕厘革中外奏请官额奏》）

我们知道方位词前的"以"最初是一个连词，"之"为结构助词，它们都用于调节音节，对于"以+方位词""之+方位词"是否是一个词还不能确定。但当"以外""以后""已前""之后"出现独用的用法，不用附着在其他名词之后时，"以""之"显然已经与其后的方位词完全词汇化为一个复合词。

第二节　合成方位词产生的原因

关于合成方位词产生的原因，蔡言胜（2005：117－118）认为是中古时期双音化趋势的结果。他认为是韵律原因造成，原来的"N＋L"本来是自成轻重的音步，汉魏以后"N＋L"中单音节参照名词复音化，原来的韵律平衡被打破，而重新获得音节和谐的办法，就是让后置单音方位词也双音化而成为一个音步。林晓恒（2006：136）则认为这并不能充分解释下面的问题：后加"边、面、头"方位词为何在魏晋唐五代时期大量出现。她指出韵律原因在后加式派生方位词的产生中虽起到导向和规约作用，但并不能起到决定性作用，因而不能将其功能和作用扩大化。况且在历史文献中复音的N和单音的L这样的"2＋1"奇音节的组合也常见。其次，韵律原因即使在后加式派生方位词出现上起到了很大推动作用，仍不能解释双音节形式为何能够逐渐占领单纯方位词的"市场份额"，在语义和功能上逐渐走向独立。她认为汉魏以后，汉语方位词语义发生很大变化，基本方位词中相对方位词的意义越来越宽泛空灵，后置频率越来越高，而绝对方位词则越来越走向词的层面成为构词语素，这些都使得它们对其他成分的依赖性增强，即基本方位词在方位语义的自足性上越来越低。因此，当方位词需要单独出现或者没有紧跟参照物出现的时候必然开始伴随着新的语义补偿手段。同时语言的使用又受经济原则的制约，在选择语义补偿的时候总是选择最有效的方式，同时也易于选择已经熟悉的、比较习惯的，或者具有较普遍性的方式，"边、面、头"作为语义要素的补足成分应运而生，它们能够补充方位词语义的不足，而且在语义上又能够清楚地烙上隐含参照物的特点，即"边"倾向于指一维的线性特征、"面"倾向于指二维平面特征，"头"倾向于零维的点特征，而这些意义在汉末魏晋时期都已经发展出来，也十分容易被接受。

我们认为应该在汉语词汇双音化的大趋势下来探讨合成方位词产生的原因。董秀芳（2002：38）指出汉语词汇双音化有以下两个原因：（1）汉语音步的要求。冯胜利（1995，2000）指出汉语中双音节音步的形成有一个历史过程，它的建立大约是在汉代。在那一时期，上古汉语复杂的音节结构已经得到了显著的简化，音节的韵律强度变轻了，音步不能再像上古汉语那样在单音节中实现，因而双音节音步应运而生。这给汉语词汇的构造带来深刻的影响，不仅促使大量的并列式双音词产生出来，而且双音化的趋势也作用于语言中原有的短语。当短语是双音节时，就满足了一个音步的要求，构成一个韵律词，具备了造词的形式和基础。由于音步是语音上结合最为紧密的自由单位，处于同一音步中的短语组成成分之间的距离被拉近了，在反复的使用中它们之间的句法关系可能逐渐变得模糊，最终变为一个在句法上无须再分析的单纯的单位，韵律词就发展为词汇系统中的词。（2）人为的推动因素。并列式双音词在汉代以后的大量出现可能就包含了语言使用者为取得某种风格上的效果而有意识的选择。朱庆之（1992：134）认为佛经的翻译也对双音化起到了重要作用。他指出翻译佛经中大量使用双音词的现象，与佛典的译者为了信众便于记诵而大量使用四字格的语言形式有关，这一译经语言中的现象也可能对中土文献中词汇面貌造成影响；再有一个因素就是仿译，佛典原文中有不少复合词包含两个音素，出于忠实于原典的目的，译者仿照原词的构造逐字对译，结果就会创造出一个全新的双音复合词。

合成方位词的产生，离不开汉语词汇发展的大趋势，我们赞同董秀芳（2002）、蔡言胜（2005）等人的观点，认为合成方位词是在汉语双音化的大趋势下，以及汉译佛经等因素的影响下出现并发展起来的。

我们之所以说合成方位词的产生受到汉译佛经影响，是因为后加式派生方位词最早用例都出现在佛经中。例如：

　　十七者不得使上边污。（东汉·安世高译《大比丘三千威仪》卷下）

　　二者不得妄起至上座前边坐。（东汉·安世高译《大比丘三千威仪》卷下）

　　左面弟子，名摩诃目捷连。（东汉·竺大力、康孟详译《修行本起经》卷上）

　　右面弟子，名舍利弗。（东汉·竺大力、康孟详译《修行本起经》卷上）

　　西南北面皆尔，如是恒沙数土。（东汉·支娄迦谶译《佛说无量

清净平等觉经》卷二）

　　犯上头四恶，复行是六事，妨其善行，亦不得忧治生。（东汉·安世高译《佛说尸迦罗越六方礼经》）

　　与比丘僧相随，最在前头。（东汉·支娄迦谶译《道行般若经》卷七）

　　菩萨持初头意，近阿耨多罗三耶三菩提，若持后头意近之。（东汉·支娄迦谶译《道行般若经》卷六）

据吴之翰（1965）、谢红华（2001）研究，双音节方位词多见于口语。朱庆之（1992）也指出佛经中有大量的口语成分，词汇的双音化程度也要比中土文献高得多。因此，多见于口语的双音节方位词自然首先在佛经中出现。

第三节　合成方位词的词汇化路径

　　前加式派生方位词同后加式派生方位词、复合型合成方位词词汇化的路径是不同的。前加式派生方位词是从跨层结构词汇化而来的，而后加型派生方位词是由方位词与方位词的并列发展而来的。蔡言胜（2005：117）指出"以＋L"的用法多源自先秦，中古以前均以后置用法为主，且其前名词一般为复音词形式，尚可见"以"最初的音节调节作用。"之"在书面或文学语言中只是起到音节调节作用。可见"之""以"在句中为虚词，只是起到连接或协调音节的作用，"之"为结构助词，"以"为连词。连词"以"属于前置连词，据刘丹青（2003：74）研究，连词属于句中的联系项，连词的前置和后置与其介词的类型相吻合：使用前置介词的语言有前置连词。"以"作为连词放在名词与方位词之间，起到联系项的作用，汉语是前置介词语言，连词"以"也应该前置，因此在划分时"以"与方位词连接在一起。伴随着汉语的双音化，为了满足音步的需求，由于"之""以"之前的名词都是复音词，"之""以"与方位词在顺序上相接，所以"之＋方位词""以＋方位词"发生了语法化，成为一个合成方位词。从语义上看"名词＋以＋方位词"表示以自身为起点或终点而形成的范围，意义已经不同于"名词＋方位词"。所以我们认为"以＋方位词"已经词汇化为一个词，并且在唐五代时还出现了独用的"以外""以后"等用法，"以"前没有可附的名词，更加证明"以＋方位词"在唐五代时期已经彻底完成了词汇化。虽然蔡言胜（2005：117）认为"之＋方位词"词汇化还很不彻底和普遍，可以不作为合成方位词看待，可是正如刘丹青（2003：74）所指出的，"之"作为结构助词，它在结构上应该属前不属后，但至少在唐五代时"之"已经与其后的方位词结合在一起，在音节停顿上，人们也是采用把"之"与其后的方位词放到一起的划分方式。在唐五代时"之＋方位词"出现了独用的用法，这也说明"之＋方位词"已经词汇化了。

后加型派生方位词与复合型合成方位同样来自方位词的复合，我们这样认为是基于以下两个原因。首先，并列式复合词是魏晋南北朝之后占主导地位的构词方式。程湘清（1992：2，31）对《世说新语》复合词的统计结果显示，并列式复合词占43.56%，偏正式复合词只占26.95%。魏达纯（1996）对《颜氏家训》的统计显示，并列式复合词占总数的65.5%，比先秦时期的52.4%增长了13.1%。据董秀芳（2002：108）研究，汉语音步的变化促使大量并列式双音词的产生，双音并列形式由于可以不改变原来单音形式的语义而成为一个音步，从而构成一个韵律词，因而受到语言使用者的青睐。方位词并列形成合成方位词不仅满足了汉语音步的要求，也满足方位词语义自足性的要求，因此这种构词方式成为后代合成方位词的主体形式。

其次，从整个合成方位词体系来看，"头""边""面"类合成方位词也是由"方位词＋方位词"的并列式发展而来。文献的记载可能会在反映某种语言现象的源头时出现局限，因此我们结合方言的合成方位词来整体考虑。我们发现在方言中除了"头""边""面""畔""许"等可以与方位词组合成为合成方位词之外，"底""里""壁""首""厢""旁"等方位词也可以与方位词组成合成方位词，如"前底、后壁、北首、东旁、下外、下里、上前、边下、边厢、里厢"，这些词在方言中表示一个合成方位词的意义。

由于唐五代"头""边""底""许"在表示方位时意义非常泛化，与较为实在的方位词搭配时由于意义的泛化以及处于次要的地位，最终成为方位后缀，合成方位词的意义由其前的主要方位词承担。既然"边""畔"已经泛化成为方位后缀出现在方位词之后，那么与之意义相似

"厢""壁"受到"边""畔"的类推，自然也可以出现在方位词之后。"头"本来就是"首"的同源、同义词，既然"头"可出现在方位词后作为方位词缀，基于同场同模式这样的引申规律，"首"也可以出现在方位词之后成为方位后缀，构成一个合成方位词。方言的事实也证明了"首"可以出现在所有意义较为实在的方位词之后，形成诸如"上首、下首、侧首、里首、外首、内首、后首、西首、北首、东首"等合成方位词。方位词后的"面"，蔡言胜（2005：104）等认为是由本义"脸"引申出"方面"的意思，后来虚化为方位成分的后缀。我们认为方位后缀"面"并非由"方面"义发展而来，"方位词＋面"最初也应该是方位词的并列。因为在世界语言中身体部位词"面"发展成为空间方位词是非常普遍的现象，在世界大多数语言中"面"都可以发展出表示前部区域的空间用法，在 Heine（1991）统计的 125 种非洲语言中有 47 种语言的"脸"演化出了"在前"的空间方位义，在 Svorou（1993）统计的 55 种语言中有 12 种语言的"脸"发展出"前部区域"这样的空间方位概念。在汉语中，早在上古汉语中"面"就已经具有"前、面前"之义，如《书·顾命》："大辂，在宾阶面，缀辂，在阼阶面。"《仪礼·士相见礼》："上大夫相见以羔，饰之以布，四维之结于面，左头如麝执之。"郑玄注："面，前也。系联四足交出背上于胸前结之也。"除了表示"前，面前"义之外，"面"还表示方位、方向。《史记》卷七《项羽本纪》："夜闻汉军四面皆楚歌，项王乃大惊。"《后汉书》卷六十五《段颎传》："湟中从羌悉在何面？今日欲决死生。"王凤阳（1993：40）指出当"面"和数词结合时，"面"就只表方位，成了"方"的同义词了。可见"方位词＋面"在开始时也是方位词的并列，由于"面"的泛化以及"面"在合成方位词中所处的位置，使得"面"同"头""边""底"等一样最终成为方位后缀，只起标记的作用，而没有实在的方位意义。

　　身体部位名词与方位词组成的复合型合成方位词我们将在阐释编中详细论证，这里我们主要论证由意义相反、相近或相对的两个方位词组合而成的复合型合成方位词。复合型合成方位词中意义相反的指"前后""左右""上下"等，意义相对的主要包括"东北""西南""东南""西北"等，意义相近的主要指"内里""底下""中间"等。意义相近、相对的方位词用来表示实在的空间方位义，意义相反的复合型合成方位词引申出许多不同的意义。董秀芳（2002：122）指出意义相反的并列项由于在概念领域的距离比较远，相应地就在形式上保持较大的距离，因而不容易词汇化，只有当其在功能上发生了转类、意义上转指包容对立两极的上位概念之后，才会成为词。"左右""前后""上下"的用法在前文我们已经论述，这里就不再赘述。我们认为这种由反义的并列项组成的合成方位词具有同样的引申机制，"前"与"后"，"上"与"下"，"左"与"右"在相互结合时发展出表示"从上到下""从前到后""从左到右"的整个空间距离的用法。这是因为它们处于空间距离的两个极点，起着划分界限的作用，在整个空间距离中，作为极点的它们更容易被认识和识别，具有认知的凸显性，因而能够用来转指整个空间范围。正是因为"左右""上下""前后"在空间上表示范围，因此可以引申到时间、数量等领域。约量、概数是用来指示事物数量可以移动的范围，因而用表示事物范围的"左右""上下""前后"来表示是顺理成章的。表示概数、约量的"来"的来源也可以作为其旁证。据江蓝生（1984）研究，用来与时间、数量搭配的"来"来自"以来"。"以来"的基本意义是表示从过去某时到说话时（或某个特定的时间）的一段时间范围，先秦汉语中便已经出现，前边多与"自""从"等介词搭配。魏晋南北朝时期始见"以来"省用"来"，且前面不必与介词搭配。唐五代敦煌文献中"上来"有 32 例，"前来"有 8 例，江蓝生（1997：297，330）把"前来"释为"刚才"，"上来"释为"以上""上面"。袁宾（1990：166）把"上来"释为"以上、刚才"。我们认为把"上来""前来"释义为"刚才"更为合适。因为"来"为表示时间范围的时间方位词，附着在"上""前"之后，表示从"上""前"时到现在的时间范围。唐五代时期"以（已）来"搭配范围扩大，除了表示某段时间范围外，也可以表示地域范围，表示事、物范围，表示人或人体的范围等。用来表示约量、概数的"已来"是由时间范围进而扩展到时间范围之外，用来表示事物甚至人的范围的。由于魏晋以后表示时间范围的"已来"可以省为"来"，表示约量、概数的"来"是由此类推而来。既然表示时间范围的"来"可以用来表示约量、概数，那么用来表示空间、时间范围的"左右""前后""上下"也自然可以表示约量。

阐 释 编

第一章

方位词与身体部位名词

第一节　方位词与身体部位名词

一　身体部位名词与空间方位关系研究综述

身体部位名词与空间方位具有密切的关系，国内外一些学者对此做过深入研究，我们来简单回顾一下，以此作为我们下文论证的理论基础。Heine（1991：128—129）指出空间概念来自身体部位、环境界标、关系概念，还有一些来源不详。他认为身体部位名词和环境界标是空间关系概念最重要的来源，而所谓的"关系概念"从历史上看主要来自身体部位名词或环境界标（见表 1.1）。

表 1.1　　　　　　　　源概念类型的数量分布

源概念	在……上	在……下	在……里	在前	在后	总数（种）
身体部位	46	26	63	83	103	321
环境界标	34	50	1	1	0	86
关系概念	28	24	30	18	1	101
其他来源	1	4	3	7	2	17
语源不详	23	24	21	8	15	91
未有资料	2	6	9	17	13	47

从表 1.1 可以看出身体部位是空间概念最重要的来源。表 1.2 是他对非洲 125 种语言空间概念来源进行的统计。

表 1. 2　　　　　　　　　　　来源模式的选择

空间概念	环境界标模式	身体部位模式
在……上	34（27. 2）	46（36. 8）
在……下	50（40）	26（20. 8）
在……里	1（0. 8）	63（50. 4）
前面	1（0. 8）	83（66. 4）
后面	0	102（81. 6）

注释：括号中的数字是 125 种非洲语言中所占的百分比。

从表格中可以看出：（1）"在……上"与"在……下"既可以来自环境界标模式也可以来自身体部位模式。"在……里""前面""后面"几乎都来自身体部位模式。（2）在这几类空间概念之中，这两类来源模式会在程度上有进一步的区别，"在……下"与"在……上"相比更倾向于与环境界标模式相关，而"后面"与其他的空间概念相比更倾向于与身体部位模式相关。（3）身体部位模式比环境界标模式更为重要，没有一种非洲语言五种空间概念都来自于环境界标模式，但是却有大量语言完全地依赖身体部位模式，也就是说五种空间概念都来自于身体部位。

Heine（1991：126）在人类身体部位模式之外，根据动物解剖学提供的身体部位与空间关系之间的对应性提出了"游牧者"模式，游牧者模式的假设如下：

上部区域 < 后背（back）
前部区域 < 头（head）

他发现这种模式用来描述东非一些游牧社会（那些主要依靠饲养动物的游牧者）的语言中空间概念的演化。这种游牧模式应用于很少的语言，在他统计的 46 种语言中只有 6 种从"头"发展出"前部区域"，其他的语言都从"头"演化出"上部区域"，这是"头"主要的演变模式。Heine（1991）统计了 125 种非洲语言中身体部位名词发展成空间方位概念的数量（见表 1. 3）。

表 1.3　　　　　　　　　　身体部位模式的来源概念

身体部位	在……上	在……下	在……里	在前	在后
头	40			6	
后背	2				80
脸	2			47	
肩膀	2				
臀部/肛门		22			22
脚		4			1
腹部/胃			58		
心脏			2		
眼睛				14	
前额				8	
嘴				6	
乳房				6	
胸				2	
手掌			3		

注释：这个样本的数量是 125 种非洲语言，那些数字是这些样本中相关身体部位的出现次数。

据 Svorou（1993：71，204）研究，人类语言表达空间方位概念主要来自于身体部位名词、环境界标词语、物体相关部位词语以及某些抽象名词。他认为物体相关部位词语或是来自于身体部位名词或是来自于环境界标。他指出空间方位的名源有三种模式：拟人化模式、动物模式以及环境界标模式。在身体部位中拟人化模式是最常见的模式，而动物模式和环境界标模式是用来补充它的。拟人化模式在"边缘区域""中间区域"以及"内部区域"这样的语法项中更为常用，而环境界标模式更多用来发展出方向以及路径的语法项，如"通过（across）、沿着（along）、经由（via）、穿过（through）"。表 1.4 是他对世界上 55 种语言表达空间概念时身体部位来源的统计。

表 1.4　　　　　　　　　作为空间语法项来源的身体部位

	前部区域	后部区域	上部区域	下部区域	边/面区域	中间区域	内部区域	边缘	所有	离格	最接近中心区域
前额	4						1				

续表

	前部区域	后部区域	上部区域	下部区域	边/面区域	中间区域	内部区域	边缘	所有	离格	最接近中心区域
眼睛	2							1			
嘴	5						1	3			
耳朵					2				1		
脸	12										
头	2		12								
脖子							1				
乳房/胸	4					1					
心脏					1		3				
胃							2				
羽翼					2						
肋骨					3						
腹部					1						
下腹				1							
腰						1					
生殖器		2									
髋/臀部				1							
后背		15	3	1							
臀部		3		3							
肛门		2									
脚/腿				1							
血液							1				
手										1	
骨头	1										
身体											1

　　Svorou（1993：91）指出人类的身体部位、四足动物的身体部位、环境界标是演化路径的起点。开始时，它们用于标示相关的物体的部分，产生这种用法的动因是由于身体或地点与物体认知上具有相似性，人类身体以及动物身体的划分，物理环境的划分与物体区域的划分是相对应的。他给出了身体部位、环境界标到空间方位概念的演化图式：

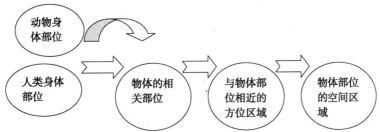

世界语言中，身体部位名词与表示空间方位的介词有密切关系，大致有两类：

（1）单独充当空间方位介词

Navajo：bi－tsi（在前面，在某一点上）＜'atsii'（头，……的头）

Papago：－ba：cO（在……前面）＜ba：cO（乳房）

Shuswap：－ikn（在……上面）＜ikn（背的上部，上表面）

Tarascan：mi（在……的边缘）＜mi（嘴）

Papago：hu：ta（huda）（在……边）＜hud（心脏）

Ossetic：astaey（在……之中，在……中间）＜astaey（腰）

（2）与其他的语法项共同充当空间方位介词

Halia：i matana（在……前面）＜i（in, at）＋mata（眼睛）＋－na（副词后缀）

Bari：i kɔmɔŋ ŋa（在……前面）＜i（in, at）＋kɔmɔŋ（脸）＋na（领属性的前置词）

Melanesian：fɔrɛd lɔŋ（前部的，向前）＜fɔrɛd（前额）＋lɔŋ（in, to）

Abkhaz：－xə＋x'（在……上方）＜a－xə（头）＋－x'（at）

Navajo：bitl'ááh（在……下面）＜bi－（第三人称、单数、领属性前置词）＋'atl'ááh［（鸟）尾部（兽）臀部，臀部］

Bari：imukona（在下方）＜i（in, at）＋mukok（臀部）＋na（领属性前置词）

Basque：aldean（在……旁边）＜alde（肋骨）＋－an（方位

词）

　　Bari：i…nupɛlɛˑ（在……一边）＜ i（in，at）＋nu（that）＋
pɛlɛˑ（腹部）

　　Margi：ár kátlá（在……中间）＜ ár（in，at）＋kátlú（胸）

　　储泽祥（1997：15－16）把方所成分分成三类：命名标、方位标、准方位标。他所谓的准方位标包括两类，其中一类指的就是由人或物体的某一部分引申而来的，如"心、顶、脚、根（跟）、际、沿、首、尾、尖、梢、口、底、腰、背"等。他认为这些词语处于命名标与典型方位标之间，更接近典型方位标。他还指出典型标许多情况下能明确地表示方向，准标一般不能明确地表示方向，上面这些比照人或物体的某一部位而引申出来的方所标，只有方向性比较固定的部位引申出的准标才具有一定的方向性，"顶""底""梢"等少数几个就是如此。储泽祥、廖志鸿（2001）指出准标由身体／物体部位隐喻为空间范围的一部分，在"图解"空间时具有分割性，将空间位置具体化。

　　通过学者们的研究，我们可以看到在世界上许多语言中，空间方位都与人或动物的身体部位关系密切。

二　古代汉语中身体部位名词与空间方位的关系

古代汉语中身体部位名词与空间方位的关系，大致上有三类：

（1）身体部位名词具有表示空间方位的义项

下列是《汉语大词典》中表示空间方位的身体部位名词：

　　【胸】1. 喻指前面。汉张衡《南都赋》："汤谷涌其后，滱水荡其胸。"2. 喻指内部。《吕氏春秋·先己》："是故百仞之松元伤于下而末槁于上，商周之国谋失于胸令困于彼。"高诱注："胸，犹内。"

　　【乳】比喻顶端。唐元结《演兴·初祀》诗："山之乳兮茸太祠。"

　　【腹】前面。和"背"相对。

　　【心】中心，中央。《太玄·中》："神战于玄。"晋范望注："在中为心。"

　　【背】1. 后面或反面。《诗·大雅·荡》："不明尔德，时无背无侧。"孔颖达疏："背后无良臣，傍侧无贤人也。" 2. 北面。《诗·卫风·伯兮》："焉得谖草，言树之背。"郑玄笺："背，北堂也。" 3. 物的上面。《尔雅·释丘》："丘背有丘为负丘。"邢昺疏："中央隆峻若丘背之上更有一丘而负戴之者。"

【腰】比喻事物的中间部分。北周庾信《枯树赋》："横洞口而欹卧，顿山腰而半折。"

【面】1. 前；面前。《书·顾命》："大辂，在宾阶面，缀辂，在阼阶面。"《仪礼·士相见礼》："上大夫相见以羔，饰之以布，四维之结于面，左头如麕执之。"郑玄注："面，前也。系联四足交出背上于胸前结之也。" 2. 表示方位，方向。《墨子·备城门》："疏束树木，令足以为柴抟，毋前面树。"《后汉书·段颎传》："湟中义从羌悉在何面？今日欲决死生。"

【手】指边，面。《水浒传》第七六回："上手是铁臂膊蔡福，下手是一枝花蔡庆。"

（2）身体部位名词演变为方位词

在唐五代时期只有一个身体部位名词——头演变为方位词。

（3）身体部位名词与方位词构成合成方位词，用来表示空间方位

上面我们已经说过，很多语言中都存在表示方位的介词同身体部位名词共同构成一个表示空间方位的词语。一些学者把汉语的方位词看成是后置介词，若是这样的话，古代汉语也同世界其他语言一样，存在着身体部位名词与介词共同组成的、表示空间方位的词语。在唐五代敦煌文献中有一些身体部位名词与方位词共同组成的、表示空间方位的方位词，包括"面上"21例，"头上"1例，"脚下"15例，"目下"4例，"眼下"2例，"眼前"19例，"目前"13例，"面前"15例，"头前"3例，"背后"4例，"腹内"2例。

第二节 方位词缀"头"

学术界对于方位词后的"头"有两种看法：一种是把"头"看作是词缀，大多数学者都持这种观点，如朱茂汉（1982）指出"头"作为方

位后缀在上古已基本形成。太田辰夫（2003：87）指出"头"作后缀在隋以前所见到的多是放在方位词后面，"上头"与现代汉语稍有不同，也许是"上位"的意思，但特别多见。到唐五代，有了"下头""外头""里头"等，以及"心头""角头"等附着于名词后面的"头"。他认为这种"头"是从"边"义发展而来的。另一种是不把方位词后面的"头"看作词缀，如任学良（1981：57—58）就认为："和'边'、'面'相应的'头'属于方位词，如'上头'、'前头'、'后头'的'头'不包括在词尾里；真正的词尾不表示地位。"赵湜（1985）指出与方位词结合的"头"是语义的而非语法的。就语义来说，这种与方位词结合的"头"虽经虚化，却仍含有表位置的词汇意义，在古今汉语中都不能算作词尾。我们赞同把方位词之后的"头"看成是方位词缀，因为它符合词缀的特点：不仅位置固定，而且意义虚化。

关于方位词后缀"头"的来源，以前我们认为是"头"对同义、同源的词语"首"的继承与发展。我们之所以这样认为是因为在西汉时"头"便已经能够出现在方位词之后。例如：

> 近黎阳南故大金堤，从河西西北行，至西山南头，乃折东，与东山相属。（《汉书》卷二十九《沟洫志》）
> 从东山南头与故大堤会。（《汉书》卷二十九《沟洫志》）

据 Svorou（1993）研究，身体部位名词要先扩展到相关物体的部位，然后演化成空间方位介词，再经过频繁的使用发展成为词缀，最后成为零形式。Svorou 的结论是在对世界上几十种语言进行研究之后得出来的，按理说汉语的"头"也应该符合这种模式。我们对西汉以前的"头"进行检索，发现"头"已经由人类的身体部位发展为相关物体的部位。例如：

> 枷，加也，加杖于柄头，以挝穗而出其谷也。（汉·刘熙《释名·释用器》）
> 艮：暴虐失国为下所逐，北奔，阴月王居旄头。（汉·焦延寿《易林》卷五《观之第二十》）
> 讼：右抚琴头左手援带，凶讼不已，相与相戾失利而归。（汉·焦延寿《易林》卷十四《归妹之第五十四》）

西汉时"头"具有方位词的用法，义同"上""边"。例如：

后主吴山绝崖头悬药下与人。（汉·刘向《列仙传》卷下《负局先生》）

井：华首山头，仙道所游，利以居止，长无咎忧。（汉·焦延寿《易林》卷四《谦之第十五》）

今日斗酒会，明旦沟水头。（汉乐府《白头吟》）

城头烽火不曾灭，疆场征战何时歇。（汉·蔡文姬《胡笳十八拍》）

我们在《中国基本古籍库》中进行了检索，这种具有方位义的"头"在西汉时只有 12 例。使用频率是词语语法化的一个重要原因，在用例如此少的基础上西汉时"头"就发展成为方位后缀，这令我们感到很困惑，似乎也是违背 Svorou 所说的身体部位名词的演化链。因此，我们想到那个与"头"同源、且同义的词语——首。据王力（2003：488）研究，在战国以前，只有"首"没有"头"。金文里有很多"首"，却没有一个"头"。到了战国时代，"头"字出现了，可能是方言进入普通话里的。由于在口语里，同义词达到了意义完全相等的地步是不能持久的，所以"头"作为"首"的同义词，逐渐替代了"首"。

"首"的产生时间要比"头"长，"首"在甲骨文中就已经出现，从字形上看，"首"的本义应为"头"。在上古汉语中"首"的使用频率要远远多于"头"。我们在《中国基本古籍库》中进行了模糊检索，在西汉时"头"只有 888 例，"首"却有 2277 例。我们来看一下台湾中研院[①]的统计，据他们统计，在上古时"首"的使用频率及地位要远远高于"头"（见表 1.5、表 1.6）。

表 1.5　　　　　　　　　　上古汉语个别词的频率　首

No.	Rank	Word	Frequency	Percent	Cumulation
982	951	首（NA1）	12	0.011	81.184
1967	1822	首（NI）	5	0.004	87.963

注释：上古汉语指先秦至西汉的汉语。NA1 指代有生名词，NI 指代抽象名词即衍生名词。

[①] http://elearning.ling.sinica.edu.tw./CWordfreq_index.html

表1.6   上古汉语个别词的频率　头

No.	Rank	Word	Frequency	Percent	Cumulation
4710	3348	头（NA1）	2	0.002	94.852

注释：NA1 指代有生名词。

在秦汉时"首"已具有"上"的方位义。例如：

反而为赏雍季在上。上，首也。（汉·高诱注《吕氏春秋·孝行览第二》）

"首"在先秦时就可以出现在方位词之后。例如：

（1）其于马也，为美脊，为亟心，为下首，为薄蹄，为曳。（《周易·说卦》）

（2）卜人抱龟燋，先奠龟，西首，燋在北。（《仪礼·士丧礼》）

（3）杆在其南，南顺实兽于其上，东首。（《仪礼·特牲馈食礼》）

（4）宰、宗人西面，北上。牲北首东上。（《仪礼·少牢馈食礼》）

（5）鱼用鲋十有五而俎，缩载，右首，进腴。（《仪礼·少牢馈食礼》）

（6）载，鱼左首，进鬐，三列，腊进柢。（《仪礼·士丧礼》）

（7）相者二人，皆左何瑟，后首，挎越，内弦，右手相。（《仪礼·乡饮酒礼》）

"东首""南首""北首""西首""左首""右首"在先秦并不是一个合成方位词，而是词组，意义为"头朝××"。例（1）李伯钦（2005：552）译为"就马来说，它是脊梁美丽的、性急的、低头的、薄蹄的、拖蹄的马的象征。"例（2）—（7）彭林（1997：462，523，554，559，451，104）译为"卜人怀抱龟甲，燃着明火的苇束已先放好，接着放下龟甲，首部朝西，苇束在北边。""盛放酒器的木盘在鼎的南侧，南北向陈放，腊兔放在木盘上，头朝东。""宰、宗人站在门的东侧，面朝西，从北往南排列，以北首为尊。祭牲的头都朝北，从东向西排列，以东边的为尊。""鱼是用的鲫鱼，每十五条放一俎，竖着放，头朝右，进献时鱼腹朝前。""往俎上放鼎中的食物时，鱼头朝左，鳍朝前，一共三列，每列三条鱼，腊肉则骨根部的一端朝前。""两位挽扶鼓瑟者的人，都是荷瑟于左肩，左手持瑟，瑟首朝后，手指钩入瑟底的孔中，瑟弦朝内，右手扶着鼓瑟者。"

我们认为"东首""南首""北首""西首"与"东面""南面""西面""北面"的演化路径是一样的。张世禄（1996）指出先秦时的"南面""东面"是两个词，没有结合成一个词，和现代汉语的合成方位词"东面""南面"的意思是不一样的。"东面"的"面"是动词，面向的意思。"东面而视，不见水端"（《庄子·秋水》）中的"东面"是"面向东"的意思。根据转喻理论，动作可以转指结果。"东首/面""南首/面""北首/面""西首/面""左首/面""右首/面"等由头朝向某个方位这样动作通过转喻，能够指头最终面对的方向这样的结果。因此，原为动词词组的"东首""南首""西首""北首""左首""右首""后首"等就演变出了"东边""南边""西边""北边""左边""右边"这样的方位意义。动词词组在词汇化过程中存在向名词转类的现象，董秀芳（2002）对此有过详细论证。由此可见，我们的推断具有一定的合理性。

据吴之翰（1965）、谢红华（2001）研究，双音节方位词多见于口语。与"首"相比，"头"的口语色彩更强，这在口语性较强的佛经中有体现。在《大藏经》的89部东汉译经中"头"出现了428次，而"首"只出现129次。正是因为"头"的迅速发展，"头"替代了"首"出现在方位词之后，并且不断向前发展。

东汉以后"头"的发展更为迅速，使用也更加频繁，正因为"头"有较高的使用频率，所以向更加虚化的方向发展。在《大藏经》的89部东汉译经中，出现在方位词后的"头"有37例，包括"上头"34例，"前头"1例，"后头"2例。34例"上头"中，有的义同"上"：

　　上头亦善，中央亦善。（东汉·安世高译《佛说普法义经》）
　　上头为上。（东汉·安玄、严佛调译《阿含口解十二因缘经》）

有的义为"前文""前面"：

　　　三千大千国土人，悉念慈哀护等心，无过菩萨摩诃萨上头所施，
是即为极尊。（东汉·支娄迦谶译《道行般若经》卷三）

　　　犯上头四恶，复行是六事，妨其善行。（东汉·安世高译《佛说
尸迦罗越六方礼经》）

有的表示较为虚化的"方面"义：

　　　是事上头本不为心计。（东汉·安世高译《佛说骂意经》）

在佛经中"头"还可以出现在时间词之后，用来表示时间，在《大
藏经》中有6例"初头"：

　　　佛言："初头意、后来意，是两意无有对。"（东汉·支娄迦谶译
《道行般若经》卷六）

这些用法都说明"头"已经脱离了原意，虚化程度相当高，成为一
个真正的后缀。

　　虽然我们上述推论具有一定的合理性，但若把"方位词＋头""方位
词＋面"等看成是转喻的结果就会破坏合成方位词的系统性。我们知道
方位词后的"边"是由泛指"这/那里""处"的方位词"边"发展而来
的，而在方言中有很多义同"方位词＋头/面"的合成方位词都是"方位
词＋方位词"组合而成的，如河南话中"东旁"义为"东边"，山西襄
垣、内蒙古西部、苏州、常州、上海崇明等方言中"后底"义为"后边、
后面"，在福建明溪方言中"前底"义为"前面""外面"，在湖南临武
方言中"下外"义为"下面、下头"，在湖北武汉、安徽安庆等方言中
"边下"义为"侧边、旁边"。从上面的例证可以看出，在"方位词＋方
位词"的组合中后一个方位词的意义弱化，只有前一个方位词用来表示
方位意义，另外一个只是起方位标记的作用。

　　基于上述理由，我们认为方位词后缀"头"来自于方位词"头"，方
位词后缀"头"与"头"的"端""边"等义有关。赵浧（1985）指出
方位词后的"头"有"端"义，他认为方位词后"头"虽不是词尾，但
却影响了词尾的产生。太田辰夫（2003：87）也指出词缀"头"是从

"边"这个意义发展而来的。

　　"头"虽然是"首"的同义、同源的替代词，但"头"的空间属性要强于"首"。据赵倩（2007：47）统计，"头"有20个引申义，其中18个引申义显现了"位置"特征，占该词引申义总数的90%，而"首"的"位置"特征仅占引申义的79%。与"首"相比，"头"与空间方位的关系更加密切，"头"表示"里"这样的意义是"首"所不具备的，表示时间的用法也是"首"所不具备的，因此在空间方位关系中，从中古以后"头"就已经基本上取代了"首"向着更虚化的方向发展。"头"对"首"的突破在汉代就已经出现，如在汉时出现了"两头"的说法：

　　　夹室在堂两头，故曰夹也。（汉·刘熙《释名·释官室》）

　　之所以具有"两头"这样的说法，是因为"头"突破了"首"［顶端］的属性。赵倩（2007：105）指出"首"的语义取象只凸显"位置"特征，受［顶端］属性的束缚较大，"头"的语义取象中兼具"形貌"特征，词义的可拓展空间比"首"大。强调［起始］［顶端］方位的意义已经由"首"承担，"头"能够从［顶端］束缚中解脱，不仅可以指事物开端，也可以指事物末端，进而引申指事物的残余部分，摆脱了"位置"特征中［顶端］方位属性，而发展出［端点］这种属性。因此，具有"端、边"义的"头"与"边"一样可以出现在方位词后，演化成意义虚化的方位词缀。

　　上文我们只从唐五代时期"头"在语义上的虚化来说明了"头"在近代汉语中迅速发展，下面我们通过台湾中研院对"头""首"的统计来说明在上古时数量、地位较低的"头"在近代汉语中地位的提升与发展。据他们统计，"首"在上古汉语中的使用频率居951位，"头"在上古汉语中使用频率居3348位，而到了近代汉语中非量词的"首"的使用频率处在2038位，而"头"的使用频率居104位。正是因为"头"在近代汉语中的迅猛发展，以及频繁使用，"头"才向着更加虚化的方向发展，而且使用范围也在不断扩大，在唐五代时"头"可以出现在几乎所有方位词之后。例如：

　　　若置灵位，女婿往至，入屋灵前立，哭五三声，退在户西头，面

向北，跪哭五六声。(S. 1725《大唐吉凶书仪》)

葱同渠地东头方地兼下头共两畦伍亩。(S. 2174《天复玖年闰八月十二日神沙乡百姓董加盈兄弟分家书》)

缘是东头消息，兼算畜生不到窟上咨启。 (S. 3553V《咨和尚启》)

南头广廿二步。[S. 5779《算经（均田法第一）》]

北头长地子两畦各壹亩，西边地子第。(P. 2685《沙州善护遂恩兄弟分家契》)

凡启中有起居字，得通容上头平阙，最好封了，则以一张纸里，以防损污。(S. 6537V《大唐新定吉凶书仪一部并序》)

后头逢贼即击鼓，前头中腰闻声即须住，并量抽兵相救。(唐·杜佑《通典》一百五十七《兵十·下营斥候并防捍及分布阵附》)

回心即是佛，莫向外头看。(唐·寒山《说食终不饱》)

师云："修是墙堑，不修是里头人。"(五代·释静、释筠《祖堂集》卷五《云岩和尚》)

瓮中底头着二三十青石子，如桃李、鸡子许大，过底孔上二三寸，然后下苦参。(唐·孙思邈《千金翼方》卷二十一《万病》)

"头"之所以比意义已经非常泛化的"上""里"发展得更快，成为方位词缀，出现在其他方位词之后帮助构成合成方位词，我们认为这主要与"头"方位意义的泛化有关。与"上""里"相比，"头"从身体部位引申而来，并不是一个天生的方位词，因此在发展的过程中既可以引申出"上"这样的方位意义，还可以引申出"前""边""里"这样的方位意义，意义不固定。"上""里"与"头"相比，方位意义比较具体，"上"主要表示附着于某一平面这样的意义，"里"主要表示处于某种范围内这样的空间方位意义，它们的意义较为具体，限制了它们的进一步发展。"头"从产生之初方位义就不是很具体，所以它可以发展为更加抽象的方位词缀。

第三节　面上脚下

一　面上

《汉语大字典》指出"面上"有以下三个意义：

> 【面上】1. 指坟土之上。唐杜甫《不归》诗："面上三年土，春风草又生。"仇兆鳌注："面上，坟土之上。"2. 情面；面子。《水浒传》第十一回："柴大官人面上，可容他在这里做个头领也好。"3. 方面。《说唐》第二九回："罗成便从怀中取出，老夫人接过一看，不觉堕下泪来，叫声：'我儿，你母亲面上，只有这点骨肉。'"

"面"《说文》释为"颜前也"。在唐五代以前"面"就已经发展出表示"物体的表面"义。例如：

> 种子于水中，则如萍根浮水面。　（晋·嵇含《南方草木状》卷上）

据齐沪扬（1998：46）研究，无论是表示"线"型空间范围，或者是表示"面"空间范围，用了"上"之后，都有一种"表面"的意思，如"边境线上"是"边境线的表面"，"大桥上"是"大桥的表面"。方经民（2002：62）也指出在没有语境干扰的情况下，"主要承附面"是"上"的主要义项，"～上"的不同结构形式对各个义项的解释概率是：

主要承附面 ＞ 上方表面 ＞＞ 上方空间

"面"与"上"在语义上非常切合，所以它们比较容易凝固成为一个词。Heine（1991）对非洲125种语言的统计显示，在47种语言中身体部位名词"脸"发展出了"前"这样的空间方位概念，在2种语言中身体部位名词"脸"发展出了"上"这样的空间方位概念。Svorou（1993）指出在Bari语中"脸"也有这样的变化。例如：

i kɔmɔŋ ŋa（在……前面）< i（in, at）+ kɔmɔŋ（脸）+ na
（领属性的前置词）

无论从汉语本身的语义上来看，还是从世界语言的共性看，"面"与空间方位都有密切的关系。

"面"与"上"连用最早出现在汉代，意义为"（人或动物）脸上"。例如：

> 鑣，马面上饰也。（汉·史游《急就篇》卷三）
>
> 鸡肝及血涂面上，以灰围四旁立起。（汉·张仲景《金匮要略论注》卷二十三）

在唐五代的文献中有很多"面上"的用例：

（1）女无明镜不知面上之精粗。（P. 2564《太公家教》）

（2）治面上一切诸疾方。（P. 3930《医方书》）

（3）荷叶团圆茎削削，绿萍面上红衣落。（《全唐诗》卷四百三元稹《夜池》）

（4）明月中心桂不生，轻冰面上菱初吐。（《全唐诗》卷四百九十周匡物《古镜歌》）

（5）银匙银筋辄不得将入众行面上。（S. 2575《天成肆年（929）三月六日都僧统海晏置道场条令牓》）

（6）于索盈达面上买柽壹车，用土布壹匹。（S. 4120《某寺布褐绫绢破历》）

（7）遂于莫乡百姓索骨子面上贷黄丝生绢壹。（P. 2633V《辛巳年二月十三日慈惠乡百姓康不子贷生绢契》）

（8）仰者口承人兄定奴面上取于匹数绢。（P. 3627《壬寅年贰月十五日莫高窟百姓龙钵略欠缺匹帛状》）

（9）遂于翟押衙面上换大豖马一匹。（俄 ДХ02143《乙未年六月索胜全换马契》）

（10）依张安六面上便奇粟两斗。（BD01943《天复九年杜通信便麦粟契》）

唐五代时期"面上"既可以指"（人或动物）脸上"，如例（1）（2），又可以指"~物的表面上"，如例（3）（4）。唐五代时期"面上"发生了虚化，并不用来指"某人的脸上"或"某物的表面上"，而虚化成为处所标记，义同"处""那里"，用来把前面的名词处所化，如例（5）—（10）。义同"处""那里"的"面上"我们只在唐五代敦煌经济文献中看到，传世文献中直到宋代才出现。例如：

> 臣闻杨畏是吕惠卿面上人。（宋·朱熹《三朝名臣言行录》卷十二）

这种意义的"面上"，《汉语大字典》释为"方面"，但以清代的《说唐》为例，例证过晚。从唐五代敦煌文献的例证来看，"面上"多与指人名词搭配，且多与表示源点的介词"于"共现。"于"是表示源点的介词，因此它后面需要接表示源点的词语。据储泽祥（1997：226）研究，指人名词属于强性质名词，强性质名词与方位词搭配能力弱于强形态名词，强性质名词多与"前/后/里/中"这些方位词搭配，一般不能与"上""下""外"这类方位词搭配。所以"上"与"索骨子、定奴、忽律元、福子、索盈达、翟押衙、张安六"等指人名词直接搭配的例证较为罕见。若"上"与空间方位性较强的身体部位名词"面"搭配，组成"面上"再修饰、限定指人名词，使之与"人称代词+这里/那里"一样，用来表示某人所处的空间方位，同时也满足了源点介词"于"所需要的条件。"面上"与"处""那里"一样，它们都可以使体词方所化，都只提供了一个目标点或来源点，并没有确指方向。但"面上"要比"处""那里"更加具体、形象，因为"面"是人体不可分割的部分，"面上"与其前的指人名词紧密相连，指的是前面那个人的一部分，因此当"面上"泛指处所时，它强调的是"就在那个人本身所在的地方"。

二　脚下

"脚下"的本义为"脚底下"或"脚的下方附近"，在唐五代以前"脚下"就有这样的意义。例如：

> 脚下龟理文，主二千石禄位，君子之相。（汉·许负《相法十六

篇·相脚篇第十二》)

汉道士从外国来，将子于山西脚下种，极高大，今有四树，一年三花。(北魏·贾思勰《齐民要术》卷十《五谷果蓏菜茹非中国物产者·盘多》)

在唐五代文献中我们也见到许多"脚下"的用例：

（1）所有家产田庄、畜牧什物等，已上并以分配，当自脚下，谨录如后。(S. 343V《遗书》)

（2）一物已上分为两分，各注脚下。(S. 5647《叔侄分书》)

（3）孟什德卅亩在当户脚下纳了。(P. 2214《官府杂帐》)

（4）见镜一面与梁舍人，附在尼僧脚下。(P. 3774《丑年十二月僧龙藏析产牒》)

（5）齐周，父脚下作奴。 (P. 3774《丑年十二月僧龙藏析产牒》)

（6）帖至，限今月十日脚下并身及粟李家门内取齐。 (S. 3714《亲情社转帖》)

（7）幸请诸公，帖至，限今日脚下于敦煌兰若门前取齐。(S. 4660《戊子年六月廿六日兄弟社转帖》)

（8）帖至，限今日脚下于凶家取齐，如有后到，罚酒半瓮。(P. 4987《兄弟转帖》)

（9）脚下六枝分脚下者，门下也。四祖下横出一宗。六枝者，牛头、融禅师等六祖。(五代·释静、释筠《祖堂集》卷二《第二十八祖菩提达摩和尚》)

（10）五祖曰："莫是师脚下横出一枝佛法不？" (五代·释静、释筠《祖堂集》卷三《牛头和尚》)

据黑维强（2004）研究，"脚下"有以下三个意义： （1）名字下、名下。（2）犹手下。（3）指某一时辰，可能是指日暮时分。例（1）（2）（3）属于意义（1），例（4）（5）属于意义（2），例（6）（7）（8）属于意义（3）。在《祖堂集》中"脚下"被释为"门下"，如例(9)（10）。

　　根据 Heine（1991）对 125 种非洲语言的统计，在 4 种语言中"脚"发展出了"在……下"这样的空间方位概念，在 1 种语言中发展出了"后"这样的空间方位概念。Svorou（1993）指出在他的样本语言中有 Bari、Chalcatongo Mixte、Halia、Navajo、Shuswap 5 种语言的"脚"发展出了"下部区域"这样的空间方位概念。唐五代时期的"脚"没有单独发展出表示空间方位的用法，而是与方位词"下"组成"脚下"来表达"下部区域"这样的空间方位意义，并且"脚下"进一步演化出表示泛化的空间方位，义同"处""那里"。在古代汉语中，"脚下"的演化速度比世界上其他语言还要快，因为"脚下"不仅具有空间方位用法，而且还发展出表达时间的用法。根据空间主义的看法，空间方位概念是许多概念的源头，因为它较为具体，与空间概念相比，时间概念较为抽象，于是通过隐喻这样的认知机制，就由较为具体的空间方位概念来表达较为抽象的时间概念，因此"脚下"也具有表示时间的用法，如例（6）　（7）（8）。

　　黑维强（2004）所说的义为"名下""手下"，以及《祖堂集》中的"门下"都可以看成是泛化的空间方位用法在具体语境下的释义。从"名下""手下""门下"这些具体的释义中我们可以看出，泛化意义的"脚下"具有强烈的所属性或依附性。无论是"各自脚下""当户脚下"还是"父脚下""尼僧脚下""师脚下"都强调某物或某人是归其所有，强调某物或某人属于或依附于"当户""父""尼僧""师"这些人。身体部位名词是不可让渡名词，是一个人不可分割的组成部分，因此具有很强的依附、归属性。"脚"这类身体部位名词没有像"头"一样，本身演化成方位词，它要表示空间方位这样的概念必须要有方位词的协助，而"脚"处于人体的下端，与"下"在语义上契合，所以较易组成一个词。由于"下"具有覆盖性、笼罩性，如"月光下、日光下"都是强调某物或某人在"日光、月光"的覆盖、笼罩之下，而某物或某人属于或依附于某人就是在某人的覆盖、笼罩之下，因此"下"与依附性等语义切合。因为指人名词是强性质名词，很难与"下"搭配，因此若要与"下"搭配，需要一个身体部位名词，所以形成了"脚下"这样的组合。

三　其他

　　同"面上""脚下"一样，身体部位名词"腹""眼""目""面"

"头""背"等与方位词组成一个合成方位词，用来表达空间方位概念。

"腹内"作为处所标记，义同"那里""处"，用来把前面的指人名词处所化。例如：

> 倚园已后，府司所由将作物在袁成腹内。（P.3899V《唐开元十四年沙州勾征悬泉府马社钱案卷》）
>
> 伏乞特敕京兆府，应今年税钱及草粟等在百姓腹内征未得者，并且停征，容至来年蚕麦，庶得少有存立。（《全唐文》卷五百四十九韩愈《御史台上论天旱人饥状》）

在现代汉语方言中有表示"里"义的"肚里""肚内""腹里""腹底"等词，如在武汉、长沙、南昌等方言中"肚里"义同"里面、里头"，在江苏东台方言中"肚内"义同"里面"，在福建的政和、将乐等方言中"腹里"义同"里面"。在唐五代文献中"腹内"本身也具有"里"义。例如：

> 中台南耀星旧图在轩辕腹内，今测在轩辕尾南，近柳北四星。（唐·瞿昙悉达《唐开元占经》卷一百九《星图》）

既然"腹内"可以用来表示"内""里"的方位意义，受到方位词虚化、泛化的影响，义为"内、里"的"腹内"成为处所标记，用来把前面的成分处所化也顺理成章。朱熹在校注韩愈作品时对"腹内"的解释也印证了我们的说法，他说："今按'腹内'谓应纳而未纳者，尝见国初时官文书元有此语，如今言名下也。"（《朱文公校韩昌黎先生集》卷三十七）"府司所由将作物在袁成腹内"与"于莫乡百姓索骨子面上""附在僧尼脚下"同样都可以理解为"在×××那里""在×××名下"，因为"于""在"要求后面是一个处所成分，而单独的指人名词不能充当处所成分，必须使用一些语法手段使之处所化，"腹内""面上""脚下"就是这种处所化的手段，因此我们将之看作已经词汇化的方位词，它们已经泛化成为处所标记。

"目前""眼前""面前"在开始时都表示近距离的空间，义同"跟前""附近"。后来"目前""眼前"扩展到时间领域，表示时间意义，义同"近来、现在"。在敦煌文献中"目下""眼下"都表示时间，义同"现在、立刻"，但在唐五代传世文献中有 10 例"目下"用来表示空间上在"附近、身边"，如唐李延寿《北史》卷四十四《魏收列传》："卿勿见元康等在吾目下趋走，谓吾以为勤劳。我后世身名在卿手，勿谓我不知。"表示时间的"目下"有 18 例，表示"眼睛下面"义的"目下"32例。除了"面前"只用来表示空间方位之外，"目前""眼前""目下""眼下"不仅可以表示空间方位，还可以表示时间，已经从空间域通过隐喻扩展到了时间域，意义的转化是词汇化的一个重要标准，所以我们可以说在唐五代时"目前""眼前""眼下""目下"等词的词汇化程度已经非常高了。

第四节　身体部位名词演化为方位词的原因

（1）身体部位名词具有空间位置的属性

赵倩（2007：85）对包括 19 个头部名词，24 个身体名词，8 个内脏名词在内的人体名词中的 15 个的语义演变进行了研究，她对各类人体名词的词义倾向进行了统计，统计数据如下（见表 1.7—表 1.9）：

表 1.7　　　　　　　　　　　　　头部名词词义倾向表

引申义	非人实体	行为活动	抽象事物	计量单位	人	时间	性质	人体构件	空间方位	虚义范畴	思想感情	引申义数量
数量	56	49	36	12	8	7	7	5	5	3	0	188
比重	30%	26%	19%	6%	4%	4%	4%	3%	3%	1%	0	100%

表 1.8　　　　　　　　　　　　　身体名词词义倾向表

引申义	行为活动	非人实体	抽象事物	人体构件	计量单位	性质	人	空间方位	思想感情	虚义范畴	时间	引申义数量
数量	72	44	35	14	11	8	3	3	2	2	0	194
比重	37%	22%	18%	7%	6%	4%	2%	2%	1%	1%	0	100%

表1.9 内脏名词词义倾向表

引申义	思想感情	非人实体	抽象事物	人体构件	行为活动	空间方位	人	时间	性质	计量单位	虚义范畴	引申义数量
数量	8	7	4	3	1	1	0	0	0	0	0	194
比重	33%	29%	17%	13%	4%	4%	0	0	0	0	0	100%

从上表中可以看出，头部名词、身体名词、内脏名词等都具有表示空间方位的引申义，可见身体部位名词与空间方位关系密切。在这些词中有一些词的空间位置属性特别显著，如在"首、头、面、身、体"这几个词的词义中，"位置"义是它们的强势特征。赵倩（2007：63）指出具备以下几个显著性的人体名词一般具有"空间显著性"。

1）上位显著性

词所指称的对象居于人体的最上部，如"头、首、顶"等。

2）中心和整体显著性

有的词所指对象居于人身体的中心，有其他器官或部位附着于这个部件之上，这样的部位往往有整体特征，是由许多别的人体器官或部位构成的一个有机整体，也是人身体上的重大部件。它们作为人体中心比人体的边缘显著，作为整体部位比零散的部位显著，如"面、身、体、背"等。

3）端点显著性

有的词指称的对象虽然并不位于人体的上部，也不是人体的中心，但确是人身体的尽头和端点。按照认知习惯，事物的中间和两段最容易引起人关注，因为这些部位有明显的空间标记和边界，因此肢体的端点也具备显著性，如"手、脚"。

据赵倩（2007）统计，"头"有20个引申义，其中18个引申义显现了"位置"特征，占该词引申义总数的90%。"首"的"位置"特征占引申义的79%。"脚"的11个引申义中，3个引申义显现"位置"特征，比重是27%。在唐五代时期我们也确实看到了具有这些空间显著性的身体部位名词，如"头""面""脚"等，与方位词一起演化出新的合成方位词，用来指称空间、时间方位。

储泽祥（1997：15）把一部分身体部位名词"心、顶、脚、首、口、底、腰、背"等称为准方位标，所谓的准方位标是介于方位标和命名标之间的处所标记形式，它们一般都不能构成专名，更靠近方位标。这些身体部位名词能够成为准方位标，进一步证明了身体部位名词具有空间方位属性。

（2）身体部位名词与方位词具有很多共同点

身体部位名词与方位词同属于关系名词。所谓的关系名词（relational noun）指用来表达与另一个名词相关的方向、位置等语义概念的名词，关系名词通常要求一个特定的领属语与之共现，并用作领属结构式中的核心语。身体部位名词属于袁毓林（1994）所说的一价名词，它必须与所属的配价成分共现。方位词也必须依附于前面的名词，很多学者都把"后附性"看成是方位词重要的语法属性。金昌吉（1994）指出方位词的主要语法功能是附着在其他词的后面构成方位短语，中间不能插入其他词语。张谊生（2000：297）指出方位词只能附着在其他词语后面以构成方位短语，而不能作为修饰成分位于其他词语的前面。方位词同所依附词语之间必须紧密相连，中间不能插入其他任何连接成分或辅助成分，一般不能单独充当句法成分。

身体部位名词与方位词都遵循汉语领属结构的语序：领属语＋关系名词，并且都具备演化为后置词的条件。据吴福祥（2005）研究，若"领属语＋关系名词"结构中关系名词语法化为附置词，那么该附置词一定是后置词。因此，方位词与身体部位名词都能演化为后置词。刘丹青（2003：97，99）指出汉语的方位词是后置介词。据世界上许多学者的研究，身体部位词也是空间介词的重要来源。

（3）身体部位名词处于名词的边缘，这种属性为它的语法化奠定了基础

在许多语言中，身体部位名词被认为是不可让渡的所有关系，需要合适的所属性代词，若它们是可以分离的物体，那么它们就需要可让渡的所有格标记。身体部位名词被取消了一定的修饰成分，例如描写性的、领属性的形容词以及指示词。身体部位名词在语篇中被认为是附属词语，这反映了它们对于它们的所属者——身体的附着。身体部位名词的这些特征都显示了身体部位名词是名词中的边缘类，相对于处于核心的语法范畴更易发生语法化。

综上，我们认为正是由于身体部位名词与方位词在语义上、语法上有许多共同点，以及身体部位名词自身的特点为它演化为表示空间方位概念的词语奠定了基础。

第二章

方位词的来源与演变

第一节　方位词"底"的演变

在敦煌文献中方位词"底"共有24例，义同"下""里""边"，同"下"组成复合型合成方位词"底下"，以及在方位词后作方位后缀。在唐五代的传世文献中"底"还有"前"义，这些在描述编7.2里我们有详细介绍，这里就不再赘述。除此之外，在敦煌文献中还有2例疑问代词"底"，10例结构助词"底"。

（1）疑问代词"底"2例：

色我将来，道我是底？（P. 2564《㠠魉新妇文》）

索得个屈期物来与我作底！（P. 2564《㠠魉新妇文》）

（2）结构助词"底"10例

1）修饰语为方位词1例：

第一且道上头底，弟二东头底，弟三更道西头底。（S. 4327《师师谩语话》）

2）修饰语为形容词1例：

到家各自省差殊，相劝直论好底事。（P. 2305V《无常经讲经文》）

3）修饰语为动词 8 例：

汝等昨夜见底光，非是释梵四天王。（S. 3491《频婆娑罗王后宫彩女功德意供养塔生天因缘变》）

惟愿世尊愍四众，解说昨夜见底光。（S. 3491《频婆娑罗王后宫彩女功德意供养塔生天因缘变》）

佛把诸人修底行，校量多少唱看看。（P. 2133《观音经讲经文》）

惟愿如来慈念力，为说前生修底因。（P. 3048《丑女缘起》）

莫将浮贿施为，非是菩萨行藏，此是俗门作底。（俄 252Φ《维摩诘所说经讲经文》）

已满今生发底愿，并无魔难及诸灾。（俄 252Φ《维摩诘所说经讲经文》）

我等摆头嫌底事，他家心愿不忙惊。（俄 365Φ《妙法莲华经讲经文》）

酬报因中行底行，故教作用满三千。（俄 365Φ《妙法莲华经讲经文》）

江蓝生（1999）指出结构助词"底"来源于方位词"底"。她认为从结构助词"底"的最早用例是"名词＋底"来看，它不可能源自指示代词；"N 底"跟唐以前的"N 所、N 许"相承接也有助于说明"底"应该是跟"所/许"同类的处所方位。在"名词＋方位词＋名词"结构中，方位词正处于结构助词"之"的位置，在一定的语境中会产生歧义，提供了重新分析的机会，促发了方位词向结构助词的转变。储泽祥（2002）指出安徽岳西方言中"底"既有方位词的用法，同时具有结构助词的用法，从方言的角度支持了江蓝生的论断。他指出结构助词"底"来源于方位词"底"的可选格式是"N1 底 N2"，因为单音方位词经常出现在名词的后面，而两个名词之间是结构助词常规位置之一，在"N1 底 N2"里，"底"既可能是方位词，也可能是结构助词。他认为主要通过两种途径方位词"底"演化为结构助词"底"。一条途径是 N1 由空间位置向空间属性转化，成为对 N2 进行分类或命名的标准，促发方位词"底"向结构助词转化。一条途径是 N1 由空间位置向空间领属转化，促发空间方位词"底"向结构助词转化。基于以下几个原因，我们认为方位词

"底"确实能够演化为结构助词。

（1）方位词演化为结构助词是一种较为普遍的语言现象

方位词"所""许""上""下""里"都具有结构助词的用法。关于"所""许"的结构助词用法江蓝生（1999）已经论述，我们就不再赘述。江蓝生（1999）还指出"上""下"等也可以发展出结构助词的用法，如"有钱石上好，无钱刘下好，士大夫张下好"（《全唐诗》卷八百七十六《选人语》）中"石上""刘下""张下"即是"姓石的""姓刘的""姓张的"，但由于"上""下"方位词的身份太常用，太明确，不适合转为他用。戴庆厦（1998）指出景颇语中的方位词"里""处"也具有虚实两栖性，既具有方位词的属性，还兼有结构助词的属性。刘丹青（2003）指出在苏州话中"浪（上）""里"等方位词具有定语标记的用法。据陈玉洁（2007）研究，方位词"里"也具有结构助词的用法。结构助词"里"同"底"一样，不仅能够以名词为修饰成分，而且还可以以动词为修饰成分，这种用法至今仍保留在河南方言中。不仅汉语如此，其他语言中表示空间方位的介词也兼有定语标记的作用，如英语 the book in the chair（椅子里的书）用 in 为引导的虚词，并没有另附定语标记。

（2）方位词日益泛化、虚化，为结构助词"底"的出现准备了条件

董秀芳（1998）指出在古代汉语中存在着一个后置词系统，如"边""许""间""处""所""行"，这些后置词都有虚化为格标记的倾向，如"夫受斋法，必从他人边受。（汉失译《大方便佛报恩经》卷六）""他人边"即"他人那里"，这里的"边"不是表示具体的方位，"边"近似一个格标，标示"来源"。"许"的意义虚化，类似于一个表示对象的格标，如"王有大恩在我许"（三国吴康僧会译《旧杂譬喻经》卷上）。"有大恩在我许"即"对我有大恩"。董秀芳（2002：235－236）认为宋代以后在时间词后出现的"家""价"很可能是"间"的变体，"家""价"不仅能在时间词后，还可以用在其他副词性修饰语后，在宋代几乎成了一个状语标记。有一种可能是"家"和"价"在使用过程中功能扩大，从最初只用在时间词后推演到也可以用在其他状语成分之后。领属格也是格标记的一种，既然后置方位能够成为"对象格""来源格""状语标记"等格标记，那么也可以虚化为领属标记，成为领属格。

同"所""许""边""间""行"等相似，方位词"底"在唐五代时意义已经非常虚化。在敦煌文献中"底"有"下""里"义，在《全

唐诗》中"底"还有"前"义，如"愿将门底水，永托万顷陂"（卷五百九十二曹邺《将赴天平职书怀寄翰林从兄》）。"底"甚至已经虚化为方位词缀，放在方位词后，与方位词共同构成合成方位词，如"后底"。蒋礼鸿（1997：537）认为"后底"中的"底"为结构助词，同"的"，用在定语及其中心词之间。都兴宙（1987）认为"后底"中的"底"是词尾，犹如"面""头"。我们赞同都兴宙的看法，因为在变文中"后底"与"前头"相对，"前头"既然为一个合成方位词，那么"后底"亦应为一个合成方位词，"底"在此处应该同"头"性质相同。词汇意义渐失，为方位词"底"的虚化奠定了基础。

（3）"N1 + L + N2"这种格式为方位词向结构助词的虚化提供了语法环境

储泽祥（2002）、陈玉洁（2007）都认为方位词向结构助词演化首先发生在"N1 + L + N2"这种语法格式中。我们对《全唐诗》进行了统计，除了作动词的"底"外，"底"有412例，方位词"底"有235例，名词"底"95例，疑问代词"底"70例，指示代词"底"12例。储泽祥（2002）、陈玉洁（2007）都认为"底""里"语法化为结构助词的语法格式是"N1 + L + N2"，《全唐诗》中出现在这种语法格式的"底"有131例。例如：

> 盘剥白鸦谷口栗，饭煮青泥坊底芹。（《全唐诗》卷二百二十四杜甫《崔氏东山草堂》）
>
> 指底商风悲飒飒，舌头胡语苦醒醒。（《全唐诗》卷四百四十白居易《春听琵琶兼简长孙司户》）
>
> 独行潭底影，数息树边身。（《全唐诗》卷五百七十二贾岛《送无可上人》）

"NP底"是它后面名词的指称对象存在的处所。陈玉洁（2007）指出存在和拥有具有高度的相关性，它们都表示抽象的处所概念。在世界很多语言中，表示存在的动词和表示拥有的动词往往采用同一种形式，如汉语中的"有"。存在于某处即为某处所拥有，这是人们一种普遍的认知心理。当"底"的方位意义被抑制或不显著时，在这样的环境中，"底"逐渐褪掉方位指示意义而朝功能词方向发展。当"底"逐渐不再指示方位，而被理解为专门表示领属关系，在这样的结构中，它的领属标记功能进一步突出，然后进一步扩展为泛化的领属标记。虚化了的方位词"底"处于领格助词的位置，这种位置为"底"提供了重新分析的契机。

（4）用"地"的来源来旁证"底"来自方位词

结构助词"底""地"在发展过程中时有交叉。唐代"地""底"在功能、用法上是彼此对立的。"地"只用于谓词性结构，具有描写性；"底"只用于体词性结构，具有区别性。五代时，体词性结构中只用"底"，谓词性结构中"底""地"并用，"底"已经入侵"地"领域。到宋代不仅"底"可以用于谓词性结构，也有"地"用如"底"作定语的，如"玄，只是深远而至于黑窣窣地处"（《朱子语类》卷一百二十五）。曹广顺（1999：19）指出在《祖堂集》中"地"只是"底"的一个附属，其分布和功能都被包含在"底"里。江蓝生（1999）认为这种现象是同一系统内的成员之间功能相互沾染所致。"底""地"的功能、分布都有交叉，那么它们必有相似之处。

太田辰夫（2003：320）推测结构助词"地"可能是由表处所的名词"地"演变而来。"用于副词性修饰语的'的'早先写作'地'。'地'当然是'土地'、'场所'的意思，是转为表示动作或状态存在的环境、用作副词性的修饰语的吧。例如唐代就能见到的'暗地'，大概就是'暗的地方'—'在暗的地方'—'暗暗地'这样变化而来的。"吴福祥（1996：313）认为太田辰夫的意见是值得重视的。"定＋底＋名""状＋地＋动"可以抽象为"修饰语＋语法标记＋中心语"，上文我们说过"家""价"在宋代已经成为状语标记，因此"状＋家（价）＋动"也同"底""地"式一样抽象为"修饰语＋语法标记＋中心语"，既然状语标记"家""价"可能来自方位词"间"，状语标记"地"可能来自于处所词"地"，那么同样处在"修饰语＋语法标记＋中心语"格式之中的"底"来自于方位词也讲得通。

（5）从"帷帽底"的两解证明结构助词"底"来自于方位词

太田辰夫（1987）、江蓝生（1999）都认为唐张元一《咏静乐县主》"定知帷帽底，仪容似大哥"中的"帷帽底"即"戴帷帽的"，但魏耕原（2001：77）却认为"帷帽底"义为"帽子里"。"底"既可以理解为方位词，又可以理解为结构助词，进一步说明了结构助词"底"来自于方位词。其实这两种理解有内在联系，理解为"帷帽里"的"帷帽底"是后面"仪容"的存在处所。把"帷帽底"理解为"戴帷帽的"指的是"戴帷帽的人","仪容"是"戴帷帽的人"的一个部分,部分存在于整体之中。因此,两种理解有相通之处,所以方位词"底"被重新分析为结构助词"底",结构助词"底"同"者"一样起到了转指作用。

　　还有一个词"里底"也有两种理解,如"师问:'篮里底是什摩?'道者便覆却篮子"(五代释静、释筠《祖堂集》卷十六《南泉和尚》)。"篮里底"既可以理解为"篮里的"也可以理解为"篮子里边"。在现代的浙江常山,广州,福建顺昌等方言中"里底"用作方位词,相当于"里边、里面"。

　　(6)以指示代词"底"作为中间过渡阶段

　　敦煌文献中结构助词"底"以出现在谓词性定语之后为主,直到五代《祖堂集》中还是如此。在敦煌文献的10例结构助词"底"中,有8例出现在谓词性成分之后。据曹广顺(1999:17)统计,《祖堂集》中以动词作定语的例证最多,多达170例,占总数的3/4以上;其次是形容词作定语,有40例;最少的为名词作定语,不到总数的1/10。我们知道除了"中、间、里"等方位词与动词、形容词等谓词性成分搭配表示状态或过程之外,方位词几乎不附在动词、形容词之后,那么就无法形成"动/形+底+名词"这样的结构,因此若把"底"作为方位词来理解就无法解释"底"为何在初兴时总是出现在谓词性定语之后。当然我们也可以把谓词性修饰语后的结构助词"底"看作已经语法化了的"底"使用范围的扩展,但这种扩展必须是在原型格式达到一定的使用频率之后,不应该在初兴时期这种扩展格式的使用频率就超过原型格式。因此,我们认为敦煌变文以及《祖堂集》中附在动词、形容词等修饰语后的"底"并不是直接来自于方位词,而是来自于指示代词。

　　首先,指示代词所处的格式与以谓词性成分为修饰语的"底"所处的格式相同,而且指示代词处于联系项的中间位置,这样的位置易于虚化。我们来看一下《全唐诗》中指示代词"底",12例指示代词中有6例出现在"动词+底+名词"的格式中。例如:

　　　因君投赠还相和,老去那能竞底名。(《全唐诗》卷四百十五元
　稹《和乐天赠杨秘书》)
　　　五湖烟水郎山月,合向樽前问底名。(《全唐诗》卷六百十三皮

日休《奉和鲁望看压新醅》)

出现在"动词+底"的格式中有 1 例:

　　那知下药还沽底,人去人来剩一卮。(《全唐诗》卷四百十一元
稹《病醉》)

　　《全唐诗》中指示代词出现的语法环境大致上与唐五代的敦煌变文、
《祖堂集》中以谓词性成分为修饰语的"底"出现环境一致。在"谓词性
成分+指示代词+名词"的格式中,指示代词处于联系项的位置,居于
次要地位,因此同处于"名词+方位词+名词"结构中的方位词一样,
易于虚化为标记成分。
　　其次,指示代词与结构助词关系密切。上古汉语的结构助词"之"
同时兼有指示代词的用法,这两种用法在甲骨文中就已经出现。例如:

　　翌壬戌不雨,之日夕雨。(《甲骨文合集》12973)
　　一月之乙酉乡于祖乙。(《英国所藏甲骨集》2041)

　　曹广顺(1999)指出"许"是一个结构助词,多出现在"代词+
许"或"代词+许+名词"的格式中。"许"在六朝时就已经具备指示代
词的功能。例如:

　　团扇复团扇,持许自遮面。(宋·郭茂倩《乐府诗集》卷四十五
《团扇歌》)

　　刘丹青(2005)指出北京话中指示代词"这"也可以作为定语标记。
"至少在北京口语中,除了'的'之外,也可以有条件地使用指示词
'这''那'或指量短语[指示词(+数词)+量词]兼作某些定语的标
记,包括关系从句的标记。"在方言中方位词"里"既有指示代词的用
法,如常熟方言、宜春方言,还有结构助词的用法,如河南话、上海话。
　　据石毓智、李讷(2001:320)统计,《红楼梦》55—87 回含指示代
词的领属短语,97%的用例都不加"的",若去掉指示代词,"的"是必

不可少的。由此可见，指示代词和结构助词具有语法共性。刘丹青（2005）也指出假如单用指示词，再加"的"反而难以接受，这显示单用的指示词更具有定语标记的作用，对其他专用的定语标记已有一定的排斥性。正是因为二者有密切的关系，石毓智、李讷（2001）才赞同冯春田（1991：138）的推断，认为结构助词"底"来自于代词"底"。石毓智、李讷（2001：315—316）认为结构助词"底"产生的动因是"数＋量＋名"结构在汉语中的确立而带来的类推力量，要求一般修饰语和中心语之间也有一个语法标记。但此时从上古汉语沿用下来的"之"的功能已经萎缩，修饰语和中心语之间多为零标记，"底"的指代词用法与所要求的结构助词之间具有共性，就应运而生，发展成为一个语法标记。江蓝生（1999）认为："量词跟指示代词、疑问代词是不同的语法概念，对于助词'个'源于量词'个'的说明，并不能代替助词'底'源自指示代词'底'这一观点的论证。"我们也认为指示代词"底"虚化为结构助词"底"并不是量词结构的类推，而应该是指示代词与结构助词同样处于"动词＋底＋名词"这样的位置促使"底"虚化。指示代词与结构助词具有相似的功能，指示代词是用来确指中心语概念外延的成员，结构助词是根据行为、性质、领属等标准限制中心语概念的外延。对于中心语来说结构助词只是指示代词的进一步抽象化，由限定中心语变成中心限定语的标记。

　　基于上述原因，我们认为结构助词来源于指示代词，但这并不违背结构助词来自于方位词的结论。因为指示代词"底"只是向结构助词转化的中间过程，指示代词"底"的源头为处所方位词或趋向词。

　　六朝时的指示代词"许"在先秦时就已经具备了处所、方位的用法。例如：

　　　　曰："吾将恶许用之？"曰："舟用之水，车用之陆。"（《墨子·非乐》）

　　吴福祥（1996：326）指出"许"作为处所名词，一定意义上可以看作是一种指称，是一种具体而确定的指称，当它变成近指代词后，"许"的词义开始抽象，变成一种空灵而宽泛的指代。从这个意义上说，"许"由处所词变成近指词在语义上是一种由确指到泛称的变化。同"许"一样，方位词"底"到指示代词"底"可以看作语义上一种由确指到泛称的变化。

指示代词"这"本义为"迎"，《玉篇·辵部》释为："宜箭切，迎也。""迎"含有"趋向"义，徐时仪（1999）指出指示代词"这"也含有"趋向"义，表"迎接"义的动词"这"与表指示的代词"这"在表"趋向"义上有关联，因而从动词演化为指示代词"这"。可见，指示代词与方向、处所密切相关，指示代词来源于处所方位词或趋向词。

综上，我们认为方位词"底"能够虚化为结构助词，只是虚化路径不同。以名词为修饰语的"底"直接由"名词＋方位词＋名词"虚化而来，以谓词性成分为修饰语的"底"经历了指示代词的中间阶段，由指示代词发展而来。认知语言学认为空间概念是最基本的概念，语言中表示空间的词是派生其他词语的基础，派生是通过隐喻或引申从空间这个认知域转移到其他认知域的，方位词虚化为结构助词是上述演化中的一种表现。

第二节　方位词"行"的来源

江蓝生（1998）指出宋元时期出现在指人名词之后的方位词"行"是方位词"上"的音变。她指出二字声母本不相同，由于"上"字轻读而音变为匣母，人们就用"行、杭"来标记［xaŋ］音。"N行"的"行"表达的都是"上"字虚化了的意义，久而久之，人们就逐渐淡忘了"上"［ʂaŋ］与"行"［xaŋ］之间的来源关系。她以山东、山西某些方言为证来证明"行"就是"上"读轻声发生的音变。在山东寿光方言中"上"表示方位时有两个读音：单纯方位词，如"往上看"读［xaŋ］；跟别的词组成名词或方位结构，如"晚上""身上"也读［xaŋ］；跟"之、以、边、面、头"组合成的方位词，都读［saŋ］。我们发现山东聊城、运城等方言中"行"亦读为［cxaŋ］，且意义为位置在高处的、在物体表面，相当于"上"。例如："你把它扔到房行吧""桌子行可以放东西""路行人多不多"。

江蓝生（1998）指出山西孝义话中"－上"变音为［XE］，跟忻州话的"－行［xɛ］"语法意义相似，一是表示位置、处所，相当于"这／

那里"，如"这跟上们"（这些地方）。二是用在人称代词后面，其义为
"家"，如"俺上"（我们家）。她把忻州话的"－行［xɛ］"跟孝义话的
"－上"的变音［x 诮］加以比较，认为它们在语音、语法意义等方面都
既对应又相类，可以说《忻州方言志》中记录的"－行"其本字
应为"－上"。

　　在敦煌文献中就已经存在作为方位词的"行"，"行"的出现年代提
前到唐五代时期。例如：

　　　　（1）皇宫行有诸伎女。(P. 3496《太子成道变文》)
　　　　（2）金杯玉盏，非倾于画舸之前；渌醑白醪，不醉于红楼之行。
（俄 Ф101《维摩碎金》）

　　在山西阳曲方言里，有一个后置词"－合"，用在代词、疑问代词、
指人名词、指物名词之后，或相当于"这里、那里"（读［XAʔ²］或
［XAʔ²¹²］），或相当于"家"（读［XAʔ²］），其用法和语法意义跟忻州方
言的"－行"完全相等。阳曲方言中"合"（读［XAʔ²¹²］）还可以与指
示代词"这/那"搭配，组成"这合"，"这合"犹言"这里"。阳曲方言
中"下"白读为［xa³⁵³］，在某些地名和短语中又读入声［XAʔ²］。江蓝
生（1998）认为阳曲话的后置词"－合"［xʔ²］实际上是"下"［xa³⁵³］
白读音的促化变音。

　　既然"－合"的用法与"－行"完全相等，只是使用范围比"行"
宽，为何要把"合"看作"下"的音变，而把"行"看作"上"的音变
呢？我们发现忻州方言的"行"的读音与"上"并不相似，"上"在忻
州方言中无论是独用，还是后附于其他名词之后都读为［çɛ］。江蓝生
（1998）是用孝义方言中"上"的读音与用法来反证忻州方言中的
"行"。在忻州方言中"行［xɛ］"反而与"下［xɑ］"的读音更为接近。
范慧琴（2009）也指出在山西蒲县方言中表方位的"行"的读音与
"下"完全相同。唐五代时"下"的意义已经泛化，"下"也可以出现在
名词之后，若把山西方言中的"行"看作来源于"下"也未尝不可。

　　在山西定襄话中，"行"还可以与"里"搭配组成"行里"表示
"里"义。在敦煌文献中"行"也有"里"义，如例（1）。从定襄方言
的例证来看，"行"并非附着于名词之后，而是与"里"共同组成"行

里"表示"里"义，"行"并没有出现在词尾，因此"行"不具备发生轻化的可能，可以说"行"并不是"上"轻化后的音变，"行"应该是一个独立的方位词。范慧琴（2009）也认为："'上'和'下'都可表方位并有虚化的用法，但与'行'并不是同一个。"她认为古代汉语"行辈"义的"行"虚化为"类别"，进而虚化为"……方面""……那里"，最后慢慢引申出方位义，与"上"和"下"没有关系。

乔全生（2004）认为："唐五代汉语西北方言的嫡系支裔就是现代晋方言。主要包括今山西、陕西等地方言。……可以说，现代晋方言的先祖就是唐五代汉语西北方言，现代晋方言是唐五代西北方言直接发展演变的结果。"既然"行"最早出现在以敦煌文献为代表的唐五代西北方言中，而唐五代西北方言又与晋方言关系密切，我们从"行"在晋语中的使用情况可以窥见"行"的历史来源。在晋方言中"行"可以放到人称代词、指人名词等后面，意义为"家"，也可以放在这些词之后，表示"这里、那里"。江蓝生（1998）指出"家"义是由"这里、那里"引申出来的一种特指义。我们的看法与她不同，我们认为方位意义泛化为"这里、那里"的"行"应该是由意义具体的"家"义发展而来。因为许多方位词都来自于意义具体的名词，如"边"本义为"行垂崖也"，即山崖的边缘，后来在"边缘、边界"意义的基础上发展成为方位词。"厢"《玉篇·广部》释为"序也，东西序也"，即正堂两侧的房屋。在南北朝时期"厢"与数词搭配，演化为方位词。因此，表示方位意义的"行"也应当是由意义较为实在的"行"演化而来。表示"家"义的"行"来自于"行"的本义。"行"的本意为"十字路口"，"十字路口"是交通枢纽，是繁华之处。"行"可以转指人们居住之处，敦煌文献中有"行巷"一词：

　　今对姻亲、行巷，所有些些贫资，田水家业，各自别居，分割如后。（S. 2174《后唐天复九年董加盈兄弟三人分家文书》）

蒋礼鸿（1994：352）把"行巷"释为"邻居"。"巷"本义为"里中道"，后来词义扩大为指"里中道路，连同道旁的建筑群落构成的整个狭长的生活区域。""行"与"巷"并列，"巷"为"生活区域"，那么"行"也可以指"生活区域"，区别只是"巷"多用来指村邑、闾里当中的道，乡下或城内平民居住区的小胡同，而"行"由"处于繁华、枢纽之地的道路"转指比"巷"宽阔、繁华的居住区域。"行巷"组合表示"居住之地"，进而转指"生活在同样居住之地的人"，即"邻居"。"巷"有"住宅"义，《论语·雍也》："一箪食，一瓢饮，在陋巷。"王引之在《经义述闻·通说上》中指出："陋巷，谓隘狭之居，即《儒行》所云；'一亩之宫，环堵之室'也。"既然"巷"有"住宅"义，那么与之并列的"行"也应有"住宅"之义，在敦煌文献中"行"便有此义：

> 凡人造屋，南维北堂，东相后行，屋莫奄四角。（P. 3281V《宅经》）

在上例中"后行"与"东相"并列，"东相"即"东厢"，义为"东边的厢房"，那么"行"应与"厢"相似，指类似"厢房"的建筑，即"住宅"的一个组成部分。"行"既然有"住宅"义，那么演化为"家"也就顺理成章了，因为"家"义为"居也"，有"住所"之义。表示"家"义的"行"随着意义的泛化，泛指为"这里、那里"，如同忻州方言中"行"一样，既可以放到人称代词之后，义同"家"，也可以用于泛指"这里、那里"。

综上，我们认为宋元以后出现于指人名词后的"行"，来自于唐五代时意义泛化的方位词"行"，"行"在敦煌文献中已经具备了方位义，在具体的语境中可以指"上""里"等。

"行"在唐五代敦煌文献中还有表示时间的意义：

> 饮酒之行食三口，男女俱起。女向东畔，面向西立，男在西畔，向东立，男女相当，一时再拜。（S. 1725《大唐吉凶书仪》）

上例中的"行"可以理解为"时"，义为"时"的"行"来源于表示空间方位的用法。从指示空间通过隐喻来指示时间，几乎是唐五代时期意义泛化的所有方位词的共同特点。我们可以比较一下"行"与"处"，"处"在唐五代时期可以用来指方位。例如：

> 不于女处生嫌厌，不向儿边起爱亲。（P. 2418《父母恩重经讲经

文》）

"处"也可以用来表示时间。例如：

> 闻语笑时无意听，见歌欢处不台头。（P.2418《父母恩重经讲经
> 文》）

"行"在敦煌文献中的用法与"处"相似，董秀芳（1998）认为"处"是一个定域模糊的方位词，因此可以断定"行"也是一个定域模糊的方位词。

第三节　方位词"壁"

在唐五代的敦煌文献中我们能看到很多"东壁、西壁、南壁、北壁"的用法，在描述编的6.2.2中已经列举，这里再举几例：

> （1）北壁绘千手千眼菩萨。（S.2113V《乾宁三年沙州龙兴寺上座得胜宕泉勤修功德记》）
> （2）东壁画降磨变想，西辟彩大圣千臂千眼菩萨一铺。（S.4860V《当坊义邑创制伽蓝功德记并序》）
> （3）修文坊巷西壁上舍壹所，内堂西头壹片。（S.1285《清泰三年十一月廿三日杨忽律哺卖宅舍契》）
> （4）永宁坊巷东壁上舍内东房一口。（S.3877V《乾宁四年正月廿九日平康乡百姓张义全卖舍契》）
> （5）向里换舍子细外人不知，并舍老人委知，南壁上将舍换庑舍。（S.5812《丑年八月令狐大娘诉张鸾侵夺舍宅牒》）

《汉语大词典》中没有"南壁""北壁""西壁"的解释，只对"东壁"进行了释义：

> 【东壁】1.室东侧的墙壁下。《仪礼·士丧礼》："君反之，复初

位，众主人辟于东壁，南面。"《古诗十九首·涉江采芙蓉》："明月皎夜光，促织鸣东壁。"2. 指东壁上。唐李白《寄上吴王》诗之二："去时无一物，东壁挂胡床。"3. 指东隔壁的房屋。明李贽《南询录叙》："赵老以内翰而为诸生谈圣学于东壁，上人以诸生而为诸生讲举业于西序。彼此一间耳，朝夕声相闻。"4. 东边。《水浒传》第七六回："东壁一队人马，尽是青旗、青甲青袍、青缨青马。"

我们认为敦煌文献中的"东壁、南壁、西壁、北壁"有两个意义，一个是词语的组合，表示"东墙壁""西墙壁""南墙壁""北墙壁"，如例（1）（2）。另一个意义为"东边""西边""南边""北边"，"壁"为方位词，义同"边、面"，如（3）（4）（5）以及在描述编6.2.2中所举的例证。

"壁"在上古汉语中就可以与"东、西、南、北"等方位词搭配。例如：

> 馈爨在西壁。（《仪礼·特牲馈食礼》）
> 君反之，复初位，众主人辟于东壁，南面。（《仪礼·士丧礼》）

《汉语大词典》对"壁"的释义如下：

> 【壁】墙壁。大都以砖土为之，也有用木板做的。《仪礼·特牲馈食礼》："馈爨在西壁。"郑玄注："西壁，堂之西墙下。"唐杜甫《绝句》之五："舍下笋穿壁，庭中藤刺檐。"

《说文》对"壁"的释义为："垣也。从土辟声。"《释名·释宫室》云："壁，辟也，辟御风寒也。"王凤阳（1993：204）指出"壁"来自"避"，是挡风遮雨、抵御寒冷的设施，它不指绕于外的垣墙，而指居室四周的墙壁。黄金贵（1995：1081）也认为壁主于内，指宫室的墙壁。因为"壁"指的是宫室的内墙，所以当"东壁""西壁""南壁""北壁"出现在宫室之外，特别是不具有"壁"的地方，"壁"的意义就发生了变化。唐五代敦煌文献中"东壁""西壁""南壁""北壁"常常就出现在没有"壁"之处，如"坊""巷"等处。

《汉语大词典》对"巷""坊"的释义如下：

【巷】1. 里中的道路。后南方称里弄，北方称胡同。《易·睽》："遇主于巷。"《诗·郑风·叔于田》："叔于田，巷无居人。"毛传："巷，里涂也。"2. 住宅。《论语·雍也》："一箪食，一瓢饮，在陋巷。"王引之《经义述闻·通说上》："陋巷，谓隘狭之居，即《儒行》所云：'一亩之宫，环堵之室'也……今之说《论语》者以陋巷为街巷之巷，非也。"

【坊】1. 城市居民聚居地的名称，与街市里巷相类似。北魏杨衒之《洛阳伽蓝记·开善寺》："寿丘里，皇宗所居也，民间号为王子坊。"《旧唐书·食货志上》："在邑居者为坊，在田野者为村。"2. 别室；专用的房舍。《文选·何晏〈景福殿赋〉》："屯坊列署，三十有二；星居宿陈，绮错鳞比。"李善注："《声类》曰：'别屋也。'方与坊古字通。《释名》曰：'坊，别室名。'"《新唐书·百官志二》："园囿有官马坊。"

王凤阳（1993：209）指出"巷"是居民区中的道路，只是它比城市中的"街"狭小，它是村邑、闾里当中的"屋间道"，乡下或城内平民居住区的小胡同。彭达池、刘精盛（2007）指出"巷"表示里中道路，连同道旁的建筑群落构成的整个狭长的生活区域。王凤阳（1993：416）指出"坊"是城中的"里"在南北朝之后的称呼。《说文·新附》云："坊，邑里之名。"《清国行政法泛论·地方自治·保甲·组织·备考》说："城中曰坊，近城曰厢，在乡曰里。"

虽然"巷""坊"都有"室"义，但根据上下文义，唐五代敦煌文献中出现在"东壁""南壁""北壁""西壁"前的"巷""坊"不会是"室"，"巷"只能是"里中道"以及表示道旁的建筑群落构成的整个狭长的生活区域，"坊"只能是"邑里之名"。既然"巷、坊"都不是室，那么也就没有"壁"，因此"壁"在这里意义发生变化，义同"边、面"，在唐代的传世文献中也有例证：

其猪忽起走出门直入市西壁，至一贤者店内床下而卧。（唐·释道世《法苑珠林》卷八十一《渔猎篇第七十三·引证部》）

"市"《说文》释为"买卖所之也"。"市"显然不等于"室",因此也不可能有"壁",因而上例中的"西壁"指的是"西边"。"西壁"还可以与"东头"对文,"东头"是一个方位词,"西壁"显然也是一个方位词。例如:

> 若欲求,还东头;若欲觅,海西辟。(《吐鲁番出土文书》第四册《唐唐幢海随葬衣物疏》)

到了宋代,"壁"不仅可以和"东、西、南、北"结合表示"边、面"义,还可以与指示代词"这、那"搭配。例如:

> 那壁喧嚣,这边清丽。(宋·陈著《本堂集》卷三十九《又丁未春补游西湖》)

第三章

方位词的特殊用法辨析

第一节　敦煌文献表状笺启中"右"的含义

在敦煌表状笺启中，我们看到很多"右"，这些"右"多与表示自称、谦称的词语，如"臣""伏""厶""厶乙"等连在一起。例如：

（1）谢召试并进文五首状

右臣伏奉圣旨，召入翰林院试者。（P. 4093《甘棠集》）

（2）谢充学士

右臣今日奉宣圣旨：以臣守本官充翰林学士者。（P. 4093《甘棠集》）

（3）出孝送物

右伏审仆射来日公参，厶值兹检纳忙迫，不过咨迎出孝。（P. 4092《新集杂别纸》）

（4）谢不许让兼赐告身

右伏奉宣圣旨以臣特赐进士不令陈让，兼守本官充翰林学士者，兼赐告身一通。（P. 4093《甘棠集》）

（5）送物

右伏以厶乙，叨奉皇华，远赍紫诏，幸将庸末，获拜王庭，既知遭遇之荣，合贡献芹之礼。（S. 78V《失名书仪》）

（6）端午别纸

右伏以天中令节，炎帝佳晨，斗移建午之期，百卉发辉之日。（P. 3906《杂抄一卷》）

（7）经过州郡节度使启状

右厶伏蒙圣恩，再除郡印。（P. 3449《刺史书仪》）

（8）谢饭状

右厶伏蒙司空台慈，特垂宠召，卑情无任感戴之至。（P. 4092《新集杂别纸》）

（9）贼来输失状

右今月厶日从私处，寇盗蓦突出来，直到城下。（S. 5606《无贼错接大惊动状》）

（10）上白相公状

右今日奉宣，守本官充翰林学士者，兼赐告身一通，恩赐进士出身。（P. 4093《甘棠集》）

下面我们将以"右臣"为例来对"右"的所指进行详细论述。我们之所以特别关注"右臣"是因为这个词非常容易让人产生误解。在唐宋时很多官职都是左右兼有的，唐代有尚书左右仆射和尚书左右丞，下属有左右司郎中，武周时尚书左右仆射改为文昌左右相，还设有左右补阙和左右拾遗。宋代也设有尚书左右仆射，下属尚书左右丞。因此"右臣"容易让人认为是担任与"右"相关职务大臣的自称。那么"右臣"是否是用来自称的呢？因为敦煌文献中交代出具体官职的表状很少，所以我们结合传世文献来进行说明，在《全唐文新编》（2000）中我们看到了如下例证：

（11）请御注经内外传授状

右．臣等今日于九龄处．伏见集贤院奉贺御注前件．经墨敕批答．兼九龄说．睿思幽赞．元关洞辟．微言奥旨．廓然昭畅．（《全唐文新编》卷二百八十八张九龄《请御注经内外传授状》）

（12）贺行营破贼状

右．臣得当道行营兵马使李黯状报．今月十三日．于故信州城下破贼三千人．斩首七百余级者．（《全唐文新编》卷五百四十二令狐楚《贺行营破贼状》）

（13）请尊宪宗章武孝皇帝为不迁庙状

右．臣等伏闻开成中．文宗尝顾问宰臣．欲褒崇宪宗功德．其时

宰臣．莫能推顺美之心．明尊祖之义．臣等至愚．窃所叹息．（《全唐文新编》卷七百六李德裕《请尊宪宗章武孝皇帝为不迁庙状》）

　　让我们来看一下这些使用"右臣"者的职务。张九龄担任过尚书右丞相，若是他称自己为"右臣"是有道理的，但是令狐楚和李德裕并没有担任过与"右"有关的职务。令狐楚担任过左仆射，李德裕担任过门下侍郎平章事兼左仆射，他们若是用"右臣"来自称便毫无道理。例（1）（2）中的"右臣"都出自《甘棠集》，赵和平（1999：5）指出《甘棠集》乃是刘邺作为高少逸幕僚时为其府主草拟的表状。那么这些"右臣"若用于自称，应为高少逸用来自称，但高少逸的官职是左散骑常侍并任陕虢观察使，他若自称不应用"右臣"，而应用"左臣"。既然在唐宋很多官职都是左右兼备，若是古代真的存在用"右臣"自称的形式，那么古籍中也应该有用"左臣"来称呼自己的情况，但是我们遍检《四库全书》《中国基本古籍库》等电子文献，没有发现用于自称的"左臣"。因此，"右臣"为自称的假设可以排除在外。

　　那么，"右臣"可不可能是一种谦称呢？据学者们研究，因为右手方便有力，所以在世界的很多民族中"右"都是用来表尊的，汉民族也是如此。虽然也存在尊左的情况，但尊左是有条件的。谭学纯（1994）就认为从阴阳观念出发，中国古人尊左卑右。杨琳（1996：88—89）在分析"尊右""尊左"的原因时也认为尊右来自于右手的方便有力，尊左卑右这种观念来自对东方的崇拜和对西方的厌恶。东主生，西主死，故人们喜东厌西。我国的住房建筑基本上是坐北朝南的格局，在这种居住习惯下南为正前方，这就决定了左为东，右为西，左阳右阴的观念来自东阳西阴。同时，他指出对东方的崇拜并不能解释所有的尊左现象，一些尊左现象的产生有其他的原因。尽管存在这种尊左卑右的情况，但在权力和官职中，古人更倾向于尊右卑左。杨琳（1996：81—82）认为右尊左卑在官职中更为明确。古代把升官称为"右移"，把贬官称为"左迁""左降""左转""左削""左退""左黜""左授""左宦"等。这些都是官场上尊右卑左的证据。谭学纯（1994）也指出从权力崇拜出发，中国古人尊右卑左。我国传统的礼仪中也没有君左臣右之礼，清代秦蕙田所作的《五礼通考》卷六十《吉礼六十·宗庙制度》中就有这样的说法："君臣但有中门不中门之分，未闻君左臣右之说也。"

按照一般对古代公文的分类，表、状、笺、启属于"上行文书"，是用来呈递给皇帝或自己上级官员的。这种"下所以达上"公文的一个特点就是等级森严、谦敬有别，对于自己要自贬自抑，用谦词、卑语；对于别人要加以颂扬，用嘉词、敬语，如"伏愿、伏惟、下情"一类只能用于自己，而"台慈、照察、倾仰"等词语只能用于对方。既然在官场中"尊右卑左"占主导，表状等公文文书又是用来呈现给皇帝或自己上级的，那么用"右"自称就讲不通。这些"下情"们不可能会冒着亵渎圣颜的危险，用表尊的"右"来称呼自己，所以"右臣"为谦称的假设也是可以排除的。

那么这些表状开头的"右"究竟是什么意思呢？我们认为这些"右"是表状等公文中的套语，意思大致相当于"如上、如前"。

金桂桃（2006）对"右件""前件""上件"进行了考证，认为"右件""前件""上件"在古文献资料中的用法相似，并举了例子：

> 黑豆五斗，大麻子一斗五升、青州枣一斗。
> 右件黑豆净水淘过蒸一遍，曝干去皮又蒸一遍，又曝令干。
> （宋·张君房《云笈七签》卷七七）

金桂桃（2006）认为："上面这段话是先列举三种药品，后具体介绍'黑豆'的使用方法，这里的'右件'显然是'右边（上文）所说的'之义。"

在这些文献中"右"和"上""前"之所以用法相似，这跟古代的书写格式有关。中国古代占主流地位的书写格式是从右向左书写，直到清朝和民国还是如此。现代书画家在题款时仍然常用从右向左直书的方式。虽然在敦煌文献中也发现一些民间的契约文书、社邑文书等存在从左到右的书写格式，但敦煌文献的公文写卷几乎都是从右向左书写的，少见从左向右书写的格式。

那么义为"如上、如前"的"右"到底指的是什么呢？以前我们认为可能是指表状等公文前面具陈的事由、事物，但是经过我们仔细考察，发现这种理解是不正确的，因为在敦煌表状中我们看到了如下例证：

（14）受恩命后于东上阁门祇候

谢恩牓子

具全衔厶乙

右臣蒙恩，除授前件官，谨诣东上阁门祗候谢，伏侯敕旨。

厶日月下具全衔厶乙状奏（P. 3449《刺史书仪》）

（15）进谢恩马状　具衔

进谢恩赤扇马壹匹

右臣叨受圣恩，惭无勋效；回沾渥泽，合贡芹诚。前件马性匪驯良，名非骐骏，轻尘圣德，但切忧惶。战越之至，谨进。

年、月、日具全衔厶乙状进（P. 3449《刺史书仪》）

（16）送生料酒食谢状

具衔

右厶伏蒙台恩，特赐前件物等，谨依钧晦，跪受讫，下情无任感恩荣跃。谨具状谢。谨录状上。（P. 3449《刺史书仪》）

上文列举的表状用"前件"来指状首所提到的事物，如用"前件官"指状首提到的"受恩命"后得到的官，用"前件马"指状首的"赤扇马"，用"前件物"指状首的"生料酒食"。既然这些表状都是用"前件"来指代前面提到的事物、事由，那么"右"显然不可能再指这些事物、事由。这些表状前不仅有具体事由，而且还具陈官员的官衔、姓名，"右"紧跟在这些官衔、姓名之后，所以我们推断这里的"右"应该指代写表状的那位官员。在敦煌表状中我们还看到了如下例证：

（17）贺除濮王充成德军节度使表

臣厶言：臣得当道进奏官状报：厶月日，敕除濮王开府仪同三司，充镇冀等州节度使者。（P. 4093《甘棠集》）

（18）奉慰西华公主薨表

臣厶言：臣得当道进奏官状报：厶月日，西华公主薨。（P. 4093《甘棠集》）

（19）行军副使启头书

厶启：厶南北差池，早乖趋谒。（P. 3449《刺史书仪》）

与例（17）—（19）进行对比，我们就会发现例（14）—（16）中的"右"很显然是指代例（17）—（19）中"臣厶"的"厶"，因为例（14）—（16）已经在前文"具全衔厶"，所以没有必要再详述"臣厶"，只用"右"来回指便可以了。所以"右"在表状中应该是指前文提到的某位具体的官员。根据褚斌杰（1990：447）的研究，唐以后谢恩、庆贺等均用表，表有一定的程序，开头称"臣某言"，尾用"诚惶诚恐""顿首顿首"或"死罪死罪"，这也证明了我们的推论具有一定的合理性。

虽然许多表状前面并没有"具全衔厶"，但是表状开始还是直接用"右"，例（1）—（13）都属于这样的情况。我们认为之所以这样可能有两个原因：（1）因为表状后面一般都要写"年月日具官封姓名"，后来人们为了行文的方便，就不在表状前标注官衔、姓名了。表状正文的"右"由于经常使用已经成为公文套语，后来虽然不在前面具陈官衔、姓名，它却因为成为套语而被保留了下来。（2）可能与我们引用的例证有关。我们引用的例证并不是表状的原貌，而只是表状的主要内容，所以前面可以不具陈官衔、姓名。上面所引的《甘棠集》是刘邺作为高少逸幕僚时为其府主草拟的表状，显然只是草稿，而非表状本身。《全唐文新编》中的例子也只是作者文章的汇编，而非臣子献给君王表状的原件，甚至连后面需要标注的"年月日具官封姓名"都省略了。

在赵和平（1999）的《敦煌表状笺启书仪辑校》中"右"与后面表谦称、自称的词语是相连的，但我们看到在《全唐文新编》中这些"右"是单独标注的，我们再来列举一些《全唐文新编》的例证：

（20）请加置留镇兵二千人状

右．留镇将士．虽有三千八百余人．偃师阳翟登封告成等分镇并军将口僚诸色所由外．在都城日敕二千人．城门街铺守当悉在其内．（《全唐文新编》卷四百八十七权德舆《请加置留镇兵二千人状》）

（21）降诞日进器物状

右．伏以淑气牧人．运归圣德．天临日照．庆集嘉辰．瞻太极之肇分．仰蒙氾之初浴．欢忻感戴．踊跃屏营．臣限守方隅．不获称贺．上件银器等．随状奉进．（《全唐文新编》卷五百三十一王仲周《降诞日进器物状》）

日本学者中村裕一（2004：328）认为敕牒等公文的原格式就是

"右。某奏，云云"。这些"右"应该把它们理解为"臣厶言"这种形式的指代式，因此需要按照"臣厶言"的形式把它置于表状开头，并且需要单独标注出来。

综上所述，我们认为敦煌表状笺启书仪中的"右"应该单独标注，否则可能会使人产生误读，这种单独标注的"右"表示的是"如上、如前"的意思，指代的是写表状的官员。

第二节 "左南直北"考辨

在敦煌文献中有这样一个词——左南直北。江蓝生等（1997：464）指出"左南直北""犹走东闯西。'左'为旁侧义，与'直'相对。"王璐（2007：30）认为："'左南直北'字面上指把南面说成是正北，'拗捩东西'字面上指扭曲、颠倒东西方向，二词组在文中所要表达的意思相同，均指违逆不顺。"我们在《中国基本古籍库》《四库全书》《四部丛刊》等电子文献中进行了检索，没有发现"左南直北"的用例，但发现很多"左南"与"直北"的用例：

> 置晋兴郡统晋兴、枹罕、永固、临津、临鄣、广昌、大夏、遂兴、罕唐、左南等县。（唐·房玄龄《晋书》卷十四《地理志》）
> 二水之来则北右而左南。（清·王夫之《诗经稗疏》卷一）
> 导驾官同太常卿导引皇帝自左南门入至位，北向立。（清·秦蕙田《五礼通考》卷四十《吉礼四十·方丘祭地》）
> 文帝出长安门若见五人于道北，遂因其直北立五帝坛，祠以五牢具。（《史记》卷二十八《封禅书》）
> 关之直北隔河有层阜巍然独秀，孤峙河阳，世谓之风陵。（北魏·郦道元《水经注》卷四《河水》）
> 黄河直北千余里，冤气苍茫成黑云。（唐·常建《常建诗集》卷下《塞下曲四首》）

"左南"有两种意义：（1）义为"左边即是南面"。（2）义为"东南"。在地理上我们常以东为左，这与我国的建筑格局有关，因为我们的房子是面南背北的，因此左就与东相对，右就与西相对，如《诗·唐风·有杕之杜》："有杕之杜，生于道左。"郑玄笺："道左，道东也。""江左"就是"江东"，五代丘光庭《兼明书·杂说·江左》说："晋、宋、齐、梁之书，皆谓江东为江左。"所以"左南"就是"东南"。

北魏阚骃在解释"左南县"时说："石城西一百四十里有左南城，河水径其南曰左南津。"（《资治通鉴》卷一百一《晋纪二十三》）"左南城在金城白土县东六十里，《晋志》：'张氏置晋兴郡，左南县属焉。'是县盖亦张氏所置也。"（《资治通鉴》卷一百十六《晋纪三十八》）可见"左南县"是由于县在金城白土县东面，且城中河水南流而得名。我们还有以下的证据来证明"左南"就是"东南"。

> 蒲台县王太保祠在县治东南三十里，晋太保王祥旅寓于此，后人祀之。（明·陆釴《（嘉靖）山东通志》卷二十一）
>
> 王太保祠在临川孝义寺左南，唐时建，祀晋太保王祥。（清·谢旻《江西通志》卷一百九）

上面两例说明的对象都是王太保祠，一个说在"左南"，一个说在"东南"，可见"左南"即是"东南"。

若"左南"为"东南"，"直北"为"西北"，"左南直北"就可以解释为"东南西北"，而"东南西北"有"处处、四方"之义，在一定的语境中可以解释为"四处闲逛"。我们在所见到的例证中并没有发现"直北"有"西北"义，"直北"多用来表示"正北"，有时也表示"径直向北"。《汉语大词典》对"直北"的释义为：

> 【直北】正北。《史记·封禅书》："汉文帝出长安门若见五人于道北，遂因其直北立五帝坛，祠以五牢具。"唐杜甫《小寒食舟中作》诗："云白山青万余里，愁看直北是长安。"

我们在《中国基本古籍库》中进行了检索，在唐五代时期发现25例"直北"，24例都可以解释为"正北"，"直北"还可以与"正南"相对，如唐释皎然《诗式》卷四《董思恭昭君怨》："汉日正南远，燕山直北寒。"张相（1977：133）说："直，指示方位之辞。"既然"直"是用来指示"北"的，那么"直北"就是北。《旧唐书》不同的版本在表达"南至贺兰山骆驼岭为界"时，有的版本用"南至贺兰山骆驼岭为界"，而有的版本用"直南至贺兰山骆驼岭为界"。清罗士琳在《旧唐书校勘记》卷四十五说："'南至贺兰山骆驼岭为界'《册府》'南'上有'直'字。"一本用"南至"，一本用"直南至"，可见"直南"就是"南"，因此"直北"就是北。既然"直北"不表示"西北"，那么"左南"就不能理解为"东南"。因为若是这样，"左南直北"就是"东南正北"或"东南径直向北"，意义上不通，而且与敦煌文献中"左南直北"的意义不符。

我们据敦煌文献上下文语境推断，"左南直北"具有"四处闲逛、不专心工作"这样的意义。

忽忙时不就田畔，蹭蹬闲行，左南直北，抛工一日，剋物贰斗。（S. 1897《龙德肆年二月一日敦煌乡百姓张某雇工契》）

自雇已后驱驱造作，不得左南直北闲行。（S. 5578《戊申年正月十六日敦煌乡百姓李员昌雇彭章三契》）

不得忙时左南直北，抛功一日，剋物贰斗。（P. 3649《丁巳年四月七日莫高乡百姓贺保定雇工契》）

上面三件文书都是雇佣契约，在契约中雇佣人要求被雇佣者在忙时要努力"造作"，不得"抛工""蹭蹬闲行"。"左南直北"与"蹭蹬闲行""闲行"相对，两者意义应该相似。吴蕴慧（2006：155）认为："'蹭蹬'即磨蹭、游荡也。"与"蹭蹬""闲行"相对的"左南直北"也应具有与"闲逛、游荡"相似之义，而"四处闲逛，不专心工作"义恰好与此相应。

既然"左南"解释为"东南"行不通，那么"左南"只能理解为"左边即是南面"，"左南"就是"南"。"直北"为"北"，"左南"为"南"，"左南直北"就等同于"南北"，而"南北"有"不专一、不固定"之义，《汉语大词典》对其释义如下：

【南北】或南或北。比喻不专一，不固定。唐韦应物《横圹行》："象床可寝鱼可食，不知郎意何南北？"宋王安石《同昌叔赋雁奴》

诗:"鸿雁无定栖,随阳以南北。"宋苏轼《孔毅甫龙尾砚铭》:"厚而坚,足以阅人于古今;朴而重,不能随人以南北。"

从阴阳系统来看,"左"与"南"可以相配。"左"与阳相对,"右"与阴相对。郑玄注《礼记·檀弓上》时指出:"丧尚右,右,阴也。吉尚左,左,阳也。"唐李冰在注《素问·大奇论》时也指出:"阳主左,阴主右。"宋刘昉《幼幼新书》卷八《搐搦第六》云:"男为阳,发左;女为阴,发右。""南"在我国的文化中是属阳的,古代有不少地方叫作南阳,如《孟子·告子下》:"一战胜齐,遂有南阳。"诸葛亮《出师表》:"臣本布衣,躬耕于南阳。"南属阳,因此称为"南阳"。既然"左""南"都属阳,"左"就能与"南"相配,"左南"就是"南","左南直北"相当于"南北",具有同"南北"相似的、表示"不专心、不固定"之义。

把"左"理解为"边、侧"时,"左南直北"也相当于"南北"。"左"具有"边、侧"义,《汉语大词典》释义如下:

> 【左】多泛指旁边。宋欧阳修《英宗皇帝灵驾发引祭文》:"臣以官守有职,不得攀号于道左。"

在敦煌文献中我们也见到了具有"边、侧"义的"左":

> 有限不获远迎,专于路左拜贺,未闻但系深荒恋。(S. 329《书仪镜》)

"左"义为"边、侧","直北"为"正北","左南直北"就是"侧南正北","侧、正"作状语用来修饰"南""北",加上它们只是让方位表达更加明确,"左南直北"实际上等同于"南北",因而具有与"南北"相似的意义。

意义为"四处闲逛、不专心工作"的"左南直北"都出现在雇佣契中,在敦煌文献收养契中"左南直北"与"拗掜东西"相对。例如:

> 若也听人构厌,左南直北,拗掜东西,不听者,当日厌手趁出门

外。（P. 4075V《养子契》）

《汉语大词典》对"拗捩"的释义如下：

> 【拗捩】歪曲。清纪昀《阅微草堂笔记·如是我闻一》："一日，洞中笔砚移动，满壁皆摹仿此十四字，拗捩欹斜，不成点画。"

吴蕴慧（2006：140）指出敦煌文献中的"拗捩"即歪曲，"拗捩东西"义为妄加歪曲。我们认为"拗捩"是"拗""捩"的同义连文，"拗""捩"都有"违背"义，因此"拗捩"义为"违背"。《汉语大词典》对"拗""捩"的释义如下：

> 【拗】违反。唐韩愈《答孟郊》诗："古心虽自鞭，世路终难拗。"《朱子语类》卷三二："若是见入井后不恻隐，见可羞恶而不羞恶，便是拗了这个道理，这便是罔。"
>
> 【捩】违逆；不顺。《新唐书·张说传》："未沃明主之心，已捩贵臣之意。"

既然唐五代时"拗""捩"都具有"违背"之义，那么"拗捩东西"就可以理解为"东西相背"。

"左"具有"相违、相反"义，《汉语大词典》释义如下：

> 【左】相违；相反。《新唐书·陈夷行等传赞》："幸福而祸，无亦左乎！"宋苏轼《次韵子由论书》："锺张忽已远，此语与时左。"

"左"义为"相违、相反"，"直北"等同于"北"，"左南直北"就可以理解为"南北相背"。我们知道在敦煌文献中"东西"连用可以用来泛指方位。例如：

> 第十无足者，虽即为人，是事不困，不辨东西，与畜生无异，此即名为无足。（S. 2073《庐山远公话》）

但弟子东西不辨，南北岂知，只有去心，未知去处。（S. 2073《庐山远公话》）据杨琳（2009）研究，"不辨东西""东西不辨"是说分不清方位，包括四面八方各种方位。"东西"由泛指方位又引申为泛指到处、处处。例如：

　　尔时，其妻念子悲号，东西驰走，不安其所。（三国·吴支谦译《菩萨本缘经》卷中）

　　各随所须取众乐器，其形殊妙，其音和雅。取已抱持，东西游戏。（隋·阇那崛多等译《起世经》卷一）

"东西"用来泛指处处、到处，"拗捩东西"就具有"处处违背"之义。"南北"与"东西"一样也具有泛指方位的用法：

　　圆丘无日月，旷野失南北。（唐·曹邺《曹祠部集》卷二《秦后作》）

因而"南北"也可以引申出处处、四处的意义。例如：

　　窈窕东西，大行南北。（S. 5700《文样》）

　　五十白头翁，南北逃世难。（《全唐诗》卷二百三十四杜甫《逃难》）

　　当"左"义为"相违、相反"时，"左南直北"就具有"处处违背"之义，具有这样意义的"左南直北"与 P. 4075V 文中的"不听"相契，与"拗东捩西"相应。

　　综上，我们认为"左南直北"有两个意义：（1）在雇佣契中，义为"四处闲逛、不专心工作"。（2）在收养契中，义为"不听话、不顺从"。义为"四处闲逛，不专心工作"的"左南直北"，与义为"不专一，不固定"的"南北"相关。义为"不听话，不顺从"的"左南直北"与义为"相违，相反"的"左"相关。

第四章 方位词的文化内涵

第一节 敦煌医方"东""南"禁忌解析

在敦煌文献 S. 4433 中我们看到了这样一条医方：

> 妇人娠，不得食祭肉，令胎不时。慎吉。妊娠三月，不得面向南浇沐，令胎不安，向东亦然。不得两镜相照，令儿倒产，向南令小儿喑哑。

我们对药方中禁止孕妇面向"南""东"浇沐感到困惑。因为南方是主长养的方位，而东方是主生的方位，这两个方位与人类的生养、繁殖有密切的关系。杨琳（1996：26—28）指出从语源上讲，南方之南应当得名于妊，取妊养万物之义。《汉书》卷二十一上《律例志》："南，任也，阳气任养物，于时为夏。"任即妊的古字。《白虎通德论》卷三《五行》："南方者，任养之方，万物怀任也。"又云："南方主长养。"《黄帝内经素问》卷十二《异法方宜论》："南方，天地所长养，阳之所盛处也。"《诗·小雅·鼓钟》孔颖达疏："南者，怀任也。"甚至尊者面南待人，在深层文化含义上也是因为面南意味着他们掌管人民的生死，他们自称"民牧""民主"，百姓也称他们为"父母官"，这都是南方主长生养观念的反映。南方风名为凯风。《诗·邶风·凯风》："凯风自南。"毛传："南风谓之凯风，乐夏之长养者。"因此，南风古称为"长养之风"。敦煌道经中的"南宫"也与生密切相关，义为"再生之地"。P. 2865《太上灵宝洞玄灭度五练生尸妙经》："南岳覆明开长夜九幽之府，出甲魂神，沐浴冠带，迁上南宫，供给衣食，长在光明，魔无干犯，一切神灵，侍卫安镇，悉如元始明真旧典女青文。"P.3371《太玄真一本际经》："若有终亡，三日七日，乃至七七，家人同学，为其烧香，诵念是经，即得开度，魂升南宫，不入三途，还生善道。"东方主生，东方风后世称为协风。在古人的观念中风是天公地母交合而成的，是天地两大造物主化育万物的行为。《吕氏春秋·孟春记》："是月也，天气下降，地气上腾，天地合同，草木繁动。"在古人眼中春风就是天地"合同"（交媾）的产物，因此东风被称为协风。"协"有合同（交媾）之义。配合着自然阴阳交合的生殖观念，到了春季，不但天地相"协"（合同），鸟兽要孳尾（交尾），人们也要合男女，从而繁殖后代。

在 S.4433 中还有这样一条求子医方："疗无子儿方：……又方：壬子日含赤小豆二七枚，临事吐与妇人，即有子。又方：常以壬子日午时，向西合阴阳，有。"

"赤小豆"是多子的植物，人们用它来求子，主要是想通过交感，把赤小豆多子的特性感应到无子的妇人身上，使其有子。壬子日求子，主要是取"壬"的"妊养"义。《释名·释天》对"壬"的释义为："壬，妊也，阴阳交，物怀妊也，至子而萌也。"《太平经》卷八十九《八卦还精念文第一百三十》也说："怀妊于壬，藩滋于子。"所以人们常常在壬子日求子。由此看来，在壬子日求子与南方的妊养万物，东方的"合男女"从而实现人类繁殖的功能是相同的。

通过上文的阐述，我们知道了怀孕、育子与南方、东方密切相关，但是为什么要禁止孕妇浇沐时面对主长养的南方与主生的东方呢？从孕妇不得食祭肉这条禁忌中，我们得到一些启示。孕妇不能食祭肉，是因为人们害怕孕妇的不洁会冲撞被圣洁的神灵享用过的祭肉。在古人的眼中，祭祀是件神圣的事情，甚至要求提前几天就要进行斋戒沐浴。《礼记·祭义》云："孝子将祭，虑事不可以不豫，比时具物，不可以不备，虚中以治之。宫室既修，墙屋既设，百官既备，夫妇齐戒沐浴，盛服奉承而进之，洞洞乎，属属乎，如弗胜，如将失之，其孝敬之心至也与！"唐韩愈《潮州祭神文五首》说："淫雨既霁，蚕谷以成，织妇耕男，忻忻衎衎，是神之庥庇于人也，敢不明受其赐。谨选良月吉日，斋洁以祀，神其鉴之。"P.2481《书仪》在谈到祭祀时也说："莫不义资忠敬，理藉严恭。苟或亏违，必贻绳罚。"从上面的引述中，我们看到古人对祭祀是多么重视。在古人的观念中天地是最为有灵的，若有人用手指着日月，或在日月星辰之下进行交合，都被认为是极其大逆不道的。日月惨淡无光是极为忌讳的，因为这一定预示着天灾或人祸。日食、月食之时，人们如守丧一般，忌穿华丽服装而只能穿孝服。正因为神灵在人的心目中是圣洁的、至高无上、福佑下民的，所以应该虔诚尊敬，因此连对参加祭祀的人也有明确的规定："天子祭天地、祭四方、祭山川、祭五祀，岁遍。诸侯方祀，祭山川、祭五祀，岁遍。大夫祭五祀，岁遍。士祭其先。"（《礼记·曲礼下》）"天子祭天地，诸侯祭社稷，君臣之分凛不可犯矣。"（明柯尚迁《周礼全经释原》卷十三《郊庙》）对参加祭祀的人要求如此严格，那么污秽的、不洁的人是绝对不能参加祭祀的。

合药（配药）要求干净、卫生，因此那些被认为是不洁的、污秽的孕妇不能在这种环境中出现。据唐孙思邈《千金翼方》卷十八《杂病上》记载："合药以腊月腊日为上，合时以清净处先斋七日，不履秽污、丧孝、产妇之家，及不得令鸡犬、六畜、生妇、六根不完具及多口饶言人见之。不信敬人勿与服之，服药得热退之后七日，乃慎酒、肉、五辛等物，勿复喜恶口、刑罚，仍七日斋戒，持心清净。"清魏之琇《续名医类案》卷十五《劳瘵》也说："合药时忌孝子、孕妇、病人及腥秽之物，勿令鸡犬见。"不仅合药忌讳孕妇，服药也要避讳孕妇，日本龙谷大学藏敦煌文献530就说："服药通忌，见死尸及产妇淹秽事。"合药时避讳孕妇，主要是害怕孕妇的污秽影响药物的作用。甚至人们还认为在梦像中出现孕妇也是不吉祥的征兆。在P.3908中就载有："梦见妻有娠，大凶。"美国学者海斯（2008）[①] 对这种认为女性、孕妇污秽的观点进行了解释。他通过对古今神话、传说、宗教信仰的分析指出，男性深层意识的恐惧、焦虑是促使社会对女性污化、弱化的重要原因，由于男子有惧怕女子的倾向（这种惧怕主要源于对女性性欲的恐惧及月经、妊娠等异己功能的不安），他们就同时创造了一种能使这种恐惧合理化并使之永存的环境。此外，由于没有人能够轻易地、泰然处之地正视自己内心的压抑，男人们便趋于用贬损的手法将自己内心的恐惧与敌意投射到异性身上。他们坚持说女人们是邪恶的、低人一等的、毫无价值的（因为是不同的）。至今有些地方，

---

① 方燕：《巫术析论：以宋代女性生育、疾病为中心的考察》，《四川师范大学学报（社会科学版）》2008年第1期。

如广东普宁一带仍保留着孕妇不能进神庙的习俗。

从上面对孕妇不可食祭肉的原因中，我们推测是否因为孕妇本身是污秽的，所以为了避免触犯神圣的事物而不可面东、面南而浇沐？那么这个神圣的事物是什么呢？我们认为是太阳，因为太阳与东方、南方都有密切的关系。

东方是太阳升起的地方，是给人们带来光明和温暖的地方，也是给大地带来春天和生机的地方。南方是阳光直射之处，在山的南坡日照时间长，草木茂盛，而我国越往南则天气越热，北方还冰天雪地时，南方早就春意盎然，所以南方也与太阳密切相关。正因为太阳给人类带来了生机和希望，所以人们对太阳有着无比的崇拜。景以恩（1998）认为华夏族即太阳之族，因为"华"之古义，本就是太阳的专称，因此华族就是太阳之族。夏族出于华族，"夏"字在金文中有多种写法，共同点是一人头顶或手举太阳。因此，夏族继承了华族为太阳族的称谓。面对崇拜的对象，他们每天都要进行祭祀，借此来表达自己的虔诚与恭敬。在甲骨文中就有关于祭日的记载：

> 贞燎于东母三牛。（《甲骨文合集》14339）
> 燎于东母……毅三豕三。（《甲骨文合集》14341）

据学者们的考证，"东母"当为生十日的羲和，亦即太阳神，故"燎于东母"即以火祭日。

> 乙巳卜，王宾日，弗宾日。（《甲骨文合集》32181）
> 乙酉卜，侑出日、入日。（《怀特氏等所藏甲骨集》1569）

郭沫若先生认为古人对日神有朝迎夕送的祭拜仪式，卜辞中"宾日""出日"等，正是对这种仪礼的历史记录。

关于祭日古人是非常重视的，并且认为祭日为祭祀诸神之首。《礼记·郊特牲》："郊之祭也，迎长日之至也，大报天而主日。"郑玄注："天之神，日为尊。"孔颖达疏："天之诸神，唯日为尊，故此祭者，日为诸神之主，故云主日也。"可见太阳神在古人心目中的重要性，面对如此神圣的太阳神，当然不能允许身带污秽的妊娠妇女予以亵渎。

　　另外，这也是人们对雷、火禁忌的反映。东方配八卦之中的震，《周易·说卦》说："万物出乎震。震，东方也。"震又与自然现象中的雷相配，《周易·说卦》云："震为雷，为龙，为玄黄，为旉，为大途，为长子，为决躁，为苍筤竹，为萑苇。"宋林栗《周易经传集解》卷二十六说："震，动也，起也。为雷，为龙，为足，为长子，为东方之卦，皆亨之象也。而先儒训震为惧，以为恐惧以致亨则失之矣。夫动、起而谓之震者，取诸雷震以为义也。而震之为惧者，因其震惊而取之也。震在雷，惧在物，雷何惧之有哉！"宋耿南仲《周易新讲义》卷四说："南方，火也。于情为喜，往而喜，复而恐，物之情也。于物之为恐，且顺之焉。"唐李淳风《观象玩占》卷四十五《风角》云："南方之情，恶火也。恶行廉贞，寅午主之。火生于寅，盛于午，其情猛烈无所容纳，故其性为恶。恶则忿，恶嫉邪，不染污秽，故谓廉贞。"

　　可见人们对于雷、火是既崇拜又畏惧的。在现代许多民族还保有对雷、火的一些禁忌，如布依族、水族等许多民族有雷天忌讳生产的习俗。从每年第一声雷响开始，有规律的禁忌耕种。他们认为违反了这些禁事，会得罪雷公，雨水会不好，庄稼会歉收。汉族、彝族、鄂伦春族、鄂温克族、赫哲族等许多民族都禁忌随便从火上跨过，尤其是妇女，更不能跨过火堆。产妇甚至不能接近火，更不能拨弄火。为了避免污秽的孕妇亵渎雷神、火神，也避免她们浇沐的污秽行为触犯神灵，因此禁止她们面东、面南进行浇沐。

　　禁止孕妇向"东""南"浇沐也有利于保护孕妇。丛春雨（1994：651）认为："由于淋沐具有一定的催产作用，因而早期妊娠不提倡过多淋沐，防止因此而致的早产、流产。"打雷时会发出巨大的声响、火能把人烧伤，它们都具有一定危险性，所以为了保护孕妇，避免她们受到雷声的惊吓以及受到火的危害，也需要对孕妇的行为进行限制。不仅孕妇需要避讳这些自然现象，夫妻交合生子时也要避免一些异常的自然现象。唐王焘在《外台秘要》卷三十三《求子法及方》中就有这样的认识："凡欲要儿子生，吉良日交会之，日常避丙丁及弦望、晦朔、大风、大雨、大雾、大寒、大暑、雷电、霹雳、天地昏冥、日月无光、虹蜺地动、日月薄蚀。此时受胎，非止百倍损于父母。生子或瘖哑、聋聩、顽愚、癫狂、挛跛、盲眇、多病、短寿、不孝、不仁。又避日月、火光、星辰之下，神庙佛寺之中，井灶圊厕之侧，冢墓尸柩之旁，皆悉不可。夫交会如法，则有福德大智善人降托胎中，仍令父母性行调顺，所作和合，家道日隆，祥瑞竞集。若不如法，则有薄福愚痴恶人来托胎中，则令父母性行凶险，所作不成，家道日否，殃咎屡至，虽生成长，家道灭亡。夫祸福之验，如有影响，此乃必然之理，何不再思之。"这些异常的自然现象都会对孕妇、胎儿造成伤害，所以为了避免这些伤害，就产生了相应的禁忌。

但为什么规定妊娠三月后不能有这种行为呢，这主要和人们对怀孕的认识有关。在古人的观念中怀妊三月胎儿的形象未定，此时一些外界的事物可以对孕妇腹中的胎儿产生影响。唐孙思邈《千金要方》卷二《妇人方》说："论曰：'旧说凡受胎三月，逐物变化，禀质未定。故妊娠三月，欲得观犀象、猛兽、珠玉、宝物，欲得见贤人君子、盛德大师，观礼乐、锺鼓、俎豆、军旅陈设，焚烧名香，口诵诗书、古今箴诫。居处简静，割不正不食，席不正不坐。弹琴瑟，调心神，和性情，节嗜欲，庶事清静，生子皆良，长寿、忠孝、仁义、聪慧、无疾。斯盖文王胎教者也。'"宋陈自明《妇人大全良方》卷十《妊娠总论第一》说："凡妇人妊娠十月，其说见于古书有不同者多矣。按《巢氏病源论》：妇人妊娠一月名始胚，足厥阴脉养之；二月名始膏，足少阳脉养之；三月名始胎，当此之时血不流行，形象始化，未有定仪，见物而变。欲子端正庄严，当令母见贵，不可见状貌丑恶人也。欲生男宜操弓矢乘牡马，欲生女宜着珥珰，施环佩。欲子美好，玩白璧，观孔雀。欲子贤能，宜读诗书，务和雅。"甚至在三月形象未定之时还可以转换胎儿的性别。宋张杲《医说》卷九《妇人》云："怀妊三月名曰始胎，血脉不流，象形而变，是时男女未定，故令于未满三月间服药，方术转令生男也。其法以斧置妊妇床下，系刀向下，勿令人知。恐不信者令待鸡抱卵时，依此置窠下，一窠尽出雄鸡，此虽未试亦不可不知。凡受胎三月逐物变化，故古人立胎教能令生子良善、长寿、忠孝、仁义、聪明、无疾。十月之内常见好境象，远邪僻，真良教也。"又说："父母交会之初，子假父母精血投诚于其间，然后成妊元气资始之谓也。一月血聚谓之始衃，二月精凝谓之始膏，三月成形谓之始胎，此亦无次第中次第也。道生一，一生二，二生三，三生万物。既以三而成，不得不数月而分也。成形之后，阴阳施化，男女始分，随见外象而有感于内。"为了避免孕妇的一些行为影响形象未定的胎儿，需要对妊娠三月的孕妇的行为予以限制。

以上是我们对 S.4433 中妊娠三月时不得面向南、向东浇沐这种禁忌的初步解析。我们认为这样做主要是为了避免污秽的孕妇触犯太阳神、雷神、火神等神灵。这样做也是对妊娠三月，形象未定的胎儿以及孕妇实行的一种保护措施。

第二节　"西""北"求子的文化解读

许多学者对古代的求子习俗进行过专门研究，吴格言（1995）对各种形式的求子习俗进行了介绍，并对这些习俗产生的原因进行了分析。赵国华（1996）运用考古、古典文化等多方面的知识来阐述古人对生殖的崇拜，得出了许多新的结论。胡新生（1998）、郑晓江（1999）等在其专著中对古人的求子习俗也进行了深入的研究。对于求子习俗中涉及的方位，如 P.2666 所说的："妇人妊娠，经三日觉，即向南方礼三拜，令子端正。"吴格言（1995：71 - 72）指出向南方礼拜，即拜太阳。敦煌天寒气阴，故以为拜太阳可以交感生子。对于《枕中方》所言的："欲得生子日，子日正午时，面向南卧合阴阳，有验。"胡新生（1998：502）认为这样做是因为："南方是阳气充盛之地，正午是阳气充溢之时。"

下面我们分析 S.4433 求子习俗中面向"西""北"这两个方位背后的文化现象。在 S.4433 中有这样两条求子医方：

　　又方：常以壬子日午时，向西合阴阳，有［子］。
　　又方：以月晕夜令妇人北首卧，令夫御之，即生男。

除了这两条求子医方外，我们在传世文献中也看到了一些类似的求子医方：

　　又此月乙酉日日中时，北首卧，合阴阳，有子即贵。（唐·韩鄂《四时纂要》卷二《二月》）
　　《葛氏方》治妇人不生子方：以戊子日令妇人敞胫卧上西北首，交接。五月、七月、庚子、壬子日尤佳。（日本·丹波康赖《医心方》卷二十四）

　　在这些求子医方中，夫妻合阴阳时都要求向"西"向"北"，为什么要对着这两个方位呢？我们认为主要有以下几个原因。

　　首先，"西""北"为极阴之位。杨琳（1996：24—25，36—39）指出西和阴是有内在联系的。阴有两种含义，一指阴暗，是没有光线的自然状态；一指阴阳之阴，是对阴暗现象的抽象概括。先来看一下西与第一种含义的联系。《书·尧典》："分命和仲宅西，曰昧谷。"孔安国传："昧，冥也。日入于谷而天下冥，故曰昧谷。"《尔雅·释地》："东至日所出为太平，西至日所入为太蒙。"蒙即蒙昧、昏暗。这是古人想象西方有个黑暗的地方，太阳落入这个地方天下就是黑夜。典籍中有"西幽""西冥"的说法，如阮籍《咏怀》："朝阳不再盛，白日忽西幽。"反映了西方有黑暗之地的认识。女性在阴阳二分的哲学范畴中是属阴的，这样女性和西就有了瓜葛。在古代诗文中我们不难发现说女子所在的方位时常说成是西边。曹植《杂诗》之三："西北有织妇，绮缟何缤纷。"阮籍《咏怀》诗："西方有佳人，皎若白日光。"人们在写诗作文时都下意识地将西和女性放到一起，而将东和男性放到一起。梁武帝《拟明月照高楼》诗："君如东扶景，妾似西柳烟。""西厢"也是女子住处的通称。北方也是幽暗之地。《论衡》卷十一《说日篇》："北方，阴也。"在五行学说中黑与北是属于同义系统的，这是前人对北方为幽暗之地认识的总结，并不是随意的安排。《后汉书》卷四十八《臧宫传》李贤注："人喜阳而恶阴，北方，幽阴之地，故军败者皆谓之北。"男为阳，女为阴，所以女子和北方常常有关联。古代建筑中将东房隔为南北两半，北面的一半朝北开门，直通后庭，是为北堂，是妇女日常起居活动的地方。《仪礼·士昏礼》："妇洗在北堂。"母亲常在北堂，也用"北堂"直接称代母亲。李白《赠历阳褚司马》诗："北堂千万首，侍奉有关会。"唐代长安的妓院安置在长安城的北边，称为北里，这种安置无疑受到了传统观念的影响。女为阴，媾合为阴事，妓院安排在象征阴幽的城北当然是很合适的。《汉书》卷二十一上《律历志》曰："太阴者北方，北，伏也，阳气伏于下也。"

　　为什么人们求子时要向着极阴的"西""北"呢？我们认为这样做主要是为了让妇女能够滋阴，吸收阴气。古人认为妇人无子主要与血气有关，是阴气虚弱、阴阳之气不和的结果。南朝齐褚澄《褚氏遗书·问子》说："女虽十四而天癸至，必二十而嫁，皆欲阴阳完实然后交合，则交而孕，孕而育，育而为子坚壮强寿。今未笄之女天癸始至，已近男色，阴气早泄，未完而伤，未实而动，是以交而不孕。"宋陈自明《妇人大全良方》卷九《妇人无子论》云："夫妇人无子者，其事有三也：一者坟墓不嗣，二者夫妇年命相克，三者夫病妇，皆令无子。若是坟墓不嗣、年命相克此二者非药能益。若夫病妇痰须将药饵，故得有效也。然妇人挟疾无子皆由劳伤血气、生病或月经闭涩，或崩漏带下，致阴阳之气不和，经血之行乖候，故无子也。"明徐彦纯在《玉机微义》卷四十九《妇人门》云："妇人无子多因经血不调，或阴虚血少积聚痰气嗜欲等致。"明张景岳在《景岳全书》卷三十九《子嗣类》说："真阴既病则阴血不足者，不能育胎；阴气不足者，不能摄胎。"明缪希雍在《神农本草经疏》卷三《玉石部上品》云："妇人绝孕由于阴虚火旺，不能摄受精气。"卷八《草部中品之上》云："不孕缘于血少、血热。其源必起于真阴不足，真阴不足则阳胜而内热，内热则荣血日枯，是以不孕也。益阴除热则血自生旺，故令有孕也。"因此许多治疗不孕的药方，都是用来滋阴、补阴的。唐孙思邈《千金要方》卷二《妇人方》有"白薇圆主令妇人有子方"。宋唐慎微《证类本草》卷八说："白薇味苦、咸平、大寒、无毒。主暴中风、身热肢满、忽忽不知人、狂惑、邪气、寒热、酸疼、瘟疟洗洗发作，有时疗伤中淋露、下水气，利阴气益精。"《千金要方》卷二《妇人方》说："消石大黄圆治十二瘕癖及妇人带下、绝产无子。"据《神农本草经疏》卷十《草部下品之上》记载："大黄味苦、寒、大寒、无毒。主……女子寒血闭胀、小腹痛，诸老血留结。疏：大黄禀地之阴气，独厚得乎天之寒气亦深。故其味至苦，其气大寒而无毒。"《神农本草经疏》卷九《草部中品之下》云："艾叶味苦、微温、无毒。主灸百病，可作煎，止下痢、吐血、下部䘌疮、妇人漏血、利阴气、生肌肉、辟风寒、使人有子。"

　　因此，与阴有密切关系的"西""北"就成为滋阴、补阴的重要场所，所以在为求子而合阴阳时要面向"西""北"。

　　其次，"西""北"与生命的本源"水"及蕴含原始生殖观的"云雨"密切相关。"北"与五行中的水相配。宋朱元升《三易备遗》卷五《中天归藏易》云："《洛书》：'东木南火，中央土，西金，北水，明相生之序也。'"明韩邦奇《启蒙意见》卷一《原卦画第二》说："北，水方也。坎之象为水，故坎居北。"清黄宗炎《周易象辞》卷十七《周易下经》指出："夫北高、南下，北幽、南明。北水、南火。"杨琳（2003）指出在世界上很多地方存在着"水"为万物本源这样的文化信仰。《管子·水地》说："故曰水者何也？万物之本源，诸生之宗室。"在新西兰神话中，太阳每天夜里都要到冥界沐浴"生命水"之河，才能获得生命，再出东方。耶稣说："我所赐的水，人若喝了，就会永远不渴。我所赐的水，要在人里面成为泉源，直涌到永生。"这些都说明水是生命之水，是生命的本源。因此汉族的孩子初生后不久要"洗三"，基督教也要用洗礼洗去入教者的"原罪"。由于水是生命的本源，女子只有跟水发生接触才能获得新的生命，而"北"方是水所在的方向，因此在夫妻合阴阳时，女子头向北就能与象征生命本质的水相接触，更容易获得新的生命。在S.2222 的解梦书中也有"梦见妇溺水中，生贵子"之说。

　　"西"虽然不是水方，但却是朝虹出现的方向。《诗经·鄘风·蝃蝀》："朝隮于西，崇朝其雨。"王先谦集疏："先郑注：'隮，升气也。'后郑注：'隮，虹也。'"《释名·释天》："虹，攻也，纯阳攻阴气也。又曰蝃蝀，其见每于日在西而见于东，啜饮东方之水气也。见于西方曰升，朝日始升而出见也。"高诱注《吕氏春秋·孟冬纪》时说："虹，阴阳交气也。"虹，在古人心中是阴阳交合之气。我们还知道，西方出现虹是天将下雨的征兆，而"云雨"是男女交媾的同义词，在这背后蕴含着原始的生殖观。杨琳（1991）认为"云雨"等同于男女交媾这种象征意义的产生，是与古人对云雨这两种自然现象的认识有关。在古人的观念里云是地上的阴气与天上的阳气交合而形成的状态，雨则被认为是交合的结果，云雨是天地的交媾行为。《经义考》卷一百六十四云："雨者，天地之施也。"古人在生活中观察到每逢春天，地气蒸腾，升空为云，云又变而为雨落下，在春雨的滋润下草木发芽、结果，从而使得动物得到养育。动植物的生长过程都离不开雨水，因此古人便把云雨当成了天地繁育万物的活动。古人又认为跟万物一样，人也是天地阴阳二气交合的产物。《论衡》卷十八《自然篇》："天地合气，万物自生，犹夫妇合气，子自生矣。"在他们看来，男女交媾是天地交合的组成部分。正是因为"西"与云雨有密切的关系，而雨又是天地交媾之后的产物，所以人们为了顺承天意，也在交合时面对产生云雨的西方，希望能够借助于云雨孕育万物的能力而孕育生子。

　　最后，就是"北""西"都与"豕"相关。"北"对应八卦中的"坎"。《周易注疏》卷八孔颖达疏曰："坎，北方之卦也。"《周易·说卦》说："乾为马，坤为牛，震为龙，巽为鸡，离为雉，坎为豕，艮为狗，兑为羊。"宋魏了翁《周易要义》卷九说："坎为豕，坎主水渎，豕处污湿，故为豕也。"北方之卦"坎"与"豕"相对应。西方七宿包括奎、娄、胃、昴、毕、嘴、参，其中的奎宿也与豕相对。《史记》卷二十七《天官书》云："奎曰封豕，为沟渎。"张守节正义说："奎，天之府库。一曰天豕，亦曰封豕，主沟渎。……荧惑星守之，则有水之忧，连以三年。"宋丁易东《周易象义》卷十六曰："先天之坎本在正西，西方之宿奎为天豕。后天转为正北，北方之宿有室豕焉。"杨琳（1994）从世界上许多地方存在的耽耳习俗说起，认为这种习俗背后蕴含着猪神崇拜的思想意识。他运用考古、文字、神话传说等多种证据证明了我们的祖先具有猪神崇拜这种意识。猪以大耳为显著特征，猪的大耳在古人眼中是具有魔力的。耽耳习俗正是源于对猪耳的模拟，是猪神崇拜的结果。他认为人们之所以会崇拜猪，一个重要的原因就是猪具有旺盛的生殖能力，一胎产仔达十几头，这使渴望发展人口的先民们羡慕不已，他们在外貌上模拟猪神，主要是试图将猪旺盛的生殖力转移到自己身上，或是希望猪神赐予它们同样的生殖能力。猪在原始信仰中扮演的一个重要角色就是生殖女神。猪天生会游泳，民间有"猪浮黄河牛浮海"的说法，由于它的汗腺不发达，热时喜欢浸水散热，这些特点都与"水"有密切的关系。在民间信仰中猪又能兆雨。《太平御览》卷十引黄子发《相雨书》："四方北斗中无云，唯河中有云，三枚相连，状如浴猪豨，三日大雨。"《锦绣万花谷前集》卷一《雨》引《述异志》说："夜半天汉中黑气相逐，俗谓之黑猪渡河，雨候也。"因而，猪又与"云雨"相关。根据前文的论述，"水""云雨"与原始生殖观有着密切的关联，于是"猪"就与生殖联系起来。既然代表"西""北"的猪具有旺盛的生殖能力，人们在合阴阳时与这样的方位接触也能获得旺盛的生育能力。

　　这些求子医方不仅对交合的方位有规定，而且对交合的时间也有规定，这与我们古人的交合观念有关，在古人的观念中若交合的时间不当就会为孩子带来危害。南朝梁陶弘景《养性延命录》卷下《御女损益篇》云："彭祖曰：'消息之情，不可不知也。又须当避大寒、大热、大雨、大雪、日月蚀、地动、雷霆，此是天忌也；醉饱、喜怒、忧愁、悲哀、恐惧，此人忌也；山川神祇、社稷井灶之处，此为地忌也。……其犯此忌，既致疾，生子亦凶夭短命。'"因此，求子时人们会慎选吉日。《养性延命录》卷下《御女损益篇》云："若欲求子，令子长命，贤明富贵，取月宿日（月宿日，直录之于后），施精大佳。天老曰：人生俱舍五常，形法复同，而有尊卑贵贱者，皆由父母合八星阴阳，阴阳不得其时，中也；不合宿，或得其时人，中上也；不合宿，不得其时，则为凡夫矣。合宿交会者，非生子富贵，亦利己身，大吉之兆（八星者，室、参、井、鬼、柳、张、心、斗，星宿在此星，可以合阴阳求子）。……若欲求子，待女人月经绝后一日、二日、五日，择中王相日，以气生时，夜半之后施精，有子皆男，必有寿贤明。其王相日，谓春甲乙、夏丙丁、秋庚辛、冬壬癸。"

为什么要选在壬子日午时来合阴阳呢？《释名·释天》对"壬"的释义为："壬，妊也，阴阳交，物怀妊也，至子而萌也。"《太平经》卷八十九《八卦还精念文第一百三十》也说："怀妊于壬，藩滋于子。"古代术士特别重视"合阴阳"日期与生子之间的联系。他们根据子丑寅卯的"子"与生子的"子"字面相同，便把子日定为有子之日，由此规定子日特别是其中的戊子、庚子、壬子日是求子的最佳日期，上面所引的药方中都有体现。午时是阳气充溢之时，是一天中阳气最重之时。宋郑刚中《周易窥余》卷十云："午，犹阳之位也。"因此 S. 4433 中说要在"壬子日午时合阴阳"主要是基于壬子日为怀子之吉时，而且午时又是一天中阳气最重之时，在有利于怀子的壬子日，人们希望能够借助午时的阳气保佑生得男孩。郑晓江（1999：155）指出三月三日，安徽芜湖地区，不生男的人家，把南瓜放到锅里煮熟，于午时取出，放到案上，夫妇并肩而坐，同时举筷，尽力把南瓜吃完。因为"南瓜"谐音"男娃"，三日是阳日，午时是阳时，俗信在这样的时日吃下南瓜一定会生男。这与壬子日午时合阴阳是出于同样的目的。

求子为什么要选在月晕夜呢？其实在古人的观念中月晕并不是一个吉日，月晕对妇女、儿童也是不利的。唐瞿昙悉达《唐开元占经》卷十五《月占》："荆州占曰：'月晕营室，东壁其地，有谋不成。一曰风起，一曰大水，且至又曰寡妇、婴儿多死。'……黄帝占曰：'月晕，牛、小儿多死，牛疫死。一曰马多疫死。'……郗萌曰：'月晕壁，民流亡。一曰见大龙，一曰妇儿多死者。'……郗萌曰：'月晕胃，其国主死，天多阴雨，妊妇多死。'……荆州占曰：'月晕围胃，兵不战。一曰妊女多死。'"既然月晕夜对妇女、儿童都不利，为何还要选择在月晕夜交合求子呢？我们认为这与原始生殖观中对虎的崇拜有关。傅道彬（1990：172，189）指出彝族认为是虎肢解了自己的身体，创造了宇宙万物。彝族自称"罗罗"，这个词与虎称相同，男女祖先画像概称母虎，这些事实都说明对虎的崇拜其实是对母虎的崇拜，是对母虎所象征的雄浑的生命力和养育力的崇拜。对母虎的崇拜也许并不是崇拜它的多子，而是崇拜它所养育后代的威武有力。他还指出老虎母亲的形象在古代传说中也经常出现。老虎不仅有雄壮的生命机能，虎母也具有灵魂转生能力，既然虎孕育了人类的生命，那么人死后也会返回这生命的母体之中。所以古代在召唤死者灵魂的仪式中，即呼唤游荡的灵魂返回虎母本体。《礼记·礼运》："升屋而号，告曰皋某复。"《说文》："皋，虎声，音豪。"由其像虎声而称之。因此，所谓的"皋某复"，实即"虎的后代某某，快回来吧"，这对灵魂的呼唤之声，典型地反映了对老虎母亲的崇拜。吴乃华（2003）也通过一系列证据证明虎是女性的象征，具有强盛的生殖力。他指出考古发现的6500年前的蚌虎，商代青铜器的"双身虎"造型，以及民间祭祖中的大虎馍，婚礼中的新娘被看作娇虎的习俗，都反映了对虎的崇拜。虎是在月晕夜交合的，《说郛》卷三十七《茅亭客话》说："凡月晕虎必交也。"在民间求子的医方中，还有"以虎鼻悬户上，疗妇人无子"（《普济方》卷三百三十六《妊娠诸疾门》）这样的医方，可见虎对妇人生子有重要的作用，为了感染具有旺盛生命力的老虎母亲的生育能力，人们求子时选择了月晕之夜。

选择月晕夜交合求子也与人们对月亮的认识有关，在世界的许多地方，人们都把月亮神看作"生命之母"。M. 艾瑟·哈婷（1992：112）指出在中国的洪水神话中，月亮女神在洪水退后，派她的化身到地球上再造人类。西亚和欧洲的月亮女神都相似地给众生以新的生命。月亮女神是"所有动物之母"，是地球众生的创造者。方燕（2008：90）认为古人眼中月属阴象，"月亮被认为是与女性有着特殊而直接的联系，它成为生育之力的象征。""没有它的惠助，动物不可能生产，女人们则不可能有子。"陈师道《后山谈丛》卷四云："中秋阴暗，天下如一，中秋无月则兔不孕，蚌不胎，荞麦不实。兔望月而孕，蚌望月而胎，荞麦得月而秀。"因为月亮是万物之母，因此人们求子时期望这位伟大的母亲能够帮助自己，最终获得子孙。

与"日"被称为太阳相对，月被称为"太阴"，可见月与阴有密切关系。宋朱震《汉上易传》卷三《上经》云："离，月阴也而为坎。"宋郭雍《郭氏传家易说》卷五《下经》说："月，阴类也。"我们前面说过，女子不孕一个重要原因就是阴气不足。因为月亮是极阴之物，当吸收月亮的阴气时便可以补充女子的阴气，阴气充足，女子便能有孕。隋巢元方《巢氏诸病源候论》卷三十八《妇人杂病诸候》说："《养生方》云：'月初出时、日入时向月正立，不息八通，仰头吸月光精，八咽之令人阴气长。妇人吸之，阴气益，盛子道，通阴气，长益精髓脑少小者。妇人至四十九已上还生子断绪者即有子，久行不已即成仙矣。'"宋周守中《养生类纂》卷一《服饵部》说："吸月光精，妇人至四十九已上还生子，断绪者即有子，久行不已即成仙矣。"敦煌解梦书 P. 3105 也说："梦见服日月，贵。又云生贵子。"八卦中的坎与月相对，坎又与北相应，因此北向求子与月夜合阴阳相契合。那么又为什么在月晕夜向北合阴阳之后，求得的是男孩呢？我们认为这可能与北方对应的坎卦有关。坎卦为两个阴爻中间夹一阳爻（☵），两个阴爻象征包孕孩子的子宫，而一阳爻象征子宫内的孩子为阳，是男性。

综上，我们认为之所以在求子时强调向"西""北"，主要与"西""北"背后所蕴含的人们的文化信仰有关。"西""北"为阴地，而不孕的一个重要原因就是阴气不足，因此向"西""北"能够滋补妇人阴气，利于怀孕生子。"西""北"与"水""云雨"有密切的关系，而"水"为生命之本，"云雨"又与原始生殖观有密切联系。"西""北"都与有旺盛生殖力的"豕"关系密切，因此求子时向"西""北"可以感染"豕"的生殖力。合阴阳时选择壬子日午时、月晕夜也是因为这些时辰利于生子。

第三节　敦煌五姓宅经中的"东""南""西""北"

P. 2615《五姓阴阳宅经》中有这样一段话：

> 角居商地亦无后，亦官事，三年内破家尽。角居羽地大吉富贵，后向西南徙，三年必破家尽。……徵居宫大富贵，后贫，出贵子，十三年内合得西家财，宜盖移。……[徵]若居羽凶，灭门，不出三年宜急移盖，即免殃。移向西北之方者，三年灭门，慎，吉。……羽居商亦富贵，出封侯，三十年得两家财，向南移，凶，慎之。

　　为什么五姓居于不同的地方，处于不同的方位会产生吉凶差异呢？我们认为这与五行间相生、相克的关系有关。五姓与五行、八卦有密切的关系，首先来看一下五姓与五行的关系。《汉书》卷二十一上《律历志》云："五行则角为木，五常为仁，五事为貌。商为金，为义，为言；徵为火，为礼，为视；羽为水，为智，为听；宫为土，为信，为思。"其次，五行、八卦、八方之间关系也非常密切。《子夏易传》卷九说："万物出乎震，震东方也；齐乎巽，巽东南也……离也者，明也，万物皆相见，南方之卦也……兑正秋也……乾，西北之卦也……坎者，水也，正北方之卦也……艮，东北之卦也。"隋萧吉《五行大义》卷四《第十七论八卦八风》云："卦因八方之通，八风成八节之气，故卦有八。其配五行者，乾、兑为金，坎为水，震、巽为木，离为火，坤、艮为土，各以方位言之。《易·通卦》验云：'艮东北，主立春；震东方，主春分；巽东南，主立夏；离南方，主夏至；坤西南，主立秋；兑西方，主秋分；乾西北，主立冬；坎北方，主冬至。'"五行间有相生、相克的关系。汉班固《白虎通德论》卷三《五行》："木生火，火生土，土生金，金生水，水生木。"隋萧吉《五行大义》卷二《第十论相克》言："木克土，土克水，水克火，火克金，金克木。"角姓与五行中的木相配，商姓与五行中的金相配，羽姓与五行中的水相配。据五行相克之理，金克木，角姓与商姓相克，所以角居商地总出恶事。据五行相生之理，水生木，所以与木相配的角姓居与水相配的羽地时会大吉、富贵。角姓"向西南徙，三年必破家尽"，是因为西南方与八卦中的坤位相配，与五行中的土相配，而角姓与五行木相配，在五行中木克土，因此角姓与西南方位是相克的关系，所以角姓"向西南徙，三年必破家尽"。徵姓与五行中的火相配，宫姓与五行中的土相配，据五行相生之理，火生土，徵姓与宫姓属于相生关系，因此徵居宫大富贵。"西"在八卦中与兑相配，五行中与金相配，而徵五行属火，火克金，因此"合得西家财"。徵姓五行属火，羽姓五行属水，五行中水克火，因此徵姓若居羽地必为其所克，因此徵"居羽凶，灭门。"西北方与八卦中的乾位相配，与五行中的金相对，五行中火与金相克，因此徵姓"移向西北方者，三年灭门"。羽姓与五行中的水相配，商与五行中的金相配，而金与水在五行中属相生的关系，因此羽居商会"富贵，出封侯"。南与八卦中的离相对，而离又与五行中的火相对，羽与水相配，而火与水五行相克，因此羽姓"向南移，凶。"

P. 2615 对各姓在造舍时起墙的顺序也有明确的规定：

〔角〕作舍法。先起西墙，次起南墙，其利三倍，伤南家家母，益口一人。次起东墙，其起伤西家父，得田宅，三年食口三人，大富贵。后起北墙，断乎其利百倍。

〔徵〕作舍，先北墙，次起西墙，次起南墙，后起东墙，断乎其利百倍，益口三人。伤南家家长，自得田宅吉。

〔宫〕作舍，先起东墙，次起北墙，次起西墙，后起南墙，断乎其上利三倍，益口三十人，破南家，后得田宅。

〔商〕作舍，先起南墙，次起东墙，次起北墙，次起西墙，断乎西家妨父，北家妨中男。

〔羽〕作舍，先起南墙，后起北墙，其利百倍，煞北家父及长子，得田宅，但三年内益口三人，增财加六畜。次起东墙，害东家子母。后起西方，断乎其利三倍，得田宅。

为什么对不同的姓在造舍时起墙的顺序有不同的规定呢？我们认为这样做主要是为了趋利避害。角姓对应五行中的木，徵姓对应五行中的火，宫姓对应五行中的土，商姓对应五行中的金，羽姓对应五行中的水。方位西与五行中的金相配，南与火相配，东与木相配，北与水相配（见表4.1）。

表 4. 1　　　　　　　　　五姓起墙顺序与五行关系

角（木）	西（金）	南（火）	东（木）	北（水）
徵（火）	北（水）	西（金）	南（火）	东（木）
宫（土）	东（木）	北（水）	西（金）	南（火）
商（金）	南（火）	东（木）	北（水）	西（金）
羽（水）	南（火）	北（水）	东（木）	西（金）

中国人强调做事时有始有终，因此五姓在起墙时起始方位与终结方位是有规律可循的，中间的两个方位规律性不强。角与五行中木相配，而西与五行中金相配，金克木；徵与五行中火相配，北与五行中水相配，水克火；宫与五行中土相配，东与五行中木相配，木克土；商与五行中金相配，南与五行中火相配，火克金；羽与五行中水相配，南与五行中火相

配，水克火。因此，五姓起墙时起始方位所配的五行与五姓所配的五行都是相克关系。角与五行中木相配，而北与五行水相配，水生木；徵与五行中火相配，东与五行中木相配，木生火；宫与五行中土相配，南与五行中火相配，火生土；商与五行中金相配，西与五行中金相配，商在王位；羽与五行中水相配，西与五行中金相配，金生水。因此，五姓起墙时终结方位所配的五行与五姓所配的五行都是相生或是王的关系。我们认为之所以这样做是因为古人在造宅时有先作凶位，后修吉位的观念。P. 3856《宅经》说："凡修宅次地法：先修刑祸，后修福德，吉。"明周履靖校正的《宅经》卷上《凡修宅次第法》也说："先修刑祸，后修福德，即吉；先修福德，后修刑祸，即凶。"因为刑祸之方会给人带来灾殃，福德之方会给人带来荣乐，正如 P. 3856《宅经》所说："刑祸之方缩伤缩，犹虑灾殃狂相逐即诫之侵拓也，亦不得太缩，太缩即气不足，气不足即损财禄。福德之方拓伤拓，子子孙孙受荣乐宜开拓也，然亦不得太过，太过即成祸，人命至微，不胜厚福所临也。"清胡煦在《卜法详考》卷三《阳宅》中说："占宅音兆要相生，相克之时主斗争。"正是因为五行相克时总会带来恶果，而相生会给人带来福德，所以各姓人在起墙时会慎选顺序，先造与自己姓氏相克的一方，最后修与自己姓氏相生的一方。这样做是要择吉避凶，用吉方的福德来掩盖住凶方的刑祸。

古人在造舍时有避王的观念。据睡虎地秦简《日书》记载："春三月毋起北乡室，夏三月毋起南乡室，秋三月毋起西乡室，冬三月毋起北乡室。以此起室，大凶，必有死者。"隋萧吉《五行大义》卷二《第四论相生》："五行体休王者，春则木王，火相，水休，金囚，土死；夏则火王，土相，木休，水囚，金死；六月则土王，金相，火休，木囚，水死；秋则金王，水相，土休，火囚，木死；冬则水王，木相，金休，土囚，火死。"

我们赞同陈于柱（2007：119）的观点，避王的一个结果就是对邻居造成伤害。王、相是五行之气最盛之时。隋萧吉《五行大义》卷二《三论四时休王》："王时气盛，故为洪大之物；相时气劣，其比渐小；休时气衰，故复转微之；囚时于恶，所以最下；死时弃不用，故是枯朽之类也。"如此旺盛的王、相之气可能对所邻之家造成伤害，所以五行属火的徵姓在起墙时就会伤害处于四时休王图中王之方位上的南家家长，由于南所属五行与徵姓五行所属相同，因此能够"自得田宅"。

五行属金的商姓在起墙时会伤害处于四时休王图中相之方位上的北家之人。因为北方与八卦中的坎相对，而坎为中男。《周易·说卦》云："坎再索而得男，故谓之中男；离再索而得女，故谓之中女。"因此，商姓会"北家妨中男"。《周易·说卦》说："乾天也，故称乎父；坤地也，故称乎母。"从"妨父"这一点，我们可以推断，此处的"西"应为"西北"，而西北在五行中属金，"金"处商姓四时休王图的王之方位上，因此商姓会"西家妨父"。五行属水的羽姓会伤害处于四时休王顺序图中相之方位的东家子母。五行属木的角姓会伤害处于四时休王图中相之方位的火，因此自然"伤南家家母"。对于角姓来说"伤西家父"是承接在"次起东墙"之后的，陈于柱（2007：122）认为这一情况可能是出于抄者的笔误，将"伤东家父"错抄成"伤西家父"，因为角姓在四时休王图的东方，正是木旺之所在，也只有如此在逻辑上才能够与"次起东墙，其起云云"连贯起来。我们却认为此处不会是误抄，因为不会在 P. 2615 与 P. 2632V 两件写本中出现同样错误。角姓与五行中的木相配，东亦与五行中的木相配，东处于五行休王图的王位上。本来处于西北方的金能够克木，但由于处于王位时五行之气最盛，金反被辱，因此出现了"伤西家父"的情况。宫姓五行属土，南与五行中火相配，火生土，在生土时火本身必然受到损害，因此与五行火相应的南家就会受到伤害。

我们分析了 P. 2615《五姓阴阳宅经》中五姓造宅及其起墙时的顺序，认为这种顺序的规定与古人的文化观念相关。古人在造宅及起墙时运用五姓与五行的关系，运用避王的观念尽量做到择吉避凶。

第四节　婚俗中方位的文化解读

我们借鉴周一良《敦煌写本书仪中所见的唐代婚丧礼俗》（1995）中的研究思路，把 S. 1725《大唐吉凶书仪》（以下简称 S. 1725）婚俗中出现的方位与《仪礼》、唐萧嵩的《大唐开元礼》、宋司马光的《书仪》进行对比，从而说明在古代婚俗中不同的方位所蕴藏的文化内涵。

一　祭

在古代的婚俗中，迎亲之前男女双方都要举行祭祀仪式。对比

S. 1725 与《仪礼》《大唐开元礼》《书仪》，我们会发现父为子醮时，S. 1725 与其他文献最大的不同就是举行醮的地点不同。S. 1725 云："儿父祭法，在于中庭，近西置席，安祭盘。"在《仪礼》《大唐开元礼》《书仪》中父则在正寝、堂为子醮。《仪礼·士昏礼》贾公彦疏曰："父醮子用酒，又在寝。"《大唐开元礼》卷一百二十五《嘉礼·六品以下婚》云："将行父醮子于正寝。"《书仪》卷三《婚仪上》说："主人亦盛服坐于堂之东序，西向。"清张尚瑗《三传折诸－左传折诸》卷七说："近世谓堂为正寝。"由此可知，堂亦为正寝。可以说，父都是在正寝为子而醮。在 S. 1725 与《仪礼》中父醮时都是父面向南，儿面向北。S. 1725 云："婿父在庭前，面向南坐，儿面向北立。"清焦以恕《仪礼汇说》卷二曰："荀氏况曰：'亲迎之礼，父南而立，子北面而跪，醮而命之。'"在《大唐开元礼》与《书仪》中父醮时皆坐在正寝的东序，面向西，儿子站在席西，面向南。《大唐开元礼》卷一百二十五《嘉礼·六品以下婚》曰："父公服庶人常服，以下准此坐于东序，西向。子服爵弁庶人绛公服升自西阶，进立于席西，南向。"《书仪》卷三《婚仪上》说："主人亦盛服坐于堂之东序，西向。设婿席于其西北，南向。婿升自西阶，立于席西，南向。"我们认为尽管 S. 1725、《仪礼》与《大唐开元礼》《书仪》父醮子时方位不同，其实都蕴含子顺从、敬重父亲之意。在 S. 1725 以及《仪礼》中父面向南醮而命，儿子面向北听而受，这样做遵循了君臣之礼。清惠栋《周易述》卷十五说："君南面，臣北面，父坐子伏，此贵贱之位也。"为什么要君面向南而治，臣面向北而拜呢？因为在古人的观念中"南"为阳，是光明之地，君面向南治理国家，是希望能够获得明政。《册府元龟》卷五百七十八《掌礼部·奏议第六》说："君之南向答阳，此明朝会之时盛阳在南，故君南向对之，犹圣人南面而听，向明而治之义耳。"元李简《学易记》卷九："刘氏集传曰：'离于方为南，于时为夏，万物亨嘉之时也。其材为明，明则物相见矣。故圣人南面而治者，所以向明而与万物相见也。'"明黄光升《昭代典则》卷十一《太祖高皇帝》："上谕廷臣曰：'南方为离明之位，人君南面以听天下之治，故殿廷皆南向，人臣则左文右武，北面而朝礼也。'"臣北面正对君王，首先是为了便于观察君主的脸色、反应从而作出应答。清盛世佐《仪礼集编》卷五："必正向君者，取其颜色辞气之间便于观察也。"其次是因为北方是阴幽之方，是卑微、臣服之位。宋卫湜《礼记集说》卷七十云："北方阴极而生寒。"卷七十六说："北方阴，阴主静；东方阳，阳主动。"女为阴，所以女子常和北方联系在一起，《汉书》卷九十七上《外戚列传》说："北方有佳人，绝世而独立。"古书中常常出现妇女在北堂的记载，韩愈《示儿》诗："主妇治北堂，膳服适戚疏。"女性又常常与柔顺相连，宋周敦颐《周元公集》卷九："阳健成男，阴顺成女。"柔顺就意味着臣服，因此北为卑微、臣服的象征。《隋书》卷四《炀帝纪》："若有识存亡之分，悟安危之机，翻然北首，自求多福。""北首"指投降宾服，因此臣北首拜君，表示卑微顺服之意，正如元吴澄《礼记纂言》卷二十二所说："臣以阴顺为德，故北面答君，以示顺也。"

在《大唐开元礼》《书仪》中父为子醮时父坐于东序，西向；子立于席西，南向。这遵从了主宾之礼，在古代礼仪中主人的席位在东，客人的席位在西。郑玄在注《仪礼·乡饮酒礼》时说："宾席牖前，南面，主人席阼阶上，西面。"《礼记·曲礼上》说："主人就东阶，客就西阶。"清秦蕙田《五礼通考》卷六十一《吉礼六十一·宗庙制度》云："东为主位，西为宾位，故主人、主妇荐自左房，而宾受享自西阶。"我国自古就是礼仪之邦，做任何事情都要严守尊卑礼仪。父为一家之主，明章潢《图书编》卷九《学易大旨》说："国君为一国之主，严君为一家之主。"清王夫之《尚书稗疏》卷四下说："父为子之纲，则父以主乎子而谓之，知犹言一家之主也。"既然父为一家之主，那么家中重大事情都由父亲掌管，子要以父为纲。祭祀在古代是一件非常重大的事情，因此祭祀的重担就要落到了父亲身上。《朱子语类》卷三十八说："一家之主，则一家鬼神属焉；诸侯守一国，则一国鬼神属焉；天子有天下，则天下鬼神属焉。"儿子只有在父亲重病或去世后方可承担宗事。宋魏了翁《仪礼要义》卷三十四《丧服经传》说："父有废疾不立，其子代父主宗事。"清沈竹礽《周易易解》卷三云："有渝是父死而长子代父主器也，此时母从长子。"清褚寅亮《仪礼管见》卷上之一说："孤子礼于阼，已为主也。"儿子为了表示对父亲的尊敬，表达父在自己不敢以主人自居，在祭祀时都避主位而居宾位。明胡广等《礼记大全》卷二十五《坊记第三十》指出子曰："升自客阶，受吊于宾位，教民追孝也。"这是因为："升自客阶而不敢由于主人之阶，受吊于宾位而不敢居于主人之位，所以避父之尊，尽为子之孝而已。父既往而犹未忍升其阶，居其位焉，故曰教民追孝也。"唐孔颖达在疏《礼记》"子升自西阶，殡前，北面"时指出："子升自西阶者，谓世子不忍从先君之阶升，故由西阶升。"正是因为北首以及西阶都非主位，儿处于这种方位表达了儿对父的臣服与尊重。

在 S.1725 中父醴女、戒女也是遵循君南臣北之礼。"女向父前，面正北立，父诫女曰：'敬之慎之，宫室〔无违〕。'母诫女曰：'敬之慎之，夙夜无违。'"既然女向父前正北立，那么父就应是面南戒女。女正北面向父，立于父前，这是女儿对父亲顺服的表现。在《仪礼》《大唐开元礼》《书仪》中父诫女沿守的是父在东，面向西，女儿处西的主宾之礼。《仪礼·士昏礼》唐贾公彦疏："以母出房户之西，南面，女出房西行，故云出于母左。父在阼阶上，西面故因而戒之。"《大唐开元礼》卷一百二十五《嘉礼·六品以下婚》云："姆导女出于母左，父少进，西面戒之必有正焉，若衣若笄，命之曰：'戒之敬之，夙夜无违命。'"《书仪》卷三《婚仪上》说："父坐于东序，西向；母坐于西序，东向祖父母在则祖父母醮而命之设妇席于母之东北，南向。赞者醮以酒，如壻父醮子之仪。"

二　奠雁

在迎亲时，新郎要先向女家献雁作为贽礼，称为"奠雁"。在奠雁时 S.1725、《仪礼》《大唐开元礼》《书仪》都是女居尊位，男处卑位。S.1725 说："女在中庭东畔，面向西立，女婿正北质方行，男女相当，女婿抱鹅于女前。"女处于主位，男处于宾位。在《仪礼》《大唐开元礼》《书仪》中男子面北奠雁，女在房中面南而立。《仪礼·士昏礼》说："主人升西面，宾升北面奠雁，再拜稽首，降出。"清刘沅《仪礼恒解》卷二云："敖氏继公曰：'……北面奠雁，以女在房。'"《大唐开元礼》卷一百二十五《嘉礼·六品以下婚》曰："宾升自西阶进，当房户，北面跪，奠雁。"《书仪》卷三《婚仪上》说："壻升自西阶，北向跪，置雁于地。"女处尊位，男处卑位与男尊女卑的传统观念不合。首先，这样做是由于在进入女家时男子是"宾"，《仪礼》《大唐开元礼》《书仪》中男子都被称为"宾"，所以要遵守"宾"礼，处于宾位。女子在未出家门前对于壻来说是主人，所以要处于主位。其次，表现出男子对女子的尊重，正如敦煌 S.1725 所言："问曰：'男女未如青庐，花烛之下相拜之时，因何男西女东？'答曰：'古者卅之男，廿之女皆其年盛俱当，月下虽卑，不恒在西。如山诗云：日始月盛，皆出东方。其男年并俱盛，如日盛也。夫主降让妻一等，是以系在东畔。'"在成礼之前，男家要充分展现对女家的尊重，因此会"夫主降让妻一等"。除了"夫主降让妻一等"外，婚礼在昏时举行，以及男子亲迎也都表现了对女家的尊重。汉班固《白虎通德论》卷九《嫁娶》说："云所以昏时行礼何示，阳下阴也，婚亦阴阳交时也。"宋卫湜《礼记集说》卷一百十八说："大昏既为敬之至，冕而亲迎所以行其敬也，其行敬之际，则亲亲之意可寓于其中。""迎必冕所以致其敬，迎必亲所以致其亲，己亲其人乃所以使人之亲己而已，故曰亲之也者，亲之也。冕而亲迎可谓敬矣，不由此无以合二姓之好。"当奠雁之后，女子就要随婿从处于宾位的西阶走出家门。《仪礼·士昏礼》说："宾升，北面奠雁，再拜稽首，降，出。妇从，降自西阶，主人不降送。"男与女走出女家后，男子象征性地为女子御车，这也表现了对她的尊重。《仪礼集编》卷三云："婿御妇车，授绥，姆辞不受。"注曰："婿御者，亲而下之。"

三　同牢

在举行同牢礼时，S. 1725、《仪礼》《大唐开元礼》中都是男子在西，面向东；女子在东，面向西。S. 1725 云："扶妇下车，于门西畔设同牢盘，旧（？）东坐，女在盘西坐，令及男西女东，连瓢共饮。"《仪礼·士昏礼》唐贾公彦疏曰："布同牢席，夫在西，妇在东……示有阴阳交会有渐，故男西女东。"《大唐开元礼》卷一百二十五《嘉礼·六品以下婚》云："婿从者布对席于馔东，赞者西面告馔具，主人揖，妇即对席，西面，皆坐。"《书仪》则是男子在东，妇人在西。《书仪》卷三《婚仪上》曰："婿揖妇就坐，婿东，妇西古者同牢之礼婿在西，东面；妇在东，西面。盖古人尚右，故婿在西，尊之也。今人既尚左且须从俗。"S. 1725、《仪礼》《大唐开元礼》与《书仪》的区别并不像司马光所说："盖古人尚右，故婿在西，尊之也。今人既尚左且须从俗。"古人既尚右也尚左。尚右如《史记》卷四十六《田敬仲完世家》："驺忌子以鼓琴见威王，威王说而舍之右室。"张守节正义云："右室，上室。"《后汉书》卷三十一《郭伋传》："强宗右姓，各拥众保营，莫肯先附。"李贤注："右姓，犹高姓也。"尚左如《老子》三十一章所说："君子居则贵左，用兵则贵右。"《礼记·檀弓上》："孔子与门人立，拱而尚右，二三子亦皆尚右。孔子曰：'二三子之嗜学也，我则有姊之丧故也。'二三子皆尚左。"郑玄注："丧尚右，右阴也；吉尚左，左阳也。"既然左为阳，右为阴，男为阳，女为阴，可以得出男为左，女为右的结论。由于我国的住房建筑坐北朝南的格局，决定了左为东，右为西，即男在东，女在西。按照男东女西这样的习俗，《书仪》中在举行同牢时男在东，女在西符合东阳西阴，男左女右这样的观念。那么为什么 S. 1725、《仪礼》《大唐开元礼》中在举行同牢礼时却要男西女东呢？我们认为这应该与同牢礼的性质有关，同牢礼是与祭祀相关的，而祭祀又与鬼神有关。鬼神之事属阴事，宋王与之《周礼订义》卷三十四说："设几以依神，神幽阴，故几在右也。"西方是属阴的，因此西方或西南方是鬼神之位。《仪礼·既夕》唐贾公彦疏曰："特牲少牢皆布席于奥，殡又在西阶，是西方神位。"清秦蕙田《五礼通考》卷六十《吉礼六十·宗庙制度》云："阴者，室之西南隅谓之奥，正当牖下不受牖明，屋之隐奥处也，以其幽暗故曰阴。"正因为西方是祭鬼神的正席，而相对于女子来说男子是主，祭祀要由男子来主导，因此在举行同牢礼时男在西，女子要与男子席位相对，自然处东。

四 成礼

同牢之后，夫妇便要在青庐之内或室内的席上成礼，此时夫妇之义已经辨明，因此男女要各守其位，男子处东，女子居西。S. 1725 云："夫妇之礼成，犹君臣之义合，是以男东女西也。"《仪礼·士昏礼》唐贾公彦疏曰："今乃夫在东，妇在西，易处者……今取阳往就阴，故男女各于其方也。"《大唐开元礼》卷一百二十五《嘉礼·六品以下婚》云："妇脱服于室，衽于奥，北趾衽，卧席。主人入，烛出。"《书仪》卷三《婚仪上》说："妇从者布席于闺内东方，婿从者布席于西方。婿妇踰闺，婿立于东席，妇立于西席，妇拜，婿答拜。"既然男女各归其方，男子属阳，自然要在属阳的东方，而女子属阴，因此要处属阴的西方。

五 见舅姑

在成婚后拜见舅姑（公婆）时，S. 1725、《仪礼》《大唐开元礼》都是舅居东，姑处西。遵循男左女右，男东女西之习。S. 1725 说："至晓，新妇整顿钗花，拜见舅姑。大人翁于北堂南阶前东畔铺席，面向西坐；妪在北堂户西畔，面向南。"《仪礼·士昏礼》云："质明，赞见妇于舅姑。席于阼，舅即席。席于房外，南面，姑即席。"唐贾公彦疏曰："郑知房外是房户外之西者，以其舅在阼，阼当房户之东。"《大唐开元礼》卷一百二十五《嘉礼·六品以下婚》云："质明，赞者见妇于舅姑，立于寝门外。赞者布舅席于东序，西向；布姑席于房户外之西，南向。"S.1725、《书仪》中妇人向舅姑进献东西时都是面向北。S.1725说："令新妇直北质方行，先将脯合大人翁前，再拜讫，低跪，献脯，合向本处。大人翁寻后答，再拜。新妇有将果合质方行，至大家前再拜。低跪献果，回向奔出。大家寻后答，再拜。"《书仪》卷四《婚仪下》说："妇北面拜舅于堂下_{古者拜于堂上，今恭也可从}。众执笲_{古笲制度汉世已不能知，今但取小箱以帛衣之皂表绯里以代笲，可也}。实以栗，升自西阶，进至舅前，北向奠于卓子上。舅抚之，侍者彻去，妇降，又拜。舅毕乃拜姑，别受笲实以腶修_{腶修，今之暴脯是也}。升进至姑前，北向，奠于卓子上。姑举之以授侍者，妇降。"在《仪礼》《大唐开元礼》中，妇人升自西阶，面东向舅进献东西，面北向姑进献东西。《仪礼·士昏礼》曰："妇执笲枣、栗，自门入，升自西阶，进拜，奠于席。舅坐抚之，兴，答拜。妇还，又拜，降阶，受笲腶修，升，进，北面拜，奠于席。姑坐举以兴，拜，授人。"《大唐开元礼》卷一百二十五《嘉礼·六品以下婚》云："质妇执笲枣栗笲，竹器玄表纁里，自门外入，升自西阶，东面，再拜，遂跪奠于席前。舅抚之。赞者进，彻以东，妇退，复东面位，又再拜，降自西阶，受笲腶修_{腶修，妇从者执俟于阶下}。升，进，北面再拜，进，跪奠于姑席前。"与前面祭祀相似，新妇面向北是处于臣位，遵君臣之义；妇面向东是处于宾位，守主宾之礼。新妇无论是在婚礼时从西阶由夫导入室，还是在拜见舅姑时升自西阶，都是处于宾位，只有在舅姑飨妇之后，舅姑会从西阶上走下来，而妇人会从阼阶上走下来，这说明舅姑已经把室内之事交给了新妇。《仪礼·士昏礼》唐贾公彦疏曰："阼阶是主人尊者之处。今舅姑降自西阶，妇降自阼阶，是授妇以室之事也。"

　　我们分析了在S.1725、《仪礼》《大唐开元礼》《书仪》的婚俗中不同方位所蕴藏的文化观念。简言之，无论祭祀、奠雁、同牢、成礼还是见舅姑，每个人所处的方位都是根据自己的身份而定，都要严守君臣、主宾之礼，显示出尊卑之间的差异。

结　语

本书的主要内容及其结论

本书分为引言编、描写编、阐释编三部分。引言编第一、二节主要介绍了敦煌语料的特点，选题的缘由、意义，本书的研究方法，以及在研究过程中遇到的困难。第三节论述了方位词的内涵与外延。从研究实际出发，我们认为从语义的角度对唐五代方位词进行研究更为合理。第四节综述了学者们关于现代汉语、古代汉语方位词研究的成果，指出其研究中的优、缺点。第五节概述了唐五代方位词的特点：（1）唐五代时期方位词虚化趋势渐剧。主要表现为意义虚化、泛化，一些方位词语法化为虚词。（2）合成方位词在唐五代时期发展迅速，主要表现为类型多样、使用频率高、词汇化程度高。（3）方位词在唐五代时期基本发展成熟。

描写编分为八章。第一章描写了唐五代时期"上""下"的形式、语义分布。第二章描写了"前""后"的形式、语义分布。第三章描写了"中""里""间""内""外"的形式、语义分布。第四章描写了"东""西""南""北"的形式、语义分布。第五章描写了"左""右"的形式、语义分布。第六章描写了"边"类方位词"边""旁""畔""侧""际""壁""厢"的形式、语义分布。第七章描写了意义泛化类方位词"头""首""底""所""处""许""行"的形式、语义分布。第八章从合成方位词的特点、产生的原因、词汇化的路径等方面概述了唐五代时期合成方位词的情况。在对每一个方位词形式、语义分布描写之后，我们从形式、语义、搭配等方面对该方位词进行了小结，并且通过与魏晋南北朝时期同类方位词的对比，突出唐五代时期方位词的特点。在第一章中我们运用唐五代时期的例证，论证了"上""下"尽管有许多不对称之处，但在很多方面它们是对称的，尤其是突破了以往根据"下"具有动量词的用法而"上"缺少这种用法，从而确定它们不对称的结论。在第二章中，我们从数量、来源、搭配、演变等几个方面论证了"后"的时间性。与其他方位词相比，时间性是"后"更为基本的属性，而空间性则是其次要属性。在第三章中，我们对"中""里""内"，"中"与"间"进行了辨析。我们借用邢福义（1996）的结论，对比唐五代时期"里""中"的异同，认为邢先生所说的"里"独具的"等同义""划界义"在这个时期不能作为区分"里""中"的意义标准，现代汉语中适合"里"的"指代义"在唐五代时期更适合"中"。现代汉语中适合"中"的"活动义""状态义""无限义"在唐五代时期也较适合"中"。

阐释编分为四章。第一章探讨了身体部位名词与方位词的关系。借鉴了 Heine（1991）、Svorou（1993）、储泽祥（1997）等人的观点，指出身体部位名词与方位词有密切关系。在古代汉语中身体名词与方位词有三种关系：（1）身体部位名词具有表示空间方位的义项。（2）身体部位名词演变为方位词。（3）身体部位名词与方位词构成合成方位词，用来表示空间方位。第二节探讨了方位后缀"头"的来源，指出方位后缀"头"来自于意义泛化的方位词"头"。第三节论述了合成方位词"面上""脚下"，指出"面上""脚下"的出现是因为"上""下"不易与指人名词结合用来表示方位，因此"上""下"先与身体部位名词"面""脚"组成合成方位词，用来使前面的指人名词处所化。第二章先论证了方位词"底"的演变。我们赞同江蓝生等人的看法，认为结构助词"底"来源于方位词"底"。我们从方位词发展为结构助词是一种较为普遍的现象，方位词日益泛化、虚化，"N1 + L + N2"这种格式为方位词向结构助词的虚化提供了语法环境，以"地"的来源为旁证，从"帷帽底"的两解等方面支持结构助词"底"来自于方位词"底"的观点。我们认为动词后面的结构助词"底"虽来源于方位词"底"，但是经过了指示代词这样一个中转阶段。第二节论述了"行"的来源，我们认为"行"作为方位词的用法来自于义为"家"的"行"，而义为"家"的"行"来自于其本义。第三节对方位词"壁"进行了详细论证。第三章探讨了敦煌表状笺启中"右"的含义。我们认为敦煌表状笺启中"右"义为"如上，如前"，用来指代写表状的官员。我们还论证了敦煌契约文书中"左南直北"的意义及其理据。通过对敦煌契约文书的分析，我们认为"左南直北"有两个意义：（1）在雇佣契中，义为"四处闲逛、不专心工作"。（2）在收养契中，义为"不听话、不顺从"。义为"四处闲逛、不专心工作"的"左南直北"，与义为"或南或北。比喻不专一、不固定"的"南北"相关。义为"不听话、不顺从"的"左南直北"与义为"相反、违背"的"左"相关联。第四章主要阐释了敦煌文献中方位词的文化内涵。第一节对 S.4433 中妊娠三月时不得面向南、向东浇沐这种禁忌进行了初步解析。我们认为这样做主要是为了避免污秽的孕妇触犯太阳神、雷神、火神等神灵，也是对妊娠三月，形象未定的胎儿以及孕妇实行的一种保护措施。第二节分析了 S.4433 中求子时强调向"西""北"背后所蕴含的文化内涵。我们认为"西""北"为阴地，而不孕的一个重要原因就是阴气不足，因此向"西""北"能够滋补妇人阴气，利于怀孕生子。"西""北"与"水""云雨"有密切的关系，而"水"为生命之本，"云雨"又与原始生殖观有密切联系。"西""北"都与有旺盛生殖力的"豕"关系密切，因此求子时向"西""北"可以感染"豕"的生殖力。合阴阳时选择壬子日午时、月晕夜也是因为这些时辰利于生子。第三节从五行的相生、相克，从古人的避王观等方面，分析了 P.2615《五姓阴阳宅经》中"东""南""西""北"等方位所具有的文化意蕴。第四节分析了在 S.1725、《仪礼》《大唐开元礼》《书仪》的婚俗中处于不同方位时所蕴含的文化观念。简言之，无论父醮、奠雁、同牢、成礼还是见舅姑，每个人所处的方位都是根据自己的身份而定，都要严守君臣、主宾之礼，显示出尊卑之间的差异。

本书的意义

（1）本书首次系统、全面描述了唐五代方位词的面貌。以前学者多是研究一部或几部作品中的方位词，很少有学者对一个时代的方位进行整体描述。我们的研究突破了"点"的描述，从"面"上整体描写唐五代方位词的面貌。处于汉语史临界点阶段的唐五代方位词的研究为汉语方位词"史"的建立奠定了基础。

（2）本书从语义的角度对方位词进行分类，并对唐五代敦煌文献的方位词进行了穷尽性考察，在此基础上对其中有特色的词汇、语法、文化现象进行阐释，补充与修正了前人的结论。

（3）本书为语法化、类型学等理论提供了材料与证据。唐五代的方位词既继承了方位名词的特点，同时又已经普遍的泛化、后置化，向虚词的方向发展，这种虚实兼备的特性有利于我们认清方位词的语法化过程，预见它的发展方向。我们发现在表达空间方位时，唐五代时期的方位词与世界其他语言有许多共同点。

需要进一步研究的问题

由于时间和精力有限，本书对于唐五代方位词的研究并不完美，还有一些问题有进一步研究的必要。

（1）唐五代方位词与西北方言方位词的研究有待深入

我们在探讨唐五代合成方位词的时候，运用了方言材料来佐证我们结论的可信性，并且指出虽然唐五代时期很多合成方位词并未保留在现代汉语普通话中，但很多能在现代汉语方言中找到其踪迹。很多学者都认为唐五代方言与西北方言有密切的关系，也有学者从语音、词汇的角度对其进行了研究，如果能够把唐五代方位词的研究与西北方言方位词的研究结合起来，那么就会为研究西北方言与唐五代方言的关系提供有力证据。

（2）运用唐五代方位词的语料验证方位词理论亟待加强

我们在研究中运用唐五代方位词的语料来验证邢福义（1996）提出的关于"里""中"之间差异性的结论。邢先生论点的基础虽然是现代汉语，但据我们研究，在唐五代时期除了"等同义""无限义"与现代汉语方位词的实际存在差异外，其他意义确实可以看作区分"里""中"的标准。古代汉语方位词的研究注重材料，但在理论应用上逊色于现代汉语方位词，在今后的研究中若能做到把唐五代方位词的语料与方位词理论有机结合，将会推动整个方位词研究的进步。

语料来源

[1] 北京大学图书馆、上海古籍出版社编：《北京大学图书馆藏敦煌文献（1—2）》，上海古籍出版社 1995 年版。

[2] 陈于柱：《敦煌写本宅经校录研究》，民族出版社 2007 年版。

[3] 邓文宽：《敦煌天文历法文献辑校》，江苏古籍出版社 1996 年版。

[4] 俄罗斯科学院东方研究所圣彼得堡分所、俄罗斯科学出版社东方文学部、上海古籍出版社编：《俄藏敦煌文献（1—17）》，上海古籍出版社 1992—2001 年版。

[5] 甘肃藏敦煌文献编委会编：《甘肃藏敦煌文献（1—6）》，甘肃人民出版社 1999 年版。

[6] 郝春文：《英藏敦煌社会历史文献释录（1—5 卷）》，社会科学文献出版社 2001—2006 年版。

[7] 黄征、张涌泉：《敦煌变文校注》，中华书局 1997 年版。

[8] 刘俊文：《敦煌吐鲁番唐代法制文书考释》，中华书局 1989 年版。

[9] 马继兴：《敦煌医药文献辑校》，江苏古籍出版社 1998 年版。

[10] 宁可、郝春文：《敦煌社邑文书辑校》，江苏古籍出版社 1997 年版。

[11] 任半塘：《敦煌歌辞总编》，上海古籍出版社 1987 年版。

[12] 沙知：《敦煌契约文书辑校》，江苏古籍出版社 1998 年版。

[13] 上海古籍出版社、法国国家图书馆编：《法藏敦煌西域文献（1—34）》，上海古籍出版社 1994—2005 年版。

[14] 上海古籍出版社、天津市艺术博物馆编：《天津市艺术博物馆藏敦煌文献（1—6）》，上海古籍出版社 1997 年版。

[15] 唐耕耦、陆宏基：《敦煌社会经济文献真迹释录（1—5 辑）》，书目文献出版社 1986—1990 年版。

[16] 项楚：《敦煌变文选注》，巴蜀书社 1989 年版。

［17］项楚：《王梵志诗校注》，上海古籍出版社 1991 年版。

［18］张锡厚：《敦煌赋汇》，江苏古籍出版社 1996 年版。

［19］赵和平：《敦煌表状笺启书仪辑校》，江苏古籍出版社 1997 年版。

［20］赵和平：《敦煌写本书仪研究》，新文丰出版社 1993 年版。

［21］郑阿财、朱凤玉：《敦煌蒙书研究》，甘肃教育出版社 2002 年版。

［22］郑炳林、王晶波：《敦煌写本相书校录研究》，民族出版社 2004
    年版。

［23］郑炳林：《敦煌地理文书汇辑校注》，甘肃教育出版社 1989 年版。

［24］郑炳林：《敦煌写本解梦书校录研究》，民族出版社 2004 年版。

［25］中国国家图书馆编：《中国国家图书馆藏敦煌遗书》，江苏古籍出版
    社 1999 年版。

［26］中国社会科学院历史研究所、中国吐鲁番学会敦煌古文献编辑委员
    会、英国国家图书馆等合编：《英藏敦煌文献（1—14）》，四川人
    民出版社 1992—1995 年版。

［27］周绍良等主编：《敦煌文学作品选》，中华书局 1987 年版。

参 考 文 献

[1] 蔡言胜：《〈世说新语〉方位词研究》，博士学位论文，复旦大学，2005 年。

[2] 曹广顺：《〈佛本行集经〉中的"许"和"者"》，《中国语文》1999 年第 6 期。

[3] 曹广顺：《〈祖堂集〉中的"底（地）""却（了）""著"》，蒋绍愚、江蓝生编《近代汉语研究（二）》，商务印书馆 1999 年版。

[4] 常林炎：《尊右、尊左辨》，《北京师范大学学报（社会科学版）》1989 年第 5 期。

[5] 陈卫兰：《关于"上""上头"的后置词表原因用法》，《台州学院学报》2004 年第 4 期。

[6] 陈瑶：《官话方言方位词比较研究》，博士学位论文，暨南大学，2001 年。

[7] 陈于柱：《敦煌写本宅经校录研究》，民族出版社 2007 年版。

[8] 陈玉洁：《联系项原则与"里"的定语标记作用》，《语言研究》2007 年第 3 期。

[9] 程湘清：《〈世说新语〉复音词研究》，程湘清主编《魏晋南北朝汉语研究》，山东教育出版社 1992 年版。

[10] 储泽祥：《汉语空间方位短语历史演变的几个特点》，《古汉语研究》1996 年第 1 期。

[11] 储泽祥：《现代汉语方所系统研究》，华中师范大学出版社 1997 年版。

[12] 储泽祥：《"底"由方位词向结构助词的转化》，《语言教学与研究》2002 年第 1 期。

[13] 褚斌杰：《中国古代文体概论（增订本）》，北京大学出版社 1990

年版。

[14] 丛春雨：《敦煌中医药全书》，中医古籍出版社1994年版。

[15] 戴庆厦：《景颇语方位词"里、处"的虚实两重性——兼论景颇语语法分析中的"跨性"原则》，《民族语文》1998年第6期。

[16] 邓欧英：《敦煌变文俗语词考释》，硕士学位论文，南京师范大学，2003年。

[17] 董秀芳：《古代汉语中的后置词"所"——兼论古汉语中表方位的后置词系统》，《四川大学学报（哲学社会科学版）》1998年第2期。

[18] 董秀芳：《词汇化：汉语双音词的衍生和发展》，四川民族出版社2002年版。

[19] 都兴宙：《敦煌变文词语札记》，《兰州大学学报（社会科学版）》1987年第1期。

[20] 范慧琴：《近代汉语中"行"的来源辨略》，《广西大学学报（哲学社会科学版）》2009年增刊。

[21] 方经民：《现代汉语空间方位参照系统认知研究》，博士学位论文，上海师范大学，2002年。

[22] 方经民：《现代汉语方位成分的分化和语法化》，《世界汉语教学》2004年第2期。

[23] 方燕：《巫术析论：以宋代女性生育、疾病为中心的考察》，《四川师范大学学报（社会科学版）》2008年第1期。

[24] 方燕：《巫文化视域下的宋代女性——立足于女性生育、疾病的考察》，中华书局2008年版。

[25] 冯春田：《近代汉语语法问题》，山东教育出版社1991年版。

[26] 傅道彬：《中国生殖崇拜文化论》，湖北人民出版社1990年版。

[27] 甘露：《甲骨文数量、方所范畴研究》，硕士学位论文，西南师范大学，2001年。

[28] 郭锐：《现代汉语词类研究》，商务印书馆2002年版。

[29] 何乐士：《敦煌变文与〈世说新语〉若干语法特点的比较》，程湘清主编《隋唐五代汉语研究》，山东教育出版社1992年版。

[30] 何乐士：《〈世说新语〉的语言特色——〈世说新语〉与〈史记〉名词作状语比较》，《湖北大学学报（哲学社会科学版）》2000年第

6 期。

[31] 黑维强：《敦煌社会经济文献词语考释》，《江西社会科学》2004 年第 12 期。

[32] 侯兰生：《〈世说新语〉中的方位词》，《西北师范学院学报》1985 年第 1 期。

[33] 胡新生：《中国古代巫术》，山东人民出版社 1998 年版。

[34] 黄发忠：《尊左与尊右的源与流》，《文史知识》1985 年第 6 期。

[35] 黄金贵：《古代文化词义集类辨考》，上海教育出版社 1995 年版。

[36] 黄征、张涌泉：《敦煌变文校注》，中华书局 1997 年版。

[37] 黄征：《敦煌俗字典》，上海教育出版社 2005 年版。

[38] 季羡林：《敦煌学大辞典》，上海辞书出版社 1998 年版。

[39] 江蓝生：《概数词“来”的历史考察》，《中国语文》1984 年第 2 期。

[40] 江蓝生、曹广顺：《唐五代语言词典》，上海教育出版社 1997 年版。

[41] 江蓝生：《后置词“行”考辨》，《语文研究》1998 年第 1 期。

[42] 江蓝生：《处所词的领格用法与结构助词“底”的由来》，《中国语文》1999 年第 2 期。

[43] 江蓝生：《时间词“时”和“后”的语法化》，《中国语文》2002 年第 4 期。

[44] 蒋礼鸿：《敦煌文献语言词典》，杭州大学出版社 1994 年版。

[45] 蒋礼鸿：《敦煌变文字义通释》，上海古籍出版社 1997 年版。

[46] 蒋逸雪：《释四方》，《扬州大学学报（人文社会科学版）》1981 年第 4 期。

[47] 金昌吉：《方位词的语法功能及其语义分析》，《内蒙古民族师院学报（哲学社会科学版）》1994 年第 3 期。

[48] 金桂桃：《“右件”“前件”“上件”考》，《武汉大学学报（人文科学版）》2006 年第 2 期。

[49] 金桂桃：《唐至清的量词“件”》，《长江学术》2006 年第 1 期。

[50] 景以恩：《太阳神崇拜与华夏族的起源》，《民间文学论坛》1998 年第 1 期。

[51] 李伯钦：《全本周易》，万卷出版公司 2005 年版。

[52] 李临定：《试谈汉语语法分析方法——从〈汉语句法的灵活性〉一

文说起》，《中国语文》1992 年第 5 期。

[53] 李泰洙：《古本、谚解本〈老乞大〉里方位词的特殊功能》，《语文研究》2000 年第 2 期。

[54] 李伟国等：《敦煌话语》，上海科技教育出版社 2002 年版。

[55] 李正宇：《敦煌藏经洞：古代学术的海洋——藏经洞发现一百周年暨孙修身先生逝世周年纪念》，《敦煌学与中国史研究论集——纪念孙修身先生逝世一周年》，甘肃人民出版社 2001 年版。

[56] 廖秋忠：《空间方位词和方位参照点》，《中国语文》1989 年第 1 期。

[57] 廖志鸿、储泽祥：《现代汉语准方位标》，《常德师范学院学报（社会科学版）》2001 年第 1 期。

[58] 林晓恒：《魏晋至唐基本方位词语义研究——兼论复合方位词的产生与发展》，博士学位论文，华中科技大学，2006 年。

[59] 刘丹青：《语序类型学与介词理论》，商务印书馆 2003 年版。

[60] 刘丹青：《汉语关系从句标记类型初探》，《中国语文》2005 年第 1 期。

[61] 刘后滨：《唐代中书门下体制研究》，齐鲁书社 2004 年版。

[62] 刘月华、潘文娱、胡𬤝：《实用现代汉语语法》，北京语言学院出版社 1983 年版。

[63] 吕叔湘著，江蓝生补：《近代汉语指代词》，学林出版社 1983 年版。

[64] 吕叔湘：《汉语语法分析问题》，《吕叔湘文集（第二卷汉语语法论文集）》，商务印书馆 1990 年版。

[65] 彭达池、刘精盛：《说"巷"》，《宁夏大学学报（人文社会科学版）》2007 年第 1 期。

[66] 彭林：《仪礼全译》，贵州人民出版社 1997 年版。

[67] 齐沪扬：《现代汉语空间问题研究》，学林出版社 1998 年版。

[68] 乔全生：《现代晋方言与唐五代西北方言的亲缘关系》，《中国语文》2004 年第 3 期。

[69] 邱斌：《古今汉语方位词对比研究》，博士学位论文，复旦大学，2007 年。

[70] 任骋：《中国民间禁忌》，中国社会科学出版社 2004 年版。

[71] 任学良：《汉语造词法》，中国社会科学出版社 1981 年版。

[72] 任鹰、于康:《从"V上"和"V下"的对立与非对立看语义扩展中的原型效应》,《汉语学习》2007 年第 4 期。

[73] 邵敬敏:《动量词的语义分析及其与动词的选择关系》,《中国语文》1996 年第 2 期。

[74] 沈家煊:《不对称和标记论》,江西教育出版社 1999 年版。

[75] 石毓智、李讷:《汉语语法化的历程》,北京大学出版社 2001 年版。

[76] 太田辰夫著:《中国语历史文法》,蒋绍愚、徐昌华译,北京大学出版社 2003 年版。

[77] 谭学纯:《"左、右/东、西":尊卑意识及其文化蕴含》,《社会科学战线》1994 年第 5 期。

[78] 唐启运:《论古代汉语的处所方位名词》,《华南师范大学学报》1992 年第 1 期。

[79] 唐韵:《〈元曲选〉中方位短语及其功能(上)(中)(下)》,分别见《四川师范学院学报(哲学社会科学版)》2000 年第 1、2、3 期。

[80] 汪维辉:《东汉—隋常用词演变研究》,南京大学出版社 2000 年版。

[81] 王凤阳:《古辞辨》,吉林文史出版社 1993 年版。

[82] 王国维:《古史新证——王国维最后的讲义》,清华大学出版社 1994 年版。

[83] 王力:《汉语史稿》,中华书局 2003 年版。

[84] 王璐:《〈敦煌契约文书辑校〉补正》,硕士学位论文,南京师范大学,2007 年。

[85] 王希杰:《就左和右说语言和文化关系的复杂性》,《新疆大学学报(社会科学版)》2004 年第 2 期。

[86] 王锳:《诗词曲语辞例释(增订本)》,中华书局 1986 年版。

[87] 王锳:《"前人"正解》,《辞书研究》1993 年第 2 期。

[88] 王锳:《唐诗方位词使用情况考察》,《近代汉语词汇语法散论》,商务印书馆 2004 年版。

[89] 魏达纯:《〈颜氏家训〉中的并列式同义(近义、类义)词语研究》,《古汉语研究》1996 年第 3 期。

[90] 魏耕原:《全唐诗语词通释》,中国社会科学出版社 2001 年版。

[91] 魏耕原:《唐宋诗词词语考释》,商务印书馆 2006 年版。

［92］魏丽君：《从〈史记〉一书看方位词在古汉语中的用法》，《蒲峪学刊》1991 年第 1 期。

［93］吴福祥：《敦煌变文语法研究》，岳麓书社 1996 年版。

［94］吴福祥：《汉语语法化演变的几个类型化特征》，《中国语文》2005 年第 6 期。

［95］吴福祥：《汉语方所词语"后"的语义演变》，《中国语文》2007 年第 6 期。

［96］吴格言：《中国古代求子习俗》，花山文艺出版社 1995 年版。

［97］吴乃华：《民间虎俗与生殖崇拜》，《江西教育学院学报（社会科学版）》2003 年第 8 期。

［98］吴蕴慧：《〈敦煌社会经济文献真迹释录〉研究》，博士学位论文，苏州大学，2006 年。

［99］吴之翰（吕叔湘）：《方位词使用情况的初步考察》，《中国语文》1965 年第 3 期。

［100］谢红华：《单双音节同义方位词补说》，《语言教学与研究》2001 年第 2 期。

［101］邢福义：《方位结构"X 里"和"X 中"》，《世界汉语教学》1996 年第 4 期。

［102］徐时仪：《指代词"这"来源考》，《大同高等专科学校学报》1999 年第 2 期。

［103］徐中舒：《甲骨文字典》，四川辞书出版社 1990 年版。

［104］许宝华、宫田一郎：《汉语方言大词典》，中华书局 1999 年版。

［105］许仰民：《论〈金瓶梅词话〉表方向的方位名词》，《周口师范学院学报》2006 年第 3 期。

［106］杨琳：《"云雨"与原始生殖观》，《社会科学战线》1991 年第 1 期。

［107］杨琳：《耽耳习俗与猪神崇拜》，《东方丛刊》1994 年第 1 期。

［108］杨琳：《汉语词汇与华夏文化》，语文出版社 1996 年版。

［109］杨琳：《〈山海经〉"浴日""浴月"神话的文化底蕴》，《民族艺术》2003 年第 3 期。

［110］杨琳：《物品称"东西"探源》，《长江学术》2012 年第 1 期。

［111］姚名达：《中国目录学史》，上海古籍出版社 2002 年版。

［112］姚孝遂主编：《殷墟甲骨刻辞类纂》，中华书局 1989 年版。

［113］俞士汶等：《现代汉语语法信息词典详解（第 2 版）》，清华大学出版社 2002 年版。

［114］袁宾：《〈五灯会元〉词语释义》，《中国语文》1986 年第 5 期。

［115］袁宾：《禅宗著作词语汇释》，江苏古籍出版社 1990 年版。

［116］袁毓林：《一价名词的认知研究》，《中国语文》1994 年第 4 期。

［117］袁毓林：《一个汉语词类的准公理系统》，《语言研究》2000 年第 4 期。

［118］曾丹：《反义复合词形成演变的认知研究》，博士学位论文，浙江大学，2007 年。

［119］曾良：《敦煌文献字义通释》，厦门大学出版社 2001 年版。

［120］张霭堂：《谈尊左、尊右产生先后及其内涵差异》，《文史知识》1992 年第 4 期。

［121］张春燕：《"V＋上／下"的语义、语法分析》，硕士学位论文，延边大学，1994 年。

［122］张静：《"旁"的词义演变考》，《枣庄学院学报》2006 年第 1 期。

［123］张静：《先秦汉语方位词研究》，硕士学位论文，西南师范大学，2005 年。

［124］张敏：《"上／下"对称和不对称的历时考察》，硕士学位论文，河南大学，2007 年。

［125］张世禄：《先秦汉语方位词的语法功能》，《河北大学学报》1996 年第 1 期。

［126］张相：《诗词曲语辞汇释》，中华书局 1977 年版。

［127］张小艳：《敦煌书仪语言研究》，商务印书馆 2007 年版。

［128］张谊生：《现代汉语虚词》，华东师范大学出版社 2000 年版。

［129］张谊生：《论现代汉语非典型持续体标记"中"与"间"》，《语言研究》2007 年第 4 期。

［130］张玉金：《甲骨卜辞语法研究》，广东高等教育出版社 2002 年版。

［131］张玉金：《西周汉语语法研究》，商务印书馆 2004 年版。

［132］赵国华：《生殖崇拜文化论》，中国社会科学出版社 1996 年版。

［133］赵和平：《敦煌表状笺启书仪辑校》，江苏古籍出版社 1999 年版。

［134］赵倩：《汉语人体名词词义演变规律及认知动因》，博士学位论文，

北京语言大学，2007 年。

[135] 赵湜：《词尾"头"溯源》，《吉林师范学院学报》1985 年第 1 – 2 期。

[136] 赵元任：《汉语口语语法》，商务印书馆 1979 年版。

[137] 郑晓江：《中国生育文化大观》，百花洲文艺出版社 1999 年版。

[138] 周前方：《方位称谓词的语言文化分析》，《世界汉语教学》1995 年第 4 期。

[139] 周绍良：《全唐文新编》，吉林文史出版社 2000 年版。

[140] 周晓陆：《释东、南、西、北与中——兼说子、午》，《南京大学学报（哲学社会科学版）》1996 年第 3 期。

[141] 周一良：《魏晋南北朝史札记》，中华书局 1985 年版。

[142] 周一良：《敦煌写本书仪中所见的唐代婚丧礼俗》，周一良、赵和平《唐五代书仪研究》，中国社会科学出版社 1995 年版。

[143] 周一良：《"赐无畏"及其他》，《周一良集》，辽宁教育出版社 1998 年版。

[144] 朱茂汉：《名词后缀"子"、"儿"、"头"》，《安徽师范大学学报（哲学社会科学版)》1982 年第 1 期。

[145] 朱庆之：《佛典与中古汉语词汇研究》，文津出版社 1992 年版。

[146] 邹韶华：《现代汉语方位词的语法功能》，《中国语文》1984 年第 3 期。

[147] 邹韶华：《语用频率效应功能》，商务印书馆 2001 年版。

[148] 祖生利：《元代白话碑文中方位词的格标记作用》，《语言研究》2001 年第 4 期。

[149] 祖生利：《元代直译体文献中的原因后置词"上/上头"》，《语言研究》2004 年第 1 期。

[150] M. 艾瑟·哈婷著：《月亮神话——女性的神话》，蒙子、龙天、芝子译，上海文艺出版社 1992 年版。

[151] BerndHeine, UlrikeClaudi, andFriederikeHünnemeyer, Grammaticalization: Aconceptual framework, The University of Chicago Press Chicago and London, 1991.

[152] Svorou, Soteria, The grammar of space, Amsterdam: John Benjamins Publishing Company, 1993.

附录：

唐五代敦煌文献中方位词的搭配情况

关于唐五代敦煌文献中方位词的搭配情况，我们只列出单纯方位词的前置用法以及后置用法，独用用法我们就不再列出。合成方位词因为数量少，有的只有独用用法，因此，我们把合成方位词所有的用法都列出来。X 指与方位词搭配的词语，"X + 方位词"即是方位词的后置用法，"方位词 + X"即是方位词的前置用法。每种搭配后面的数字表示这种搭配在我们语料中出现的次数。

一 "上"的搭配情况

（一）"X 上"的搭配情况
（1）"X 上"表示空间实指的意义
1）"X 上"表示处于物体的表面或顶部
a. X 为普通名词 101 例：

案上 4、床上 2、锦上 1、水上 3、架上 1、地上 2、树上 2、叶上 2、屋上 1、杵上 1、台上 4、草上 3、座上 2、坐上 4、弦上 6、丝上 1、花上 2、羹上 1、封皮上 1、梁上 2、纸上 2、壁上 3、波上 2、户上 3、阶上 1、桥上 2、襟上 1、灶上 1、疮上 3、楼上 4、马上 5、机上 1、刀上 1、原上 2、冢上 3、枕上 3、坯上 1、坛上 1、癣上 1、山上 2、疮口上 1、鹫峰顶上 1、岭上 2、髭须上 2、火上 2、陇上 1、陌上 3、榻上 1

b. X 为身体部位名词 69 例：

脚掌上 1、脑盖骨上 1、臂上 1、头上 8、脊上 1、面上 12、牙上 1、骨上 1、两膊上 1、口舌上 1、龈上 1、两耳上 1、皮上 1、顶上 5、掌上 3、阴上 1、舌上 3、背上 4、脚胫上 1、体上 2、鼻上 1、尺上 2、膝上 1、左膊上 1、关上 1、唇上 1、鬓上 1、脚上 1、兼膈上 1、膝上 1、身上 9

c. X 为代词 2 例：

此上 1、其上 1

2）"X 上"指物体在上但并不接触的上方空间

a. X 为任何具有纵向高低关系的名词 15 例：

云上 2、宫上 1、炉上 1、香山阁上 1、四城门上 1、眉上 1、顶上 3、头上 5

b. X 为副词 1 例：

直上 1

（2）"X 上"表示空间泛化的意义

1）"X 上"相当于"X 边、侧"11 例：

井上 3、湖上 1、岸上 2、孟渚上 1、畔上 1、江上 1、河上 1、水上 1

2）"X 上"指范围，"上"相当于"里/中"

a. X 为处所词或组织机构名词 20 例：

场上 2、堂上 4、涧上 1、庄上 3、宅上 1、殿上 5、寺上 1、塞上 2、州县上 1

b. X 为具有无限延展性的名词 12 例：

路上 9、道上 3

c. X 为抽象名词 132 例：

会上 16、世上 13、曲上 1、席上 2、筵上 1、天上 22、刑祸上 1、刑上 5、酉上 4、祸害上 1、建上 2、除上 2、满上 2、平上 2、成上 1、白虎上 2、午上 1、玄武上 1、丑上 1、亥上 3、勾陈上 1、大得上 1、天牢上 1、司命上 1、明堂上 1、金柜上 1、[玉]堂上 1、青龙上 1、狱上 1、天狱上 1、月空上 1、福德上 1、壬上 2、庚上 4、丙上 1、甲上 3、鬼门上 1、坤上 1、申上 2、北口上 1、艮上 1、地户上 1、子上 1、执上 1、破上 2、危上 1、戌上 1、开上 1、闭上 1、壬癸上 2、庚午上 1、寅亥上 1、申丁癸上 1、卯上 1、癸上 1

d. X 为身体部位名词 33 例：

心上 8、耳上 1、手上 24

e. X 为作为交通工具的名词 3 例：

车上 2、船上 1

f. X 为表示信息载体的名词 8 例：

经上 3、经史上 1、牒上 1、状上 1、书上 2

3）"上"没有具体的方位意义，相当于处所标记，用来使前面的名词处所化，意义相当于"处""那里/这里"

a. X 为数词 1 例：

第十八上 1

b. X 为方位词 16 例：

边上 1、西南角上 1、东壁上 4、南壁上 3、前上 1、西壁上 2、西南上 2

c. X 为指人名词 3 例：

将军上 1、诸人上 1、一团人上 1

d. X 为代词 2 例：

其上 1、彼上 1

4)"X 上"表示"在某方面"，X 为抽象名词 6 例：

性上 1、识上 1、法上 1、分上 1、操上 1、益上 1

(3)"X 上"用来表示时间

X 为时间词或名词 6 例：

早上 2、旦上 1、三岁上 1、十月上 1、末上 1

(4)"X 上"表示地位、等级较高

1) 已经词汇化的"X 上"5 例：

主上 1、圣上 4

2) X 为副词 4 例：

最上 4

(二)"上 X"的搭配情况

(1)"上 X"表示垂直关系中位置较高的一方

1) X 为普通名词或抽象名词 13 例：

上盖 1、上界 10、上仓 1、上天 1

2) X 为身体部位名词 9 例：

上萼 1、上唇 2、上脉 1、上焦 2、上部 2、上皮 1

(2)"上 X"表示等级或质量高

1) X 为抽象名词 21 例：

上品 1、上德 2、上相 1、上国 1、上味 2、上屋 1、上言 1、上筹 1、上愿 3、上命 1、上姓 1、上州 1、上第 1、上瑞 1、上足 1、上道 1

2) X 为指人名词 12 例：

上人 10、上士 2

3）X为形容词6例：

上好6

4）X为职官名词5例：

上将军1、上将2、上皇1、上医1

（3）"上X"表示次序靠前，相当于"前X"

1）X为量词2例：

上段1、上卷1

2）X为普通名词或称谓名词8例：

上祖2、上事2、上情1、上三皇1、上法1、上古1

（三）"已上"的搭配情况

（1）"X已上（以上）"表示超过某个范围，或用来表示等第高

X为数量词或名词27例：

三尺已上1、五岁已上1、百日已上1、卅已上1、五四以上1、五品已上3、七十已上1、一半已上1、三品已上1、四人已上1、十五年已上1、四五日已上1、四五岁以上1、公侯已上1、二百功以上1、廿贯已上1、一尺以上1、二尺已上1、卅头已上1、十两已上1、廿年已上1、十岁已上1、胸已上1、小功已上1、心以上1

（2）"已上（以上）"用来总括上文

1）前置作定语21例：

以上四味1、已上月日1、已上八道1、已上六道1、已上六味1、已上渠人1、已上日1、已上十道1、已上物色1、已上之天1、已上诸家宅经2、以上三味1、已上细末1、已上诸神1、已上日3、已上三百五十日1、已上太岁1

2）独用用法5例：

已上5

（四）"之上"的搭配情况

（1）"X之上"用于空间实指，表示空间上处于较高的位置11例：

昆台之上1、九天之上1、金牌之上1、西阶之上1、高峰之上1、四门之上1、藕叶之上1、烟宵之上1、玄丘之上1、天衣之上1、河渚之上1

（2）"之上"表示等级、地位较高6例：

大罗之上1、诸妇之上1、诸侯之上1、众藩之上1、运巧之上1、祖

先之上1

（3）"X之上"用于泛指空间范围，相当于"X里/中"6例：

净土之上1、高楼之上1、经之上1、藩垣之上1、筵之上1、福德之上1

（4）"X之上"相当于"边、侧"2例：

奈河之上1、易水之上1

（五）"上"后加式派生方位词的搭配情况

（1）"上方"8例

1）前置作定语6例：

上方大觉尊1、上方香积世1、上方香积1、上方膳帝释1、上方莲花世界1、上方香积如来1

2）独用用法2例：

上方2

（2）"上头"9例

1）前置作定语1例：

上头天1

2）后置作中心语3例：

角簟上头1、车上头1、盒上头1

3）独用用法5例：

上头5

（六）"上"复合型合成方位词的搭配情况

（1）"头上"义为"前、最前"1例：

经头上1

（2）"面上"置于指人名词X之后，"X面上"的意义大致相当于"X处""X那里"。"面"与"上"共同来表达方位概念，用来使前面的指人名词处所化21例：

杜愿弘面上1、地主面上1、福子面上1、定奴面上1、郭定昌面上1、昌力面上1、众行面上1、韩德儿面上1、氾法律面上1、佛奴面上1、丑子面上1、福性面上1、樊钵略面上1、翟押衙面上1、张安六面上1、长千面上1、索盈达面上1、徐保子面上1、邓上座面上1、忽律元面上1、范庆住面上1

二 "下"的搭配情况

（一）"X下"的搭配情况

（1）表示物体的下方区域或周边区域的下方，大致等同于英语的 below

1）X 普通名词 55 例：

窗下 5、南壁下 1、北壁下 1、东壁下 2、旗下 1、阶下 2、辇下 1、红烛下 1、朝门下 1、南门下 1、岩薮下 1、牖下 1、双轮下 1、叶下 1、洞下 1、灯下 1、城下 2、座下 7、坐下 3、山下 3、花下 6、楼下 4、岩下 2、露下 1、火下 1、枪下 1、户下 2、檐下 1

2）X 为身体部位名词 23 例：

鼻下 1、足下 1、右肋下 1、膝下 3、乳下 1、心下 2、脐下 2、胁下 2、眸下 1、鼻孔下 1、筋下 1、腋下 2、目下 1、腰下 2、协下 1

3）X 为副词 1 例：

直下 1

（2）"X下"表示在某物体的、近于垂直的下方部位，大致相当于英语的 under

1）X 为普通名词 56 例：

黄泉下 2、树下 25、笔下 1、地狱下 1、刀下 1、坟下 3、地下 5、根下 1、桑下 2、水下 1、毡下 1、圹下 1、泉下 3、烟柳下 1、剑下 1、檐下 1、三尺下 1、锄下 1、大门下 1、菩下 1、萨下 1、土下 1

2）X 为天体名词 6 例：

日云下 1、日下 2、月下 3

3）X 为身体部位名词 15 例：

足下 6、指下 8、头下 1

4）X 为代词 1 例：

其下 1

（3）"X下"指泛化的空间意义，泛指处所、范围或空间，可释为"里/中"

1）X 为普通名词 26 例：

林下 5、帐下 5、会下 5、潭下 1、阵下 1、阙下 1、帘下 3、甲幕下 1、门下 2、路下 1、殿下 1

2）X 为身体部位名词 15 例：

心下 4、手下 11

3）X 为处所词或组织机构名词 16 例：

都下 1、京下 2、塞下 4、楚下 1、汉下 1、国下 1、标下 1、兵马下 1、界下 1、垓下 1、公馆下 1、朝下 1

（4）"X 下"表示某一方面，X 为抽象名词 1 例：

情下 1

（5）"下"为处所标记，大致相当于"X 处""X 这/那个地方"

1）X 为抽象名词 21 例：

坤下 1、丙下 1、壬下 1、辛下 1、乙下 1、乾下 1、太一下 1、神后下 1、太冲下 1、从魁下 1、天罡下 3、天魁下 1、大吉下 1、鬼（魁）下 1、建下 1、魁罡下 2、征明下 2

2）X 为指人名词 3 例：

羽下 1、陵下 1、左贤王下 1

（6）"X 下"用于表示时间

1）X 为时间词或介词 6 例：

当下 4、今日下 2

2）X 为动词或副词 5 例：

直下 1、言下 4

（7）"X 下"表示次序在后

X 为代词或名词 5 例：

此下 4、末下 1

（8）"X 下"表示等级、地位低

1）X 为职官名词或形容词 5 例：

臣下 3、部下 1、贫下 1

2）X 为副词 1 例：

最下 1

（9）已经词化的"X 下"46 例：

陛下 3、殿下 6、阁下 3、足下 3、天下 31

（二）"下 X"的搭配情况

（1）"下 X"用来实指垂直空间方位中位置较低的区域

X 为名词 27 例：

下土 1、下界 18、下焦 3、下部 3、下境 1、下根 1

（2）"下"用来转指等第、质量低

1）X 为职官名词 3 例：

下官 3

2）X 为指人名词 2 例：

下庶 1、下人 1

3）X 为形容词 6 例：

下贱 4、下劣 1、下愚 1

4）X 为抽象名词 41 例：

下情 35、下末 1、下恳 2、下诚 1、下怀 1、下等 1

（3）"下 X"表示时间、次序在后

X 为普通名词 4 例：

下元 2、下文 2

（三）"已下"的搭配情况

（1）"已下"用来指下文的（内容）

1）前置作定语 3 例：

已下语 1、已下诸神 2

2）独用用法 4 例：

已下 4

（2）"以下（已下）"用来虚指范围，表示位置、次序或数目低于某一点或某一范围

1）X 为数量词 5 例：

二亩已下 1、七岁已下 1、一亩以下 1、百里已下 1、两支已下 1

2）X 为名词 7 例：

千渠口已下 1、胸已下 1、齐衰以下 1、中殇已下 1、大臣已下 1、都衙已下 1、董别驾已下 1

（四）"之下"的搭配情况

（1）用于空间实指，表示垂直或接近垂直的下方，X 为普通名词 5 例：

普天之下 1、社树之下 1、复盆之下 2、绳床之下 1

（2）表示在下方区域或下方附近区域，X 为普通名词 2 例：

嵩刘之下 1、灵台之下 1

（3）"X 之下"相当于"X 里/中"，X 为名词 4 例：

雷音之下 1、回廊之下 1、四字之下 1、六礼之下 1

（4）用于表示时间，X 为时间词或动词 2 例：

今日之下 1、既生之下 1

（五）"下"后加式派生方位词的搭配情况

（1）"下方" 6 例

1）前置作定语 1 例：

下方诸位世界 1

2）独用用法 5 例：

下方 5

（2）"下头"用来实指空间方位 2 例

1）后置作中心语 1 例：

弥勒下头 1

2）独用用法 1 例：

下头 1

（六）"下"复合型合成方位词的搭配情况

（1）"底"与方位词"下"组合成并列式复合型合成方位词 2 例：

龙床底下 2

（2）"下"与身体部位词"脚"词汇化为一个新的方位词

1）"脚下"的本义为"脚底下"或"脚的下方附近" 6 例：

脚下 2、脚下泥 1、抬盘脚下 1、床脚下 2

2）义为"名字下、名下" 5 例：

尼僧脚下 1、当户脚下 1、自脚下 2、脚下 1

3）犹手下 1 例：

父脚下 1

4）指某一时辰 3 例：

今日脚下 2、今月十日脚下 1

（3）身体部位名词"目""眼"等与"下"组合成一个新的合成方
位词，用来表达时间

1）"目下"独用 4 例：

目下 4

2）"眼下" 2 例

a. 前置作定语 1 例：

眼下乐 1

b. 独用用法 1 例：

眼下 1

三　"前"的搭配情况

（一）"X 前"的搭配情况

（1）"X 前"表示参照物面向的方向、区域或部位

1）X 为普通名词 204 例：

殿前 30、帐前 8、窗前 4、阶（皆）前 12、座（坐）前 20、峰前 1、月前 1、驾前 1、苦前 5、曲前 6、洞前 1、服前 9、帘前 5、厅前 4、堂前 12、门前 23、灶前 2、风前 2、几前 7、壁前 1、镜台前 1、军前 8、舍前 3、裙前 1、罇前 3、襟前 1、三宝前 1、庭前 11、镜前 2、坟前 1、街前 1、溪鹤前 1、墓前 1、灵前 2、车前 1、太白星前 1、古松前 1、马前 6、衙前 1、店前 1、檐前 2、像前 2、兰前 1、枕前 1、阵前 1、庵前 2、灶前 2、丧前 1

2）X 为指人或称谓名词 68 例：

僧前 1、佛前 18、神前 5、父母前 1、王前 8、帝前 3、皇帝前 3、尊前 3、世尊前 1、女前 1、师前 2、君前 2、嫂前 1、姒前 1、众前 2、人前 7、菩萨前 1、朋前 1、净明前 1、太子前 1、父前 1、娘前 1、朕前 1、大圣前 1

3）X 为指代词 3 例：

其前 3

4）X 为身体部位名词 9 例：

大便孔前 1、关前 1、胸前 7

（2）"X 前"指过去经历的时间

X 为时间词或名词 157 例：

三五日前 1、春分前 1、廿五年前 1、地前 4、春前 1、百年前 1、数年前 1、

五百生前 1、岁前 144、二千年前 1、会前 1

（3）"X 前"用来表示时间，早于发生某动作或某事件的时间，X 为动词或动词性短语 25 例：

食前 1、生前 9、痛前 1、迎前 1、会前 11、醒前 1、出门前 1

（二）"前 X"的搭配情况

（1）"前 X"表示靠前的空间方位、次序

1）X 为普通名词 6 例：

前席 1、前殿 4、前宫 1

2）X 为抽象名词或数量词 4 例：

前列 1、前文 1、前证 1、前半张 1

（2）"前 X"表示参照物面向的方向、区域或部位

X 为普通名词 11 例：

前朝 1、前路 7、前所 2、前徒 1

（3）词汇化的"前 X"

前程 16、前人 31

（4）"前 X"用来表示时间

1）指过去的、较早的时间，X 为动词、时间词或名词 82 例：

前朝 1、前代 1、前功德数 1、前境 1、前例 1、前筹 1、前劫 1、前非 1、前圣 1、前疑 1、前皇 1、前岁 1、前唐 1、前修 1、前说 1、前踪 1、前耻 1、前身 1、前耕织 1、前过 1、前汉 1、前正愿 1、前六秋 1、前政 1、前一日 1、前劫 1、前法 1、前所修 1、前生 27、前事 3、前古 2、前贤 5、前世 6、前时 2、前月 2、前者 3、前年 2、前愆 2

2）"前"意义为从前的，X 为职官名词或普通名词 7 例：

前所由 1、前家 3、前子弟 1、前执仓 1、前寺主 1

（三）"已前"的搭配情况

（1）"已前（以前）"用来总括前文 7 例：

已前入地深浅 4、已前诸官 1、以前城镇 1、以前吊答书疏 1

（2）"已前（以前）"表示时间范围

1）"X 以前"12 例：

二月一日以前 1、未破以前 1、四月廿五日已前 1、三年已前 2、十五日已前 1、未嫁已前 1、未瘥已前 1、八月卅日已前 1、十五日已前 1、五月十五日已前 1、八月末已前 1

2）"已前 X"4 例：

已前作恶之事 1、已前过去劫 1、已前祥瑞 1、已前三百年 1

3）独用的"已前"2 例：

已前 2

（四）"之前"的搭配情况

（1）"X 之前"用来表示空间位置、区域 18 例：

景殿之前 1、滨水之前 1、叶里之前 1、客之前 1、金殿之前 1、祔庙之前 1、弥勒之前 3、佛像之前 1、经首之前 1、画舸之前 1、大殿之前 1、大尊之前 1、万像之前 1、凤扆之前 1、星斗之前 1、尊之前 1

（2）"X 之前"用来表示时间 4 例：

对知足天人之前 1、剖蚌之前 1、万古之前 1、五日之前 1

（五）"前"后加式派生方位词的搭配情况

（1）"前面"用来实指空间方位，前置作定语 1 例：

前面津口 1

（2）"前头"27 例

1）用来表示空间方位

a. 前置作定语 5 例：

前头风火 1、前头上建事由 1、前头草 2、前头剑树 1

b. 后置作中心语 9 例：

关前头 1、臣前头 1、佛前头 2、三根前头 1、鲁班前头 1、镜台前头 1、公主前头 1、仙人前头 1

2）"前头"用来表示时间

a. 用来表示"先前""以前"

a1. 后置作中心语 1 例：

二月八日前头 1

a2. 前置作定语 1 例：

前头丑阿婆 1

b. 用来表示"今后""未来"，前置作定语 2 例：

前头事 1、前头好恶 1

（六）"前"复合型合成方位词的搭配情况

（1）眼前 19 例

1）用于表示人正对着的近距离的空间

a. 前置作定语 1 例：

眼前珠 1

b. 独用用法 13 例：

眼前 13

2）表示时间，义同"现在、当前"

a. 前置作定语 1 例：

眼前欢 1

b. 独用用法 4 例：

眼前 4

（2）"目前" 13 例

1）用于表示人或物所面对的近距离的空间

独用用法 10 例：

目前 10

2）表示时间，义同"现在、当下"

a. 前置作定语 1 例：

目前灾难 1

b. 独用用法 2 例：

目前 2

（3）"面前" 15 例

1）表示人或物所面对的近距离的空间

a. 前置作定语 4 例：

面前黑暗 1、面前长阙 1、面前案山 1、面前诸弟子 1

b. 后置作中心语 9 例：

大师面前 1、远公面前 1、相公面前 2、天子面前 1、皇帝面前 1、霸王面前 1、使君面前 1、王陵面前 1

c. 独用的用法 2 例：

面前 2

（4）"头前" 3 例

表示人或物所面对的方向、区域

a. 后置作中心语 1 例：

男女头前 1

b. 独用用法 2 例：

头前 2

四　"后"的搭配情况

（一）"X 后"的搭配情况

（1）"X 后"表示与参照物朝向相反的方向或区域

1）X 为名词 3 例：

殿后 1、舍后 1、构堂后 1

2）X 为代词 3 例：

他后 3

3）X 为身体部位名词 9 例：

项后 3、顶后 1、关后 2、脑后 2、阴后 1

（2）表示靠后的空间位置、次序

1）X 为抽象名词 3 例：

末后 3

2）X 为表示信息载体的名词 1 例：

状后 1

3）X 为副词 4 例：

最后 4

（3）"X 后"表示比 X 更晚的时间

1）X 为时间词或名词 161 例：

半日后 1、千载后 1、一七日后 1、寒食后 1、二七日后 1、一月后 1、卯后 1、夜后 1、百年后 3、秋后 1、晚后 1、今后 1、岁后 143、吾后 1、午后 1、寻后 1、事后 1

2）X 为形容词 2 例：

久后 2

3）X 为副词 4 例：

最后 4

4）X 为代词 32 例：

此后 2、尔（迩）后 2、其后 2、然后 26

5）X 为动词、词组或小句 97 例：

罢官后 1、拜后 2、舞蹈后 1、却后 5、入后 1、别后 6、产后 5、惊觉后 2、成道后 1、入算后 1、崩后 3、归阙后 1、灭度后 3、得官后 2、死后 7、出后 1、醉后 2、去后 12、称尊后 1、掺后 1、得道后 1、亡后 4、将后

1、成长后 1、刺入肉后 1、空腹后 1、蒙化后 1、没后 2、尿后 1、谢后 1、过后 2、散后 2、吹散后 1、到后 2、封王后 1、受恩命后 1、还国后 1、说此经后 1、归后 1、闻法后 1、离乱后 1、交逐后 1、别龙颜后 1、等觉位后 1、致词后 1、溃后 1、筑坛拜却南郊后 1、贷后 1、行化后 1、瞻嘱后 1、作后 1、得三梁后 1

　　6）X 为事件名词 2 例：

　　酒后 1、此变后 1

　　（二）"后 X"的搭配情况

　　（1）"后 X"表示靠后的空间位置、次序

　　1）X 为普通名词 14 例：

　　后园 8、后院 2、后宫 3、后骑 1

　　2）X 为抽象名词 2 例：

　　后方 1、后状 1

　　（2）"后 X"表示时间、次序靠近末尾

　　1）X 为时间词 7 例：

　　后日 1、后三日 1、后第三日 1、后时 1、后夜 2、后来日 1

　　2）X 为名词或量词 19 例：

　　后世 9、后代 2、后人 3、后劫 1、后功 1、后嗣 1、后回 1、后福 1

　　3）X 为职官名词或称谓名词 16 例：

　　后所由 1、后执仓 1、后母 4、阿后娘 1、后妻 4、后阿娘 4、后寺主 1

　　（三）"已后"的搭配情况

　　"已（以）后"用来表示时间：

　　1）"X 已后"46 例

　　a. X 为时间词 16 例：

　　今已后 10、三日已后 1、正月一日已后 1、十月已后 1、一日已后 1、正月已后 1、十五日已后 1

　　b. X 为代词 5 例：

　　此已后 3、兹已后 1、其以后 1

　　c. X 为动词或词组 25 例：

　　打却三盏已后 1、付嘱以后 1、父放母命已后 1、亡没已后 1、结亲已后 1、经宿以后 1、立契已后 1、立条件与后 1、立条已后 1、命过已后 1、成长已后 1、亡没已后 1、游学已后 1、和定已后 1、无常已后 1、夜深以

后1、一定已后1、一镇已后1、分割已后1、舍命已后1、入宅已后1、一定已后1、雇已后1、合社已后1、请三官已后1

2）独用的“已后”10例：

已后10

（四）“之后”的搭配情况

（1）“之后”表示空间次序、位置在后1例：

圣天诸（之）后1

（2）“之后”用来表示时间

1）X为时间词或代词8例：

百年之后1、冬初之后1、两月之后1、魏晋之后1、此之后1、百日之后1、立夏之后1，汉末之后1

2）X为动词或词组27例：

死之后2、一言之后1、灭度之后1、占之后1、别车匿之后1、命终之后4、热歇之后1、疾病之后1、产之后1、得利之后1、涅盘之后2、拜别之后1、相离之后1、神没之后1、命终之后1、纳亲之后1、入作之后1、立分书之后1、相隔之后1、屡迁之后1、朝天之后1、离府之后1

（五）“后”后加式派生方位词的搭配情况

（1）“后面”用来表示空间方位2例

1）后置作中心语1例：

食堂后面1

2）前置作定语1例：

后面讲堂1

（2）“后底”5例，4例表示空间方位

1）前置作定语4例：

后底火4

2）“后底”独用用来表示时间的用法1例：

后底1

（六）“后”复合型合成方位词的搭配情况

“背后”义同“后”4例

（1）后置作中心语3例：

书背后1、坐处背后1、衫子背后1

（2）独用用法1例：

背后 1

五 "中"的搭配情况

（一）"X 中"的搭配情况

（1）"X 中"表示具体的空间范围之内

1）X 为普通实体名词 336 例：

林中 9、城中 16、宫中 20、厩中 3、盆中 2、釜中 2、水中 7、厕中 3、室中 8、草中 1、衣中 2、杯中 2、山中 25、川中 3、疮中 1、地狱中 3、狱中 10、坑中 1、丛中 1、臼中 4、园中 7、寺中 12、堂中 9、云中 14、庭中 5、器中 4、海中 5、河中 3、场中 4、箱中 1、房中 7、汁中 2、山馆中 1、粪中 2、坟中 1、盂中 3、鼎中 2、匮中 1、炉中 5、井中 2、池中 7、庙中 3、宅中 8、匣中 2、芥子中 2、瓷碗中 2、盏中 1、铛中 3、江中 4、扑中 1、波中 1、座中 6、孔中 2、位中 2、地中 4、观中 2、堙中 1、殿柱中 1、袖中 1、毛中 1、国土中 1、土中 2、市中 3、芦中 4、天嗣（祠）中 1、罇中 3、棺中 1、楼中 2、帐中 2、汤中 2、钵中 2、旷野中 1、箪中 1、冠中 1、紫微宫中 1、卷舌中 1、天船中 1、大陵中 1、五车中 1、车中 1、白中 1、魁中 1、厨中 1、厅中 2、囊中 1、营中 1、潭中 1、胎中 2、田中 4、铫子中 1、岩中 1、庵中 1、院中 1、锅中 2、镜中 2、日中 1、月中 2、笼中 1、花中 1、车中 1、像中 1、薪中 1、殿中 3、瓶中 1、冷露中 1、药中 1、瓮中 1

2）X 为身体部位名词 96 例：

脐中 5、腹中 16、鼻中 7、胸中 4、鬓中 1、手中 6、头中 5、口中 8、肠中 3、眼中 13、鼻孔中 2、目中 3、脊中 1、骨中 2、胆脐中 1、体中 2、胃中 2、耳中 5、寸中 1、尺中 1、莲花舌中 1、脏中 1、喉中 3、肠中 3

3）X 为具有划界意义的名词 8 例：

门中 5、幕中 1、金屏中 1、墙中 1

4）X 为副词 1 例：

正中 1

（2）"X 中"表示泛化的空间范围之内

1）X 为抽象名词 130 例：

会中 23、怀中 6、法中 11、诀中 1、调中 1、三途恶道中 1、三恶道中 1、天中 7、教示中 1、因中 2、隔中 4、财中 2、意中 2、寰中 1、梦中

6、筵中8、声中2、无崖真海中1、三千世界中1、香中2、行中2、十法行中1、法门中2、世界中1、情中5、政见门中1、国土中1、清阳叙中1、五字诗中1、可中1、六道轮中1、六道中1、阎浮中1、奈花中1、十地中1、福中1、色中1、分中1、五浊中1、法性土中1、净土中1、婆罗门中1、刹利中1、财中1、俗谛门中1、解脱门中1、歌中1、愿中2、数中2、音中1、善解门中1、言中1、律中1、无益门中1、六道中1、狱中1、条中1、四生中1、法界中1

2）X为身体部位词语78例：

心中62、身中14、腹中1、口中1

3）X为代词32例：

彼中6、此中11、其中14、是中1

4）X为表示信息载体的名词28例：

经中20、书中2、文中5、牒中1

5）X是具有无限延伸性、无固定三维形态的名词61例：

空中39、途中5、青天中2、碧天中1、光中6、风中2、火中1、街中3、衢中1、路中1

6）X为数词或数量词5例：

亿中1、七段中1、六度中1、十八重中1、万中1

7）X为集合名词22例：

众中10、人中4、道徒中1、亲族中1、亲中1、大臣中1、王子中1、缁中1、僧中2

8）X为处所词或组织机构名词57例：

朝中2、村中1、藩中2、家中31、国中9、蜀中2、军中5、店中1、吴中2、四镇中1、郡中1

（3）"X中"表示在一定时间范围内

X为时间词37例：

冬中4、夏中3、秋中3、晨中1、夜中6、一切时中1、少许时中1、少年中1、白日中1、劫中8、末法世中1、未来世中2、五百世中1、一世中2、十二年中2

（4）"X中"表示处于某段时间的"中央"

X为"日""夜"等词5例：

夜中1、日中4

（5）"X中"表示处于某种状态或过程之中

1）X为形容词9例：

暗中3、苦中1、危中5

2）X为动词或动词短语14例：

不可论中1、食宿中1、睡中2、愁中2、乞事中1、疗伤中1、醉中1、妄中1、学妒中1、握中1、患中1、遭伤中1

3）X为事件名词3例：

病中1、疾中1、酒中1

（二）"中X"的搭配情况

（1）"中X"表示处于某个空间范围之内

1）X为普通名词7例：

中庭4、中垒1、中朝2、中贵1

2）X为身体部位名词3例：

中心3

3）X为集体名词1例：

中亲1

（2）"中"转指一定社会组织机构内，多指"宫中"3例：

中使1、中官1、中丞1

（3）"中"为表示和某范围的四方、上下或两端距离同等的地方，义等同于"中间、中央"

1）表示空间上处于中间的位置34例：

中央1、中府1、中台1、中部1、中原2、中路4、中途8、中军2、中国2、中脘穴1、中心2、中天4、中焦1、中营2、中土1、中衣1

2）表示时间上处于中间的位置7例：

中餐1、中夜2、中冬1、中旬3

（三）"之中"的搭配情况

（1）"之中"用来表示处于X的空间范围之内

1）X为普通名词29例：

凤阙之中1、山林之中2、郊野之中1、管界之中1、旷野之中1、祥云之中1、地狱之中2、紫霄之中1、蓬荜之中1、一封之中1、道场之中1、画阁之中1、夹石之中1、碧落之中2、胎生之中1、凤阁之中1、地之中1、斛豆之中1、南海之中1、达海之中1、一室之中1、义邑之中1、

碧沼之中 1、雪山之中 1、国郡之中 1、淤泥之中 1

2）X 为身体部位名词 6 例：

耳鼻之中 2、七孔之中 3、鱼际之中 1

3）X 为抽象名词 39 例：

冥路之中 2、六趣之中 2、百行之中 1、三部之中 2、五浊之中 2、苦海之中 4、五阴之中 1、三途六道之中 1、此门之中 1、佛会之中 2、因地之中 1、九地之中 1、九方色之中 1、梦想之中 1、痴网之中 1、影响之中 1、佛法之中 1、尘世之中 1、五服之中 1、三教之中 1、九宫之中 1、九方色之中 2、业道之中 1、湿生之中 1、咒法之中 1、恶道之中 1、世之中 1、三界之中 1、诸教之中 1、诸天之中 1、秽恶之中 1

4）X 为集体名词 6 例：

罗汉之中 1、群萃之中 2、大臣之中 1、贤圣之中 1、群鸡之中 1

5）X 为数量词 3 例：

七唱之中 1、七分之中 1、三分之中 1

(2)"之中"表示时间范围

1）X 为时间词或名词 19 例：

十月之中 2、一念之中 1、三世之中 2、一日之中 4、四时之中 1、寝膳之中 1、三年之中 2、三月之中 1、十日之中 1、三生之中 1、九年之中 1、一相之中 1、爱日之中 1

2）X 为动词或形容词 3 例：

渴慕之中 2、迷闷之中 1

六 "里"的搭配情况

(一)"X 里"的搭配情况

(1)"X 里"实指处所，表示参照物的内部空间

1）X 为普通名词 108 例：

镜里 4、屋里 4、园里 5、宫里 8、蓐里 1、袋里 1、山里 6、禅堂里 1、书堂里 1、洞里 1、仙灶里 2、花里 2、大悲泽里 1、玉匣里 1、林里 4、房里 1、柱里 1、寺里 2、田里 1、河里 2、地狱里 1、青霄里 1、闺里 2、夜川里 1、云里 4、炉里 1、岩长里 1、衣里 1、京罗缦里 1、城里 5、窠里 2、帐里 3、庙里 1、钟杵里 1、坑里 2、莲花朵里 1、窟里 2、破罗里 1、街巷里 1、场里 2、猛雪里 1、疮里 1、宅里 3、钱柜里 1、血里 1、侠（箧）里

1、罗裳里 1、水波纹里 1、院里 1、镬汤里 1、袖里 1、铜器里 1、沙里 1、月里 1、碛里 1、叶里 2、荒交里 1、布里 1、速化剑里 1、笼里 1、花丛里 1、钱匮里 1

　　2）X 为身体部位名词 17 例：

　　耳里 4、口里 6、眼里 4、掌里 1、手里 2

　　3）X 为具有划界意义的名词 4 例：

　　门里 4

　　（2）"X 里"表示泛化的空间意义，表示某一范围、界限之内

　　1）X 为抽象名词 37 例：

　　梦 7、影里 1、会里 11、含识里 1、方寸里 1、绮罗香里 1、情里 1、五彩里 1、三千界里 1、婆婆界里 1、所贵里 1、意里 3、歌里 1、方丈里 1、语里 1、佛法里 1、荻声里 1、一念里 1、三途恶道里 1

　　2）X 为身体部位名词 31 例：

　　心里 29、身里 1、口里 1

　　3）X 为处所词或组织机构名词 16 例：

　　省里 1、藩里 4、家里 5、国里 5、邯郸里 1

　　4）X 为具有无限延展性的名词 34 例：

　　空里 28、风里 2、火里 1、街里 1、雾里 2

　　5）X 为集合名词 6 例：

　　众里 4、人里 1、禽里 1

　　6）X 为代词 5 例：

　　那里 4、这里 1

　　（3）"X 里"用来表示时间

　　X 为时间词 5 例：

　　夜里 1、夏里 1、冬里 1、倾克里 1、向里 1

　　（4）"X 里"表示处于某种状态或过程之中

　　1）X 为形容词 9 例：

　　暗里 7、闹里 1、炎里 1

　　2）X 为动词 1 例：

　　睡里 1

　　3）X 为事件名词 1 例：

　　厄里 1

（二）"里X"的搭配情况

"里X"表示具体的空间范围之内，X为身体部位名词1例：

里心1

（三）"里"后加式派生方位词的搭配情况

（1）"里面"用来实指空间方位，独用作主语1例：

里面1

（2）"里许"用来实指空间方位，独用作主语或状语3例：

里许3

（3）"里伴（畔）"用来实指空间方位2例

1）后置于名词作中心语1例：

口角里伴1

2）前置作定语1例：

里半髑楼1

七 "间"的搭配情况

（一）"X间"的搭配情况

（1）表示事物两端之间或两个事物之间的位置

1）X为普通名词5例：

莽、荡山间1、两山间1、梁、宋间1、坟间1、冢间1

2）X为身体部位名词6例：

眉间4、两筋间1、肢节间1

3）X为抽象名词3例：

咫尺间2、寅卯间1

（2）"X间"表示在一定的空间范围之内

1）X为普通名词33例：

山间8、林间3、云间5、石隙间1、松间2、青芜间1、桑间4、树间
2、帘间1、草间1、戍楼间1、竹间1、风波间1、牖间1、寝间1

2）X为身体部位名词5例：

肠间1、皮间1、腰间3

（3）"X间"表示泛化的空间范围

1）X为抽象名词9例：

冥途间1、冥间1、冥路间1、碧落间1、俗间1、毕拔罗严间2、戎

旅间1、梦寐间1

2）X 为具有无限延展性的名词3例：

途间2、道途间1

3）X 为处所词2例：

塞间1、汝阳间1

4）X 为代词15例：

此间14、其间1

5）词汇化的"X 间"

人间32、世间53、凡间1

（4）"X 间"用来表示时间

1）"X 间"用来表示一段时间

X 为时间词15例：

三五日间5、三二年间3、卅年间1、数年间1、十月间1、五百年间2、一两日间2

2）"间"相当于"中"，X 为时间词8例：

夜间3、晚间1、天宝年间1、元成间1、秋间1、申间1

3）"X 间"表示瞬时时间

a. X 为具有［＋短暂］［＋迅速］义的副词3例：

草草间1、瞥然间1、俄尔间1

b. X 为具有［＋短暂］［＋迅速］义的时间词1例：

顷刻间1

（5）"X 间"用来表示处于某种状态或过程中

1）X 为动词4例：

未取枣间1、未来间1、未说间1、拜辞间1

2）X 为形容词3例：

少间2、显然间1

3）X 为事件名词2例：

经间1、一食饭间1

（二）"之间"的搭配情况

（1）"X 之间"用来表示空间范围

1）实指空间范围

X 为普通名词5例：

田亩之间1、河陇之间1、树木之间1、农器之间1、鹤树之间1

2）"X之间"泛指空间范围

a. X为抽象名词6例：

苦海之间1、乾坤之间1、酒色之间1、闾阎之间1、十室之间1、凡事之间1

b. X为指人名词5例：

手足之间1、人使之间1、使次之间1、人事之间1、妻子之间1

c. X为形容词1例：

黑暗之间1

（2）"X之间"表示事物两端之间或两个事物之间的位置

1）X为普通名词2例：

河汉之间1、汉淮之间1

2）X为身体部位名词2例：

百骨节之间1、心肾之间1

3）X为抽象名词3例：

两意之间1、咫尺之间1、二此之间1

4）X为形容词2例：

胜劣之间1、轻重之间1

（3）"X之间"用来表示时间

1）"X之间"用来表示持续的时间

X为时间名词9例：

旬日之间4、旬月之间2、七日之间1、数载之间1、一世之间1

2）"X之间"用来表示瞬时时间

a. X为具有［＋短暂］［＋迅速］义的动词9例：

逡速之间1、定息之间1、弹指之间2、念念之间3、呼吸之间1、逡巡之间1

b. X为具有［＋短暂］［＋迅速］义的副词8例：

俄而之间1、俄尔之间1、瞥然之间1、瞥尔之间1、倏忽之间1、不久之间1、良久之间2

c. X为表示具有［＋短暂］［＋迅速］义的时间名词17例：

须臾之间10、刹那之间1、时晌之间2、瞬息之间2、顷刻之间2

（4）"X之间"用来表示处于某种状态或过程之中

1）X 为动词 23 例：

拜命之间 1、释务之间 1、问望之间 1、颠沛之间 1、进止之间 1、犯捉之间 1、接待之间 1、凝滞之间 1、礼备之间 1、盟路之间 1、未到之间 1、面拜之间 2、荏苒之间 1、所次之间 1、未去之间 1、博唉之间 1、行李之间 1、死亡之间 1、念念之间 1、未出兵之间 1、辗转之间 1、治寺务之间 1

2）X 为形容词 5 例：

少小之间 1、兹虽之间 1、恍惚之间 1、惶惧之间 1、迷冈之间 1

（三）"间"复合型合成方位词的搭配情况

"X 中间"的搭配情况

（1）"X 中间"表示事物两端之间或两个事物之间的空间位置

1）X 为名词 1 例：

两盈中间 1

2）X 为代词 2 例：

其中间 2

（2）"X 中间"表示时间

1）"X 中间"表示处于一定的时间范围之内

X 为时间词 6 例：

两三日中间 1、旬月中间 2、旬日中间 1、四日中间 1、一日中间 1

2）"X 中间"用来表示瞬时时间

X 为表瞬间的时间词 4 例：

时向中间 2、顷刻中间 1、瞬息中间 1

（3）"X 中间"表示处于某种状态或过程之中

X 为动词 8 例：

顿食中间 1、来去中间 1、思微中间 1、府琴忠间 1、思忖中间 1、未得牛中间 1、行住中间 1、造檐中间 1

（四）"中间 X"的搭配情况

（1）义同"当中""中央"

X 为数量词 3 例：

中间三尊 1、中间三处 1、中间八万户 1

（2）表示在开始时间与结束时间之间的时间范围

X 为时间词或名词 3 例：

中间廿一日1、中间肆月1、中间事意1

（五）独用的"中间"

（1）表示事物两端之间或两个事物之间的空间位置，义同"当中""中央"

独用用法2例：

中间2

（2）"中间"用来表示事件开始与结束之间的时间段

独用用法12例：

中间12

八 "内"的搭配情况

（一）"X内"的搭配情况

（1）"X内"表示实指的空间范围之中，义同"里面"

1）X为普通名词133例：

河内1、池内2、城内9、厕内1、鸡肉内1、宫内12、月宫内1、模子内1、城郭内1、垣邑内1、宅内14、山内7、窟内1、云内2、寺内6、袖内1、曲内1、地内4、观内8、市内4、室内7、林内4、精舍内1、堂内2、伽蓝内1、寨内2、覆壁内1、珠内1、院内3、窖内1、仓内2、库内2、房内3、柱内1、营内2、琉璃殿内1、墓内2、镬汤炉炭内1、灶内1、箱子内1、三春苑内1、营幕内1、庵园内1、七宝台内1、溪谷内1、塔内1、髻内1、窣堵波内1、盒内1、青莲宇内1、狱内1、石内2、厨内1、大海内1、土内1、霄汉内1、镜内1

2）X为身体部位名词54例：

耳内1、肠胃内1、腹内6、关内1、股内31、掌内5、手内4、皮内1、齿内1、胸内1、寸内1、肠内1

3）"X内"为具有划界意义的名词7例：

界内2、珍珠帘内1、门内3、户内1

（2）X表示泛化的空间范围之中

1）X为抽象名词37例：

意内2、方丈内1、部内1、三界内2、会内1、条内2、刹内1、流内1、三千界内3、数内2、海内11、法界内1、域内1、情内2、光内2、春色内1、宇内1、人世内1、阎浮提内1

2）X 为身体部位名词 10 例：

体内 3、心内 7

3）X 为集合名词 4 例：

白丁中男内 1、族内 2、众内 1

4）X 为表示信息载体的名词 7 例：

经内 5、书内 2

5）X 为动词 5 例：

管内 5

6）X 为表示组织机构的名词 43 例：

郡内 1、衙内 1、教内 1、家内 16、府内 1、店内 1、国内 20、社内 2

（3）"X 内"表示处于一定的时间范围之中

X 为时间词 22 例：

年内 5、三年内 2、肆年内 2、七日内 1、三日内 1、半月内 1、一月内 1、三年内 1、卅日内 2、三两日内 1、三日内 2、百年内 1、千载内 1、七月内 1

（4）"X 内"表示处于 X 的状态或过程之中

X 为事件名词 1 例：

病内 1

（二）"内 X"的搭配情况

（1）实指内部空间，义为"较为里面"，与"外"相对

X 为名词 42 例：

内官 9、内庭 2、内殿 1、内龛 1、内苑 1、内地 1、内踝 25、内阁 1、内署 1

（2）转指一定的社会结构的内部，多用来指宫廷内或佛教内 13 例：

内使 3、内财 1、内法 1、内院 1、内监 1、内人 2、内侍 3、内臣 1、

（3）转指亲属关系中较为亲近的一方或指母亲、妻子的一方 4 例：

内兄 1、内表姐 1、内亲 2

（4）转指人体内部 2 例：

内心 2

（三）"之内"的搭配情况

（1）"X 之内"表示处于某种空间范围之中

1）X 为普通名词 15 例：

帝都之内 1、萧墙之内 1、水池之内 1、道场之内 2、辕门之内 1、空房之内 1、图圄之内 1、九宫之内 1、大城之内 1、苑园之内 1、秦川之内 1、祇园之内 1、梵宇之内 1、紫垣之内 1

2）X 为具有划界义的名词 1 例：

门之内 1

3）X 为数量词 4 例：

毫厘之内 1、千里之内 1、十步之内 1、十条之内 1

4）X 为抽象名词 22 例：

万形之内 1、三才之内 1、罗违之内 1、微尘之内 1、五阴之内 1、世网之内 2、九重之内 2、佛法之内 1、天地之内 2、宇宙之内 1、善心之内 1、四方之内 1、欲网之内 1、造化之内 1、我法之内 1、一门之内 1、浊劫之内 1、太虚之内 1、一州之内 1

5）X 为集合名词 5 例：

搢绅之内 2、乡党之内 1、三人之内 1、白衣之内 1

6）X 为表示信息载体的名词 3 例：

经书之内 1、史籍之内 1、笺毫之内 1

7）X 为身体部位名词 1 例：

子宫之内 1

8）X 为形容词 1 例：

退迹之内 1

（2）"X 之内"用来表示时间

X 为时间词 9 例：

十月之内 1、今年之内 2、六天之内 1、七日之内 1、三年之内 1、旦昏之内 1、六时之内 1、白日之内 1

（3）"X 之内"表示处于某种状态或过程之中

X 为事件名词 2 例：

舞延之内 1、闲暇之内 1

（四）"内"复合型合成方位词的搭配情况

"腹内"意义较为泛化，用来使前面的指人名词处所化 2 例：

袁成腹内 1、崇明腹内 1

九 "外"的搭配情况

（一）"X 外"的搭配情况

（1）"X 外"实指空间，指超出某个空间范围

1）X 为普通名词 60 例：

廊外 1、加蓝外 1、郭外 2、千山外 1、城外 12、长城外 1、野外 3、郊外 3、碛外 2、堂外 3、三边外 1、闉外 4、袋外 1、朝廷外 1、寺外 1、塞外 4、关外 2、境外 1、退外 1、埏道外 1、云外 4、霄汉外 1、天外 2、关河外 1、云岭外 1、陇外 2、墠外 1、土外 1、官外 1

2）X 为具有划界意义的名词 33 例：

门外 27、户外 1、墙外 1、帘外 3、栏外 1

3）X 为身体部位名词 2 例：

膝外 1、皮外 1

（2）"X 外"泛指超出一定的空间界限

1）X 为抽象名词 18 例：

方外 1、条外 1、三界外 1、形外 1、色丝外 1、分外 3、宇外 1、他方外 1、他界外 1、死抄外 1、曲外 1、无数劫外 1、参辰外 1、理外 1、物外 1、象外 1

2）X 为组织机构名词 1 例：

社外 1

3）X 为数量词 4 例：

卅步外 2、一壶酒外 1、千里外 1

4）X 为身体部位名词 3 例：

心外 1、耳外、身外 1

5）X 为代词 3 例：

此外 3

（3）"X 外"指超过一定的时间范围

X 为时间词，"外"相当于"后""以后"3 例：

十年外 1、百年外 1、一千年外 1

（4）"X 外"指超出某种动作的范围，或动作、行为不算在某范围之内

X 为动词或动词词组 7 例：

死外1、免利外1、回造压油外1、除破外1、重湖紫外1、戒食外1、破用外1

（二）"外X"的搭配情况

（1）"外X"指超出一定社会组织机构的范围，X为名词71例：

外道34、外书2、外典1、外官1、外财1、外庄1、外名1、外宗1、外国10、外州1、外族1、外寇1、外乡1、外邑1、外府1、外境1、外心1、外客1、外事1、外姓1、外人5、外夫1、外意1、外语1

（2）与"内"相对的空间，X为名词33例：

外骨1、外户1、外相1、外踝30

（3）"外"转指社会关系中关系较为疏远的一方，X为称谓名词或抽象名词7例：

外甥3、外翁婆1、外兄弟姐妹1、外氏1、外舅1

（三）"已外"的搭配情况

"已外"表示超出一定的时间范围2例：

五日已外1、三日已外1

（四）"之外"的搭配情况

（1）"X之外"表示超出X的空间范围

1）X为名词5例：

四门之外1、尻门之外1、棨战之外1、铁围之外1、荒徼之外1

2）X为具有无限延展性的名词2例：

云霄之外1、烟岚之外1

（2）"X之外"为空间泛化用法，表示超出X的范围、界限

1）X为抽象名词3例：

衣钵之外、文学之外、骁雄之外1

2）X为数量词2例：

万里之外1、数步之外1

3）"X之外"表示超出某种动作、行为的范围

X为动词6例：

惭腼之外1、奖顾之外1、当罪之外1、叹赏之外1、言想之外1、倾渴之外1

（五）"外"后加式派生方位词的搭配情况

（1）"外边"有6例，用来实指空间方位

1）后置作中心语 1 例：

寺门外边 1

2）独用用法 5 例：

外边 5

（2）"外端"后置作中心语 1 例：

云外端 1

（3）"外头"前置作定语 1 例：

外头儿 1

十 "东""南""西""北"的搭配情况

（一）"X 东/南/西/北"的搭配情况

"X 东""X 西""X 南""X 北"表示 X 以东、西、南、北的区域。

1）X 为普通名词或处所词 223 例：

山南 5、山北 2、山西 2、水北 3、水西 1、水南 1、河北 4、河西 1、楚南 1、清海北 1、街南 3、街东 2、街西 1、城南 22、城北 2、城西 5、城东 4、江东 4、江南 3、江西 1、龙揿北 1、雁塞西 1、舍东 4、舍西 3、舍南 1、州东 1、州西 1、敦煌北 1、屋北 1、岭北 2、门南 1、郭南 1、塞北 3、屋南 1、朔北 1、天西 1、渠北 2、桥东 1、招摇北 1、招摇东 1、贯索东 1、帝坐东 1、须女北 1、离珠北 1、营室北 1、奎北 1、昴北 1、七星北 1、太微西 1、轸北 1、帝坐南 1、库楼南 1、库楼北 3、尾南 1、箕南 1、斗南 1、牵牛南 1、奎南 2、厕南 2、娄南 1、胃南 1、昴南 1、参西 1、屏东 1、弧南 1、七星南 1、尚书西 1、文昌北 1、天津东 1、天津北 2、虚北 1、司危北 1、狗国北 1、牵牛东 1、氐北 1、亢北 1、北斗柄东 1、摄提西 1、黄帝坐北 1、尾西 1、五车南 1、司怪南 1、五车北 1、天潢东 1、天廪西 1、亢南 1、牵牛南 1、虚南 1、哭东 1、危南 1、霹雳南 1、天苑西 1、天苑南 1、附耳南 1、张南 1、翼南 1、七星北 1、中台北 1、少微西 1、下台南 1、青丘西 1、军门南 1、房星东 1、郑北 1、越东 1、秦南 1、伐（代）西 1、晋北 1、魏西 1、楚南 1、花南 1、角南 1、氐南 1、牛东 1、娄北 1、困北 1、厕东 1、鬼北 1、翼星东 1、轸北 1、角南 1、角北 1、平道西 1、氐北 1、骑南 1、骑东 1、车北 1、垣北 1、壁西 1、天高北 1、屏星南 1、井北 1、井南 1、弧北 1、房南 1、钩钤北 1、白西 1、器府北 1、宫门东 1、宫门北 1、氐南 1、骑官南 1、丈人东 1、子东 1、舞（庑）西

1、巷南1、枢东1、连北1、岸西1、海东1、峻稽北1、朔北1、上林北1、道南1、道东2、道西3、渠子西1

　　2）X为抽象名词8例：

　　酉南2、酉北2、子西1、未东1、午东1、卯北1

　　3）X为代词2例：

　　其东1、其西1

　　4）X为副词10例：

　　正北3、正东1、正西1、正南1、直北4

　　（二）"东/南/西/北X"的搭配情况

　　"东""西""南""北"表示具体的方向。

　　X为名词290例：

　　东村2、东巷1、东风2、南沙庄1、北壁1、北窗1、南轩1、南穹1、北狄1、北岗1、东岩1、北邻1、北府1、东河1、东穷1、北门5、北山3、东向3、西州5、东门8、南午2、东平1、东家5、北阙6、南宫5、南澹1、北屋2、西屋5、南屋2、北穹1、南家5、西王母1、南星2、北岸1、北河2、北极1、东垣1、西宅2、东墙2、南台2、北大王1、西门8、南山13、西山1、南岸4、东壁1、西穷1、西辟1、东皋3、东观2、西垣1、西家5、西僧1、西巷1、北家1、南向1、北地1、南陆1、东郊2、南亩4、西垂3、西天6、北路1、南吕2、北斗4、西陆1、北陆2、北帝2、北极3、西海1、南墙2、西披1、东宫8、东海3、西阶2、北枝1、北堂5、北岸4、南极1、北荒1、西赛1、北风2、南枝3、北房1、东屋1、西郊1、南槽1、北牖1、南风1、南国5、东项羽1、西秦1、东界2、西邻2、西风1、南门6、东披1、南阎浮提2、东莲花叶县1、西台1、北台1、西国3、南天1、南途1、南洞2、南地1、北天1、西域2、东房1、东河庄1、西院1、东院1、西垠1、东鄙1、东郭1、西坡1、南支1、西戎2、南斗1、北军1、西极2、北胡1、东王1、西房2、南基1、西房子1、东吴1、西河1、西军1、东期1、西园1、北墙3、西墙3、东洞舍1、北岳1、西支地1、东道1、西渠1、南索晟1、北武1、东垂1、东邻1、西舍2、东涧1、南亭1、南浦1、北林1、西会稽山1、南庄1、北郡1、北海1、东台1、东山1

　　（三）"东/南/西/北"前加式派生方位词的搭配情况

　　（1）"东""南""西"与"已"搭配，用来实指空间区域、方向有

10 例

1）后置的用法 8 例：

和尚巳南 1、李子树巳西 1、渠子巳西 1、西北角直北巳东 1、直北巳西 1、舍坑巳东 1、本贯巳东 1、此境巳南 1

2）独用用法 2 例：

巳东 2

（2）"西""北"与"之"搭配，用来实指空间方向、区域 5 例：

姑射之西 1、汾河之北 1、大像之北 1、雪山之北 1、香山之南 1

（四）"东/西/南/北"后加式派生方位词的搭配情况

（1）"东""西""南""北"与"面"搭配 30 例

1）前置作定语 6 例：

西面银台 1、南面雪山 1、北面第一宅 1、东面弟（第）一宅 1、西面弟（第）一宅 1、西面官军 1

2）后置作中心语 7 例：

官阖西面 1、大雪山北面 1、宅西面 1、正南面 1、大雪山南面 2、蟾蜍西面 1

3）独用用法 17 例：

南面 5、东面 4、西面 2、北面 5、东南面 1

（2）"东""南""西""北"与"方"搭配 135 例

1）前置作定语 31 例：

西方事 1、南方屋 1、东方屋 1、东方界 1、西方鸟 2、西方净土 3、东方岁星 1、南方莹或星 1、西方太白星 1、北方玄武七星 1、西方白虎七宿 1、南方朱鸟七宿 2、北方水宿 1、东方木宿 1、北方辰星 1、西方日 1、西方长者妻 1、西方佛国 1、西方土 1、西方梵语 1、西方佛净土 1、西方墙神 1、北方墙神 1、北方天王 1、北方地 1、西方梁柱 2

2）独用用法 104 例：

西方 32、东方 28、南方 22、北方 21、东北方 1

（3）"西北""东北""东南""西南""西"与"角"搭配 8 例

1）前置作定语 5 例：

东北角神 1、东南角神 1、西南角神 1、西北角神 1、西南角历山 1

2）后置作中心语 3 例：

殿西角 1、宅西角 1、城外东北角 1

（4）"东""南""西""北"与"边"搭配 16 例

1）前置作定语 7 例：

西边村 1、南边舍 1、南边之者 1、东边房 1、西边捌亩地 1、西边大将 1、北边牛 1

2）后置作中心语 5 例：

峰顶北边 1、香炉峰北边 1、大像北边 1、玉塞南边 1、幸东边

3）独用用法 4 例：

东边 3、南边 1

（5）"东""西""南""北"与"头"搭配 21 例

1）前置作定语 6 例：

东头方地 1、东头消息 1、西头小牛舞舍 1、西头所有世界 1、西头第一星 1、西头第三星 1

2）后置作中心语 13 例：

户西头 3、海西头 1、内堂西头 1、宅西南头 1、五老峰西头 1、床西头 1、渠北南头 1、寻渠南头 1、弟北头 1、大孝南头 1、大孝北头 1

3）独用用法 2 例：

南头 2

（6）"东""西""南"与"畔"搭配 12 例

1）后置作中心语 6 例：

道东畔 1、南阶前东畔 1、户西畔 1、门西畔 1、中庭东畔 1、尾北畔 1

2）独用用法 6 例：

东畔 2、西畔 2、南伴 1、北畔 1

（7）"东""南""东西"与"厢"搭配，后置作中心语 4 例：

斗南厢 1、候东厢 1、人东厢 1、官东西厢 1

（8）"南"与"部"搭配，前置作定语 1 例：

南部之尉 1

（五）"东/西/南/北"复合型合成方位词的搭配情况

复合型合成方位词用于实指空间方位 136 例：

1）前置作定语 16 例：

西北之方 1、西南巳未地 1、西北乾位 1、西南寿昌县界 1、西南之坤位 1、东北岸 1、西南星 4、西南大星 1、西南第一星 1、西南豫章寺 1、

东南桃枝1、西南之节1、东北之云1

2）后置作中心语38例：

柔远县西南1、舍东北1、亳州境内东南1、石城镇东北1、城东北1、山东南1、州西南1、州东南1、敦煌之东南1、宅舍西南1、郡东北1、女床东北1、帝坐东北3、帝坐东南1、房东北1、王良东北1、郎位东北1、参东南2、车府东南1、太子西北1、将军西北1、轸东南1、建星东南1、北洛东南1、营室西南2、土公西南1、营天仓西南1、天仓东南1、玉井西南1、狼东北1、军市西南1、折威东南1、宗星东北1、羽林西南1

3）独用用法82例：

东南26、东北17、西南19、西北20

十一 "左"的搭配情况

（一）"X左"的搭配情况

"X左"实指空间方位2例：

路左1、库娄左1

（二）"左X"的搭配情况

（1）"左X"表示具体的空间方位

1）X为普通名词2例：

左绞1、左旌1

2）X为身体部位名词17例：

左肋1、左脚1、左胁2、左手8、左腿1、左眼1、左膊1、左足2

3）X为职官名词9例：

左先锋1、左勒将1、左先锋兵马使1、左马步都虞侯1、左相1、左将1、左丞相1、左辖1、左揆1

（2）"左"为偏邪、不正之义1例：

左道1

（三）"左"后加式派生方位词的搭配情况

（1）"左边"用来表示空间方位5例：

1）后置作中心语1例：

阿娘左边1

2）独用用法4例：

左边4

（2）"左畔"用来实指空间方位 2 例

1）前置作定语 1 例：

左伴礼 1

2）独用用法 1 例：

左畔 1

十二　"右"的搭配情况

（一）"X 右"的搭配情况

"X 右"表示具体的空间方位

X 为普通名词 2 例：

坐右 1、官门右 1

（二）"右 X"的搭配情况

（1）"右 X"表示空间方位

1）X 为身体部位名词 20 例：

右肋 5、右脚 1、右肩 1、右手 9、右趺 1、右辟 1、右耳 1、右手指 1

2）X 为职官名词 2 例：

右将 1、右先锋兵马使 1

（2）"右"指"西部"1 例：

右地 1

（3）"右"义为"如上、如前"

1）"右"指前文提到的事、物

a. 指前文提到的药物 15 例：

右四味 1、右三物 1、右一味 2、右二味 1、右六味 1、右七味 1、右蘡仁 1、右二十七味 1、右三味 1、右十味 1、右十五味 1、右四味 1、右五味 1、右一十五味 1

b. "右"指较为抽象的事物、规定 3 例：

右入社条件 1、右号 1、右四条 1

2）"右"指前文提到的具体的地方 16 例：

右源 6、右俗号 1、右道 8

3）"右"指前文提到的人 11 例：

右道猷 1、右文斌 1、右庭芳 1、右智弁 1、右恒安 1、右于略长 1、右愿兴 1、右汉子 1、右戒弁保全 1、右保勋 1、右奴子 1

（三）"右"后加式派生方位词的搭配情况

（1）"右边"实指空间方位 2 例

1）后置作中心语 1 例：

耳右边 1

2）独用用法 1 例：

右边 1

（2）"右面"实指空间方位 1 例：

右面 1

（3）"右伴（畔）"实指空间方位，前置作定语 1 例：

右伴礼 1

十三　"边"类方位词的搭配情况

（一）"边"的搭配情况

（1）"X 边"表示在"在某物的旁边"

1）X 为普通名词 29 例：

池边 3、日边 3、水边 1、城边 4、窗边 2、月边 2、厅边 1、海边 1、墓边 1、河边 1、桥边 1、江边 1、坐边 1、厨边 1、大道边 1、溪边 1、奈何边 1、宅边 1、天地边 1、沙碛边 1

2）X 为身体部位名词 4 例：

头边 1、耳边 1、脸边 1、鬓边 1

3）X 为数词 11 例：

四边 6、两边 5

（2）"X 边"泛指空间方位，"边"为处所标记，可以释为"X 处""X 那里/边"

1）X 为指人名词 26 例：

相公边 4、儿边 1、李陵边 1、神边 1、程流定边 1、陈怀义边 1、汜建立边 1、佛边 1、王边 2、朝国边 1、翟胡边 1、鬼边 1、张清儿边 1、子胥边 1、首令边 1、日兴边 1、女男边 1、父娘边 1、神掖边 1、二亲边 1、孝敬边 1、伍相边 1

2）X 为代词，共有 4 例，其中 3 例为疑问代词，1 例为指示代词

何边 1、那边 1、阿谁边 1、谁边 1

3）X 为方位词 29 例：

左边 5、右边 2、外边 6、东边 5、西边 3、南边 4、北边 4

2. "边" 前加式派生方位词搭配情况

（1）前加式派生方位词 "之边" 前置作定语 1 例：

岩谷之边 1

3. "边" 复合型合成方位词的搭配情况

复合型合成方位词 "边傍（旁）" 后置作中心语 3 例：

道边旁 1、水边傍 1、墓边傍 1

（二）"X 傍（旁）" 的搭配情况

1. "X 傍（旁）" 表示 "在某物的旁边"。

1）X 为普通名词 36 例：

粪堆傍 1、门傍 4、虏塞傍 1、紫塞傍 1、冢傍 1、国傍 1、岸傍 1、伽蓝傍 1、津傍 1、路傍 9、江傍 1、河傍 1、柱傍 1、瓠瓜傍 1、心傍 1、河鼓傍 1、腾蛇傍 1、谒者傍 1、灶傍 1、日傍 1、玉阶傍 1、道傍 2、树枝傍 1、沙傍 1

2）X 为指人名词 2 例：

孙宾傍 1、天尊傍 1

3）X 为代词 1 例：

其傍 1

4）X 为数词 3 例：

两旁 3

2. "傍（旁）" 前加式派生方位词的搭配情况

"之傍" 实指空间方位 5 例：

水之傍 1、日月之傍 1、觉悟之傍 1、昆仑之傍 1、紫殿之傍 1

3. "傍（旁）" 复合型合成方位词的搭配情况

（1）"傍边" 6 例

1）前置作定语 1 例：

儿傍边 1

2）独用用法 5 例：

傍边 5

（2）"傍畔" 前置作定语 1 例：

傍伴迸夫 1

（三）"侧" 的搭配情况

"X 侧" 表示 "在某物的边侧"。

1）X 为普通名词 20 例：

甘露台侧 1、井侧 1、王良侧 2、官侧 1、太微侧 1、梗河侧 1、瓠瓜侧 1、玉井侧 1、轩侧 1、骑官侧 1、昴侧 1、泽侧 1、宅侧 1、浦侧 1、庙侧 1、道侧 1、院侧 1、座侧 1、岸侧 1

2）X 为抽象名词 1 例：

丧侧 1

3）X 为处所词 1 例：

伊州侧 1

4）X 为指人名词 1 例：

人侧 1

2. "侧"前加式派生方位词的搭配情况

前加式派生方位词"之侧"4 例：

朱楼之侧 1、厕门之侧 1、提河之侧 1、宝塔之侧 1

3. "侧"复合型合成方位词的搭配情况

"侧"复合型合成方位词"侧边"后置作中心语 1 例：

西同侧边 1

（四）"X 畔"的搭配情况

（1）"X 畔"表示"在某物旁边"

1）X 为普通名词 12 例：

河畔 2、池畔 2、林畔 1、江畔 2、东蒙畔 1、田畔 1、碛畔 1、海畔 2

2）X 为数词 5 例：

四畔 4、两畔 1

（2）"X 畔"表示泛化的空间，"畔"为处所标记

1）X 为指代词 1 例：

那畔 1

2）X 为方位词 17 例：

左畔 2、右畔 1、里畔 2、东畔 5、西畔 4、南畔 1、北畔 2

（五）"际"的

1. "X 际"的搭配情况

（1）表示空间方位

1）意义相当于"边"6 例：

发际 2、天际 2、脸际 1、唇际 1

2）意义相当于"中、间、里"5例：

庭际3、烟际1、水际1

3）意义相当于"上"1例：

峰际1

4）意义泛化，相当于"处、地方"1例：

旅际

（2）"际"用来表示时间

1）X为代词6例：

此际6

2）X为时间词4例：

午际1、冬际1、今际1、晚际1

2. "之际"的搭配情况

（1）"之际"用来表示时间

1）X为动词或动词性词组16例：

捧授之际2、曳缕之际1、登途之际1、初祚之际1、临途之际1、有无之际1、任贤之际1、弱冠之际1、未来之际1、瞻思之际1、休息之际1、娱乐之际1、命词之际1、相交之际1、飞芒之际1

2）X为时间词2例：

战国之际1、孝昌之际1

（2）"之际"用来表示空间

云霄之际1

（六）"X壁"的搭配情况

"壁"义同"边、面"9例：

西壁2、南壁3、东壁4

（七）"X厢"的搭配情况

"厢（相）"义同"边、面"有11例

X为数词5例：

两相3、四厢1、一相1

X为方位词5例：

内相1、南厢1、东厢2、东西厢1

十四　意义泛化类方位词的搭配情况

（一）"X头"的搭配情况

（1）"头"用来表示空间方位

1）义同"边"，X为普通名词14例：

水头5、鱼藻池头1、海头2、江头1、岸头1、河头2、汉界头1、漕头1

2）义同"里""中"，X为普通名词8例：

口马行头3、关头1、林头1、市头2、佛堂头1

3）义同"上"，X为普通名词21例：

草头5、楼头3、山头2、台头1、岩头1、铁岭头1、峰头1、街头3、树头1、檐头1、道头1、城头1

4）义同"前"，X为普通名词3例：

床头2、墓头1

5）"头"的意义不具体，或义同"上"或义同"中、里"，或义同"这里/那里""处"

①X为身体部位名词，义同"上"或"里"9例：

嘴头3、心头2、手头4

②义同"这里/那里""处"

a. X为形容词1例：

高头1

b. X为处所词3例：

皆和口头1、票子口头1、泄口头1

c. X为动词12例：

问头12

（2）"头"的时间用法

1）X为时间词4例：

夜头4

2）X为形容词5例：

长头5

（3）作为方位后缀的"头"

1）X为合成方位或方位词短语3例：

西角头 2、两边头 1

2）X 为单纯方位词 60 例：

上头 9、下头 2、前头 27、外头 1、西头 11、南头 5、北头 2、东头 2、西南头 1

（二）"X 首"的搭配情况

"首"义同"前、边"3 例：

门首 2、界首 1

（三）"X 底"的搭配情况

（1）"底"义同"下"

1）X 为普通名词 11 例：

床底 1、池底 1、毡底 1、海底 2、井底 2、土底 1、间（涧）底 1、树底 1、水底 1

2）X 为身体部位名词 3 例：

脚底 2、腹底 1

（2）义同"里"2 例：

浪底 1、毂苃底 1

（3）义同"边"1 例：

水底 1

（四）"X 所"的搭配情况

"所"义同"这里/那里""处"。

1）X 为普通名词 15 例。

太子园所 1、门所 1、山所 1、王田所 1、墓所 3、婆罗林所 1、树所 1、前所 1、便佛帐所 1、佛帐所 1、船所 2、殿所 1

2）X 为指人名词或代词 8 例：

我所 1、佛所 3、阎罗王所 1、比丘尼所 1、神所 1、王所 1

（五）"处"的搭配情况

1."X 处"的搭配情况

（1）"处"意义较为虚化，义同"那里/这里"

1）X 为指人名词或称谓名词 13 例：

女处 1、维摩处 1、大师处 1、和尚处 2、龙处 1、佛处 1、菩萨处 1、伯叔处 1、海清处 2、父母处 1、中亲处 1

2）X 为代词 1 例：

谁处 1

3）X 为普通名词 3 例：

四天王官处 1、灵图寺常住处 1、祇树处 1

（2）"处"用来表示时间，义同"……之时""……之际"

1）非散文、韵文转换处的"处"39 例：

觅处 1、白毫照处 1、何处 5、说喻处 1、当处 1、时处 1、税调处 1、逢颠危处 1、贪处 1、柳烟覆处 1、方便处 1、造恶处 1、歌舞处 1、报恩处 1、动处 1、至太处 1、送处 1、肠断处 1、娆恼处 1、求婚处 1、女逢男处 1、摇处 1、说何过处 1、此处 2、耀处 1、欢处 1、有灾净处 1、相劝处 1、了处 1、欢喜处 1、行处 1、启处 1、顺处 1、无奈处 1

2）出现在散文与韵文转化处的"处"，这时的"处"后多接"若为"或"若为陈说"48 例：

出迎处 1、捉子胥处 1、李陵降服处 1、出祭词处 1、乞命连绵处 1、往斫营处 1、百当千处 1、横尸遍野处 1、号作烟脂贵氏处 1、破邪山处 1、天假雄威处 1、问阿襄消息处 1、悲喜交集处 1、别处 1、拔着处 1、斗战第三阵处 1、祭礼处 1、斫营处 1、庆快处 1、留将死处 1、问处 1、问阿娘消息处 1、葬昭军处 1、救地狱之苦处 1、占相处 1、流涕处 1、分袂处 1、商量处 1、瞻仰处 1、相见处 1、哭明妃处 1、唱快处 1、过问因由处 1、与母饭处 1、闻天处 1、说其本情处 1、长娇子处 1、齐声叹异 1、看布金处 1、曰处 1、留难处 1、诛陵老母妻子处 1、化为灰尘处 1、归天官处 1、亡魂胆战处 1、零落处 1、说来处 1、战处 1

（3）"处"虚化为助词，或表停顿，或只起铺垫音节的作用 3 例：

食处 1、次第处 1、闲处事 1

2.	"之处"的搭配情况

"之处"用来表示时间，义同"……之时""……之际"

（1）出现在非散文、韵文转换处的"之处"1 例：

管弦之处 1

（2）出现在散文、韵文转换处的"之处"11 例：

坐禅之处 1、至世尊之处 1、事由之处 3、寻觅阿娘之处 1、说宿因之处 1、夸显之处 1、加备之处 1、谘启之处 1、盘问逗留之处 1

（六）"X 许"的搭配情况

"许"表示时间方位 1 例：

游行许 1

（七）"行"的搭配情况

1．"X 行"的搭配情况

"行"表示空间方位，义同"里"1 例：

皇官行 1

2．"之行"的搭配情况

（1）"之行"表示空间方位 1 例：

红楼之行 1

（2）"之行"表示时间，相当于"时"1 例：

饮酒之行 1

致　谢

　　本书是在博士论文的基础上写成，在书稿写作的过程中得到了我的导师杨琳教授的悉心指导。早在博士入学之初，杨老师就以敏锐的、前瞻性的眼光向我指出运用敦煌材料研究唐五代方位词这一课题的重大意义，为我今后的学习和研究确立了重心、指明了方向，也为我书稿的写作奠定了坚实的基础。书稿主体的撰写同样离不开老师多次全面细致地修改，大到主旨，小到标点符号都凝结着杨老师的心血。老师多次的点拨与指导，使我不断对自己的书稿进行反思，让我真正地投入到了书稿的写作中，体会到了其中的愉悦与苦涩。

　　感谢华东交通大学在本书出版的过程中给予出版基金的资助，为我解决了后顾之忧；感谢江西省社会科学研究规划领导小组对本研究的项目支持；感谢人文学院领导、同事对本书出版的关心与帮助。

　　感谢中国社会科学出版社的任明老师、董晓月老师以及所有为本书出版辛勤工作的编辑们，他们为本书的出版进行了编审、校稿等工作，没有他们细心的编校，本书不能如期而完满的出版出来。

　　感谢我的同学曹芳宇、赵静莲、忻丽丽、牛尚鹏为我校正文字、标点等方面的错误，师弟于正安也为我提供了相关资料。

　　感谢我的好友高欢、张谷鑫、潘云，她们一直对我非常照顾。当我感到烦躁时，她们总是适时开解；当我遇到困难时，她们总在身边陪我渡过难关。最后，我要感谢我的家人，他们为我撑起了世界上最大的一把伞，让我免受风吹雨打！

刘艳红

于华东交通大学